Der Fall Libro

Paul Christian Jezek

Der Fall Libro

Die Megapleite der Tainment-Phantasten

Orac
WIEN • MÜNCHEN • ZÜRICH

In diesem Buch geht es nicht nur um André Rettberg & Co., sondern auch um sehr, sehr viel Geld. Bis zum 31. 12. 2001 beziehen sich die meisten entsprechenden Angaben auf die damalige Schillingwährung, ab dem 1. 1. 2002 wird generell die aktuelle Währung Euro angeführt.

Hinweis: Der renommierte Psychoanalytiker, Klinische Psychologe, Wirtschafts-, Arbeits- und Gesundheitspsychologe Dr. Walter Hoffmann (Leiter des Instituts für Angewandte Tiefenpsychologie) hat eine psychoanalytische WahrNahme des André Rettberg verfasst, die aus rechtlichen Gründen nicht Bestandteil dieses Buches sein kann. An dieser Analyse Interessierte mögen sich bitte unter voller Namensnennung via E-Mail an den Autor (p.jezek@cpg.at) wenden.

ISBN: 3-7015-0450-4

Schutzumschlag: Zembsch' Werkstatt, München
Satz: Zehetner Ges. m. b. H., A-2105 Oberrohrbach
Druck: Ueberreuter Print und Digimedia GmbH, 2100 Korneuburg

Inhalt

Editorial

„Je schuldiger wir uns selbst fühlen, und sei es auch im verborgensten Winkel unseres Gewissens, desto bereitwilliger suchen wir unwillkürlich Schuld bei anderen, besonders bei Menschen, an denen wir uns schuldig gemacht haben.“

(LEO N. TOLSTOI)

Wer ist schuld am Libro-Crash, wer aller hat versagt bei diesem in Österreichs Wirtschaftsgeschichte einzigartigen Aufstieg und Fall eines Unternehmens in unglaublich kurzer Zeit? Diese schwierige Frage ließe sich völlig unverbindlich beantworten: alle und keiner. Eine präzise Auskunft womöglich in einem einzigen Satz hingegen kann ich nicht bieten. Die Wahrheit ist laut Ingeborg Bachmann dem Menschen zwar zumutbar, aber selbst auf Beziehungsebene zwischen zwei Liebespartnern nur sehr selten überhaupt darstellbar. Bei einer derart hochkomplexen Materie wie der Libro-Pleite versagt jedoch angesichts der Überfülle an Wechselwirkungen, Unwägbarkeiten und möglichen Alternativszenarien das Wertevokabular, um wenigstens klare und eindeutige Relationen festmachen zu können. Um ein Beispiel zu bringen: Ein renommiertes Kreditinstitut hat den Internet-Ableger lion.cc zu dessen besten Zeiten mit zwei bis drei Milliarden Euro bewertet und fand dafür jede Menge Gläubige (wenn auch keine Gläubiger). Nur wenige Monate später war lion.cc buchstäblich NICHTS „wert“.

Makulatur sind heute auch die Tonnen von Tainment-Phantasien, Welteroberungs-Konzepten und schließlich verzweifelten Weiterführungsszenarien. Ganz sicher hat der österreichische Kapitalmarkt insgesamt hinreißend versagt, und nicht zuletzt dem brutalen Absturz der ersten österreichischen „Volksaktie“ hat es die Wiener Börse – neben manchen anderen Faktoren – zu „verdanken“, dass sie sogar im eigenen Land kaum beachtet und nur wenig ernst genommen wird. Ohne Zweifel hätten auch die Banken und Finanzierungsgesellschaften anders und vor allem deutlich glücklicher agieren können, und im Zuge meiner Recherchen habe ich gerade in diesem Umfeld sehr häufig nicht wirklich druckreife Ausdrücke mitgeschrieben, die dem jeweils anderen Kreditinstitut, dem früher noch freundschaftlich verbundenen Libro-Kollegen und vor allem André Rettberg gewidmet waren.

„Schuld“ aber wird im Strafrecht als die subjektive Beziehung des Täters zu seiner Tat definiert, die es ermöglicht, ihm aus dieser einen persönlichen Vorwurf zu machen. Dies setzt zunächst Schuldfähigkeit voraus, ferner muss eine psychologische Beziehung des Täters zu seiner Tat bestehen (Vorsatz oder Fahrlässigkeit), endlich dürfen keine Schuldausschließungsgründe vorliegen. Vor diesem Hintergrund kann ich zumindest die Frage „Ist André Rettberg allein schuld am Libro-Crash?“ ganz klar mit „Nein“ beantworten. Zu bekritteln ist an dieser Stelle eher das Faktum, dass die strafrechtliche Relevanz des riesigen Libro-Verfalls viel zu spät und viel zu wenig qualifiziert untersucht wird. Dies trifft aber nicht nur auf Rettberg, Knöbl & Co. zu.

Ich hätte es mir leicht(er) machen und den biblischen „ersten Stein“ zum Beispiel auf André Rettberg werfen können. Im Rahmen der dutzenden Gespräche, die ich mit Ex-Libro-Mitarbeitern, Bank-Managern und vielen anderen geführt habe, wurde mir mehrfach geraten, ein Buch mit dem Titel „Österreichs größter Versager“ o. Ä. (und dem entsprechend polemischen Inhalt) würde sich noch deutlich besser verkaufen als „Der Fall Libro“. Ich wollte aber dem Anspruch Genüge tun, die „Megapleite der Tainment-Phantasten“ in ihrer vollen Wucht darzustellen und ein Wirtschaftsbuch neuen Stils zu schreiben. Denn die Ökonomie im dritten Jahrtausend unserer Geschichte ist wesentlich komplizierter als das Scheitern eines Einzelnen, und sei dieses auch noch so spektakulär. Als Leser betrachten Sie daher dieses Buch bitte nicht nur als „Enthüllung“, sondern auch als Herausforderung: „Der Fall Libro“ ist Ihnen zumutbar!

Ohne die äußerst hilfreiche Recherchenunterstützung durch Karin Peschka, Alexander Glück, meinen Bruder Peter Wilhelm Jezek, Dr. Hans-Georg Kantner (KSV Insolvenz), Dr. Wilhelm Rasinger (IVA – Interessenverband für Anleger) und durch den Generalsekretär des Österreichischen Gewerbevereins Ing. Mag. Dr. Herwig Kainz hätte dieses Buch nicht erscheinen können. Ich bin außerdem den zahlreichen Informanten, die zum Teil nicht namentlich zitiert werden wollen, zu großem Dank verpflichtet. Für die Chronologie und für einen großen Teil der Daten und Fakten habe ich auf Archivmaterial vor allem der Austria Presse Agentur (APA) und von pressetext.at sowie auf Medienberichte von Extradienst, Format, Gewinn,

Kleine Zeitung, Kronen Zeitung, Kurier, New Business, News, Österreichs Wirtschaft, profil, trend, WirtschaftsBlatt u. v. a. zurückgegriffen. Weitere wichtige Quellen waren u. a. die Agentur EURO&RSCG, Markant Market Research (Markant Unternehmensberatung), der „Observer“ sowie Dr. Karin Poppmeier-Reisinger und ihr Standardwerk „Handbuch Börsegang“, das soeben in zweiter Auflage im „Aktienforum“ erschienen ist.

Ich weise darauf hin, dass die Fülle des Materials den mir ursprünglich seitens des Orac-Verlages vorgegebenen Rahmen deutlich gesprengt hat. Ein „Schwarzbuch Libro“ wäre noch rund dreimal so umfangreich geworden und hätte vor allem noch wesentlich detailliertere Zahlenwerke geboten, denn wenn es auch an unternehmerischer Stringenz und am lieben Geld fehlte, an Berechnungen, Studien und Konzepten zum Thema Libro herrschte in den vergangenen Jahren wahrlich kein Mangel.

Platzmangel ist auch der Grund, warum auf so manches pikante Detail verzichtet werden musste. Ich nenne in diesem Zusammenhang beispielsweise die Doppelrolle des Walter Babel als Libro-Altaktionär, der 1999 noch mit 7,9% am Unternehmen beteiligt war, und seiner Funktion als maßgeblicher Libro-Lieferant zu durchaus bemerkenswerten Konditionen über seine besser als „Pagro“ bekannte Schwechater „papier center“ Walter Babel GmbH, die im März 2003 in Österreich bereits mit 78 Filialen vertreten ist und solche faszinierende Produkte wie „Babel Klarsichthüllen“ und den „Kult-Blei Babel Black“ („durch und durch schwarz“) vertreibt.

Bei Dkfm. Dr. Georg Wailand stellt sich ebenso wie bei Babel die Frage nach der Vereinbarkeit verschiedener Positionen. Er war und ist einer der wichtigsten Wirtschaftsjournalisten des Landes und war gleichzeitig Aufsichtsrat bei Libro. Entsprechend aufschlussreich gestaltet sich daher speziell für Medienspezialisten die Berichterstattung über das Unternehmen in der Kronen Zeitung und im „Gewinn“. (Wailand ist übrigens nach wie vor u. a. im Aufsichtsrat der Constantia-Iso AG und der Flughafen Wien AG vertreten und Vorstand der Ottakringer Privatstiftung, der Wenckheim-Privatstiftung und der Georg-Waldstein-Privatstiftung.) Für die Haupthandlung dieses Buches spielt der Journalist aber ebenso nur eine Nebenrolle wie z. B. Wilhelm Sotsas und seine WISO Buchhandlungsbeteiligungs G.m.b.H.

Auf die Darstellung der Diadochenkämpfe nicht nur auf oberster Ebene, sondern auch in den Bereichen Marketing, Sekretariat etc.

habe ich ebenso verzichtet wie auf Name-Dropping rund um Karin Erben, Susanna Nemetz, Robert Nickmann, Monika Plakolm, Dr. Corinna Plange, Werner Schleritzko & Co.

Ich danke Dr. Walter Hoffmann (ifat) für seine moralische Unterstützung und seine psychoanalytische WahrNahme des André Rettberg, meinem Verleger Prof. Leo Mazakarini für sein großes Vertrauen, Mag. Elke Fuger, Lorin Polak, Oliver Olbrich und Gerald Albin Rödler für ihre Anteilnahme und vor allem meiner Frau Claudia sowie David Dominique und Sarah Aline Ebner für ihr Verständnis und ihre Geduld.

Wien, im März 2003 — Paul Christian Jezek

Die Top Ten im Überblick

Rudolf Fischer

wurde 1953 geboren und begann nach dem Studium an der WU Wien seinen beruflichen Werdegang bei Alcatel Austria. Von 1989 bis 1993 war Fischer in seiner Funktion als GF von AOSA, einem Joint Venture der Siemens AG und Alcatel Austria, wesentlich am Ausbau des österreichischen öffentlichen Fernsprechsystems beteiligt. Zwischen 1996 und 1998 war er Präsident der LTOA, einer Vereinigung lokaler Telekombetreiber in Ungarn.

Seit November 1998 ist Rudolf Fischer Vorstandsdirektor der Telekom Austria AG und für den Bereich Technik und Betrieb verantwortlich. War zum Zeitpunkt des Libro-Börsenganges noch der damalige TA-Generaldirektor Ing. Werner Kasztler stellvertretender Vorsitzender des Aufsichtsrats bei der Libro AG, so hat Fischer diese Position nach Kasztlers Ausscheiden aus der TA innegehabt. Mit Dezember 2001 übernahm Fischer als Chief Operating Officer (COO) die Leitung des gesamten Wireline-Bereichs bei der TA.

Mag. Johann Knöbl

war Finanzvorstand (CFO) der Libro AG und ist heute u. a. Geschaftsführer der ID3 Immobilienbesitz GmbH und der KMC Management Consulting GmbH in Berndorf, Stifter der Aurora Privatstiftung und Obmann des Vereins zur Förderung des Bundesgymnasiums und Bundesrealgymnasiums Berndorf.

Herbert Mayrhofer

war ORF-Redakteur und wurde in den letzten Tagen des Jahres 1998 von André Rettberg als zukünftiger Chef von lion.cc angeworben. Anfang 2001 kann er die Unternehmensstrategie nicht mehr mittragen und scheidet aus, sein Nachfolge als lion.cc-Vorstand wird Heinz Lederer. Mayrhofer führt heute eine „Ich-AG" und ist Vortragender an der Fachhochschule Steyr (z. B. zum Thema „Unternehmensbewertung").

Mag. Dr. Wilhelm Rasinger (54)

ist als Unternehmensberater und Honorarprofessor für Betriebswirtschaft Vorsitzender des Interessenverbandes für Anleger (IVA, www.iva.or.at) und Fachautor zu betriebswirtschaftlichen Themen.

Rasinger studierte Betriebswirtschaftslehre an der WU Wien und agiert als allgemein gerichtlich zertifizierter Sachverständiger (für Buchhaltung und Bilanzierung).

André Maarten Rettberg,

geb. am 8. 10. 1957 in Laven, verheiratet, ein Kind, war lange Zeit „Mister Libro". Der gebürtige Niederländer, der einer bekannten Händlerdynastie entstammt, startete seine berufliche Laufbahn mit einer Buchhändlerausbildung. 1978 stieg er bei Libro als Filialleiter ein – und erweiterte rasch seinen Aktions- und Erfolgsradius: Rettberg baute das Libro-Filialnetz in Westösterreich auf, stieg zum Einkaufsleiter auf, dann zum Prokuristen und schließlich zum Geschäftsführer.

1997 wurde der umtriebige Manager Vorstandsvorsitzender und Miteigentümer der Libro AG. Auf einer heute nicht mehr allzu aktuellen Webseite ist auch noch im März 2003 folgende Kurzcharakteristik der „Ich-Aktie Rettberg" zu lesen: „Aus dem Buchdiskonter wurde innerhalb kürzester Zeit ein High-Touch-Unternehmen, denn Rettberg nutzt die Möglichkeiten des Internets für Libro rasch und konsequent. Ideen und Inspirationen holt sich Rettberg auf Reisen durch die USA und in europäischen Hauptstädten. Um neue Ideen und Visionen bei Libro umzusetzen, setzt der Absolvent zahlreicher Managementseminare auf Mitarbeitertrainings und auf regelmäßige Kommunikation mit den Mitarbeitern via Intranet. Das Treffen rascher Entscheidungen, die professionelle Teamführung und Delegation, das frühzeitige Aufspüren von Trends und das konsequente Nutzen von Chancen gehören zu Rettbergs Erfolgsprinzipien."

Was daraus wurde, lesen Sie in diesem Buch. Heute ist Rettberg äußerst öffentlichkeitsscheu und jedenfalls nicht mehr Libro-Vorstand ...

August André de Roode

gilt als Freund von André Rettberg und ist Gesellschafter der GH Immobilienmakler GmbH, der IMB Vermögensverwaltung GmbH und der WI Beteiligungs GmbH, Vorstand der VCH Beteiligungs AG und Aufsichtsrat bei der BGS Smartcard Systems AG, der Fonds & Co Fondsanteilsvermittlung AG sowie bei drei Aktiengesellschaften der C-Quadrat-Gruppe. Im Sommer 2002 interessierte er sich für die Übernahme von Libro, kam jedoch nicht zum Zug.

Josef Taus,

geb. am 8. 2. 1933, startete seine Karriere 1955 als Wirtschaftsredakteur bei der amtlichen Wiener Zeitung. Als Staatssekretär in der ÖVP-Alleinregierung unter Dr. Josef Klaus hat er 1966 begonnen, die Verstaatlichte Industrie zu reformieren und strukturell zu modernisieren. Er war Generaldirektor der Girozentrale, wechselte von dort an die Spitze der ÖVP, verlor die Wahl und wurde danach Manager im Turnauer-Konzern. Nach einem großen Krach mit Herbert Turnauer machte er sich als Unternehmer selbstständig, legte als solcher aber bald eine saftige Pleite hin (KTM). In der Folge beschied sich Taus mit der Rolle eines soliden Entrepreneurs und ist an mehreren Unternehmen (u. a. der Familia BeteiligungsgmbH und der Mobitel Holding) beteiligt, Geschäftsführer der Fremdenverkehrsbetriebe GmbH und der Privatconsult Vermögensverwaltung und Aufsichtsrat in acht Unternehmen (darunter Henkel und Herold). Indem er nun unter die Buchhändler ging, katapultierte er sich wieder ins öffentliche Bewustsein.

Dr. Martin Waldhäusl (35)

ist aktueller Geschäftsführer der Libro Nuevo GmbH (2353 Guntramsdorf) und der Libro Handelsgesellschaft mbH (1230 Wien) sowie der Fremdenverkehrsbetriebe Gesellschaft m. b. H. in 6365 Kirchberg und außerdem Schwiegersohn von Dr. Josef Taus. Weiters agiert Waldhäusl als Gesellschafter der Privatconsult Vermögensverwaltung GmbH, übt Vorstandsfunktionen bei der Athena Burgenland Beteiligungen AG, der Athena Erste Beteiligungen AG, der Athena Zweite Beteiligungen AG, der ECO Trust Holding AG, der IPO Beteiligungs-Management AG, der Management Trust Holding AG und der P & V Holding AG aus und ist im Aufsichtsrat der AMI Agency for Medical Innovations GmbH in Götzis und der PACHEM AG in Hohenems.

Mag. Werner Weber (33)

ist zweiter Geschäftsführer der Libro Nuevo GmbH und der Libro Handelsgesellschaft sowie GF der Krauseco Werkzeugmaschinen GmbH (1120 Wien), Aufsichtsrat bei der A.P.E.F. Beteiligungen AG und (wie Waldhäusl) der IPO Beteiligungs-Management AG sowie Vorstand der ECO Trust und der MTH.

Karl Wlaschek,

geb. am 4. 8. 1917, in vierter Ehe seit 1991 mit Karin verheiratet. Kinder: Maria-Luise (53), Karl (28). „Eigentlich hab ich gar nix g'lernt ... Meine Frau sagt, ich hätte ein goldenes Händchen. Auch wenn ich mir Steine ausgesucht hätte, wären sie irgendwann zu Geld geworden. Angeblich ist das astrologisch begründet, ich glaub daran aber nicht." Und Libro? „Gehört ja nicht mehr mir! Da sind ein paar größenwahnsinnig geworden. Die haben einfach aufgehört zu rechnen."

Der Markt

„Moralische oder unmoralische Bücher,
dergleichen gibt es nicht.
Bücher sind gut geschrieben
oder schlecht geschrieben.
Sonst nichts.“
(Oscar Wilde, „Das Bildnis des Dorian Gray“)

Wofür steht und was bedeutet „Libro“ (italienisch, spanisch ganz einfach: „Buch“) eigentlich? Mit den ersten vier Buchstaben kennt der Duden nur die scheinbare Mondschwankung Libration, das „Libretto“ vulgo Textbuch von Opern, Operetten etc. (und klarerweise den Librettisten als Verfasser von Librettos) sowie die Hauptstadt von Gabun (Libreville). Als nächster Begriff im Duden folgt dann schon die sagenhafte tschechische Königin Libussa.

Nicht nur in Erinnerung an den Werbeslogan „Bucho-Papiero-Libro“ aus glücklichen Zeiten ist aber klar, dass sich das Kunstwort auf das lateinische „liber, libri“ (Rinde, Schale, Buch) bezieht. Libro wird 1978 als Konzerngesellschaft von BML (für Billa Merkur Libro) „zum Betrieb eines Fachhandels mit Büchern zu Discountpreisen“ gegründet. Schon 1979 ergänzt man das Sortiment um einige Musikprodukte, dieses bleibt aber weiterhin in einem durchaus überschaubaren Rahmen.

Mitte der achtziger Jahre wird das Libro-Konzept neu ausgerichtet, wobei die Schwerpunkte auf Merchandising und einer Erweiterung des Produktsortiments liegen. Neue Manager kommen ins Team – darunter der gebürtige Holländer André Rettberg –, neue Filialen werden eröffnet und neue Geschäftsfelder erschlossen. Der Höhepunkt der ökonomischen Entwicklung von Libro fällt mit dem globalen New-Economy-Hype und der übertriebenen Anpassungssucht namens „Jahr-2000-Kompatibilität“ zusammen und umfasst neben nachvollziehbaren Geschäftsfeldern wie dem Verkauf von CDs und Videos u. a. auch überdimensionale Internetaktivitäten und sogar Festnetztelefonie.

In der breiten Öffentlichkeit ebenso wie bei der geschockten Konkurrenz – Österreichs „klassischen“ Buchhändlern nämlich –

wird Libro aber damals wie auch anno 2003 nach dem dramatischen „Gesundschrumpfen“ in erster Linie als Buch- und PBS-Händler wahrgenommen. Unter PBS versteht man den „Papier-, Büro- und Schreibwarenmarkt“, für den in der aktuellsten verfügbaren Studie der Markant Unternehmensberatung für 2001 in Österreich ein Gesamteinzelhandelsumsatz von etwa 767 Millionen Euro angegeben wird.

Ein durchschnittlicher österreichischer Haushalt gibt pro Jahr ungefähr 177 Euro für Papier-, Buch- und Schreibwaren aus. Die heimische Industrie der PBS-Branche erwirtschaftet im Jahr einen Gesamtumsatz von 635 Millionen Euro, wobei der überwiegende Teil von rund 60 Prozent auf den Bereich Papier entfällt. In den Bereichen Büro- und Schreibwaren werden rund elf bzw. fünf Prozent des Umsatzes lukriert.

Zu rund einem Viertel (24 Prozent) wird der PBS-Einzelhandel von nicht filialisierten Fachhändlern bedient, rund ein Fünftel entfällt ausgerechnet auf den Lebensmitteleinzelhandel, gefolgt von alternativen Vertriebsformen und filialisierten Fachhändlern mit je 16 Prozent. Die höchste Anzahl an filialisierten Betrieben weisen in der Alpenrepublik Wien mit 92 und Niederösterreich mit 90 Outlets auf, die wenigsten filialisierten Standorte befinden sich in Vorarlberg und dem Burgenland.

Im Allgemeinen stagniert der PBS-Einzelhandelsmarkt bereits seit Jahren, allerdings mit einer großen Ausnahme, die zu beträchtlichen Umsatzveränderungen bzw. -verschiebungen führt und – welche Überraschung! – unter dem Begriff „Libro-Krise“ subsumiert werden kann. Als Erfolgsfaktoren des Einzelhändlers gelten in der Branche Service beim Endkunden, ein auf die Umgebung und die Kundenschicht abgestimmtes Produktmix und auch das Führen saisonaler Artikel. Aber der wohl bedeutsamste Erfolgsfaktor ist der Standort: Nur wer sich in hoch frequentierten Zonen oder in unmittelbarer Nähe zu den Zielgruppen befindet, hat langfristig auch substanzielle Chancen am Markt.

Im österreichischen PBS-Markt besteht eine klare Tendenz zu zunehmender Konzentration: Einerseits hat die Industrie erkannt, dass Vertriebskooperationen Synergieeffekte erschließen lassen, andererseits kann der Handel ohne Kooperationen kaum noch überleben, es sei denn, er kann lukrative Nischenmärkte für sich beanspruchen.

Noch problematischer als der PBS-Markt entwickelt sich in Österreich der Buchhandel, nämlich im Jahr 2000 sogar negativ. Laut einer Studie der RegioPlan Consulting hat der Umsatz 2000 im Vergleich zu 1999 um etwas weniger als drei Prozent abgenommen, auch der Online-Umsatz wird nach wie vor als nur „gering" eingestuft. Der Umsatz des österreichischen Buchgesamtmarktes wird für 2000 mit rund zwölf Milliarden Schilling beziffert. Auch im Buchhandel geht laut Branchenkennern der Trend in Richtung Bildung von Kooperationen und Firmenzusammenschlüssen.

In Bezug auf die Standortzahl wird der österreichische Buchhandel im Jahr 2001 von den „sonstigen" Anbietern dominiert, wobei in dieser Statistik Libro/Amadeus mit knapp 300 Outlets noch um ein gutes Drittel zu „stark" eingestuft wird:

– Bücherzentrum	8
– Buchhandlungen Hintermayer	8
– Libro/Amadeus	290
– Morawa & Styria	22
– Buch & Media	56
– Donauland	22
– A & M (= Dr. Andreas Müller)	19
– Sonstige Buchhandlungen	825
Gesamter Einzelhandel somit	1.250

Immerhin jeder dritte Österreicher ist ein Bücherwurm, wurde noch im Dezember 2002 in einer Marktumfrage bestätigt. Wobei erst mehr als fünf gelesene Bücher jährlich einen Menschen laut Meinungsforschung zum besagten Tier machen. Darüber hinaus schenken 38 Prozent der Österreicher(innen) mehr oder minder häufig Bücher – oft die gängigen Bestseller, wie zum Beispiel:

Die Belletristik-Bestseller 2002:

1. Jonathan Franzen, Die Korrekturen
2. Donna Leon, Das Gesetz der Lagune
3. Philip Roth, Der menschliche Makel
4. John Irving, Die vierte Hand
5. Günter Grass, Im Krebsgang
6. John Grisham, Der Richter
7. Gerhard Roth, Der Strom
8. Henning Mankell, Wallanders erster Fall
9. Martin Walser, Tod eines Kritikers
10. Umberto Eco, Baudolino

Sachbuch-Bestseller 2002:

1. Brigitte Hamann, Winifred Wagner
2. Traudl Junge, Bis zur letzten Stunde
3. Heinrich Harrer, Mein Leben
4. Ernst Hofbauer, Unsere Klestils
5. Stephen W. Hawking, Das Universum in der Nussschale
6. Martin Pollack, Anklage Vatermord
7. Gerhard Haderer, Das Leben des Jesus
8. Georg Markus, Die Enkel der Tante Jolesch
9. Plachutta/Wagner, Die gute Küche, 2. Teil
10. Karl Ploberger, Der Garten für intelligente Faule

Taschenbuch-Bestseller 2002:

1. A. Pease/B. Pease, Warum Männer nicht zuhören
2. John R. R. Tolkien, Der Herr der Ringe
3. Haruki Murakami, Gefährliche Geliebte
4. Dietrich Schwanitz, Bildung
5. Michel Houellebecq, Elementarteilchen
6. Elfriede Jelinek, Die Klavierspielerin
7. Henning Mankell, Mittsommermord
8. Leon de Winter, Leo Kaplan
9. Veit Heinrichen, Gib jedem seinen eigenen Tod
10. Henning Mankell, Die falsche Fährte

(ermittelt durch die Tageszeitung „Kurier“ bei den österreichischen Sortimentsbuchhandlungen)

In den USA sind 2002 „The Summons“ von John Grisham, „Red Rabbit“ (Tom Clancy) sowie „The lovely Bones“ von Alice Sebold die Bestseller, in Deutschland „Im Krebsgang“, „Die Korrekturen“ sowie „Harry Potter und der Gefangene von Askaban“. Auch beim „großen Bruder“ sieht die ökonomische Situation nicht eben rosig aus, und die Verlage, Papier- und Buchhändler beklagen ebenfalls schlechte Geschäfte.

Auch der „Paperback-Boom“ ab 2001 kann die Gesamtbilanz nicht retten: Erstmals seit der Einführung der Branchenstatistik 1976 gehen die Umsätze im Jahresvergleich um 0,1 Prozent auf 9,4 Milliarden Euro leicht zurück, für 2002 wird gar ein Umsatzminus von rund zwei Prozent angenommen. „Die Leselust ist aber ungebrochen“, sagt dazu der Vorsteher des Börsenvereins des Deutschen Buchhandels, Dieter Schormann. „Es wird unsere Aufgabe sein, sie gerade im Hinblick auf die von der PISA-Studie aufgedeckten Defizite deutscher Schüler noch zu steigern."

Die positive Entwicklung bei den Kinder- und Jugendbüchern im Zuge des Harry-Potter-Erfolgs bietet laut dem deutschen Branchenverbandschef Anlass zur Hoffnung, und die Auswahl an neuen Büchern ist so groß wie nie: Die Zahl der Neuerscheinungen und Neuauflagen erreicht 2001 nach der Statistik des Börsenvereins die Rekordhöhe von 89.986 Titeln und legt damit im Vergleich zum Vorjahr um 8,5 Prozent zu. Zu den Rennern gehören Kinder- und Jugendbücher: Ihr Anteil an allen Neuerscheinungen steigt im Vergleich zum Jahr 2000 von 5,9 auf sieben Prozent der gesamten Titelzahl. Auch der Online-Buchhandel legt deutlich zu, allerdings macht das Buchgeschäft über Internet auch in Deutschland nur magere drei Prozent des Gesamtumsatzes des Buchhandels aus.

Während gebundene Bücher zuweilen in den Regalen liegen bleiben, ist das billigere Taschenbuch der Renner: Sein Anteil am Gesamtumsatz legt um 19,7 Prozent auf 1,1 Milliarden Euro zu, und die Zahl der Taschenbuch-Erstauflagen wächst im Zuge eines Roman-Booms im Vergleich zum Vorjahr um insgesamt 17 Prozent auf 7.120 Titel. Die Zahl der neuen Paperback-Romane allein steigt um 28 Prozent auf 3.689 neue Titel.

Lesen ist in Zeiten wie diesen im deutschsprachigen Raum günstiger als vieles andere: Während die Preise insgesamt um 2,5 Prozent zulegen, werden Bücher nach Auskunft des Börsenvereins lediglich um 2,0 Prozent teurer.

Auch an der größten Buchmesse der Welt geht die Konjunkturflaute nicht spurlos vorüber: 2002 präsentieren im Rahmen der Frankfurter Buchmesse im Vergleich zum Vorjahr um 4,5 Prozent weniger Aussteller, nämlich insgesamt „nur" 6.400 aus 110 Ländern, auf einer geschrumpften Fläche etwa 2.600 Kultur- und Fachveranstaltungen; der Rückgang bei den deutschen Ausstellern beträgt sogar beinahe 15 Prozent.

Und Libro? Die Gruppe sieht sich Ende 1999 als klarer Marktführer in den Sortimentsbereichen Musik, Buch, neue Medien, Video sowie Papier-/Schreibwaren. Großmundig wird folgendes „Geheimnis" verkündet: „Libro definiert seinen Markt themen- und inhaltsbezogen. EnterTainment (Unterhaltung), Edu/InfoTainment (Lernen, Bildung, Information) sowie Lifestyle/Trend sind die Märkte, sind die Welt von Libro. Das macht Einkaufen spannend für den Konsumenten – und bringt Erfolg für Libro!"

Sortimentsübergreifend macht die Gruppe am Höhepunkt ihres Aufstiegs 43 Prozent ihres Umsatzes mit Entertainment (z. B. Musik-CDs, Videogames, Ticketverkauf), 31 Prozent entfallen auf Edu/Infoatinment (z. B. Fremdsprachen-CD-ROMs oder Lexika), und 26 Prozent werden von Rettberg & Co. dem Bereich Lifestyle/Trend zugeordnet. Nach klassischen Sortimentsbereichen gegliedert, rangiert „Buch“ mit 24 vor „Papier-/Schreibwaren“ und „Musik“ (beide 20) und „neue Medien“ mit elf Prozent Nettoumsatzanteil. Dahinter rangieren Telekommunikation mit acht und Video/DVD sechs Prozent, der Rest entfällt auf Tickets, Papeterie, Souvenir- und Merchandising-Artikel, Computerzubehör etc.

Nur etwas mehr als drei Jahre später ist bei Libro von zahlreichen Geschäftsfeldern überhaupt keine Rede mehr, und der Überlebenskampf bezieht sich in den verbliebenen Bereichen oft schlicht und einfach darauf, von den Großhändlern überhaupt noch beliefert zu werden ... Wie und warum es dazu kommt, wieso Libro für den österreichischen Buchhandel ebenso wie für zahlreiche Kleinaktionäre zum „Gottseibeiuns“ und zum Inbegriff der Großmannssucht wird, erzählt dieses Buch.

Die frühen Jahre

„Die glücklichen Zeiten der Menschheit
sind die leeren Blätter
im Buch der Geschichte."
(Leopold von Ranke)

Dieser Ahnherr der deutschen Geschichtswissenschaft gibt vor fast zwei Jahrhunderten den Historikern ein Ideal vor: Sie sollen die Vergangenheit beschreiben, „wie es eigentlich gewesen".

Aber die historische Wahrheit ist eine Schimäre, auch – und gerade! – wenn es um Wirtschaftsgeschichte geht. Längst haben es die Historiker aller Bereiche deshalb aufgegeben, auf der Möglichkeit einer lückenlosen, „echten" Rekonstruktion von Vergangenheit zu bestehen: Auch bei einer Fülle an authentischen Quellen ist und bleibt Geschichtsschreibung immer Arbeit entlang der Lücken.

Zudem sind Historiker natürlich auch ihrer persönlichen Subjektivität unterworfen und manifestieren „ihre" Geschichte über weite Strecken als Dichtung und Deutung. Diese Einsicht habe ich mir nach einem runden Dutzend Jahre Erfahrung als Wirtschaftsjournalist ebenfalls zu Eigen gemacht. Schon nach wenigen Monaten werden ökonomische Sachverhalte völlig anders bewertet, eindeutig nachweisbare Statements werden in Bausch und Bogen dementiert, und viele pekuniäre Visionen des Jahres 2002 sind schon heute Makulatur. Vergessen wir zum Beispiel auch nicht, dass André Rettberg noch aus der Sicht der Jahrtausendwende als „Mann des Jahres 1999" gilt!

Im Unterschied etwa zu Platon (und seiner Atlantis-Darstellung), Thukydides oder auch Leopold von Ranke habe ich jedoch das große Glück, den Gegenstand meiner Darstellung in unmittelbarer zeitlicher und örtlicher Nähe wahrnehmen zu können. Trotzdem wirken manche Details der Libro-Geschichte kaum weniger mystisch/mythisch als die Idee einer Hochzivilisation lange vor Mesopotamiern und Ägyptern. Libro soll an der Börse vor ganz kurzer Zeit tatsächlich noch mehr als zehn Milliarden Schilling wert gewesen sein? Das „Tainment"-Konzept hat Analysten, Kleinanleger und natürlich auch Wirtschaftsjournalisten tatsächlich beeindruckt? Die Libro-Expansion sollte nicht nur ganz Österreich umfassen, sondern auch Deutschland, die Schweiz und Ostmitteleuropa? Und was ist mit André Rettberg passiert? Trifft auf ihn nicht vor kurzem noch ein weiteres Zitat von Leopold von Ranke zu? „Nicht allein die allgemeinen Tendenzen entscheiden in dem Fortgang der Geschichte: Es bedarf immer großer Persönlichkeiten, um sie zur Geltung zu bringen."

Libro ist jedenfalls auch Teil meiner eigenen Geschichte: Als Silvesterkind 1963 wirken die späten siebziger Jahre für mich wie für viele Gleichaltrige in Österreich im Rückblick wie eine Periode zwischen kultureller Steppe und ökonomischer Wüste. Jenseits aller sentimentalen Erinnerungen an den strahlenden Blitz der ersten großen Liebe und unvergessliche Fußballspiele in den Schüler- und Jugendmannschaften von Laa an der Thaya, u. a. gegen Niedersulz, Gänserndorf oder Deutsch-Wagram, bleibt die raue Wirklichkeit: Im gesamten nördlichen Niederösterreich gibt es 1978 keine einzige Buchhandlung, die diesen Namen verdient, und selbst wenn die Compact Discs bereits erfunden worden wären, könnte man sie als nicht motorisierter Teenager dennoch praktisch nirgends im Umkreis von 60, 70 Kilometern käuflich erwerben.

Glückliche Besitzer von Plattenspielern und/oder Kassettenrecordern wie ich entdecken unter großen Mühen und dank Radiominderheitenprogrammen wie „Musicbox" oder „Harte Währung – Pop für Fans", aber auch diverser verdienstvoller Ö1-Sendungen eine große, weite Musikwelt jenseits von Hitparaden, Arcade- und K-Tel-Kopplungen mit Disco-Knüllern. Der Schönheitsfehler dabei: Die Tonschätze der Residents, der Seeds und Sonics, von Neil Young oder Tim Buckley sind auf adäquaten Tonträgern in Laa bzw. etwas später in Ottenthal (auf einer entsprechend detaillierten Karte nördlich von Falkenstein und Poysdorf zu finden) ebenso wenig zu bekommen wie qualitativ (v)erträgliche Chorkonzerte und Opernarien. Während bei Camus, Kafka, Nietzsche & Co. monatelanges Warten im Gleichklang mit den Taschenbuch-Bestellriten der Laaer „Buchhandlung" manchmal hilft, sind akzeptable Langspielplatten nur per Post zu bekommen. Ich entdecke den deutschen „Zweitausendeins"-Versand und in Österreich z. B. MEKI und HANNIBAL und werde berüchtigter Stammkunde im winzigen Ottenthaler Postamt.

Und in genau diesem kulturellen „Umfeld" beginnt völlig unspektaktulär die Libro-Historie im Jahr jenes Fußball-Triumphs, der end- und letztgültig das österreichische Nationalgefühl stabilisiert. 1978 also, als Hans Krankl mit zwei Toren (Berti Vogts steuert ein Eigentor bei) und der selige Ing. Edi Finger senior mit seinen „I wer' narrisch"-Juchzern bei der Weltmeisterschaft in Argentinien redlich den historischen 3:2-Sieg über den Erzfeind und großen Bruder Deutschland redlich erarbeiten, wird Libro gegründet – als 100-prozentige Billa-Tochter und reiner Buchdiskonter.

Der Billa-Konzern selbst feiert 2003 den viel beworbenen 50. Geburtstag („Jetzt 50 Produkte um 50% billiger!"); er war seit 1953 vom ehemaligen Pianisten und Bandleader (Pseudonym: Charly Walker) Karl Wlaschek (geb. am 4. 8. 1917) in Wien von der Diskont-Parfümerie zum größten österreichischen Handelsunternehmen gestaltet worden. Zum Billa-Konzern kommen neben Libro schon 1969 Merkur (Verbrauchermärkte) und J. Andert (Fleischwaren), 1981 Bipa (Parfümerien), 1983 Mondo (Diskontmärkte), 1988 Emma (Nahversorgungsgeschäfte) und 1999 fast die Hälfte der Filialen der Julius Meinl AG (Umwandlung in Billa und Bipa) dazu. 1990 wird für die internationale Geschäftstätigkeit „Eurobilla" gegründet und nach Italien, Polen, Tschechien, Slowakei und Ungarn expandiert.

1996 geht der Billa-Konzern (ohne Libro) von der Wlaschek-Stiftung an die deutsche Rewe-Handelsgruppe. Heute ist die Rewe Austria LH (Billa, Merkur, Mondo, Emma, ohne Bipa) unangefochtene Nummer eins des Lebensmittelhandels und hat die Marktführerschaft auf mehr als 35 Prozent ausgeweitet. (Die Nummer zwei am Markt, die Spar AG [INTERSPAR, EUROSPAR, SPAR], legt ebenfalls weiter zu: Durch die Integration der Mitte 2000 übernommenen Meinl-Filialen und durch starke Eigenexpansion baut sie ihre Position in einem ähnlichen Ausmaß von 29,9 auf 31,3% aus.) Sitz des Konzerns ist Wiener Neudorf in Niederösterreich.

Zurück zu Libro, wo das Sortiment erst nach und nach um Musik-, Papier- und Schreibwaren (und 1979 um den Filialleiter André M. Rettberg) erweitert wird – gerade richtig für mich, der ich als 16-, 17-jähriger HAK-Schüler im Abstand von jeweils zwei, drei Monaten nach Wien komme und die Bundeshauptstadt nach einigen Stunden voll bepackt mit gefüllten Plastiksackerln à la Marcel Prawy selig verlasse. Während der mehrstündigen Busfahrten oder beim Autostoppen (denn die Verbindungen nach Ottenthal sind grauenvoll schlecht) weide ich mich vorfreudig an der Beute im Gegenwert von jeweils etwa 600 oder 700 Schilling.

Meine Lieblings-Libro-Filiale ist die heute noch existierende in der Wollzeile, und in den Plastikbehältnissen sind LPs (und manchmal auch Musikkassetten) um 19,90 und 29,90 Schilling zuhauf zu finden, dazu Diogenes- und Suhrkamp-Taschenbücher derselben Preisklasse, kurz: Was man/n eben so braucht, um wieder einige dumpfe und einsame Wochen in der Verbannung bei zumindest eingeschränkt vorhandener geistiger Gesundheit zu überstehen. Bis zum nächsten Libro-Besuch im „Gelobten Land" im Süden.

Libro verfügt in diesen Jahren über eine durchaus überschaubare, zweistellige Anzahl von Filialen im Bundesgebiet. Obwohl es noch viele andere mit Paul Jezek vergleichbare kulturbeflissene Jugendliche in Österreich gibt, hat die Kette den großen Durchbruch noch nicht geschafft. Denn offenbar ist es kein berauschend profitables Geschäft, Konsumenten wie mir jede Menge Restposten in großen Wühlkisten zu offerieren und inständig darauf zu hoffen, dass sich dieser Nischenmarkt in absehbarer Zeit „rechnen" möge.

Immerhin hat sich aber zumindest ein Mitarbeiter schon in diesen frühen Jahren bestens bewährt: Der 1979 noch nicht 22-jährige Filialleiter André Maarten Rettberg, der schon bald zum Filialinspektor und 1984 bereits zum Einkaufsleiter avanciert. Rettberg schafft das Gymnasium nicht und verfügt deshalb über keinen „echten" Abschluss, sondern „nur" über die mittlere Reife (in Deutschland) und hat dann eine Buchhandelslehre absolviert. Sehr viel später wird dem an der Mittelschule Gescheiterten dann von Bekannten „eine Art Bildungstrauma" attestiert, und er umgibt sich geradezu manisch mit Literaten, Musikern und Wirtschaftskapitänen.

Doch davon später, denn in den achtziger Jahren hat sich Rettberg zunächst einmal noch in kleinerem Rahmen als Kaufmann zu bestätigen: 1984 übertragen ihm Wlaschek und sein Manager Veit Schalle die Sanierung der angeschlagenen Libro-Kette. Und der verheiratete Vater eines Sohnes bewährt sich erstaunlich gut. Unspektakulär, aber nachhaltig überträgt Rettberg die Philosophie seiner bevorzugten Kampfkunst Wing-Tsun auf die noch sehr überschaubare Filiallandschaft „seines" Unternehmens (zu diesem Zeitpunkt sind hier noch deutlich erkennbare Anführungszeichen vonnöten).

1986 erhält der Gartenbau- und Kulturbeflissene die Prokura, per 1988 darf er sich dann Geschäftsführer nennen.

Es sind die Zeiten des langsamen Aufbaus: Die Österreicher(innen) gewöhnen sich an Libro, immer mehr Jugendliche entdecken den Charme preiswerter Kulturgüter, und heimlich, still und leise reifen das Internet und die Vorboten einer Gesinnung heran, die sich Jahre später zum uneingeschränkten Vertrauen in die Segnungen der „New Economy" verwandeln wird ...

Mit Volldampf in die Neunziger: Libro startet durch

„Sind Rüben auf dem Markt gefragt,
muss man sie nicht waschen."
(CHINESISCHES SPRICHWORT)

Nach anfänglichen Akzeptanzschwierigkeiten erweist sich das Libro-Konzept als durchaus erfolgreich: Allein zwischen 1991 und 1995 steigt der Umsatz von 1,14 auf 2,83 Milliarden Schilling, von Mitte der achtziger bis Mitte der neunziger Jahre lässt sich gar eine Umsatzverzehnfachung mit den Kernsegmenten Buch, Musik, Schul- und Schreibwaren errechnen. „Als 100-prozentige Billa-Tochter entwickelt sich der Buch- und Musikaliendiskonter zu einer Oase in der schon kahlen Wüstengeographie des Buch- und Medienhandels", schreibt die klassenfeindliche „Volksstimme" blumig. „Banken, Investoren und Aktionäre holen zwei Jahrzehnte lang aus der schier unerschöpflichen Libro-Zisterne große Geldreserven, die der Hobby-Pianist Wlaschek virtuos in seiner Privatstiftung versenkt."

Schon 1993 etabliert sich als Konkurrenz beispielsweise zum Erste-Club-Magazin ein durchaus taugliches Instrument, um die Zielgruppen möglichst umfassend zu versorgen: das Libro-Journal als kostenloses „Magazin für Musik, Video, Bücher & Multimedia". Rettberg vergibt Redaktion, Anzeigenakquisition und Produktion an das Salzburger Inmedia Verlagsbüro, das das Heft unter der Leitung von Chefredakteur Mag. Klaus Winninger professionell in einer ÖAK-geprüften Auflage von 150.000 Stück pro Ausgabe realisiert. Am Cover der ersten Ausgabe spielt kein Geringerer als Paul McCartney die Gitarre, und Rettberg lässt sich die Gelegenheit natürlich nicht entgehen, sich mehrfach mit dem Ex-Beatle ablichten zu lassen.

1995 beginnt dann der sehr selbstsicher gewordene Rettberg mit einem PR-Feldzug großen Stils und startet beispielsweise gemeinsam mit der Hochschule für angewandte Kunst einen Architektur-Wettbewerb für ein Shoppingcenter, um den Erlebniskauf für jene papierlose Zeiten zu testen, die schon bald anbrechen sollen.

Und ein wenig übt er schon die Ankündigungspolitik, die er in den nächsten Jahren in ungeahnte Höhen treiben wird. Denn festgelegt bei diesem laut Rettberg „interessantesten österreichischen Gemeinschaftsprojekt von Baukunst und Kommerz“ ist noch gar nichts, kein Kostenrahmen, nicht einmal der genaue Standort, Hauptsache, die Öffentlichkeit wird über große Pläne informiert. „Nach Möglichkeit am Europaplatz, also am Schnittpunkt von Mariahilfer Straße und Gürtel“, soll die architektonische Vision realisiert werden, in den heiligen Libro-Hallen würden papierlose Kommunikationszeiten anbrechen und sich neue Erlebnis-Kaufwelten auftun.

Partner für den kommerziellen Willen, sich im angebrochenen Zeitalter von CD-ROM, Internet und Digitalfernsehen mit künstlerischem Gestaltungswillen zu verbünden, um mit dem Kaufhaus der Zukunft auch einen städtebaulichen Beitrag zu leisten, ist die Meisterklasse für Architektur an der Hochschule für angewandte Kunst. „Gerade in Zeiten der Sparprogramme erhalten die Studenten mit diesem Projekt eine wichtige zusätzliche Ausbildungsmöglichkeit“, hofft Meisterklassen-Leiter Wolf D. Prix, möchte aber diese Art von Kooperation mit der Wirtschaft tunlichst nicht als „Käuflichkeit“ verstanden wissen: „Es geht lediglich um eine Erweiterung der kreativen Möglichkeiten und auch darum, weltbekannte Architekten als Gastprofessoren nach Wien zu holen, was unter den derzeitigen Umständen ohne privatwirtschaftliches Engagement nicht möglich wäre.“

In Zusammenarbeit mit der Medienklasse Weibel soll eine für Libro interessante Erlebnisarchitektur aus „harten“ und „weichen“ Räumen entwickelt werden, in der Besucher „intertraktiv“ werden und neue Medien erwerben sollen. Was auch immer „intertraktiv“ heißen könnte, jedenfalls will man sich „im derzeitigen Stadium“ auch mit Methoden befassen, um „mit dem Computer Wachstumsprozesse zu ergründen und weiterzuentwickeln“. Und fast höhnisch stellen Rettberg und Prix an jenem 6. November 1995 fest, zur baulichen Realisierung werde es „vor 1997 wohl noch nicht kommen“: „Ideen dürfen vorerst blühen, der Zwang der Realität wird noch bald genug wirksam werden – spätestens dann, wenn der Standort des Libro-Kaufhauses feststeht und konkret geplant werden muss ...“

1996 erscheint das Libro-Journal erstmals 68 Seiten stark, in neuem Layout und mit neuer Magazinstruktur. Im „Monitor“ finden sich kurze, aktuelle Storys und News, im „Verstärker“ die großen Interviews, Porträts und Reportagen und im „Selektor“ die Rezensionen der wichtigsten neuen CDs, Videos, CD-ROMs. Als Coverstars beglücken in diesem Jahr u. a. die auch heute nicht unbekannten Queen, Jodie Foster, George Michael und Eros Ramazzotti angeblich nicht weniger als 445.000 Leser(innen), was bezogen auf die Gesamtbevölkerung einer Reichweite von fast sieben Prozent entspricht. Jedenfalls lassen sich aus den Libro-eigenen Angaben durchaus genaue Rückschlüsse auf das (Wunsch-)Zielpublikum ziehen: Mehr als vier Fünftel der Leser(innen) des Libro-Journals sind demnach zwischen 14 und 39 Jahre alt, mehr als drei Viertel besuchen eine höhere Schule bzw. die Universität oder haben bereits eine solche Ausbildung abgeschlossen. Da wirkt der Anzeigenpreis für eine Doppelseite in 4c von 180.000 Schilling schon beinahe wohlfeil ...

Manche Beiträge im Libro-Journal wie etwa der Aktionspreis für eine bespielbare CD-R um 99,90 (statt 129,90!) Schilling oder der Bericht über Michael Jacksons Welttourneestart in Prag wirken aus heutiger Sicht rührend, so manche Idee wie z. B. die „7-Tage-Umtauschgarantie“ für Bücher kann aber auch noch Jahre später als durchaus charmant gelten. Auch wenn diese Maßnahme nur für „ungebrauchte und neuwertige“ Bücher gilt und außerdem für Libro wahrscheinlich auch sehr teuer ist. Die Redaktion beschreibt die Stars und ihre Produkte durchaus nicht nur unkritisch („Mit dieser Platte aber werden sie keine neuen Fans gewinnen“, heißt es da beispielsweise), es wird eifrig z. B. für Libro-Wertkarten geworben, und zwei neue Schlagworte werden erstmals verwendet: „Libromania“ und „Libro Music Hall“.

Letztere wird u. a. vom ehemaligen Niedermeyer- und PolyGram- bzw. Universal-Mann Charly Popp konzipiert und soll mit einem Fassungsvermögen von je nach Bedarf 1.000 bis 5.000 Personen „die Probleme Wiens als Veranstaltungsort lösen und den Konkurrenten Prag, Budapest und München entgegentreten“. Untergebracht ist sie vorerst zentral im Prater in der Halle 1 am Wiener Messegelände, und Marketing-Manager Mag. Wilfried Wiesinger sieht sich als popmusikalischer Entwicklungshelfer: „Die trendführende Musikabteilung von Libro hat ja in Österreich schon mehreren Bands zum Durchbruch verholfen, wie die Erfolge von Blur, Oasis oder Sepultura zeigen.“

Am 29. 8. 1996 hat außerdem nach Meinung der Libro-Manager

bereits „das dritte Jahrtausend begonnen – ausgerechnet dort, wo man es am wenigsten erwartet hätte“. An diesem Tag werden nämlich die Pforten der neuen Libro-Filiale im Wiener Donauzentrum geöffnet, und dieselbe wird auf den „klingenden Namen Libromania getauft“. Laut dem Libromania-Verantwortlichen Andreas Wolfsbauer soll das Konzept „Erlebnisshopping auf 2.500 m^2“ in allen Landeshauptstädten realisiert werden: „Unsere Erwartungen sind klar übertroffen worden.“

Vom riesigen neuen Shoppingcenter irgendwo in Wien als „interessantestem österreichischen Gemeinschaftsprojekt von Baukunst und Kommerz“ ist 1997 allerdings keine Rede mehr, dafür entdeckt Rettberg den Zauber konkreter ökonomischer Visionen. Im Februar kündigt er erstmals an, Libro (korrekterweise hier noch: die Librodisk AG) solle „in zwei bis drei Jahren“ an die Börse. Er wünscht sich eine echte Publikumsgesellschaft, also einen Streubesitzanteil von 50 Prozent und mehr, und will mit dem Börseemissionserlös nicht nur die flächendeckende Versorgung der Alpenrepublik (mit „zumindest 60 neuen Niederlassungen in den nächsten Jahren“) finanzieren, sondern auch über die Grenzen hinaus expandieren.

Traditionell führt Libro das Geschäftsjahr von März bis Februar des darauf folgenden Jahres, und die Zahlen per 28. 2. 1997 sind für den Vorstand höchst erfreulich: Das Unternehmen mit bereits 1.400 Beschäftigten in 220 Filialen freut sich über ein Vorsteuerergebnis in dreistelliger Millionenhöhe, weist einen Rekordumsatz von 3,6 Milliarden Schilling aus und gehört damit zu den sechs größten Buchhändlern im deutschen Sprachraum. Rettberg will das Filialnetz ins benachbarte Ausland ausdehnen und eine zusätzliche neue Vertriebsschiene via Internet ins Leben rufen. Zu diesem Behufe hat er Partner ins Libro-Bett geholt: Vom breiten Publikum völlig und von so gut wie allen Medien fast zur Gänze unbemerkt stellt im Februar die börsenotierte Mittelstandsfinanzierungsgesellschaft Unternehmens Invest AG (UIAG) erstmals einen Fuß in jene hypothetische Erfolgstür, die von vielen noch nicht konkret wahrgenommen wird, in den Wirtschaftswachstumszeiten der zweiten Hälfte der neunziger Jahre sich jedoch für Tainment-Phantasten dröhnend-donnernd öffnen soll. Die UIAG beteiligt sich gemeinsam mit der Deutschen Beteiligungs AG (DBAG) im Zuge einer Kapitalerhöhung zu 10 Prozent an Librodisk, Haupteigentümer bleibt allerdings zunächst die Karl-Wlaschek-Privatstiftung.

Dass Rettberg genaue Einblicke in ein möglicherweise vorhandenes Gesamtkonzept ebenso verweigert wie eine detaillierte Erläuterung der Ergebniszahlen, wird von den Branchenexperten noch als „Wlaschek'scher Maulkorberlass" bewertet: Der Vorstandschef selbst ist bei weitem nicht auf seinem späteren medialen Gipfel als „Everybody's Darling", sondern gilt noch als treuer Diener seines Herrn. Allerdings will sich die inzwischen im Internet besonders aktive Libro-Kette künftig „generell im Vertrieb von Information stärker etablieren", und Rettberg sieht sich auch schon als „Medienhändler".

Zweieinhalb Monate später wird er in einem Gespräch mit dem WirtschaftsBlatt noch kühner: Da ist nicht mehr von 60, sondern bereits von 80 neuen Filialen allein in Österreich die Rede. „Zu den drei heuer bereits eröffneten Filialen werden bis Ende des Jahres noch sieben dazukommen, die weiteren Expansionsschritte werden dann in ähnlichem Tempo erfolgen." Genaue Standorte will Rettberg „aus strategischen Gründen" nicht verraten, eine Finanzaufstockung sei für den Ausbau nicht notwendig: „Das können wir ohne Kapitalerhöhung abdecken." Bracheninsider schätzen die Investitionskosten pro Standort auf knapp unter zehn Millionen Schilling, was also konservativ gerechnet in Summe rund 700 Millionen Schilling ergibt.

Damit fühlt sich Rettberg ganz offensichtlich in keiner Weise ausgelastet, entdeckt er doch einen Lieblingsfeind, den er in den kommenden Jahren mit unglaublicher Verve bekämpfen wird: Die in Österreich seit immerhin 1888 bestehende Buchpreisbindung erlaubt es den Verlagen, den Verkaufspreis eines Buches zu bestimmen, wodurch es zwischen den Buchhändlern keinen Wettbewerb über den Preis geben kann. Einzige Ausnahme sind Lizenzausgaben der Buchklubs, etwa Donaulands, die um bis zu 30 Prozent billiger auf den Markt kommen können – für Rettberg eine „Wettbewerbsverzerrung": „Ohne Preisbindung würde der durchschnittliche Buchpreis im Laufe weniger Jahre um 15 bis 20 Prozent fallen!"

Im Gegenzug würden um vielleicht zehn bis 15 Prozent mehr Bücher verkauft, schätzt Rettberg und will eine spezielle Gefährdung kleiner Buchhändler nicht wahrhaben: Schon jetzt gebe es eine starke Konzentration, wobei in Österreich (wie auch in Deutschland) die zehn Größten gemeinsam rund die Hälfte des Marktes unter sich aufteilen. Der für Wettbewerb zuständige EU-

Kommissar Karel van Miert macht kein Geheimnis daraus, dass er der Buchpreisbindung sehr kritisch gegenübersteht, die Kulturminister der EU-Länder möchten hingegen Bücher als Kulturgut definieren, von den Regeln des Wettbewerbs ausnehmen und hoffen dabei auf Unterstützung des für Kultur zuständigen EU-Kommissars Marcelino Oreja.

Fundamental kann die EU-Kommission nur die Preisbindung beim grenzüberschreitenden Verkauf von Büchern untersagen, wenn also deutsche Bücher in Österreich verkauft werden. „Es ist allerdings sinnlos, innerhalb Deutschlands die Preisbindung aufrechtzuerhalten, wenn das gleiche Buch in Österreich billiger zu haben ist", predigt Rettberg. Die Preisbindung werde daher automatisch unterhöhlt. Und das Internet ist für den Libro-Chef ein weiteres Argument: Schon jetzt gebe es im Netz einen amerikanischen Anbieter, der von jeder Buchpreisbindung enthoben deutsche Bücher deutlich billiger liefere. „Sobald sich die kommerzielle Nutzung des Internets verbreitet, werden Buchhändler in Europa durch diese Konkurrenz heftig unter Druck geraten."

Mit Büchern erwirtschaftet Libro Mitte 1997 rund 700 Millionen Schilling Umsatz und hält damit etwa 15 Prozent Marktanteil. Über einen ähnlich hohen Marktanteil verfügt Donauland, Morawa liegt mit fünf bis sechs Prozent an dritter Stelle. Im ganzen deutschsprachigen Raum ist Libro sechstgrößter Buchhändler, zitiert Rettberg aus einer Untersuchung des Börsenvereins des Deutschen Buchhandels. In Österreich existieren rund 600 kleine Buchhändler und weitere 400 Geschäfte, die „nebenbei" als Teil des Sortiments auch Bücher vertreiben. „Wenn die Preisbindung fällt, wird laut einer schwedischen Erfahrung die Zahl der Händler mittelfristig gleich bleiben, die Zahl der vertriebenen Titel und Bücher sogar steigen", lockt Rettberg, beschwert sich bei der EU-Kommission und will den Europäischen Gerichtshof (EuGH) anrufen, wenn die Preisbindung nicht fällt.

Die Branche horcht kurz auf und befasst sich dann wieder mit dem Tagesgeschäft, das in einem nicht unwesentlichen Ausmaß aus Abwehrmaßnahmen gegen das mittlerweile gefährliche „Libro-Monster" (ein betroffener Buchhändler) besteht. Denn über die akademische Diskussion der Preisbindung hinaus spürt der österreichische Buchhandel immer bedrohlicher das Aggressionspotenzial der Libro-Kette bei kaufmännisch so bedeutsamen Parametern wie Einkaufskonditionen und Marketingmacht. Kein Wunder also, dass

Ende Oktober eine Bombennachricht auch wie eine ebensolche einschlägt: „Libro wird verkauft!"

Gegen Jahresende werden die Voraussetzungen für eine im doppelten Wortsinn absolut unheimliche Expansion geschaffen: Während Karl Wlaschek (kaufmännisch exakt: die Karl-Walschek-Privatstiftung) den größten Teil des für österreichische Verhältnisse riesigen Billa-Konzerns an die deutsche Rewe verscherbelt, wird die Librodisk Handels AG von einem Konsortium unter der Führung der UIAG übernommen, das 100 Prozent der Aktien an der neu gegründeten Holding „UD Beteiligungsberatungs AG" erwirbt, in deren alleinigen Besitz sich die Librodisk befindet. Die UIAG hatte ja schon im Februar mehr als fünf Libro-Prozente gekauft und stockt nun auf rund 25 Prozent auf. Damit ist sie größter Einzelaktionär der DU Beteiligungsberatungs AG. Die Deutsche Beteiligungs AG (DBAG), die damals mit 4,9 Prozent eingestiegen war, erhöht auf 24,9 Prozent. 49 Prozent der Aktien werden von mehrheitlich österreichischen Finanzinvestoren übernommen, die jeweils bis zu 10 Prozent der Aktien halten; auch Rettberg glaubt ohne jeden Zweifel an „sein" Unternehmen und gehört diesem Konsortium maßgeblich an.

Der Libro-Kauf kostet das Konsortium laut einem sichtlich euphorisierten UIAG-Vorstand Mag. Kurt Stiassny insgesamt mehr als eine Milliarde Schilling, davon entfallen 600 Millionen auf das Eigenkapital: „Die UIAG investiert 150 Millionen Schilling in dieses Engagement. Als Konsortialführer haben wir eine mehrheitliche österreichische Lösung realisiert." Unisono träumen Rettberg und Stiassny vom Börsengang 1999 als Publikumsunternehmen mit einer breiten Streuung zwischen 50 und 70 Prozent. Libro soll im Fließhandel der Wiener Börse und eventuell auch an einer Auslandsbörse wie z. B. Frankfurt notieren.

Klar und deutlich bekennt man sich zum Prinzip Dauerwachstum: Der erwartete Emissionserlös ist für die weitere Aufblähung des Unternehmens geplant. Dann geht mit den beiden Siegestrunkenen erstmals die Allmachtsphantasie durch: Ein Expansionsstopp in Österreich ist sowieso nicht abzusehen (heißt: zu den derzeit vorhandenen 220 Outlets jährlich zehn bis 20 neue Filialen, vornehmlich in Westösterreich), Deutschland würde wohl demnächst geknackt (auch wenn die drei Testfilialen beim „großen Bruder" bis dato nur Anlaufverluste und immerhin die Erkenntnis gebracht haben, man sollte sich in Deutschland „eher auf mittlere und kleinere Ort konzentrieren“), aber damit noch lange nicht genug, auch in Tschechien, Polen und Ungarn warte man offensichtlich geradezu begierig auf Libro: „Für den Marktauftritt in einer deutschen Region sind zumindest 60 Filialen notwendig, die eine Investition von 250 bis 300 Millionen Schilling erfordern – die Anlaufkosten in Osteuropa sind dagegen wesentlich geringer“, malt sich Rettberg aus.

Ein Gutes immerhin bringen die neuen Eigentumsverhältnisse mit sich: Die in Billa-Zeiten sehr verschlossene Librodisk weist erstmals ihre aktuelle Geschäftsentwicklung etwas detaillierter aus. Im Geschäftsjahr 1996/97 (1. März 1996 bis 28. Februar 1997) sind demnach die Netto-Umsatzerlöse um 18 Prozent auf 3,17 (Vorjahr: 2,68) Milliarden Schilling gestiegen, und das Ergebnis der gewöhnlichen Geschäftstätigkeit (EGT) erhöht sich um 16 Prozent auf 87,5 (75,4) Millionen.

Auch der Cashflow aus dem Ergebnis kann gegenüber dem Vorjahr um 36 Millionen auf 161 Millionen Schilling erhöht werden. Das Eigenkapital schließlich steigt auf 357 (298) Millionen Schilling, wodurch die Eigenkapitalquote durchaus respektable 30,5 Prozent beträgt. Die Verkaufsfläche von Libro hat sich auf 69.000 (58.000) m^2 erhöht, die Anzahl der Mitarbeiter auf 1.254 (1.223).

Das Finanzergebnis allerdings ist im Geschäftsjahr 1996/97 mit minus 27 Millionen Schilling nicht wahnsinnig erfreulich, was Rettberg und Stiassny maßgeblich mit den Anlaufkosten in Deutschland und konkret mit der Teilwertabschreibung eines gewährten Zuschusses von 16 Millionen Schilling begründen. Damit nicht genug: Die Trennung vom BML-Konzern und die damit verbundene Verselbstständigung einiger Unternehmensbereiche (EDV, Personal, Logistik) soll im laufenden Geschäftsjahr 1997/98 und auch noch 1998/99 zu Anlaufkosten von je rund 30 Millionen Schilling führen. Das stört die Manager aber keineswegs: Sie geben als klares Ziel vor, trotz der Aufwendungen für die Lösung aus dem BML-Konzern im Ergebnis stärker als im Umsatz zu wachsen, wobei aber auch dieser um zumindest zehn Prozent zulegen soll und damit weit über der Branche liegen würde, die für 1998 ein Minus von zwei Prozent erwartet. Einem Modetrend der Zeit entsprechend, werden Rettberg und Stiassny nach möglichen Synergien befragt, die seitens der UIAG eingebracht werden könnte, die ja über weitere Beteiligungen an diversen österreichischen Unternehmen verfügt.

Solche „Zusatzgoodies“ sehen aber nicht einmal die beiden Berufsoptimisten, eventuelle Synergien seien höchstens dank der ebenfalls im Portfolio der UIAG befindlichen Niedermeyer-Kette zu erhoffen. Und zwar im Logistikbereich. Allerdings: „Ein Logistikkonzept ist erst in Ausarbeitung.“ Dafür sollen Rettberg und der kaum jemals in Erscheinung tretende Martin Greiner Verstärkung in Form eines dritten Libro-Vorstandes bekommen – sinnigerweise ausdrücklich „für den kaufmännischen Bereich“.

„Es ist vollbracht!" Vom Buchdiskonter zum Multimediahändler (1998)

„Arroganz ist das Selbstbewusstsein des Minderwertigkeitskomplexes."
(JEAN ROSTAND)

1998: Wieder ein Fußballweltmeisterschaftsjahr! Doch während sich dieser profane Anlass für Patrioten höchst unliebsam entwickeln sollte (weil Österreich im Unterschied zu 1978 bereits nach der ersten Runde ausscheidet), gibt es für Libro schon im Jänner jede Menge Grund zum Jubeln. Ausgerechnet Agrar(!)-Kommissar Franz Fischler verkündet die vor allem für André Rettberg frohe Botschaft, die EU-Kommission werde den Verlegern in Deutschland und Österreich einen Mahnbrief in Sachen Buchpreisbindung schicken und ihnen gerade einmal zwei Monate Zeit geben, ihre Position zu begründen. Wettbewerbskommissar Karel van Miert lehnt demnach die grenzüberschreitende Preisbindung ab, „weil sie die Wettbewerbsfreiheit einschränkt".

Allerdings habe ein Hinweis auf den EWR-Vertrag klargestellt, dass das System bis zu einer endgültigen Entscheidung der EU-Kommission zulässig bleibt und es keine kurzfristigen „Störungen des Marktes" geben werde, sagt Fischler. Rettberg hingegen jubiliert und sieht sich bereits am Ziel: „Mit der Entscheidung vom heutigen Tage ist die Buchpreisbindung gefallen. Die Kommission hat im Interesse der Kunden und im Interesse der Kultur den künstlich hochgehaltenen Buchpreisen eine klare Absage erteilt, und damit ist es nur eine Frage der Zeit, bis die nationalen Buchpreisbindungen in Deutschland und Österreich ebenfalls fallen werden. Die dem österreichischen Buchhandel von deutschen Großverlagen bisher diktierten Buchpreise sind nicht nur eine eklatante Verletzung des Europäischen Wettbewerbsrechtes, sondern bedeuten für den Konsumenten eine Verteuerung von durchschnittlich 30 Prozent."

Mit seiner 1996 eingereichten Beschwerde habe sich Libro deshalb auch zum Anwalt seiner Kunden gemacht. Im Brustton des Siegers zeigt sich Rettberg davon überzeugt, dass die Entscheidung der Kommission vor allem jungen Lesern den Zugang zu Kunst und Kultur erleichtern werde. „Es ist erfreulich, dass die EU-Kommission diesem kulturellen Aspekt bei ihrer Entscheidung Rechnung trägt. Bis zum endgültigen Abschluss des Verfahrens wird sich der Buchhandel auf die neue Herausforderung eingestellt haben. Libro wird wie bisher führend in der Innovation für den wichtigen Kulturträger Buchhandel sein."

Rettberg sieht sich als „Buchhändler mit Leib und Seele", dem es seine gesamte Berufslaufbahn hindurch „um das Buch und die dem Buch verwandten Medien und um die Verbreitung von Literatur und Kultur an ein möglichst breites Publikum" gegangen sei. Der fest gefügte deutschsprachige Buchhandel habe jedoch in den letzten Jahren stagniert. „Mit dieser Stagnation konnte und wollte ich mich nicht abfinden und werde es auch in Zukunft nicht tun! Der althergebrachte, uns lieb gewordene flächendeckende Buchhandel ist nicht Gegner und Feind des Medienhandels. Der Medienhandel ist vielmehr die Antwort auf die gesellschaftlichen und technologischen Veränderungen, denen wir mit Offenheit, Flexibilität, Innovation und Kundenorientierung begegnen müssen."

Aber die Befürworter der Buchpreisbindung sehen den Sachverhalt gänzlich anders und formieren sich zu akkordiertem Widerstand. Kunststaatssekretär Peter Wittmann hält den Beschluss der EU-Kommission schlicht und einfach für falsch; die Zeit bis zur endgültigen Entscheidung werde Österreich nutzen, um die Beschwerdepunkte zu widerlegen und erneut alle Argumente für die Aufrechterhaltung der Preisbindung vorzulegen. Van Miert habe Bundeskanzler Viktor Klima zugesagt, mit der endgültigen Entscheidung auf das von den EU-Kulturministern angeforderte Gutachten über eine mögliche Rechtfertigung der Buchpreisbindung mit Artikel 128 des EU-Vertrages zu warten; unabhängig davon will Österreich eine nationale Regelung für die Buchpreisbindung vorbereiten.

Die Grünen befürchten „schweren Schaden für die Verlage und Autoren", einmal mehr stelle die EU damit wirtschaftsliberalistische Prinzipien vor kulturelle Überlegungen. Auch das Liberale Forum – an sich nicht mehr als eine sehr kurzlebige Fußnote in Österreichs Politik – hält Bücher nicht für Waren „wie andere Gebrauchsgüter", sondern mahnt, kulturpolitische Instrumente seien dringend vonnöten. Für die IG Autorinnen Autoren wäre die Abschaffung der Buchpreisbindung gar „ein barbarischer Akt“, und auch Deutschlands Bundeskanzler Helmut Kohl steht weiterhin zu dem in seinen Augen bewährten System: „Nur die Buchpreisbindung gewährleistet eine flächendeckende Versorgung mit breitem Bücherangebot zu ausgewogenen Preisen.“

Die Buchhändler greifen mehrheitlich zu markigen Sprüchen, um ihr Revier zu sichern: „Eine Sünde an der Kultur“, nennt der geschäftsführende Gesellschafter der Auslieferungs-Firma Mohr-Morawa, Gottfried Berger, die Versuche zur Aufhebung des festen Ladenpreises für Bücher. Sollte der Fixpreis fallen, bedeute das den Tod vieler Buchhandlungen und Verlage. Bei Frick ist man der Ansicht, dass bei Abschaffung der Buchpreisbindung nur Fachbuchhandlungen bestehen könnten – und die großen Ketten. Womit in Österreich eigentlich nur Libro gemeint sein kann.

Als nicht sehr hilfreiche Verbündete erweisen sich dagegen überraschenderweise die Verlage, die der Zukunft mit weniger Sorge entgegensehen. Für Bücher mit hoher Auflage könnte eine Aufhebung der Buchpreisbindung unter Umständen sogar besser sein, lautet das Statement des Salzburger Residenz-Verlages. Einschränkender Nachsatz: Anspruchsvolle Literatur werde es schwerer haben. Bei Ueberreuter erklärt man: „Wir sehen dem gelassen entgegen.“ Falle die Preisbindung, müsse man sich darauf einstellen, die Vertriebsstruktur „durchforsten“ und sich daran orientieren, wie die großen Verlage in Deutschland reagieren.

Eine ganz eigene Auffassung vertritt schließlich die Arbeiterkammer, die wie gewohnt einen offensiven Rundumschlag vollzieht und nach dem bewährten Grundsatz „Viel Feind, viel Ehr“ agiert. Die Uneinsichtigkeit der Verlage und des Buchhandels habe zur drohenden Entscheidung der EU geführt, die Buchpreisbindung abzuschaffen. Die AK dagegen habe „immer wieder“ davor gewarnt, dass die EU gegen den Weiterbestand der kulturpolitisch sinnvollen Buchpreisbindung entscheiden werde, wenn nicht das derzeitige System der Preisbindung reformiert würde. Also: Buchpreisbindung ja! Aber eben ganz anders.

Im Spätfrühling bringen in einer öffentlichen Diskussion in der Wiener Zukunftswerkstätte unter der Moderation von Klaus Nüchtern (Kulturredakteur bei der Stadtzeitung „Falter“) Anton C. Hilscher (Präsident des Hauptverbandes des Österreichischen Buchhandels), Elisabeth Reichart (österreichische Schriftstellerin), Gerhard Ruiss (Geschäftsführer der IG Autorinnen Autoren) und Rettberg ihre Argumente vor. Hilscher argumentiert vor allem aus der Sicht des klein- und mittelbetrieblich organisierten Buchhandels. So habe die Aufhebung der Buchpreisbindung in England gezeigt, dass der Literaturmarkt dort zerstört worden sei. Zwar seien Bestseller billiger geworden, die restlichen Bücher – also das breite literarische Angebot – allerdings teurer. Hilscher streicht auch die Selektionsfunktion des Buchhandels heraus: Die Verlage und Händler würden aus dem riesigen Literaturangebot auswählen, um dem Kunden ein breites Spektrum zu bieten. In Verbindung mit der kompetenten Beratung sowie der Option, auf Wunsch auch bestimmte Bücher zu organisieren, biete der Buchhandel einen guten Service, den Libro nicht garantieren könne. Der Wegfall des gesicherten Buchpreises würde neben dem volkswirtschaftlichen Verlust – schließlich könnten kleine Buchhandlungen die Preissenkungen der großen Ketten nicht mittragen und würden dadurch in großer Zahl zu Grunde gehen – auch einen kulturellen Verlust bringen, nur noch Bestseller wären marktadäquat. Bezahlen müssen diese Revolution am Buchmarkt die klein- und mittelbetrieblichen Unternehmen, da die funktionierenden Rahmenbedingungen und somit Arbeitsplätze zerstört werden würden.

Rettberg dagegen sieht in der heutigen Form der Buchpreisbindung „ein nicht mehr zeitgemäßes" Instrumentarium. Ihm geht es nicht darum, in „Wildwest-Manier" etwas zu verändern, sondern eine Neuregelung, mit der Verleger, Händler sowie Autor(innen) zufrieden sind, zu finden. Laut Rettbergs Demokratieverständnis müsse es auch Bücher für „Normalsterbliche" geben und nicht nur ein Literaturangebot für die Hochgebildeten. Mit einer definitiven Freigabe des Buchpreises könne aber erst in zwei bis drei Jahren gerechnet werden. Während dieses Zeitraums könnten jedoch gemeinsam Vorbereitungen getroffen werden, um ein Chaos zu verhindern – schließlich strebe niemand Verhältnisse wie im angelsächsischen Raum an. Ziel für Libro sei es aber, möglichst preiswerte Bücher anzubieten, um letztendlich den Markt zu stimulieren. Die Notwendigkeit kostengünstiger Bücher entstehe auch hinsichtlich des Internet-Marktes, denn dort würde eine individuelle Kundenbetreuung ermöglicht, mit der keine Buchhandlung mithalten könne.

Ruiss steht der Aufhebung der Buchpreisbindung naturgemäß skeptisch gegenüber: „Die EU hat sich nie als Kulturgemeinschaft verstanden." Vielmehr habe die Marktwirtschaft oberste Priorität, durch Deregulierung und entsprechende Marktgesetze werde das Buch als Kulturgut jedoch nicht unterstützt. Der heimische Markt könne nicht grenzüberschreitend agieren, Österreich könne Deutschland in der Wettbewerbsfähigkeit nichts entgegenhalten, dafür sorge schon der kleine regionale Markt. Selbst von namhaftesten Autoren der deutschen Lyrik wie Günter Grass würden nur 1.000 bis 2.000 Stück seiner Gedichte verkauft. Dies zeige deutlich auf, dass das Buch die vom Markt gestellten Anforderungen – am besten in einer Saison zum Bestseller zu avancieren – keinesfalls immer erfüllen könne. Ruiss zeigt sich auch über die zunehmende Monopolsituation bei den Verlagen – der deutsche Multi Bertelsmann ist dafür ein gutes Beispiel – besorgt. Österreich habe zwar den Wandel von dem aus öffentlicher Hand finanzierten Verlagswesen mit starkem Engagement der Körperschaften, des Gewerkschaftsbundes oder der Kirche, hin zu einem Privatverlagswesen gut überstanden und die österreichische Literatur könne auf ihre Qualität zu Recht stolz sein. In Amerika aber sei der Qualitätsverlust aufgrund der Bedingungen bereits drastisch: Ein bestimmtes, nicht in breiter Auflage erschienenes Buch koste dort um ein Vielfaches mehr als Bücher aus Massenproduktionen. Auch das abschreckende Beispiel der – in Österreich kaum mehr vorhandenen – wissenschaftlichen Literatur müsse vor Augen gehalten werden: Bücher seien oftmals nur noch machbar, wenn sie durch die öffentliche Hand finanziert werden. Am Markt handelt es sich nicht mehr um eine Vielfalt des Angebots, sondern um eine bloße Vervielfältigung. Schließlich müsse das Buch immer im Kontext mit Kultur betrachtet werden.

Die Schriftstellerin Elisabeth Reichart verweist auf die Wichtigkeit des geistigen Klimas für Autor(innen), das sich eben auch durch eine Vielfalt an Literatur auszeichnet. Die Befürchtung, dass dieses breite Angebot verloren ginge, wenn marktwirtschaftliche Tendenzen den Buchmarkt bestimmen, liegt nahe, denn der Wettbewerb im kapitalistischen System sei schließlich immer ein Verdrängungswettbewerb und die Auswirkung auf das – ohnehin kleine – deutsche Literaturangebot naturgemäß eine negative. Man müsse sich darum die Frage stellen, was durch die Aufhebung der Buchpreisbindung verdrängt und was übrig bleiben würde. Als Vorschlag kann sich Reichart ähnlich wie in Umweltfragen das System des Verursacherprinzips vorstellen: Man solle beobachten, was an Literatur verloren ginge und danach adäquate Strafen verhängen. Die Auflagen einer österreichischen Schriftstellerin beispielsweise würden sich zwischen drei- und maximal achttausend Stück bewegen. Ein Buch kostet zwischen 200 und 300 Schilling, davon stünden der Autorin zehn Prozent zu. Würden nun durch die Aufhebung der Buchpreisbindung weniger Buchhandlungen diese Bücher anbieten, wäre das Ergebnis für die Autor(innen) ein denkbar schlechtes: Sie – die ohnehin die Letzten in der Kette seien – würden schließlich noch mehr um ihre Honorare fürchten müssen.

Amadeus, Amadeus! Im Juni folgt mit der Übernahme des Buchhandels des oberösterreichischen Landesverlages als „Geschäftsbereich Amadeus" der nächste Libro-Expansionsschritt: Rund 470 Millionen Schilling Jahresumsatz und 300 Mitarbeiter in 15 Amadeus-Filialen gewinnt Libro mit dem Kauf des zweitgrößten Buchhandels Österreichs dazu.

Die Landesverlag Holding Ges. m. b. H., Druck-, Verlag- und Medienzentrum wurde 1870 gegründet und geht auf die älteste Druckerei in Linz zurück. Neben den Buchhandlungen verfügt das Unternehmen über eine Druckerei (Zeitungsdruck, Buchproduktion usw.) und Papiergeschäfte. Weiters gehören der Veritas-Verlag und der Ehrenwirth-Verlag zum Unternehmen. Im Landesverlag erscheint die Wochenzeitung „Oö. Rundschau" mit nicht weniger als elf Regionalausgaben, Tochterfirmen sind Wertpräsent und Roidl. Mit knapp tausend Mitarbeitern erzielt das Unternehmen einen Jahresumsatz von rund zwei Milliarden Schilling.

Libro erwirbt die Beteiligung der Landesverlag Holding GmbH an der Landesverlag Handelsgesellschaft mbH & Co. OHG und sämtliche von der Holding gehaltenen Geschäftsanteile an der Landesverlag Handelsgesellschaft mbH nach Meinung aller Branchenexperten bei weitem zu teuer und ohne jede Due Diligence und benennt die Anteile in „Libro Management GmbH" um.

Rettberg sieht den Kauf als „Einstieg in den klassischen Sortimentsbuchhandel, womit wir unsere Marktführerschaft im Buchhandel festigen". Man habe sich damit auch gegenüber deutschen Verlagen eine starke Marktposition erarbeitet: „Wir können uns damit auch zwei Jahre Zeit ersparen für eine ertragreiche Expansion nach Deutschland." Synergien erwartet er vor allem in der Verwaltung, er will aber den Landesverlag „wie bisher als eigenständiges Unternehmen führen". Zum Zeitpunkt der Übernahme ist der Landesverlag mit Ausnahme einer Amadeus-Buchhandlung in Wien ausschließlich in Oberösterreich vertreten, ein neues Konzept sieht aber die weitere Expansion vor allem in Wien vor.

Anfang Juli freut sich Rettberg über das „beste Jahr in der Firmengeschichte“ 1997/98, über neue Geschäftsfelder vor allem im Bereich der Telekommunikation und wälzt schon wieder neue Pläne: Noch im Herbst soll Libro in den Versandhandel einsteigen: „Libro-Bücher und Teile des übrigen Sortiments werden dann auch über Katalog in einer Auflage von zunächst 150.000 bis 200.000 Stück verkauft“, will der ambitiöse Holländer binnen fünf Jahren hinter den beiden Buchversand-Platzhirschen Donauland und Müller den dritten Rang belegen.

Der Nettoumsatz von Librodisk ist 1997/98 von 3,17 auf 3,52 Milliarden Schilling gestiegen, der Bruttoumsatz von 3,74 auf 4,18 Milliarden. Noch stärker als der Umsatz legt verblüffenderweise der Gewinn zu: Das Betriebsergebnis hat sich um 46 Prozent auf 168 Millionen verbessert, beim EGT gibt es ein Plus von mehr als 52 Prozent von 87 auf 134 Millionen, als Jahresüberschuss werden 102 (nach 59) Millionen Schilling ausgewiesen. Zum Bilanzstichtag beschäftigt Libro 1.482 (nach 1.254) Mitarbeiter, die Zahl der Filialen ist (noch ohne Amadeus) um sieben auf 222 angewachsen.

Rettberg schwelgt: „Heuer kommen mindestens zehn neue Libro-Österreich-Filialen dazu, in Wien, Graz, Salzburg oder Innsbruck werden neue Amadeus-Läden entstehen.“ Und der Umsatz? Der soll 1998/99 wieder zweistellig wachsen, das EGT gleich um mehr als 20 Prozent.

Zunehmend geriert sich Rettberg als Medien-Darling und Gesellschaftstiger und übergibt auf dem Wiener Heldenplatz einen Tag nach der Bilanzpressekonferenz den deutlich in die Jahre gekommenen ehemaligen Austropop-Helden Rainhard Fendrich, Wolfgang Ambros und Georg Danzer ein Platin-Video für deren „Austria 3“-Projekt (wofür in Österreich übrigens bereits 10.000 verkaufte Exemplare ausreichen). Das exklusiv von Libro vertriebene Video wurde von den DoRo-Filmern Rudi Dolezal und Hannes Rossacher gestaltet, die sich im Laufe der nächsten Jahre ebenfalls nicht unbedingt als die allerbesten Geschäftsleute erweisen werden – doch das ist eine andere Geschichte ...

Und die Buchpreisbindungs-Diskussion geht weiter! Rettberg entdeckt die prägnante Formel der „Schaffung eines fairen Wettbewerbs“, die er gebetsmühlenartig wiederholt. Ausgerechnet der mächtigste Manager jener Kette, die mit aller Kraft und allen Tricks zum „Big Player" werden will, kritisiert Branchengrößen wie Bertelsmann und verkauft sich als Fürsprecher der klassischen Buchhandlungen, wo die Ertragssituation schon seit Jahren schlecht sei.

Bertelsmann könne etwa über seinen Buchklub unter dem Ladenpreis verkaufen und verhindere gleichzeitig die Etablierung anderer Buchklubs: „Nach dem Wegfall der Preisbindung wäre es hingegen allen Anbietern möglich, den Preis als Marketinginstrument einzusetzen. Vor allem für das junge Zielpublikum von Libro würde dies einen Kaufanreiz darstellen und könnte helfen, neue Märkte zu öffnen!"

Im Moment finde, so Rettberg weiter, wie in allen anderen Wirtschaftsbereichen eine starke Konzentration im Buchhandel statt. Großbuchhandlungen expandierten gewaltig, während kleinere Betriebe unter steigenden Personal- und Raumkosten zu leiden hätten. Diese Entwicklung sei unabhängig vom Bestehen einer Preisbindung und würde nach deren Fall nur beschleunigt werden. Die Aufgabe der Kulturpolitik sieht Rettberg aber vor allem darin, dass „mehr Bücher gekauft und nicht bestehende Buchhandlungen geschützt werden".

Als sinnvoll bezeichnet er Übergangs- und Einschleifregelungen zur Abfederung des Übergangs zur freien Preisbildung und kann sich etwa vorstellen, die zeitliche Länge der Preisbindung einzuschränken sowie dem Buchhändler die Möglichkeit zu geben, mittels Preisnachlässen sein Lager von Flops zu säubern. Außerdem sollte vor allem eine freie Preisgestaltung bei jenen Werken möglich sein, von denen Buchklubausgaben produziert würden, und die Einführung einer „Kundenkarte" für Stammkunden erlaubt sein.

Als „stille" Mitstreiter gegen die Buchpreisbindung ortet Rettberg im Herbst 1998 die Arbeiterkammer (wegen der überhöhten Preise) sowie große Buchhändler bzw. Verlage und sieht sich beinahe schon als Märtyrer: „Derzeit holt sich nur Libro als Vorkämpfer kalte Füße." Prompt folgt ein umfassendes, detailliertes Kontra von Hauptverbandspräsident Anton C. Hilscher, der sich vor allem auch über den unsachlichen Ton erstaunt zeigt. „Rettberg versucht, mit Pauschalargumenten die EU-Kommission zu beeindrucken. Eine Buchpreisbindung wurde erst in jüngster Verbangenheit in Frankreich, Portugal und Griechenland durch demokratisch gewählte Instanzen (wieder) in Kraft gesetzt."

Auch geht Rettberg mit seinem so genannten Hauptargument

„Warum müssen gute Bücher teuer sein?“ nach Hilschers Ansicht „nicht seriös“ um: „Ich frage mich, wie Rettberg gute Bücher von schlechten unterscheiden möchte. Zweitens kann von einer künstlichen Erhöhung des Preisniveaus durch die Preisbindung nicht annähernd die Rede sein. Das oft zitierte Beispiel Großbritannien hat gezeigt, dass einzelne Bestseller zwar billiger werden, das durchschnittliche Buchpreisniveau aber um 6,9 Prozent angestiegen ist! Die Konzentration, die ja selbst nach den Aussagen Rettbergs durch das Fallen der Buchpreisbindung beschleunigt würde, führt à la longue zu einem Preisdiktat der Ketten.“

Wie das Beispiel USA zeigt, tragen laut Hilscher Ketten auch nicht der Tatsache Rechnung, dass Bücher nicht nur Waren, sondern auch Kulturgut sind: „Einkäufer diktieren, welche Bücher gelistet werden und welche nicht. Damit wird die Verlagsproduktion sukzessive eingeschränkt, kleine Verlage werden vom Markt gedrängt. Diese Prozesse kommen einer Zensur gleich. Die aus demokratiepolitischer und kultureller Sicht notwendige Vielfalt würde verloren gehen.“ Auch Rettbergs Argumentation in Sachen Arbeitsplätze sei fadenscheinig: Der qualifizierte Buchhändler, der ohne Preisbindung kaum noch eine Existenzberechtigung habe, müsse dem Regalbetreuer in den Libro-Outlets weichen.

Auch jenseits der Grenzen erntet Rettberg prompt zum Teil vehementen Widerspruch: „Der Gruppe Librodisk geht es um schnelle Gewinne auf Kosten der Leser, Autoren und Verlage“, kritisiert Gerhard Kurtze, Vorsteher des Börsenvereins des Deutschen Buchhandels. „Dass in einer für das Kernstück unserer Kultur, nämlich die Literatur und Sprache, so wesentlichen Frage eine einzelne Handelskette mit polemischen und nachgewiesenermaßen falschen Behauptungen in Brüssel wie in den Medien eine Schlammschlacht gegen den flächendeckenden Literaturvertrieb führen kann, ist ein einmaliger Vorgang.“ Auch der Börsenverein befürchtet bei einem Wegfall fester Preise einen Preisanstieg und ein Massensterben insbesondere kleiner Buchläden.

Durch den deutlichen Widerspruch offensichtlich beeindruckt, gibt sich Rettberg konziliant. Zwar ist er „sicher, dass die Kommission uns Recht gibt, im Interesse des gesamten Buchhandels“ will Libro aber Kompromissvorschläge diskutieren: „Die Schulbuchverleger haben bereits mit dem Umdenken begonnen, da für sie sonst immer geringere Margen zu lukrieren sind.“

Medienwirksam beklagt der Libro-Chef auch die „Untergriffe“

des Buchhandels gegen sein Unternehmen. Ihm gehe es vor allem um günstige Preise für die Konsumenten, wodurch gerade die Jugend einen günstigeren Zugang zur Kultur erhalten würde. „Die Kompromissvorschläge von Libro liegen seit längerem vor, der Hauptverband hat aber überhaupt nicht reagiert. Ich will zumindest hören, warum meine Vorschläge abgelehnt werden!“ Vor allem durch die Einkaufsmöglichkeiten im Internet würden Buchhandlungen immer mehr bedroht. Daher gelte es, faire Wettbewerbsbedingungen zu schaffen, er- und beweist sich Rettberg als Rückschau haltender Prophet: Die Geschichte habe bisher gezeigt, dass „sich günstige Preise für den Konsumenten am Markt noch immer gerechnet haben“.

Und damit die Käufer in ihrer Libro-Filiale auch genug Produkte vorfinden, befasst sich das Unternehmen nun auch mit dem operativen Verlagsgeschäft. „Libro neue literatur“ startet mit Katrin Mackowskis schmalem Debütroman „Rosa spielen“. Das 122-Seiten-Bändchen (ISBN 3-85494-000-9) kostet 149,90 Schilling. Das poppige Cover in kräftigem Hellgrün und sattem Fuchsia verrät schon auf den ersten Blick manches über den Inhalt. Man sieht eine junge Frau vor einem Ölgemälde, auf dem wiederum eine stilisierte Frau abgebildet ist. Das Gemälde ist scharf, das Gesicht der Frau hingegen bleibt verschwommen. Auch die Autorin legt größten Wert auf den literarischen und mythologischen Hintergrund ihrer Geschichte: Hans Bellmer und seine Puppenfotos sind präsent, Ingeborg Bachmann steht Pate.

Denn Mackowski geht es um das uralte Thema von Mann und Frau, gefangen in einem unheilvollen Geschlechterkampf. Aglaia ist eine moderne, junge Frau, sie hat ihren Magister in der Tasche, jobbt jedoch als Empfangsdame in einer Hamburger Anwaltskanzlei. Irgendwo muss das Geld für die Miete ja her. In der schwül und sexuell aufgeladenen Atmosphäre der Praxis ergibt sich eine Liaison zwischen der unkonventionellen Aushilfskraft und einem renommierten, um 20 Jahre älteren Anwalt. Treskow ist natürlich verheiratet, seine Frau Petra leidet an einer seltsamen Krankheit, die hin und wieder ihre Beine völlig bewegungsunfähig macht. Aglaia und Petra drohen in Aglaias Kopf zu verschmelzen. Am Ende verbünden sich die beiden Frauen. Treskow, auf einmal sterbenskrank, bittet seine junge Geliebte, ihn zu töten. Sie trennt ihm den Kopf mit einer Rasierklinge ab. Endlich kann Aglaia ihr Spiel zu Ende spielen: Köpfe im Meer versenken.

Mackowski erzählt ihre Geschichte in einer temporeichen Sprache, sie assoziiert frei und wild. Mal ist sie ganz nah beim fröhlichen und platten Feminismus eines Frauen-Krimis (Frauen töten ihre Männer einfach so), im nächsten Moment ist Poesie und Tiefgang angesagt.

Wie auch immer: Rettberg holt sich den in der Literaturbranche nicht unbekannten Walter Famler für die Programmgestaltung ins Boot, will „die Verlagstätigkeit gern verstärken" und „Partner für österreichische oder deutsche Verlage" sein, dementiert jedoch Berichte über einen Einstieg beim Residenz-Verlag. Die unausgewogene und unglückliche Repertoirepolitik führt zu Ladenhütern wie Gottfried Kinsky-Weinfurters Schwarzbuch der Kulturpolitik „Sturz der Denkmäler" oder (später) dem Romanerstling „Thirsty Dog" von Simone Gertz bzw. der Reanimation von Michael Scharangs „Charly Traktor" in einem Bändchen mit „Harry. Charly Traktors Sohn" zum zugegebenermaßen wohlfeilen Preis von 99,90 Schilling.

Kuschelweich und gesellschaftspolitisch integer stellt sich Libro auch als Sponsor des Projekts „Fit for School – No Drugs" dar. In Zusammenarbeit mit dem Unterrichtsministerium sowie den Drogenkoordinationsstellen in Tirol und Niederösterreich unterstützt das Unternehmen ausgewählte Anti-Drogen-Projekte. Mit solchen Initiativen erweist sich Rettberg immer deutlicher als wahrer Meister der Medienorgel: „Unserer Meinung nach muss die Prävention der Hauptansatzpunkt im Kampf gegen Drogen sein. Hier können wir von Libro auch am besten etwas beitragen: Wir haben täglich sehr viele junge Kunden in unseren Filialen und können die betroffene Gruppe direkt ansprechen. In Österreich sind wir in dieser Hinsicht in einer einzigartigen Position und wollen diese zur Drogenaufklärung einsetzen."

Konkret bleibt unterm Strich eine Sonderpromotion „Fit for School", in deren Rahmen Libro zu Schulbeginn Tragtaschen mit dem bereits bekannten „No Drugs"-Logo vertreibt und dabei die Hälfte des Verkaufserlöses Drogeninformationsprojekten zur Verfügung stellt. Außerdem sponsert Libro z. B. die bereits „traditionelle" Street-Party-Tour in Niederösterreich, den „Rave Express" in Tirol als Meetingpoint und Diskussionszentrum für die Kids und die „Friedensideen"-CD für „Nachbar in Not", u. a. mit dem wohl programmatischen Song „Nur tote Helden leben lang" von Mandy Kirchmeyer.

Gegen Jahresende rekrutiert Rettberg mit Herbert Mayrhofer noch einen wichtigen Mitarbeiter. Der ehemalige ORF-Redakteur ziert sich zwar anfangs sehr, als ihn die Neumann Managementberatung von seinem neuen Glück zu überzeugen versucht. Dann bekommt er aber am 21. 12. 1998 noch einen Anruf: „Wollen Sie nicht wenigstens mit Herrn Rettberg essen gehen?“ Mayrhofer lässt sich überreden, und am 22. 12. ist es um ihn geschehen: Schon Mitte Jänner soll das neue Internet-Geschäftsmodell im Hause Libro präsentiert werden. Einen Namen braucht das neue Kind natürlich auch. Mayrhofer denkt sich: „LIbro? ONline?“ Und die nahe liegenden Domain-Endungen sind alle schon vergeben? Es ist die Geburtsstunde von lion.cc, wobei die Endung laut Mayrhofer für „content“ und „commerce“ steht.

Am Gipfel der Macht (1999)

„Die ganze Börse
hängt nur davon ab,
ob es mehr Aktien gibt
als Idioten – oder umgekehrt.“
(ANDRÉ – nein, nicht RETTBERG, sondern KOSTOLANY)

Wo steht Libro?

Anfang des Jahres erstellt das Institut für Angewandte Tiefenpsychologie im Auftrag der Agentur EURO&RSCG eine umfassende Studie, die sehr gut den aktuellen Status von Libro im Hinblick auf einen möglichen Börsengang zusammenfasst. (Die statistische Auswertung der Daten erfolgt mit der contingency table analysis und loglinearen Modellen.)

1. Was fällt Ihnen spontan zu Libro ein?

- Die Konsumenten verbinden mit Libro zu gleichen Teilen Musik, Buch und Papierwaren. Geschlechtsspezifisch gesehen fällt auf, dass Männer zu Libro vor allem Bücher, Frauen eher Papierwaren assoziieren. Das liegt vor allem daran, dass Frauen verstärkt für den Einkauf von Bürowaren und Schulbedarf verantwortlich sind.
- Konsumenten bis zum 20. Lebensjahr verbinden mit Libro am häufigsten Musik (63,7%), während den 30- bis 40-Jährigen zuerst Papierwaren (37,9%) und den über 40-Jährigen spontan (57,4%) Bücher einfällt.
- Pflichtschulabsolventen bringen Libro zu 65,6% mit Musik in Verbindung, Maturanten zu 40,3% mit Papierwaren und jene, die ein Studium absolviert haben, zu 58,1% mit Büchern.
- Während Singles zu 47% bei Libro zuerst an Musikprodukte denken, stehen bei Familien mit Kindern zu 53,8% Bücher an erster Stelle.
- Stammkunden bekunden mit 41% ihr Interesse an CDs, Personen, die selten bei Libro kaufen, bringen Libro vor allem mit Büchern in Verbindung (42,8%).

2. Welche Produkte verbinden Sie mit Libro?

- In der Produktzuordnung fällt der größte Anteil auf Musik (37%), vor Buch (32,8%) und Papierwaren (25,8%).

- Besonders auffällig ist die Tatsache, dass Libro von sehr jungen Menschen zum größten Teil (62,7%) zuerst mit Musik und nur zu 11,7% mit Büchern in Verbindung gebracht wird. Ab dem 30. Lebensjahr denkt mehr als die Hälfte der Befragten zuerst an Bücher. Softwareprodukte werden ebenfalls vor allem von Jugendlichen mit Libro in Zusammenhang gebracht (2%).
- Hochschulabsolventen bringen zu 58,3% Libro zuerst mit Büchern in Verbindung, nur 4,7% denken zuerst an Musik. Personen, die ihre Ausbildung mit der Pflichtschule beendet haben, verbinden mit Libro vor allem Musik (55,8%).
- Familien mit Kindern verbinden mit Libro zu gleichen Teilen Bücher und Papierwaren (40%), Singles und Personen, die in einer Lebensgemeinschaft ohne Kinder leben, überwiegend Musikprodukte.

3. Wie beurteilen Sie die Qualität der Produkte?

- Die beste Beurteilung erhielt die Papierwarenabteilung, Bücher und Software wurden weniger gut bewertet.
- Die Bewertung der Bücher steigt mit dem Lebensalter: Während von den Jugendlichen eine ehe negative Bewertung kommt, ist sie bei den über 40-Jährigen deutlich besser. Auch die Musik- und die Papierwarenabteilung erhält von Jugendlichen eine weniger gute Beurteilung als von den Konsumenten über 30 Jahre. Softwareprodukte werden vor allem von Jugendlichen und der Altersgruppe der 31- bis 40-Jährigen gut bewertet.
- Familien mit Kindern bewerten die Buchabteilung und die Qualität der Videos deutlich besser als Singles. Ebenso wird die Qualität der Bücher und Videos von Stammkunden besser beurteilt als von jenen Kunden, die Libro selten aufsuchen.

4. Welche mit Libro vergleichbaren Geschäfte fallen Ihnen ein?

- Relativ häufig genannt wurden Cosmos (8,4%), Freudensprung (5,7%) und Media Markt (4,9%) sowie Geschäfte des Einzelhandels (6,2%).
- Bei Jugendlichen sind vor allem Cosmos (15,9%), Freudensprung (10,5% und Saturn (9%) bekannt, in der Altersgruppe der 31- bis 40-Jährigen Donauland (11%). 22,5% der über 50-Jährigen sehen Geschäfte des Einzelhandels mit Libro vergleichbar.
- Libro-Stammkunden bezeichnen vermehrt Cosmos (14,8%) und Saturn (8,5%) als mit Libro vergleichbare Geschäfte, Kunden, die selten bei Libro kaufen, Geschäfte des Einzelhandels.

5. Welche Produkte hätten Sie gerne im Sortiment?

- 73,7% zeigten sich mit dem Sortiment von Libro zufrieden, sie gaben an, nichts ändern zu wollen. 9,9% wünschen sich mehr CDs, 7,2% ein größeres Büchersortiment. Weiters genannt wurden ein breiteres Spektrum an Zeitschriften (2,5%) sowie ein größeres Angebot an Hard- und Software.
- Während Männer vor allem an einem größeren CD-Sortiment interessiert sind, wünschen sich Frauen verstärkt mehr Auswahl an Büchern.
- Jugendliche sind ebenfalls vor allem an einem größeren Angebot an CDs interessiert, weiters könnte sich diese Altersgruppe Kleidung im Sortiment vorstellen.
- Die Altersgruppe der 20- bis 40-Jährigen ist verstärkt an einer größeren Bücher- und Zeitschriftenauswahl interessiert.
- Konsumenten, die Libro selten aufsuchen, wünschen sich ein größeres CD-Angebot. Stammkunden hingegen zeigen sich in diesem Bereich durchaus zufrieden. Sie würden sich eher ein größeres Sortiment an Hard- und Software wünschen.

6. Welche Produkte sollten besser ausgesondert werden?

- 77,3% sind der Meinung, dass keines der von Libro angebotenen Produkte ausgesondert werden sollte. 7% würden Naschsachen von der Angebotsliste streichen, 3,8% meinen, die CDs sollte man aussondern. Weiters genannt wurden Spielsachen (3,5%) und Videos (3,4%).
- Frauen meinen verstärkt, Spielsachen seien unnötig, während Männer eher auf Zeitschriften verzichten könnten.
- Besonders die Altersgruppen der 21- bis 30- und 41- bis 50-Jährigen könnten sich gut eine Aussortierung der Naschereien vorstellen.
- Stammkunden befürworten eine Aussonderung von Handys (7,6%) und Zeitschriften (3,8%).

7. Welcher Branche würden Sie Libro zuordnen?

- Libro wird von 67,4% aller Befragten der Papierbranche zugeordnet. 41,1% sehen Libro als Buchhandlung, 40,1% als Musikfachgeschäft (Mehrfachnennungen waren möglich).
- Männer ordnen Libro verstärkt der Buch- und Musikbranche zu, Frauen sehen Libro eher als Papierwarenfachgeschäft.
- Allein Jugendliche sehen Libro gleichwertig sowohl als Papierwaren- als auch als Musikgeschäft (60%). Die Übereinstimmung mit Buchhandlung beträgt in dieser Altersgruppe nur 22,4%. Die Zuordnung

für Video beträgt 20,1 %, jene für Software 18,2 % und ist somit deutlich höher als der Durchschnitt.

- Die höchste Übereinstimmung mit Papierwaren findet sich in den Altersgruppen der 21- bis 50-Jährigen. Bemerkenswert ist weiters die deutliche Zuordnung der 31- bis 40-Jährigen von Libro als Buchhandlung (65,8 %), und auch Personen über 40 sehen Libro vor allem als Buchfachgeschäft (57 %).
- Hochschulabsolventen sehen Libro noch deutlicher (76,2 %) als Papierwarenhandlung, 52,3 % ordnen Libro Buch und nur 19,1 % Musik zu.
- Kunden, die selten bei Libro kaufen, ordnen Libro ebenfalls deutlich der Branche Papier (68,3 %), zu 41 % Buch und nur zu 23,6 % Musik zu. Hier zeigt sich ein eklatanter Unterschied zu den Stammkunden: 58,6 % ordnet Libro der Branche Papierwaren, 54 % der Branche Musik und 50 % der Branche Buch zu.

8. Wie oft sind Sie bei Libro?

- 55,9 % aller Befragten gaben an, öfters bei Libro zu kaufen, 32,4 % selten und 11,5 % bezeichnen sich als Stammkunden.
- Frauen gehen öfters zu Libro einkaufen, Männer seltener. Das lässt sich auch vor allem an der Tatsache erkennen, dass Frauen verstärkt Papierwaren für den Büro- und Schulbedarf einkaufen.
- Den höchsten Zuspruch findet Libro bei den Jugendlichen, 70 % gaben an, öfters bei Libro zu sein. Hochschulabsolventen gehen deutlich weniger zu Libro einkaufen als Absolventen der Pflichtschule. Ebenso verhält es sich in Zusammenhang mit dem Einkommen. Bezieher geringerer Einkommen sind weit häufiger bei Libro zu finden als Besserverdienende.

9. Warum kaufen Sie lieber bei Libro?

- Die Mehrheit der Befragten kauft bei Libro aufgrund der günstigen Preise (55,4 %). Beinahe ebenso wichtig ist die leichte Erreichbarkeit von Libro-Geschäften aufgrund des dichten Filialnetzes (54,1 %). An dritter Stelle liegt die Warenvielfalt (36 %).
- Die Preise von Libro sind für Frauen noch mehr ein Grund als für Männer, bei Libro einzukaufen, ebenso schätzen Frauen die Warenvielfalt und auch die Qualität der Produkte höher ein als Männer.
- Weiters werden die günstigen Preise von Libro vor allem von Familien mit Kindern als entscheidendes Kriterium bewertet, bei Libro einzukaufen (65,9 %), besonders wichtig für jene Konsumenten ist allerdings die leichte Erreichbarkeit (61,2 %).

10. Wollten Sie die Waren ursprünglich woanders kaufen?

- 40,4% jener Kunden, die zu Libro kamen, wollten die Ware ursprünglich woanders kaufen und suchten Libro auf, weil die Ware in jenem Geschäft entweder zu teuer (21,3%) oder nicht lagernd (21,8%) war.
- Vor allem Männer (44,7%) kamen erst in zweiter Linie zu Libro, da die Ware in dem Geschäft ihrer Wahl nicht lagernd war (29,1%). Frauen kommen eher dann zu Libro, wenn ihnen der Preis in dem ersten Geschäft zu hoch ist.

11. Warum kamen Sie heute hierher?

- 50,2% der Befragten kamen zufällig vorbei, 42,1%, weil sie etwas Bestimmtes kaufen wollten.
- Frauen gehen eher dann zu Libro, wenn sie etwas bestimmtes brauchen, Männer kommen eher zufällig vorbei. Vor allem Angehörige der Altersgruppe 31–40 Jahre kommen dann zu Libro, wenn sie etwas Bestimmtes kaufen wollen (63,7%), Jugendliche schauen eher zufällig vorbei (67,2%).
- Das deckt sich auch in Zusammenhang mit der Lebensform der Konsumenten: Jene, die in Familien mit Kindern leben, kommen gezielt zu Libro, um etwas Bestimmtes zu kaufen (58,6%), Singles tun dies nur zu 33,5%.

12. Welche Veränderungen würden Sie als Verantwortliche/r durchführen?

- Am häufigsten kam die Antwort: „Besser geschultes Personal einstellen" (11,8%). 8,6% würden das Sortiment übersichtlicher präsentieren und 5,2% eine Modernisierung der Geschäftslokale veranlassen.
- Jugendliche würden vermehrt Computer fürs Internetsurfen bereitstellen. Die Altersgruppe der 21- bis 40-Jährigen würden vor allem besser geschultes Personal einstellen, Sitzgelegenheiten (fürs Bücherschmökern) einrichten und mehr Möglichkeiten schaffen, um CDs Probe hören zu können.
- Familien mit Kindern würden gerne Leseecken einrichten und legten ebenfalls mehr Wert auf besser geschultes Personal.
- Stammkunden würden mehr Kassen öffnen und mehr Möglichkeiten zum CD-Testhören schaffen.

13. Welche Produkte interessieren Sie am meisten?

- Das Hauptinteresse der Konsumenten betrifft eindeutig den Bereich Musik (66,2%), 43,8% interessieren sich für Bücher und 38,9% für Papierwaren (Mehrfachnennungen möglich).

- Frauen sind deutlich mehr an Büchern (50,7%) und Papierwaren (44,2%), Männer hingegen an Musik (73,8%) und Software (19,6%) interessiert.
- Untersucht man die einzelnen Altersgruppen genauer, wird klar, dass Jugendliche vor allem Interesse an Musikprodukten (85,4%) und Videos (22,4%) haben. In der Altersgruppe der 21- bis 30-Jährigen sind ebenfalls CDs (65,1%), aber auch vermehrt Bücher (55,1%) interessant. Das Interesse an Büchern steigt jedenfalls mit zunehmendem Lebensalter.
- Softwareprodukte sind vor allem für die Altersgruppe der 31- bis 40-Jährigen interessant.
- Pflichtschulabsolventen zeigen das größte Interesse an Musikprodukten (83,4%) und Videos (21,9%), Maturanten und Hochschulabsolventen hingegen sind verstärkt an Büchern und Papierwaren interessiert.
- Für Stammkunden sind die Abteilungen Musik, Videos und Software interessant, für Kunden, die Libro selten aufsuchen, vor allem Papierwaren.

14. Wie ist Ihr Eindruck von Libro?

- Die beste Bewertung erhielt „Preis", an zweiter Stelle „Qualität". Als relativ schlecht wurde der Umgangston der Mitarbeiter bewertet. Frauen bezeichnen Libro als „sympathischer" als Männer.
- Der günstige Preis wird vor allem von Kunden ab 40 Jahren geschätzt, der raue Umgangston der Mitarbeiter vor allem von Jugendlichen und Kunden bis 30 Jahren kritisiert.
- Gute Qualität wird eher von Lehrlingen, weniger von Absolventen eines Studiums zugestanden. Das Produktangebot wird von Familien mit Kindern weniger geschätzt als von Personen, die in einer Lebensgemeinschaft leben.
- Stammkunden beurteilen die Atmosphäre in den Filialen deutlich besser als jene, die Libro selten aufsuchen.

15. Positives Feedback

- Die größte Zustimmung findet wieder „Preis" (26,4%), geschätzt wird auch das große Sortiment (19,2%). Für Frauen sind Preis, großes Sortiment und Übersichtlichkeit der Waren im Geschäft wichtiger als für Männer. Diese schätzen eher die leichte Erreichbarkeit und das Stöbern im Geschäft, ohne vom Personal gestört zu werden.
- Stammkunden begrüßen vor allem die Übersichtlichkeit der Waren, das große Sortiment, die leichte Erreichbarkeit und Attraktivität der

Libro-Filialen. Kunden, die Libro selten aufsuchen, schätzen die günstigen Preise der Waren.

16. Negatives Feedback

- Stärkster Kritikpunkt ist eindeutig das Personal, was sowohl den Umgangston als auch das Erhalten von Informationen und Hilfestellungen betrifft (10,2%). Weiters wird die geringe Auswahl in den Produktsparten selbst (8,9%) und das Fehlen von Artikeln (6,3%) beanstandet.
- Frauen kritisieren eher das Fehlen von Artikeln, das ungeschulte Personal und die Unübersichtlichkeit in den Regalen, Männer die geringe Auswahl und die unangenehme Atmosphäre in den Filialen.
- Stammkunden beanstanden vor allem das Fehlen einzelner Artikel und die geringe Auswahl in den jeweiligen Produktsparten. Jene, die Libro selten aufsuchen, das ungeschulte Personal, die unangenehme Atmosphäre in den Filialen und vor allem die geringe Auswahl in den jeweiligen Produktsparten.

17. Wie beurteilen Sie die Entwicklung der Marke?

- Ein Großteil der Befragten sieht Libro im Aufwind (77%), 8,9% im Niedergang. Von einer positiven Entwicklung der Marke sind besonders Personen ab 30 Jahren überzeugt.
- Lehrlinge sehen Libro ebenfalls im Aufwind, während Absolventen eines Studiums weniger davon überzeugt sind.
- Verständlicherweise glauben Stammkunden besonders deutlich an eine positive Entwicklung von Libro (85,7%), Kunden, die Libro selten aufsuchen, sind immerhin zu 70,3% davon überzeugt.

18. Warum entwickelt sich Libro in diese Richtung?

- 27,4% der Befragten meinen, dass Libro im Trend der Zeit liegt. Je 17% meinen, dass die Preispolitik und das große Sortiment dafür verantwortlich sind, dass sich Libro im Aufwind befinde. 15% nennen das dichte Filialnetz.
- Jene, die glauben, Libro befinde sich im Niedergang, machen die zukünftige Konkurrenz aufgrund der EU dafür verantwortlich.
- Rund 35% der Befragten würden schon heute keine CDs und Videos im Handel mehr kaufen, wenn es eine kostengünstigere Alternative im Internet gäbe.
- Von den Kunden, die Libro öfters aufsuchen, würden sogar 40% auf das Internet umsteigen.
- Männer würden eher die Internetvariante wählen als Frauen.

- Die Altersklasse der 21- bis 30-Jährigen zieht, wenn es um Musik und Filme geht, das Einkaufsvergnügen im Handel einer billigeren Internetalternative vor. Junge unter 20 Jahren (für die das Internet schon etwas Selbstverständliches ist) und die 31- bis 40-Jährigen neigen am stärksten zur Internetvariante.
- Interessant ist, dass diejenigen, die bereits über einen eigenen Internetzugang verfügen, eher den Einkauf im Handel vorziehen. Sie sind informierter und wissen, dass das Herunterladen von Musik und Filmen über das Internet heute noch nicht so unkompliziert ist, wie viele Laien meinen.
- Gebildetere und Familien mit Kind (die eher auf das Geld schauen müssen) würden das Internet dem Handel eher vorziehen.

Folgerungen und Interpretationen

- Libro verfügt über keinen kompakten Markenkern. Dieser setzt sich (entsprechend der besonderen Entwicklungsgeschichte von Libro) aus drei annähernd gleich starken Subkernen zusammen: Bücher, Papier, CDs.
- Die Musikbranche hat zunehmend an Bedeutung gewonnen und wird heute im Erleben der Konsumenten am stärksten mit Libro in Verbindung gebracht
- Die Softwarebranche ist im Unbewussten der Rezipienten noch nicht sehr stark mit Libro assoziiert. Nur die 10- bis 16-Jährigen machen hier eine Ausnahme.
- Aufgrund der Fragmentierung des Produktangebotes ist es sinnvoll, das fehlende Dachmarkenprodukt durch ein Symbol bzw. einen Wert zu ersetzen. Die gemeinsame Klammer: Alle Produkte sind Informationsträger. Sie dienen überwiegend der Unterhaltung. Der Mehrwert entsteht durch die auf ihnen festgehaltene Information. (Das gilt in gleicher Weise für Schulhefte, Bücher, CDs, Videos, Computerspiele. In diesem Sinn sind CDs, Videos und Computersoftware die logischen elektronischen Nachfolger von Druckwerken.)
- Analog zu den Produkten bietet sich als Dachmarken-Idee die Vorstellung von Libro als „Multimedia" – Plattform für Freizeitgestaltung, Unterhaltung und Dienstleistung. Libro stellt die Infrastruktur zur Verfügung, mit deren Hilfe die Konsumenten ihre Sehnsüchte, Wünsche und Träume verwirklichen können.
- Libro sollte in der Zukunft eindeutig für „Multimedia" stehen, gleichsam zum Synonym für „Multimedia" werden.

- Die Mehrzahl der bei Libro angebotenen Produkte lassen sich unter dem übergeordneten Begriff Freizeit zusammenfassen. Allerdings handelt es sich dabei um eine bestimmte Ausprägung des allgemeinen Freizeitverhaltens – das passive, konsumierende Freizeitverhalten. Dieses ist, vor allem in moralisierenden psychologischen und soziologischen Gruppen, negativ besetzt.
- Aus psychoanalytischer Sicht sprechen die Libro-Produkte vorwiegend oral-passive Triebwünsche der Konsumenten an. Im übertragenen Sinn geht es um einen „Stillakt", der den „Reizhunger" beseitigen soll, ohne dass der Konsument dabei aktiv werden muss.
- Die bei Libro angebotenen Produkte erleichtern den Konsumenten eine vorübergehende Realitätsflucht in eine imaginäre, virtuelle Traumwelt der Musik, Bilder und Abenteuer.
- Libro ist die direkte Fortsetzung des Spielzeugladens für Teens und Twens sowie innerlich „jung" Gebliebene.
- Auch das Papiersortiment von Libro steht im Unbewussten für mütterliche Qualitäten der Wärme, Sicherheit und Geborgenheit, aber auch für das Reine, Unschuldige. (Man denke an die Virginität eines unbeschriebenen Blatt Papiers oder eines neuen ungebrauchten Schulheftes.) In dieser Bedeutung ist Libro auch mit Erneuerung (dem neugeborenen Leben etc.) assoziiert.
- Die CDs, Videos und Computergames fügen sich nahtlos ein. Sie ermöglichen den Konsumenten Erlebnisse auf der frühen symbiotischen Ebene, wo die reale Welt von der imaginären noch nicht eindeutig abgegrenzt ist.

Zukünftige Trends

- Der Umstieg von „Papier" auf elektronische Datenträger ist im Büro- und Verwaltungsbereich bereits voll im Gang.
- Im Schulbereich lässt sich dieser Trend ebenfalls beobachten.
- Ab der 5. Schulstufe wird den Schülern mittlerweile schon gestattet, ihre Hausaufgaben auf Computer zu schreiben.
- Ab dieser Schulstufe wird auch wieder „Maschinschreiben" unterrichtet.
- Der Computer wird aufgrund seiner mulitmedialen Fähigkeiten vermehrt in den Unterricht eingebaut. Der Trend ist unverkennbar: Notebooks statt Schultaschen.
- Es ist nur mehr eine Frage von wenigen Jahren, bis die Notebooks Schultaschen, Bücher, Hefte und Schulstifte im Unterricht ablösen.

- Der Papierbranche steht aufgrund dieser Entwicklung eine schwere Krise bevor. Schon jetzt leiden Papierindustrie und Verlage unter der Reduktion der Schulbuchaufträge.
- Um von diesem Trend nicht überrollt zu werden, scheint es sinnvoll, wenn Libro seinen Schwerpunkt verstärkt vom Handel auf den Dienstleistungsbereich verschiebt. Im Schulbereich bieten sich folgende Möglichkeiten an: Libro-Nachhilfeservice, Libro-Freizeitanimation, Libro-Multimediastützpunkte mit Clubcharakter für Schlüssel-Kids zwischen 12 und 16 Jahren (mit Hilfe von Internetzugang, Computer-Games, Fast-Food-Corners, Leseecken und Kreativ-Winkeln tauchen die Kinder in die vielfältigen Möglichkeiten der virtuellen Realität ein).
- Mit dem Niedergang der Papierbranche und Schulbücher ist auch – mit Verzögerung – mit einer Krise des Buches (des Massenbuches) zu rechnen.
- Schon heute lassen Kids im Hintergrund den Fernseher laufen oder hören Musik, wenn sie Computer spielen. In absehbarer Zeit werden sie spannende Geschichten oder Wissenswertes nicht mehr gedruckten, sondern elektronischen Büchern entnehmen, die aufgrund ihrer multimedialen Fähigkeiten den herkömmlichen Printprodukten weit überlegen sind.
- 34,8% würden Musik, Filme, Software schon heute via Internet direkt auf Ihrem PC speichern, wenn dies kostengünstiger ist als der Kauf im Geschäft.
- Mit der Verbreitung des Internets wird sich der Handel mit Software-, Musik und Filmprodukten mit Sicherheit von der Straße weg auf den virtuellen Highway verlagern.
- Schon heute sollte Libro daher mit geeigneten Angeboten die Konsumenten von morgen auf diese Entwicklung einstimmen.
- Für die Werbung stellt sich in diesem Zusammenhang die essenzielle Frage, wie man die Homepage von Libro für möglichst viele Konsumenten attraktiv machen kann.
- Libro macht Trends: „Jedem seine eigene Welt".
- Täglich werden neue und immer bessere Produkte auf dem Gebiet der virtuellen Realität hergestellt.
- Die wenigsten dieser Produkte setzen sich am europäischen Markt durch, weil es kein geeignetes Vertriebsnetz dafür gibt.
- Libros Infrastruktur bietet sich ideal für einen solchen Vertrieb an. Einrichtung spezieller futuristischer Libro-Virtuality-Outlets, um die virtuelle Realität der Zielgruppe näher zu bringen.

- Libro wird Medium: Vision 1: Librodrom: Der Libro-Contest für hoffnungsvolle Nachwuchsbands in der Libro Music-Hall; Vision 2: Libro Radio: Konsumenten präsentieren sich in elektronischen Medien (Radio, später auch TV/Video); Vision 3: Libro ist Bühne: Kreativitätswettbewerbe. Alle Medien, mit denen Libro handelt, werden in diesen Wettbewerben gefordert; Vision 4: Kids und Jugendliche programmieren „virtuelle Realitäten" (Spiele, Clips etc.) und können über Libro ihre Ideen auf den Markt bringen.

Und die Zahlen bestätigen diese luzide Analyse: Im Geschäftsjahr 1998/99 (per 28. Februar) steigert Libro den Nettoumsatz vor allem dank des Amadeus-Zukaufs um 21 Prozent von 3,5 auf 4,28 Milliarden Schilling und das Ergebnis der gewöhnlichen Geschäftstätigkeit (EGT) von 133 auf 171 Millionen. (Um den Verschmelzungseffekt bereinigt, wächst der Umsatz um sieben Prozent, Amadeus trägt mit mehr als einer halben Milliarde Schilling zum Gesamterlös bei.) Am Bilanzstichtag verfügen Libro und Amadeus über 251 Filialen mit 93.919 Quadratmetern Verkaufsfläche, die Gruppe beschäftigt 1.849 Mitarbeiter (Vorjahr: Libro 1.352).

Der Betriebserfolg (EBIT) steigt um 30 Prozent auf 194 Millionen Schilling, die EBIT-Marge von 4,2 auf 4,5 Prozent. Rückstellungen, u. a. für Risken aus der Deutschland-Expansion, führen zu außerordentlichen Aufwendungen von 59 Millionen Schilling und lassen das Jahresergebnis von 102 auf 68 Millionen Schilling sinken, das Finanzergebnis ist bereits leicht negativ.

Das Eigenkapital beläuft sich per Ende Februar 1999 auf 471 (441) Millionen Schilling, der Amadeus-Kauf lässt aber die Eigenkapitalquote von 34 auf 23 Prozent zurückgehen.

Erstmals werden für 1998/99 konsolidierte Zahlen der Libro-Gruppe (inklusive Amadeus und Libro Deutschland) erstellt, sodass ein Vergleich mit dem Jahresabschluss 1997/98 nur beschränkt möglich ist; die Deutschland-Tochter wird innerhalb des Konzerns von der „Libro Management GmbH" gehalten, zu deren Geschäftsführer in der Zwischenzeit Wilfried Wiesinger aufgestiegen ist.

Unterm Strich ist Libro zu diesem Zeitpunkt in Österreich Nummer eins bei Buch, Musik, Papier, neue Medien sowie Nummer drei bei Telekommunikation.

Knapp vor der Jahrtausendwende sieht sich das Unternehmen deshalb als heimischer Beitrag zum wahnwitzigen New-Economy-Hype: Kein Tag vergeht, an dem Rettberg nicht unter Verwendung von Vokabeln wie „Top-Player“ und/oder „größte(r) XXXX Österreichs“ in den Medien zu finden ist. So strebt Libro beispielsweise laut „profil“ im April 1999 „die Pole-Position im österreichischen Internet-Buchhandel an“. Noch bevor die internationalen Marktführer in diesem Bereich, amazon.com und Bertelsmann, richtig Fuß fassen können, will Rettberg rund 500 Millionen Schilling ins neue Online-Geschäft investieren. Diese Riesensumme soll vor allem in den Aufbau von Equipment und Logistik sowie ins Marketing fließen und über den geplanten Börsengang aufgebracht werden, als Lead-Manager nennt Rettberg die Investmentbank CAIB und das US-Investmenthaus Goldman Sachs. Eine weitere Milliarde Schilling soll in den kommenden Jahren in den Filialenausbau gesteckt werden. Die Zahl der Libro-Filialen soll von 230 auf 300, die Amadeus-Läden sollen von 16 auf 50 steigen, in Deutschland will Rettberg in vier, fünf Jahren auf ein Ladennetz von 80 Lokalen kommen.

Am 7. 6. 1999 um etwa 11.30 Uhr kommt nach intensiver Aufbauarbeit „Libro Online“ als www.lion.cc dann tatsächlich mit rund 1,5 Millionen deutsch- und englischsprachigen Büchern, 350.000 CDs sowie DVDs, Videos, Spielen, Tickets, Schreibwaren und Schulartikeln ins Netz. Zum Online-Shopping kommen auch Nachrichten aus Politik, Wirtschaft, Kultur, Lifestyle und Entertainment. Libro übernimmt auch den bis dato größten österreichischen Online-Buchhändler (lesezone.at) und die Partnerbörse love.at und will Schwesternseiten in Deutschland, Italien, der Schweiz und Spanien starten. Rettberg rechnet in Gesamteuropa mit 40 bis 50 Millionen Zugriffen auf lion.cc (davon die Hälfte aus Österreich) und lässt eine eigene Web-Redaktion in Kooperation mit dem ORF für Auswahl und Aufbereitung der News und deren Verknüpfung mit Libro-Produkten sorgen.

In der Wiener Mariahilfer Straße wird Österreichs größte Buchhandlung eröffnet. Der „Amadeus-Flagship-Store“ bietet auf vier Stockwerken und 4.000 m^2 ein Medien-Café mit Internet-Anschlüssen, ein Literatur-Café sowie eine Presseabteilung mit vorwiegend internationalen Zeitungen und Zeitschriften.

Im Juli folgt dann der nächste visionäre Schritt. Unter dem Motto „Gleich und Gleich gesellt sich gern“ realisiert Libro in Kooperation mit der alternativen Telekomfirma Cybertron „LibroTel“ und will damit vor allem für den durchschnittlichen Telefonierer zum Bestbieter werden. „Wie der Markt funktioniert, wurde uns ja in den vergangenen Monaten drastisch vor Augen geführt“, glaubt lion.cc-General Manager Herbert Mayrhofer, den Stein der Weisen im permanenten Preiskampf gefunden zu haben. Der Kampfpreis liegt in der Regionalzone bei 88 Groschen pro Minute rund um die Uhr, nach Deutschland werden 2,50 Schilling verrechnet. Die Abrechnung erfolgt ab der zweiten Minute im Sekundentakt.

Da Libro nicht über die notwendige Festnetzlizenz verfügt, springt Cybertron ein und wickelt die Anrufe ab. Die Einwahl ins LibroTel-Netz erfolgt über einen fernprogrammierbaren Router mit dem sinnigen Namen „Telefonkostenfresser“, der 299 Schilling kostet. „Das erspart es unseren Kunden, vor jeder Telefonnummer eine vierstellige Einwahlnummer zu wählen, und ermöglicht es uns, zu besonderen Anlässen wie bei Gratisaktionen der Telekom Austria unsere Kunden auf das Netz der TA durchzustellen“, erklärt Mayrhofer.

Die Ziele sind selbstverständlich sehr hoch gesteckt: Schon bis zum Herbst will Libro rund 40.000 Telefonkunden und 40.000 bis 50.000 zusätzliche Onlinekunden anlocken und rechnet mit einem Telefonumsatz von rund 500 Schilling pro Kunde und Monat. Rettberg im O-Ton: „In zwei bis drei Jahren wollen wir rund 30 Prozent Marktanteil am privaten Telefonmarkt erreicht haben.“

Besonders große Erwartungen setzen die LibroTel-Visionäre in einen kostenlosen Internetzugang. „Österreich ist noch immer ein Entwicklungsland in Sachen Internet, was zum Großteil an den hohen Access-Gebühren liegt“, meint Mayrhofer und offeriert Internet ohne Provider-Gebühr, dafür mit kostenloser E-Mail-Adresse auf lion.cc. Hauptzielgruppe sind Jugendliche und Internet-Newcomer. Sie sollen mit dem „Free Surf“-Angebot auf der Libro-Site von den Vorzügen des Internets überzeugt werden. Mayrhofer beschreibt geradezu entwaffnend ehrlich die „Strategie“, die „Marktanteile um jeden Preis“ heißt: „Natürlich hoffen wir, dass sie dann auch bei uns bleiben.“

„Kooperationen“ sind für Rettberg, Mayrhofer & Co. das Zauberwort der Stunde. Nach Cybertron lässt sich auch die Buchgemeinschaft Donauland weich klopfen und erklärt sich bereit, mit Amadeus zusammenzuarbeiten, wobei die beiden Unternehmen rechtlich selbstständig bleiben. Donauland beendet damit die 1998 begonnene Eröffnung eigener Klub-Buchhandlungen unter dem Namen „Lektüre“, in denen neben dem eigenen Angebot auch ein kleines Sortiment an Büchern zu kaufen war. Im Wiener Donauzentrum, in Innsbruck und St. Pölten zieht Donauland mit einem Shop-in-Shop-Konzept bei Amadeus ein, in der Wiener Mariahilfer Straße bleibt „Lektüre“ bis auf weiteres erhalten. Hintergrund der Donauland-Kooperationsbereitschaft ist die Ablöse des langjährigen Geschäftsführers Horst Drummer und ein strenger Sparkurs. Die traditionsreiche Buchgemeinschaft leidet seit einiger Zeit wie auch die große deutsche Schwester an Mitgliederschwund und ist von einer Million auf 750.000 „Donauländer“ abgemagert – die neuen Club-Shops sollen diesen Trend stoppen.

Der barmherzige Samariter Libro greift aber nicht nur dem Konkurrenten Donauland unter die Arme, sondern erklärt auch den Taferlklasslern den Übergang zum Euro. Bei der medial megawirksamen Suche nach Koooperationspartnern tut es Rettberg zu Schulbeginn nicht unter der Bundesregierung und sucht sich Benita Ferrero-Waldner als PR-Mitstreiterin aus, die sich entsprechend hymnisch äußert: „Die Euro-Initiative der Bundesregierung will gemeinsam mit Libro ein Zeichen setzen. Als Symbol für eine Generation junger Menschen, die bereits in einem weitgehend integrierten Europa aufwächst, bekommen alle Wiener Schulbeginner ein Euro-Schulheft für die ersten Schreib- und Rechenversuche. Damit wollen die Euro-Initiative und Libro die Tafelklassler von Beginn an mit dem Euro vertraut machen. Für diese Kinder, die mit dem Euro aufwachsen werden, wie die vergangenen Generationen mit dem Schilling, wird die neue Währung eine Selbstverständlichkeit sein“ – dank Libro, versteht sich ...

Währenddessen brodelt die Wiener Gerüchteküche. Die Boulevard-Illustrierte „News“ (ein Medieninsider erklärt dem Autor die Initialen einmal mit „*N*icht *E*in *W*ort *S*timmt“) will im September max.mobil (heute T-Mobile) als strategischen Investor für einen 25-Prozent-Anteil an Libro geortet haben. max.mobil-Pressesprecherin Manuela Bruck dementiert umgehend, ein Einstieg des Mobilfunkbetreibers sei nicht aktuell: Nur weil etwas zum Verkauf stehe, werde man nicht sofort zugreifen. Zur „News“-Ehrenrettung soll aber nicht unerwähnt bleiben, dass neben max.mobil auch deren großer Konkurrent und Marktleader Telekom Austria als möglicher Libro-Investor genannt wird – und dass die Telekom zu diesem Thema keinen Kommentar abgeben will.

Scylla und Charybdis, Telekom und T-Mobile, Yin und Yang – Rettberg entdeckt in diesen Tagen die metaphysischen Dualitäten, eröffnet am 23. 9. die erste Libro-Filiale nach Feng-Shui-Grundsätzen und garantiert „Wohlbefinden beim Einkauf". Im Einkaufspark Brunn/Gebirge soll man sich dem Vorstandsvorsitzenden zufolge einfach wohl fühlen, wenn man sich den schönen Dingen des Lebens, wie z. B. dem Lesen und dem Musikhören, widmet. Bei der Konzeption der Filiale kommen deshalb vor allem Farben zur Anwendung, die je einem Element entsprechen. Durch die Kombinationen dieser Farben mit- und zueinander entstehen Kompositionen, die auf den Menschen ausgleichend und harmonisierend wirken sollen. Orange-Gelb steht für die Erde, Grün für das Holz, Blau für das Wasser, Grau für Metall und Rot für das Element Feuer.

Rettberg sieht dabei selbstverständlich das Kundenwohl im Vordergrund: „Mit Stress einzukaufen, führt zu keinen Entscheidungen, die einen glücklich machen. Wer Bücher, CDs und dergleichen kauft, hat vor, mit diesen eine Menge Zeit zu verbringen – und die Kaufentscheidung ist in erster Linie eine emotionale. Was liegt also näher, als das Umfeld so zu gestalten, dass die innere Harmonie gefördert wird?"

Zweifellos eine gute und richtige Frage, denn inzwischen hat sich auch das Börsenumfeld so gestaltet, dass die innere Libro-Harmonie blüht und gedeiht. Als strategischer Partner ist neben Telekom und max.mobil nun auch die Mobilkom Austria im Gespräch. Rettberg genießt seine Rolle als Sphinx: „Kein Kommentar. Die Mutmaßungen können in die völlig falsche oder auch in die richtige Richtung gehen." Dafür prescht Telekom-Chef Werner Kasztler vor und will in einem „profil"-Gespräch nicht mehr und vor allem nicht weniger als „das Thema Internet gemeinsam neu definieren": „In weiterer Folge ist es theoretisch möglich, eine gemeinsame Internet-Firma zu gründen und diese später eventuell an die Börse zu bringen." Rettberg hingegen schweigt dazu und beschäftigt sich lieber damit, das David-Bowie-Konzert am 17. 10. in der Libro Music Hall zu realisieren und live (und gratis) im Internet zu übertragen.

Bei der Gewinn-Messe dürfen die Libro-Mitarbeiter(innen) zwar „noch nichts sagen, nur Gummibärlis und Plastiksäcke mit Libro-Journal verteilen". Aber dann geht alles Schlag auf Schlag! Am 25. Oktober darf das p. t. Publikum Einblick in einen „Unvollständigen Verkaufsprospekt" unter dem Motto „Libro – The Tainment Company" (der „Tainment"-Begriff stammt laut lion.cc-Chef Mayrhofer ursprünglich vom Markenberater Ernst Beinstein und ist „hauptsächlich deswegen durchgegangen, weil Rettberg so schlecht

Englisch konnte") mit mehr als 100 Seiten Umfang Einblick nehmen. Darin stehen 2,760.000 auf den Inhaber lautende Stammaktien ohne Nennbetrag (Stückaktien) aus einer Kapitalerhöhung sowie bis zu 414.000 ebensolche Stückaktien aus dem Bestand der Altaktionäre „im Hinblick auf die den Konsortialbanken gewährte Mehrzuteilungsoption" (eine so genannte „Greenshoe-Option") zum Verkauf. Gleichzeitig dient das voluminöse Marketing-Kompendium als Börsenzulassungsprospekt für insgesamt 9.429.000 Stückaktien „mit voller Gewinnanteilberechtigung ab dem Geschäftsjahr vom 1. März 1999 bis zum 29. Februar 2000" zum amtlichen Handel an der Wiener Börse.

Als rechnerischer Wert einer Aktie mit der Wertpapier-Kenn-Nummer 099 355 (ISIN Code AT 0000 993 555) werden generell 1,02 Euro angegeben, als „Lead Manager und Bookrunner" agiert im Unterschied zu früheren Meldungen die Credit Suisse First Boston, als Co-Lead-Manager die Deutsche und die Erste Bank sowie die Raiffeisen Zentralbank Österreich AG. Stephan Sturm, Managing Director der Credit Suisse First Boston, preist den Vorgang als „herausragenden Börsegang des Jahres": „Wir haben lange auf diesen Tag gewartet und gehen jedenfalls von einer starken Nachfrage aus." Die Zeichnungsfrist für das Papier läuft vom 27. 10. bis zum 4. 11., es wird von Anfang an im Wiener Fließhandelsindex ATX enthalten sein.

Auf der letzten bedruckten Seite des optimistischen Prospekts findet sich unter der Gesellschaftsadresse der Libro AG eine durchaus aufschlussreiche, opulente Liste an Know-how-Trägern, die mit ihrem guten Namen für den Börsengang einstehen: Kuhn & Vanis (1010 Wien) als Rechtsberater der Gesellschaft, Shearman & Sterling (Frankfurt/Main) als internationale sowie Doral Seist Csoklich als österreichische Rechtsberater der Konsortialbanken und last, but not least gleich drei Wirtschaftsprüfer: die Auditor Treuhand GmbH, die Audicontrol und die KPMG Austria, alle mit Büro in Wien.

Was verspricht Libro nun in diesem wohl wichtigsten Papier der Unternehmensgeschichte? Im Vollbesitz der werbetechnischen Kräfte wird zunächst einmal zum x-ten Mal das umfassende Produktsortiment gepriesen. Dann weist man darauf hin, dass sich der Umsatz zwischen 1989 und 1999 um 515 Prozent erhöht hat, was einem bereinigten durchschnittlichen jährlichen Wachstum (CAGR) von 20 Prozent entspricht. Per 31. August 1999 betreibt die

Gesellschaft insgesamt 259 Filialen, davon 242 Libro- und 17 Amadeus-Filialen mit einer Gesamtverkaufsfläche von 102.400 m². Und dann kommt ein wenig versteckt die erste von zwei ganz wichtigen und folgenschweren Passagen: „Die Gesellschaft ist vor kurzem eine strategische Allianz mit der Telekom Austria AG eingegangen, in deren Rahmen die TA eine qualifizierte Minderheitsbeteiligung von 25% plus eine Aktie erwerben soll."

Etwas später folgt eine exakte Darstellung der aktuellen Eigentumsverhältnisse: „Vor Durchführung des Angebots und des Eintritts der TA wird das Grundkapital der Gesellschaft von der Deutsche Beteiligungs AG (DBAG; 32,2%), Unternehmens Invest AG (UIAG; 22,5%), André Rettberg (16,1%), Walter Babel (7,9%), Johann Knöbl (4,0%) sowie weiteren Aktionären mit Beteiligungen zwischen jeweils 0,1 und 2,9 (zusammen 17,3%) gehalten. Unmittelbar nach dem Angebot und nach Eintritt der TA werden die Altakionäre zusammen noch 41,3% der Aktien der Gesellschaft halten, und 45,7%, wenn die Mehrzuteilungsoption nicht ausgeübt wird."

Dann verpflichten sich die Altaktionäre gegenüber den Konsortialbanken, weitere von ihnen gehaltene Aktien innerhalb eines Zeitraums von sechs Monaten ab dem Datum der Notierungsaufnahme der Aktien an der Wiener Börse weder direkt noch indirekt anzubieten. Und dann, nicht veritabel prominent präsentiert, der zweite bedeutsame Passus: „Der Gesellschaft wird im Rahmen des Angebots der Teil aus der Kapitalerhöhung abzüglich der von der Gesellschaft zu tragenden Emissionskosten zufließen. Der Nettoemissionserlös dient der Erhöhung des Eigenkapitals und der RÜCKFÜHRUNG VON VERBINDLICHKEITEN (Hervorhebung durch den Verfasser, Anm.) sowie der Finanzierung des weiteren internen und externen Wachstums, insbesondere dem Ausbau der Filialen, der Internet-Aktivitäten in Österreich und Deutschland und allgemeinen Gesellschaftszwecken." Was hier noch ganz harmlos und sinnig klingt – denn wer sollte etwas gegen die Rückführung von Verbindlichkeiten einzuwenden haben, wenn diese gerechtfertigt ist? –, soll sich später noch als sehr folgenreich herausstellen ...

Ab der Seite 10 finden sich dann, durchaus nicht ohne Fachwissen, eine ganze Reihe Risikofaktoren aufgelistet:

Auszüge aus dem Unvollständigen Verkaufsprospekt/ Börsenzulassungsprospekt, Kapitel „Risikofaktoren"

„Marktstruktur und Wettbewerb: Die Gesellschaft erwartet, dass der Wettbewerbsdruck auf den Märkten der einzelnen von Libro vertriebenen Produktgruppen weiter anhalten wird. Libro konkurriert in jedem dieser Märkte mit einer Vielzahl verschiedener Einzelhandelsgeschäfte, Filialketten, Kaufhäuser sowie weiterer Anbieter. Libro sieht sich aufgrund ihrer Marktführerschaft in Österreich in den Produktbereichen Bücher, Musik/CDs, Viedo/DVD und PBS auch bei weiter ansteigendem Wettbewerbsdruck in einer sehr guten Marktposition. Gleichwohl erwartet die Gesellschaft weiteren Druck auf das gegenwärtig herrschende Preisniveau bei Musik/CDs, Video/DVD und PBS. Im Produktbereich Mobiltelefone verfügen einige der Wettbewerber von Libro über eine längere Geschäftserfahrung sowie über umfangreichere finanzielle, Marketing- und andere Ressourcen als Libro. Hierdurch könnte die Fähigkeit von Libro, ihre Marktposition zu erhalten und auszubauen, beeinträchtigt werden. Im Bereich E-Commerce herrscht starker Wettbewerb, weitere ausländische Anbieter könnten sich zur Erschließung des österreichischen Marktes entscheiden. (...)

Es kann keine Gewähr dafür übernommen werden, dass Libro im Wettbewerb mit ihren Konkurrenten erfolgreich sein wird oder dass der Wettbewerbsdruck die Vermögens-, Finanz- und Ertragslage der Gesellschaft nicht wesentlich nachteilig beeinflussen wird. (...)

Die Gesellschaft ist vor kurzem in eine neue Wachstumsphase in drei Bereichen eingetreten: ein neues Verkaufskonzept in den bestehenden (im Original mit Druckfehler: bestehen) Filialen in Österreich, die Aufnahme des Internet-Geschäfts sowie die Expansion nach Deutschland. Die Steuerung starken Wachstums erfordert seitens Libro auch weiterhin einen effektiven Planungs- und Managementprozess. Die Gesellschaft hat zur weiteren Optimierung ihrer betrieblichen Ablauf- und Finanzsysteme sowie zum Aufbau einer integrierten Informationsstruktur umfangreiche Investitionen vorgenommen und wird dies auch fortsetzen. Die Gesellschaft ist der Ansicht, dass inbesondere das gegenwärtig von ihr genutzte Warenwirtschaftssystem auch im Hinblick auf die geplante Expansionsstrategie über die notwendigen Kapazitäten verfügt. Obwohl die Gesellschaft das Budget, das sie im Zusammenhang mit den Kosten und Risiken des Wachstums eingeplant hat, für angemessen erachtet, kann keine Gewähr dafür übernommen werden, dass die Systeme, Abläufe und Kontrollen zur Unterstützung der Geschäftstätigkeit von Libro auch künftig ausreichend sein werden. Für den Fall, dass Libro nicht in der Lage sein sollte, ihr Wachstum weiterhin effektiv zu steuern, das Wachstum intern und extern zu angemessenen Bedingungen zu finanzieren oder zusätzlich qualifiziertes Management-Personal auszubilden oder anzuwerben, könnte die Vermögens-, Finanz- und Ertragslage der Gesellschaft erheblich nachteilig beeinflusst werden. (...)

Ein wichtiger Faktor für Libros Erfolg ist, dass die Einkaufsabteilung weiterhin einen guten Informationsstand beibehalten sowie weiterhin die Kommunikation und den Austausch mit jungen Menschen und externen Beratern aufrechterhalten kann, um neue Trends schnell aufzugreifen. Sollte Libro in diesem Bereich nicht weiterhin erfolgreich sein, können sich wesentliche nachteilige Folgen für die Vermögens-, Finanz- und Ertragslage der Gesellschaft ergeben. (...)

Nach Ansicht der Gesellschaft verfügt sie aufgrund der bereits getätigten Investitionen, ihrer Marktführerschaft in Österreich beim Vertrieb von Medienprodukten, ihrer Erfahrung im Bereich Logistik sowie der vereinbarten Kooperation mit TA über eine gute Wettbewerbsposition. Gleichwohl kann nicht gewährleistet werden, dass die in den Planungen vorgesehenen Anlaufverluste und Investitionen ausreichen werden, um E Commerce für Libro zu einem rentablen Geschäft zu machen. (...)

Die Gesellschaft hat unter Leitung eines erfahrenen deutschen Managementteams und mit einer sorgfältig geplanten internen Wachstumsstrategie neue Filialen in Deutschland eröffnet und hierbei das Libro-Konzept an den deutschen Markt angepasst. Die wirtschaftliche Entwicklung der drei ‚Testfilialen' in Deutschland war bislang aufgrund des Nichterreichens einer kritischen Masse und des Fehlens einer starken Marke auf dem deutschen Markt insgesamt noch nicht zufrieden stellend. Die Gesellschaft strebt nunmehr den Ausbau ihres Bekanntheitsgrades in Deutschland an und plant die Eröffnung ihrer ersten Libromania-Filiale in Deutschland sowie die Eröffnung ein oder zwei weiterer Filialen in den nächsten 12 Monaten.

(...)

Im Zusammenhang mit dem Verkauf der Gesellschaft an die UIAG und weitere Investoren schloss die Gesellschaft einen im Jahre 2002 auslaufenden Vertrag mit ihrem ehemaligen Aktionär BML Vermögensverwaltungs AG, Wien (BML), über die Nutzung des Warenwirtschaftssystems von BML durch Libro. (...) Obwohl die Gesellschaft bereits heute an der Erstellung eines eigenen Warenwirtschaftssystems arbeitet und aufgrund der derzeitigen Vertragssituation auch die Möglichkeit eines Auskaufes des Warenwirtschaftssystems von BML besteht, kann nicht ausgeschlossen werden, dass etwaige Probleme bei der Inbetriebnahme des Systems die Vermögens-, Finanz- und Ertragslage der Gesellschaft nachteilig beeinflussen könnten.

Aufgrund der noch aufrechterhaltenen Buchpreisbindung im deutschsprachigen Raum besteht zurzeit im Rahmen der preisgebundenen Buchsortimente kein Preiswettbewerb. Die Gesellschaft leitete im Frühjahr 1996 ein Verfahren gegen die Buchpreisbindung bei der Europäischen Kommission ein. Die für den Sommer 1999 erwartete Entscheidung der Europäischen Kommission ist ausgeblieben; mit einem rechtskräftigen Abschluss des Verfahrens ist nicht vor dem Jahre 2002 zu rechnen. Nach Ansicht der Gesellschaft werden durch den Wegfall der Buchpreisbindung Preissenkungen bei Libro möglich, die zu einer Umsatzsteigerung von Büchern führen können. Negative Auswirkungen können sich für Libro jedoch bei freiem Preiswettbewerb aufgrund eines etwaigen Margenrückgangs bei zuvor preisgebundenen Büchern ergeben. (...)

Die Gesellschaft ist vor kurzem eine strategische Allianz mit der Telekom Austria AG (TA) eingegangen, in deren Rahmen vereinbart wurde, dass TA so viele Libro-Aktien von den Altaktionären erwirbt, dass sie nach dem Börsengang eine qualifizierte Minderheitsbeteiligung von 25% plus einer Aktie an der Gesellschaft hält. Der Kaufpreis für die Beteiligung berechnet sich im Falle des Börsengangs von Libro anhand des Verkaufspreises je Aktie im Rahmen des Angebots zuzüglich eines Paketzuschlags von bis zu 25% (maximal 1,4 Milliarden ATS); sollte es nicht zum Börsengang kommen, ist ein Betrag von 1 Milliarde ATS vereinbart. Des Weiteren ist eine Ausgliederung des Internetgeschäfts und des im Aufbau befindlichen Telekommunikationsgeschäfts von Libro in zwei neu zu gründende Tochtergesellschaften vorgesehen, wobei TA an der Internet-Tochtergesellschaft mit 51% beteiligt sein wird. (...) Im Rahmen der strategischen Allianz mit TA wurden der TA gewisse Vetorechte eingeräumt. Gleichzeitig soll TA die Mehrheit an der noch zu gründenden Internet-Tochtergesellschaft halten. (...)

Nach vollständiger Platzierung aller angebotenen Aktien werden 41,3% bzw., sofern die Mehrzuteilungsoption nicht ausgeübt wird, 45,7% des Grundkapitals der Gesellschaft von den Altaktionären gehalten. Zusätzlich soll die TA im Rahmen der strategischen Allianz zwischen Libro AG und TA vor dem Börsengang so viele Libro-Aktien von den Altaktionären erwerben, das sie nach dem Börsengang mit 25% plus einer Aktie an der Gesellschaft beteiligt ist. Gleichzeitig haben sich die Altaktionäre und TA in einem Syndikatsvertrag verpflichtet, bis Ende 2002 gemeinsam mindestens 51% der Aktien der Gesellschaft zu halten, das Management muss dabei mindestens 8% der Aktien halten. Der UIAG und den anderen Finanzinvestoren wurde jedoch das Recht eingeräumt, ab 2001 im Rahmen einer Sekundärplatzierung Aktien abzugeben, allerdings nur in einem Umfang, durch den sichergestellt ist, dass die verbleibende Beteiligung der UIAG (und der anderen Finanzinvestoren) zusammen mit den Beteiligungen der TA und der Management-Aktionäre nach allfälliger Kapitalerhöhung nicht unter 30% fällt. Daneben wurden der TA bestimmte Veto- und Vorkaufsrechte eingeräumt."

Es wäre jedoch nicht André Rettberg, hätte er nicht bereits weit reichende zusätzliche Pläne über den Börsengang hinaus: Bereits Mitte 2000 soll es zu einer Ausgliederung von lion.cc in eine eigene Gesellschaft kommen, an der Libro 49 Prozent und die Telekom Austria 51 Prozent halten soll – und die neue Onlinefirma soll bereits im September 2000 an eine Wachstumsbörse gebracht werden, voraussichtlich wieder im Rahmen einer Kapitalerhöhung. Libro würde dann weiter mit rund 30 Prozent an lion.cc beteiligt bleiben, und Rettberg begründet das auch außerordentlich einleuchtend: „Das Going-Public des Spin-off ist ein potenzieller Value Driver."

Jedenfalls werde man dank der strategischen Partnerschaft mit der Telekom Austria die gesteckten Ziele noch schneller erreichen. Denn „Libro ist kein Retailer mehr, sondern ein Unternehmen mit einem einzigartigen Konzept." Mit dem neuen Tainmentkonzept (Entertainment, Info & Edutainment und Trend & Lifestyle) soll laut Rettberg das Cross-Selling maximiert werden. Von eminenter Bedeutung seien dafür punktgenaue Sortimentssteuerung in den Filialen, die Kostenführerschaft durch zentralen Einkauf und somit die große Einkaufsmacht als fünftgrößter Medienhändler im deutschsprachigen Raum und nicht zuletzt ein modernes Warenwirtschaftssystem. „Sie dürfen nicht vergessen, wir sind als Diskonter groß geworden."

Und was auch immer später über Libro gesagt werden wird, zu diesem Zeitpunkt ist sich offenbar ganz Österreich darüber einig, dass der Börsengang sehr positiv zu bewerten ist. Ein gutes Beispiel dafür ist die folgende Einschätzung, die ich mit freundlicher Genehmigung von Dr. Karin Poppmeier-Reisinger aus der Erstauflage (!) ihres Buches „Handbuch Börsengang (Die Börse als Chance für Unternehmenswachstum)" aus dem Jahr 2000 zitiere:

Der Börsegang der Libro AG an der Wiener Börse (A-Market)

Ausgangssituation vor dem Börsegang

Die Libro-Gruppe ist Marktführer beim Vertrieb von Medienprodukten sowie Büro- und Schulbedarf in Österreich. Sie vertreibt ihr breites Produktsortiment über Librofilialen und über Amadeus-Filialen sowie über ihre Internetplattform lion.cc und ihren Versandhandel Libromail. Das Produktsortiment umfasst Bücher, Musik/CDs. Video/DVDs, Neue Medien, PBS sowie Mobiltelefone.

Die Hauptumsatzträger sind Bücher, CDs und Papier/Schreibwaren. Die Produktgruppe Telekommunikation erzielt zurzeit die höchsten Wachstumsraten, wobei die größten Rohertragsspannen laut Auskunft des Managements bei Büchern, Papier-/Schreibwaren erzielt werden.

Libro bietet nur Produkte an, bei denen man in kurzer Zeit eine dominierende Marktstellung erreichen kann. Das Marktumfeld in allen angebotenen Produktgruppen ist stark fragmentiert, wobei Libro mit seinem mächtigen Vertriebsnetz sehr schnell dominante Marktstellungen aufbauen konnte. Heute hält Libro in fast allen seinen Produktgruppen (außer Telekom) die führende Marktposition in Österreich.

Ein wesentlicher strategischer Schritt gelang Libro mit dem Tainment-Konzept: Dabei orientiert man sich bei der Produktpräsentation an Themenbereichen, die folgende Inhalte umfassen:

- Entertainment: Bücher, Musik/CDs, Viedo/DVD, neue Medien, Veranstaltungen, Libro Music Hall
- Edutainment/Infotainment: Bücher (inkl. Zeitungen und Zeitschriften), neue Medien, PBS, Mobiltelefone, Software
- Lifestyle/Trend: Bücher (Kunst-, Reise- und Hobbybücher), Musik, CDs, PBS

Dieses Tainment-Konzept – in Europa einzigartig – präsentiert die Produkte nach Themenbereichen, wobei es zunehmend in Filialen verwendet wird. Dabei sollen die Kunden entsprechend ihrer Präferenzen angesprochen werden, was damit die Möglichkeit des Cross-Sellings verschiedener Produkte maximiert.

Der Investitionsschwerpunkt der nächsten Jahre wird die geplante Filial- und Flächenexpansion sein. Das Management plant für die nächsten fünf Jahre die Eröffnung von ca. 120 weiteren Filialen (bisher 259 Filialen).

Die Expansionspläne sollen im Retailbereich auf drei Schienen parallel durchgeführt werden: Rasche Expansion der Libro-Kette in den Ballungszentren mit großflächigen Libro-Stores sowie Libromania-Filialen in Österreich, wobei auch die Errichtung von Libromania-Filialen in Deutschland bereits im Gange ist.

Gleichzeitig soll auch eine Vielzahl von kleineren Libro-Filialen in österreichischen Kleinstädten entstehen. Das Management glaubt aufgrund der günstigen Einkaufskonditionen des Konzerns, der schlanken Kostenstruktur und des effizienten Logistikkonzeptes Filialen auch in Gebieten mit geringer Bevölkerungsdichte gewinnbringend führen zu können.

Das Amadeus-Filialnetz soll auf das gesamte Bundesgebiet ausgeweitet werden, wobei die Libro-Gruppe in fünf Jahren mit Amadeus in jedem Bundesland präsent sein möchte.

Die Expansionspläne beziehen sich jedoch auch auf den Internetbereich, da die strategische Allianz mit der TA rascher und effizienter realisierbar ist. Zu diesem Zweck sollen der Bereich Internet von Libro (lion.cc, Free Serve, Content, Portal, E-Commerce, einschließlich der Internet-Privatkunden) und bestimmte Internetaktivitäten der TA bis zum 30. 6. 2000 in einer zu gründenden gemeinsamen Tochtergesellschaft zusammengeführt werden, an der Libro AG mit 49% und TA mit 51% beteiligt sind. Die Portal-Kompetenz von Libro soll auf die zu gründende gemeinsame Tochtergesellschaft übergehen, die Internet Service Provider (ISP) – Technologiekompetenz bei TA verbleiben.

Die für die Wachstumsstrategie erforderliche Finanzierung soll durch den Börsengang sowie durch den laufenden Cashflow gedeckt werden.

Chronologie von Libro

Die Gesellschaft wurde 1978 als Konzerngesellschaft von BML (Billa, Merkur, Libro) zum Betrieb eines Fachhandels mit Büchern zu Discountpreisen gegründet. 1984 verfügte Libro über 22 Filialen, wobei in diesem Jahr das Management in Richtung Merchandising und Erweiterung des Produktsortiments neu ausgerichtet wurde. Die Anzahl der Filialen stieg von 42 im Jahr 1986/87 auf 201 im Jahr 1995/96. Im Jahr 1996 wurde die Gesellschaft aus BML ausgegliedert, da BML an die deutsche REWE-Gruppe verkauft wurde.

1997 wurde die Gesellschaft von UIAG (Unternehmens Invest AG), DBAG (Deutsche Beteiligungs AG) Mitgliedern des Vorstandes der Gesellschaft sowie weiteren Investoren in einem Leveraged Buy-out (LBO) durch die DU-Beteiligungs- und Beratungs AG erworben.

Nach dem Abschluss des Erwerbs durch die DU-Beteiligungs- und Beratungs AG erwarb die Gesellschaft im Jahr 1998 die Landesverlag Handelsgesellschaft mbH & Co. OHG mit ihrem 15 Standorte umfassenden Filialnetz. Die Filialen wurden nach dem Erwerb in Amadeus-Filialen umbenannt. Im Oktober 1999 wurde eine strategische Allianz zwischen der Libro AG und der Telekom Austria in den Bereichen Internet (lion.cc) und Telekommunikation (Librotel) angeschlossen. Diese Transaktion sowie der im Rahmen der strategischen Allianz vorgesehene Erwerb einer qualifizierten Minderheitsbeteiligung von 25% plus einer Aktie durch die Telekom Austria bedurften zu ihrer Wirksamkeit der Genehmigung der zuständigen Kartellbehörde.

Unternehmensstruktur und Bewertung

Eines der stärksten Argumente der Libro Investmentstory ist die Qualität des Topmanagements. Die beiden Vorstände, der Vorstandsvorsitzende Herr André Rettberg und der Finanzvorstand Herr Mag. Johann Knöbl, konnten in der Vergangenheit nicht nur durch Visionen und Auftreten, sondern auch in der Umsetzung überzeugen.

Durch die Übernahme von Amadeus und den Start der Internetseite lion.cc ist die Libro-Gruppe seit kurzem mit drei Marken am Markt präsent. Diese Drei-Marken-Strategie führt zu einer Veränderung des Konzerns, wobei es sich um folgende Vorteile handelt:

- Die Libro-Gruppe kommt näher an den Kunden.
- Das Marktabschöpfungspotenzial und die Expansionsmöglichkeiten werden deutlich erhöht.
- Die Einkaufsmacht des Konzerns wird kontinuierlich ausgebaut, da zwischen den Vertriebskanälen Produktüberschneidungen gegeben sind.
- Der Konzern verbessert seine Manövrierfähigkeit, je nach Konjukturlage kann entweder die Diskonteridee (Libro) oder der gehobene Mainstream (Amadeus) forciert werden.
- Mit lion.cc wurde eine Internetvertriebsschiene erschlossen.

lion.cc (Libro online) wurde im Juni 1999 gegründet und ist die virtuelle Filialkette der Libro-Gruppe. Die strategische Allianz zwischen Libro und der Telekom hat zwei essenzielle Ziele:

1. Angesichts der enormen Wachstumsraten, die für den Online-Buchhandel prognostiziert werden, gilt die Gründung der Internetvertriebsschiene für das wichtigste strategische Investment des Jahres 1999. Die Zielgruppe von Libro-Online sind derzeit noch junge, tech-

nisch versierte Kunden, jedoch ist zu erwarten, dass sich die Zielgruppe stark erweitern wird, aufgrund der Tatsache, dass sich das Internet sehr schnell in ein Tool für die Gesamtbevölkerung wandeln wird. lion.cc soll in kurzer Zeit zum führenden Internet-Service-Provider und zu einem der bedeutendsten ecommerce sites in Österreich aufgebaut werden.
2. Libro und Telekom Austria werden gemeinsam die Geschäfte des alternativen Festnetztelefonproviders (Librotel) ausbauen. Librotel bietet den Kunden den Einstieg in die Festznetztelefonie über eine private Telefongesellschaft. Mit dem Gesamt-Produktmix sind deutliche Telefonkosten-Einsparungen möglich.

Die Unternehmensbewertung von Libro war und ist weiterhin schwierig, da das Unternehmen einen nicht vergleichbaren Produktmix aufweist, sowohl ein Filialnetz als auch eine Internetvertriebsschiene betreibt und darüber hinaus als Internet-Service-Provider mit eigenem Internetportal auftritt. Bei der Marktbewertung wurde Libro mit Unternehmen verglichen, die einerseits Filialketten mit Bezug zu Buch, Papier, neue Medien, CD betreiben, andererseits ihre Waren auch über Internet anbieten. Für die Marktbewertung wurden Price Earnings Ratio (KGV) der Jahre 1999 und 2000 verwendet. Ergänzend wurden Price-to-Sales-Multiples herangezogen. Der DCF (Discounted Cashflow) ist bei Libro eine geeignete Wertindikation, da hier das starke Wachstumspotenzial der Gruppe über künftige freie Cashflows direkt in die Bewertung einfließt.

Sowohl bei der Bewertung über Marktmultiples als auch bei der DCF-Bewertung wurde ein integrierter Ansatz gewählt, das heißt, es wurde die Libro-Gruppe in der aktuellen Form inklusive der aktuellen Aktivitäten dargestellt.

Gründe für den Börsengang

1. Die Zukunftsperspektive der Branche zeigt überdurchschnittlich hohes Wachstum.
2. Schaffung einer Finanzierungsplattform für die Expansionsstrategie und für die Weiterentwicklung von Internet und E-Commerce.
3. Als börsenotiertes Unternehmen hat man einen erhöhten Bekanntheitsgrad und Imagezuwachs bei der Erschließung neuer Märkte (wie z. B. Deutschland).
4. Bindung der Mitarbeiter an das Unternehmen durch Mitarbeiteraktien (Stock Options).
5. Starker Marketing- und PR-Effekt durch IPO.

6. Starkes Wachstum ist nur durch eine verstärkte Eigenkapitalbasis möglich und zielführend.

Entscheidungskriterien für die Wiener Börse

Nach den Kriterien gute Performance, Investoren mit großem Interesse an Libro, sehr guter Liquidität und interessierter Emissionsbanken (Market Maker) kritallisierte sich für Libro die Wiener Börse als idealer Börsenplatz heraus. Die Libro AG als österreichisches Unternehmen will mit ihrer Börsenpräsenz am Wiener Aktiemarkt auch ihre Retailkunden ansprechen und ihren Bekanntheitsgrad nutzen.

Es wurde auch die Möglichkeit die Emission am Neuen Markt in Frankfurt zu starten überlegt, jedoch entschied man sich aufgrund der sofortigen Aufnahme in den ATX für die Wiener Börse.

Durch die Anbindung der Wiener Börse AG an die Deutsche Handelsplattform XETRA seit Anfang November 1999 ist gesteigerte Liquidität auf dem österreichischen Kapitalmarkt zu erwarten, wobei auch die Marktteilnehmerzahl von bisher 70 auf insgesamt 300 angestiegen ist.

Mit der Entscheidung die Credit Susse First Boston als Lead-Manager und Bookrunner zu nehmen, hatte man das für diese Gesellschaft erforderliche Know-how der Analysten gewährleistet. Zusätzlich entschied man sich für die Co-Lead-Manager Raiffeisen Zentralbank Österreich, die Deutsche Bank AG sowie die Erste Bank AG.

Zeitplan für die Durchführung der Transaktion

Der Zeitplan hatte alle erforderlichen Schritte des IPO wie die Due-Diligence-Prüfung, die Emissionsdurchführung mit Emissionspreisfindung und Zuteilung etc., die Erstellung des Böreprojektes sowie die Verkaufs- und Marketingaktivitäten durch diverse Investoren- und Analysenveranstaltungen zu beinhalten.

Der Zeitplan war mit sechs Monaten prognostiziert und wurde exakt eingehalten. Die Erstnotiz startete plangemäß am 10. November 1999 im A-Segment der Wiener Börse.

IAS-Rechnungslegung

Durch zwei gesellschaftsrechtliche Ereignisse der letzten eineinhalb Jahre wurde die Konzernstruktur der Libro-Gruppe wesentlich beeinflusst. Ende Mai 1998 übernahm die Libro AG 100% der Landesverlag-Handelsgesellschaft GmbH & Co. KG (Amadeus) und im Mai 1999 wurde die DU-Beteiligungs- und Beratungs AG mit der Libro AG verschmolzen.

Um die historische Entwicklung der Gewinn- und Verlustrechnung des Konzerns darzustellen, wurden für die vergangenen drei Jahre rückwirkend Proforma-Abschlüsse nach IAS erstellt. Im Jahr 1998/99 wurde die IAS-Proforma G & V und die HGB-G & V gegenübergestellt, um die wesentlichen Abweichungen darzustellen. Vorwiegend durch die Umstellung auf IAS und damit die Berücksichtigung der latenten Steuern ergab sich die Abweichung des Steueraufwandes.

Kapitalstrukturierung

Das gesamte Grundkapital der Gesellschaft, das seit der Eintragung der Kapitalerhöhung im Firmenbuch 9.614.215 Euro beträgt, ist seit 10. November zum amtlichen Handel an der Wiener Börse zugelassen worden. Das Angebot des IPO umfasste 2.760.000 Stückaktien aus der Kapitalerhöhung sowie bis zu 414.000 Stückaktien aus dem Bestand der Altaktionäre im Hinblick auf die den Konsortialbanken gewährte Mehrzuteilungsoption. Das Angebot bestand aus einem öffentlichen Aktienangebot in der Republik Österreich sowie einer Privatplatzierung außerhalb der Vereinigten Staaten von Amerika, Kanada und Japan.

Credit Suisse First Boston war der Lead-Manager und Bookrunner des Angebots. Co-Lead-Manager waren die Raiffeisen Zentralbank Österreich AG, die Deutsche Bank AG und die Erste Bank AG.

Im Rahmen des Angebots wurde ein Teil der angebotenen Aktien für eine bevorrechtigte Zuteilung reserviert. Darunter waren das „Angebot-Mitarbeiter-Beteiligungsprogramm", „Friends & Family" und die „Bevorrechtigte Zuteilung an Aktionäre der UIAG". Zur Förderung der Mitarbeiterbeteiligung an der Gesellschaft bot die Gesellschaft den in Österreich beschäftigten Mitarbeitern von Libro im Rahmen eines Mitarbeiterbeteiligungsprogramms Aktien an. Die Zeichnungen der Mitarbeiter konnte nur innerhalb der offiziellen Zeichnungsfrist erfolgen und wurde gestaffelt bis zu einer maximalen Höhe von 7.267 Euro (1.000.000 ATS) garantiert zugeteilt.

Der Gesellschaft ist jener Teil des Emissionserlöses zugeflossen, der auf die 2.760.000 neuen Aktien aus der Kapitalerhöhung entfiel. Der Nettoemissionserlös dient der Erhöhung des Eigenkapitals und der Rückführung von Verbindlichkeiten sowie der Finanzierung des weiteren internen und externen Wachstums, insbesondere dem Ausbau der Filialen, der Internet-Aktivitäten und allgemeinen Gesellschaftszwecken.

Positive Erfahrungen aus dem IPO

- Die Förderung von Wachstum mit verstärkter Eigenkapitalausstattung
- Der verstärkte Imagezuwachs zusätzlich zu einem hohen (internationalen) Bekanntheitsgrad
- Der Unternehmenserfolg wird durch ein Going Public transparenter
- Verstärktes Vertrauen der Kunden durch den Börsegang
- Hinwendung zur Shareholder-Value-Betrachtung
- Optimierung der Unternehmensstrategie durch die verstärkte Auseinandersetzung mit Due-Diligence-Bewertung sowie Prognosenrechnungen
- Die Story und die Geschäftsfelder lösten bei den Emittenten Interesse aus sowie den Eindruck besonderer Zukunftschancen
- Investor-Relations sind sehr förderlich für die Unternehmensentwicklung

Bei der Pressekonferenz zum Start des Börsengangs am 27. 10. darf auch Finanzvorstand Mag. Johann Knöbl einige Visionen loswerden. Und dabei bestätigt er in einem praktisch nicht registrierten Satz, der sich gleichwohl auch später in der offiziellen APA-Presseaussendung wiederfindet: „Insgesamt werden rund 500 Millionen Schilling aus den Emissionserlösen in das Unternehmen investiert." Minuten vorher war von einem Emissionserlös von „maximal 1,27 Milliarden Schilling" die Rede – von den Anwesenden fällt das offenbar niemand auf, und die nahe liegende Frage, was wohl mit dem nicht ganz unerheblichen Rest geschehen würde, wird nicht gestellt.

Dafür zieht Rettberg eine, wie nicht anders zu erwarten, sehr positive Bilanz nach vier Monaten lion.cc, das sich mit 6,3 Millionen Zugriffen im Monat mit seiner Mischung aus News, Service und Einkaufsmöglichkeiten bereits als Nummer drei etabliert habe. Auch in Deutschland sei das lion-Content & Commerce-Konzept bisher einzigartig und soll dort ebenfalls zu einem der führenden Internetportals ausgebaut werden: „Unser Ziel ist es, die Marktanteile in allen Medienbereichen im gesamten deutschen Sprachraum unter gleichzeitiger Verbesserung der Margen anzuheben."

Die Libro-Aktie ist jedenfalls am zweiten Tag überzeichnet, die Reaktionen des Publikums sind euphorisch und die Medien kaum zu bremsen. Dazu passt eine internationale Befragung von 100 Finanzvorständen durch die Beratungsfirma Edelman. Demnach haben die Finanzvorstände großer Unternehmen bei ihrer Kommunikation neben den Anlegern mehr und mehr auch die anderen am Unternehmen interessierten Gruppen im Blick: „Die einseitige Beschränkung auf die Kommunikation mit Investoren scheint damit der Vergangenheit anzugehören", denn der Ruf eines Unternehmens habe immer größeren Einfluss auf dessen Börsenwert. 80 Prozent der Befragten halten den Einfluss des Unternehmensimages auf dessen Bewertung an der Börse für groß, eine breiter angelegte Finanzkommunikation, die auch die kritischen Stakeholder wie Arbeitnehmergruppen, Nichtregierungsorganisationen oder Medien umfasse, sei unabdingbar für die Kurspflege.

„Wenn Ziele am Markt durchgesetzt werden sollen, spielt neben der fachlichen Seite die kommunikative Komponente eine ebenso wichtige Rolle", erklärt Marek Wojcicki, Vorstandschef der Consultingfirma Heaven21 in Frankfurt. Und die bestehe nicht nur aus Zahlen und Fakten, sondern auch aus „weichen Faktoren" wie Stimmungen, Bewertungen, Kommentierungen und der Einordnung von Zusammenhängen. Vor allem aber stehe am Anfang jeder kommunikativen Maßnahme die Einzelbedarfsanalyse. „Finanzkommunikation funktioniert nur auf einer sehr individuellen Ebene." Und auf noch etwas weist Wojcicki hin: Viele Internet-Unternehmen seien in kurzer Zeit wahnsinnig schnell gewachsen. „Es lag aber nicht an den eigenen Marktaktivitäten, sondern an der gigantischen Kundennachfrage." Als sich die Nachfrage abschwächte, konnten die meisten neuen Internet-Unternehmen das Steuer nicht mehr herumreißen. In der Zeit des Internethypes wurden die jungen Unternehmer von allen mehr oder weniger in Watte gepackt: Von der Beraterseite, von den Analysten, den Banken und der Wirtschaftspresse. „Es gab eigentlich niemanden, kein Korrektiv, das denen gezeigt hätte, es geht nicht nur darum, sich von einer Finanzierungsrunde in die nächste zu begeben, sondern es geht auch darum, ein neues Geschäft aufzuziehen. Die Finanzwelt hat die geschäftlichen Risiken ignoriert und nur auf schnelles Wachstum gehofft. Es gab keine kritische Reflektion – alle waren zu gefräßig", kritisiert der ehemalige International-Partner von Arthur Andersen.

Und nur wenige bleiben am Boden der Tatsachen – so z. B. Styria-Generaldirektor Horst Pirker, der schon jetzt die Börsenentwicklung diverser Internet- und Online-Unternehmungen sehr skeptisch betrachtet: „Es werden Phantasien bewertet. Nachdem z. B. die Libro AG im Frühjahr einen ersten Versuch an die Börse gestartet hatte, rieten Analysten von diesem Vorhaben noch ab. Danach stampfte André Rettberg lion.cc aus dem Boden und sorgte für die nötige Internet-Phantasie – eine tollkühne Phantasie." Mittelfristig rechnet der Styria-Chef deshalb mit einem „Crash" in diesem Bereich: „Die Investitionen werden sich überhaupt nie rechnen." Bei der Styria ist ein Börsegang jedenfalls kein Thema: „Unser Unternehmen besteht seit 130 Jahren. Ich bin auf langfristiges Wirtschaften aus, nicht auf Abzocken."

„Der Börsengang von Libro war ein Betrug."
(DI Dr. Klaus Woltron im November 2002 im Gespräch mit dem Autor und dem Verleger in einem Wiener Kaffeehaus)

Am 10. November als erstem Handelstag der Libro-Aktie hat Rettberg dann wirklich Pech: Die Wiener Börse schafft es nicht, die technische Anbindung an Reuters, Bloomberg und APA zu realisieren, womit ein internationaler Handel an diesem Tag „realtime" praktisch unmöglich wird. Typischerweise bewertet Rettberg seinen Börsengang frank und frei als „wichtigste Emission des Jahres" und hat damit auch Recht, verschweigt allerdings, dass Libro überhaupt erst der zweite Börsenneuling des laufenden Jahres ist. Nach der Eröffnungsauktion notiert das Papier jedenfalls mit 29,49 immerhin um 1,69 Prozent über dem Ausgabepreis von 29 Euro. Das gehandelte Volumen ist mit 282.491 gehandelten Stück Aktien hoch, erreicht aber die hoch gesteckten Erwartungen mancher Marktteilnehmer nicht.

Sind die Österreicher(innen) vernünftiger als die anderen Börsenzocker rund um den Globus? In den nächsten Tagen und Wochen sieht es ganz so aus, die Aktie hebt und hebt nicht ab. Das Papier fällt sogar unter den Emissionspreis und liegt am 23. November zum Börsenschluss bei 27,60 Euro. Rettberg wiegelt ab: „Wir bedauern diese Entwicklung. Die von einigen Medien zitierten Meinungen, dass Anleger nunmehr eine Neubewertung der Aktie aufgrund der geplanten Auslagerung der Internet-Aktivitäten vornehmen, zielen unserer Meinung nach jedoch ins Leere. Wir sehen in dieser Vorgangsweise vielmehr eine Aufwertung der Aktie." Aktuell will Rettberg 49 Prozent (und nicht wie noch vor wenigen Tagen 30 Prozent) an lion.cc und damit an den Internet-Aktivitäten behalten, die Mehrheit soll die Telekom Austria bekommen.

„Die Investitionskosten für den Internet-Auftritt werden geteilt, der E-Commerce-Bereich als wesentlicher Erfolgsfaktor verbleibt weiterhin beim größten österreichischen Medienhandels-Unternehmen, da der über lion.cc erzielte Warenumsatz ja ebenfalls Libro zugute kommt."

Auf der Internet-Messe Cycamp 99 Ende November präsentiert Rettberg nimmermüde schon wieder eine neue Errungenschaft: die Online-Jobbörse karriere.lion.cc, die von 51 Personalberatern gewartet wird. Tägliche Updates sollen dem Arbeitsuchenden ein optimales Service für den beruflichen Erfolg ermöglichen. Bei der Gelegenheit lässt es sich der Libro-Boss natürlich nicht nehmen, auf die aktuellen Zugriffszahlen der Homepage von lion.cc zu verweisen, die er mit 130.000 registrierten Usern, 1,8 Millionen Besuchern und 8,7 Millionen Page-Impressions im Oktober beziffert. Nach vier Monaten sei lion.cc mit seiner Mischung aus News, Service und Einkaufsmöglichkeiten damit bereits die Nummer drei unter den Internet-Providern.

Ein aufmerksamer Zeitgenosse fragt Christoph Edelmann, der bei lion.cc als Leiter der Unternehmenskommunikation fungiert, nach den Auswirkungen der Kooperation mit der Telekom. Edelmann antwortet „technisch": Damit werde vor allem eine verstärkte ADSL-Anbindung (Asymmetric Digital Subscriber Line) angestrebt.

Den nächsten medialen Paukenschlag liefert lion.cc schon am 13. Dezember, praktischerweise KEIN „Freitag, der Dreizehnte". Das Unternehmen will die Österreicher(innen) mit dem „einfachsten und umfassendsten Internetzugang" beglücken, und obwohl in den meisten Medien selbstverständlich Rettberg zitiert wird, darf sich lion.cc-Geschäftsführer Mayrhofer mit erklärenden Zitaten zum Komplettpaket „free & easy box", „das Zugangsbarrieren und Schwellenängste abbaut" (und von dem schon kurze Zeit später niemand mehr spricht), äußern: „Das Internet ist eine Geschichte von Barrieren in Form von hohen Zugangs- und Telefongebühren. Wir wollen dazu beitragen, eine Zweiklassengesellschaft in Österreich zu verhindern: Nicht eine privilegierte Minderheit soll die Vorteile des Internets nutzen können, sondern eine klare Mehrheit der Österreicher. Internet und die wichtigste Software einfach und kostenlos für alle – das ist unsere Lösung." Schützenhilfe erwartet sich Mayrhofer von höchster Stelle und will mit der „Go on"-Initiative des Bundeskanzlers zusammenarbeiten.

Welchen Sinn die Aktion betriebswirtschaftlich haben soll, ist auf den ersten Blick allerdings nicht zu erkennen: Als gutes Beispiel für die an sich beispiellose Geldverbrennungsmentalität der Libro-Führung soll die Strategie des „Markt-Hineinpressens" bei der „free & easy box" so funktionieren, dass der Kaufpreis von 300 Schilling dem jeweiligen Kunden gleich wieder in Form eines Libro-Einkaufsgutscheins in der gleichen Höhe zurückerstattet wird. Darüber hinaus kann man in allen Filialen auf eigenen Surf-Stations gratis im Internet surfen, Einkaufen, E-Mails lesen etc. Dazu gibt es ein komplettes Softwarepaket (StarOffice 5.1 inkl. Textverarbeitung, Tabellenkalkulation, E-Mail, Grafikprogramm, Web-Publishing, Terminverwaltung, Datenbank, Management-Anwendungen), ein Internetbuch und ein Internetkurs-Gutschein. Mayrhofer: „In fünf Minuten online – damit wird Surfen unterm Weihnachtsbaum Realität, und zwar mit allem Drum und Dran. Wir wollen das Internet letztendlich so einfach wie Fernsehen machen!"

Jedenfalls hat lion.cc von Libro die Lust an Visionen geerbt: Laut Mayrhofer soll „das Erfolgskonzept bald auch im Ausland greifen", schon demnächst will man in der Schweiz und in Deutschland (und zwar noch im ersten Quartal 2000) präsent sein. „Wir sind auf der Suche nach entsprechenden Partnern", bestätigt Rettberg, die Verhandlungen seien bereits relativ weit gediehen. Über weitere Angebote von lion.cc wie Web-TV werde ebenso nachgedacht wie über weitere Kooperationen, z. B. mit Telekabel Wien.

Fast beiläufig fällt dann der Satz, Libro habe heuer bereits 200 Millionen Schilling in die Internet-Aktivitäten investiert, davon auf Anlaufkosten wie den Aufbau der Technik und des Vertriebs. Rettberg kommentiert dieses Faktum unaufgeregt und gleichzeitig entlarvend, und alle Medien jubeln ihm für seinen enormen Wagemut zu, ohne auch nur kurz nachzurechnen: Der Umsatzanteil mit dem E-Commerce-Angebot von lion.cc liege bei einem (EINEM) Prozent, wobei der Konzern 1998/99 rund fünf Milliarden Schilling umgesetzt hatte. Rettberg weiter im O-Ton: „Innerhalb von vier bis fünf Jahren soll der E-Commerce-Anteil auf zehn Prozent steigen, allerdings wird das von der Entwicklung des Internets insgesamt abhängen." Und dann: „Der Break-even soll bereits in zwei bis zweieinhalb Jahren erreicht sein."

Während die Öffentlichkeit diese Wahnsinnsprognosen registriert wie das Kaninchen vor der Schlange, schrillen Libro-intern bereits die ersten Alarmglocken. „Ich habe noch nie so einen unprofessionellen Manager gesehen", sagt ein hochrangiger Libro-Mann über Rettberg. Bis zur Idee des Börsengangs wird dem Boss durchaus erfolgreiches Wirken attestiert, „dank" dieser Phantasie habe sich Rettberg aber nicht mehr um das operative Geschäft gekümmert. „Die primitivsten Führungsgrundsätze sind ihm nicht bekannt, und dennoch reißt er alles an sich."

Nach außen hin ist der Vorstandschef der Buch- und Medienhandelskette dagegen auf dem Höhepunkt seiner Ausstrahlungsmacht angelangt und wird von 22 Wirtschaftsjournalisten für „News" zum „Manager des Jahres 1999" gekürt. Die Jury des „Nachrichtenmagazins" begründet ihre Entscheidung damit, Rettberg habe „Libro zu einem modernen Medienhaus mit Internet-Anschluss umgemodelt und mit dem Börsengang im November als Mister Libro sein vorläufiges Meisterstück geliefert".

Der mittlerweile 42-Jährige überflügelt damit höchst prominente Konkurrenz wie etwa Hannes Androsch, der mit dem Börsengang seiner steirischen Leiterplattenfirma AT & S an den Neuen Markt laut Jury „eine fulminante Erfolgsstory geschrieben hat, künftig sein Beteiligungsimperium (Salinen, FACC, Dachstein) auf 1,1 Milliarden Schilling Umsatz pushen will" – und dennoch mit dem Ehrenplatz vorlieb nehmen muss. Auf den dritten Rang wird Red-Bull-Erfinder Dietrich Mateschitz gereiht, der auch 1999 für ein kraftiges Umsatzwachstum (seines Getränke-Unternehmens) von 3,4 auf rund sieben Milliarden Schilling sorgt. Den vierten Platz im „News"-Ranking, das 100 heimische Topmanager auflistet, belegt das Austria-Tabak-Vorstandsduo Jörg Schram und Heinz Schiendl: Die beiden haben Austria Tabak mit dem 7,4 Milliarden Schilling teuren Kauf des Zigarettengeschäfts von Swedish Match europaweit zu einem unübersehbaren Zigarettenkonzern hochgehievt. Der fünfte Rang bleibt gewissermaßen in der „Libro-Familie", denn dort landet UIAG-Chef Stiassny, der laut Jury mit milliardenschweren Transaktionen nicht nur mit Libro, sondern auch rund um Niedermeyer, Palfinger und Andritz zum „Deal-Maker des Jahres" avanciert.

„Journalismus ist Literatur als Schnellgericht."

(Richard Gere zu Julia Roberts
in „Eine Braut, die sich nicht traut")

Dieses medienpolitisch ideale Umfeld wäre doch bestens geeignet, wieder einmal an die ein wenig in Vergessenheit geratene Buchpreisbindung zu erinnern, mag sich der aufmerksame Leser vielleicht an dieser Stelle denken. Wie wahr! Prompt versucht es Rettberg mit dem Rückenwind seines aktuellen Popularitäts-All-Time-High mit einem Brief an die EU-Kommission: „Aufgrund des zunehmenden Drucks auf die Buchpreise im Internet von Unternehmen aus Staaten, für die keine Buchpreisbindung gilt, entsteht Libro und jedem anderen Buchhändler des deutschen Sprachraumes mit jedem Tag, den die Entscheidung gegen die Buchpreisbindung weiter verzögert wird, wirtschaftlicher Schaden." Sollte die Kommission nicht „unverzüglich" entscheiden, sähe Libro „keine andere Möglichkeit mehr, als beim Europäischen Gerichtshof Klage zu erheben".

Und der zuständige Wettbewerbskommissar Mario Monti ist über die Offensive Libros gar nicht so unglücklich und möchte die Preisbindung ohnehin noch im Jänner kippen. Manche seiner Kommissionskollegen wollen die Entscheidung aber in die Zeit der französischen Präsidentschaft (ab Sommer 2000) verschieben, da Paris eine neue Richtlinie zum Buchpreissystem will. Monti kann nun gegenüber seinen Kollegen argumentieren, dass sofort gehandelt werden muss, da die Kommission andernfalls geklagt wird. Brüsseler Experten rechnen in diesem Fall damit, dass Libro gute Chancen hat; immerhin liegt die Beschwerde Libros wegen der Buchpreisbindung inzwischen schon dreieinhalb Jahre zurück. Michael Tscherny, Sprecher von Kommissar Monti: „Wir haben ohnehin vor, rasch zu entscheiden."

Rasch entschieden ist auf einer Nebenfront auch per 31. 12. 1999 die im Juli begonnene Zusammenarbeit mit dem mittlerweile ebenfalls börsenotierten Internet- und Telekommunikationsunternehmen Cybertron im Bereich der Festnetztelefonie („LibroTel"). Bei diesem reinen „Reseller-Modell" war Libro nur als reiner Wiederverkäufer aufgetreten.

Gleichfalls medial eher unbemerkt übernimmt Libro im Dezember in Deutschland elf Boulevard-Filialen von Bertelsmann. „Da ist unser Chef komplett über den Tisch gezogen worden", raunen die Libro-Mitarbeiter, die es wissen müssen. Deutliche hausinterne Warnungen schlägt Rettberg in den Wind: „Das ist in Ordnung – das habe ich mit dem Bertelsmann-Vorstand so ausgemacht!"

Die zehn größten Buchhändler im deutschen Sprachraum

Umsätze 1999 in Milliarden Schilling

Hugendubel	D	2,3
Karstadt	D	1,9
Phönix-Montanus	D	1,7
Libro	Österreich	1,4
Kaufhof	D	1,2
Weltbild plus	D	1,1
Mayersche	D	0,9
Thalia	D	0,9
Bouvier	D	0,8
Weiland	D	0,6

Quelle: „Buchreport"

Wie wirklich ist die Wirklichkeit? (2000)

„Und wenn Dir nunmehr alle Leitern fehlen,
so mußt Du verstehen,
noch auf Deinen eigenen Kopf zu steigen:
Wie wolltest Du anders aufwärts steigen?"
(FRIEDRICH NIETZSCHE, „Also sprach Zarathustra"

Ankündigungstext für Rettberg für die Ö1-Sendung „Journal zu Gast" am 15. 1. 2000

„André Rettberg ist am Samstag, den 15. Jänner bei Christian Hunger im ‚Journal zu Gast' um 12.20 Uhr in Österreich 1. Der „Manager des Jahres 1999" spricht über die neuen Entwicklungen im internationalen Mediengeschäft und darüber, ob der Computer bald die Bücher, Zeitungen und Zeitschriften ersetzen wird und der klassische Buchhandel überhaupt noch eine Überlebenschance hat.

Die Zusammenführung von Internet und Medien ist auch eines der Hauptanliegen des Vorstandsvorsitzenden der Libro AG, der die einstige Bücher- und Papier-Diskonterkette vor drei Jahren aus dem Billa-Konzern herausgegliedert und in Form eines Management-Buy-out übernommen hat.

Seitdem ist Libro auf dem Weg vom Diskonter zum Medienunternehmen und Marktführer mit mittlerweile 4,3 Milliarden Schilling Umsatz. Rettberg, der es vom gelernten Buchhändler zum Konzernchef gebracht hat, setzt vor allem auf E-Commerce und die moderne Kommunikation. Libro bietet heute neben dem Bücher-, Papier, CD- und Videogeschäft einen umfassenden Internetdienst an und ist auf dem Gebiet der alternativen Festnetztelefone tätig. Zum Konzern gehören außerdem ein Versandhandel und ein Verlag. In Österreich sorgt Rettberg nicht nur mit seinen außergewöhnlichen Expansionsplänen für Aufregung in der Branche, vor allem sein Kampf für die Aufhebung der Buchpreisbindung hat ihm zahlreiche Gegner eingebracht."

(ORF Radio Öffentlichkeitsarbeit)

In der Ö1-Sendung zeigt sich Rettberg wieder einmal zuversichtlich, dass sich die EU-Kommission für eine Aufhebung der grenzüberschreitenden Buchpreisbindung zwischen Österreich und Deutschland entscheiden wird: „Ich glaube, dass die Entscheidung in Brüssel relativ klar in unsere Richtung gehen wird (...) Es geht darum, dass wir ein 100 Jahre altes Gesetz nicht mehr in der heutigen Welt sehen.“ Global gebe es keine Buchpreisbindung, diese sei „ein Relikt“ und verzerre den Wettbewerb.

Rettberg räumt ein, dass Libro in einem Segment tätig sei, das auch Verantwortung trage, „daher sind wir auf der Suche nach Regeln“. Diese könnten die europäischen Länder aber nur miteinander finden, es funktioniere nicht, dass Österreich und Deutschland allein Lösungen finden. „Es ist Kultur, was wir verkaufen, aber es ist immer noch ein Handelsgut“, greift Rettberg ein Hauptargument der Buchpreisbefürworter auf, die stets betonen, dass es sich um ein Kulturgut handle, das nicht wie andere Waren zu bewerten sei.

Nicht wie andere zu behandeln bzw. zu bewerten ist weiterhin auch Rettberg selbst, der z. B. für den Österreichischen Direct Marketing Kongress Anfang März an erster Stelle des österreichischen „Staraufgebots an Referenten“, u. a. vor Dr. Fred Koblinger (Palla, Koblinger & Partner), Dr. Beatrix Kerbler (Saatchi & Saatchi) und dem neuen Bertelsmann-Österreich-Chef Mag. Stefan Fabrizii, gereiht wird. Dabei wird Rettberg – u. a. im Rahmen einer Libro-internen Managerklausur – im eigenen Haus immer wieder ganz konkret darauf aufmerksam gemacht, schon vor Weihnachten 2000 käme die erste große Liquidationskrise und spätestens Mai 2001 folge die Pleite!

Inzwischen hat sich seit dem 1. 11. 1999 mit dem ehemaligen Geschäftsführer der Gesellschaft für Kulturpolitik und SPÖ-Pressesprecher Heinz Lederer als Konzernsprecher statt Christoph Edelmann ein weiterer Manager herauskristallisiert, der bei Libro etwas zu sagen hat. Der ehemaligen „rechten Hand“ von SPÖ-Bundesgeschäftsführer Andreas Rudas war der Spitzenjob von Rettberg bereits im Sommer angetragen worden. Lederer erwartet bei Libro „eine spannende Aufgabe in einem Unternehmen mit tollen Zukunftsaussichten“. Die Mitarbeiter(innen) wirken weniger motiviert: „... brach für mich irgendwie auch eine kleine Welt zusammen, als wir aus dem Kurier (oder Standard) PLÖTZLICH erfuhren, dass als neuer Konzernsprecher Hr. Lederer agiert. Wir waren wirklich total überrascht, keiner hatte eine Ahnung, und wir dachten uns irgendwie, dass da was nicht mit rechten Dingen zugehen kann, wenn man so plötzlich in einer Nacht-und-Nebel-Aktion einen neuen Konzernsprecher einberuft, zumal Christoph seinen Job sehr gut gemacht hat ... Nun, die Wahrheit werden wir wohl nie erfahren, aber plötzlich bekam auch die Abteilung Werbung Unterstützung mit Frau XXX (aber gleich mit einem zweiköpfigen Team), damit katapultierte man den fachlich wirklich einwandfreien Hrn. YYY hinaus (zunächst wollte man ihn noch trösten mit dem Projekt ‚Kundenbindung und -karten'), aber na ja ... Und da wäre dann auch noch Frau ZZZ, die durch Herrn Lederer hineingeschubst (sprich: von der SPÖ mitgenommen) wurde, ein bisserl da assistiert, ein bisserl dort mitgeredet ..."

Legendär und in den Stenographischen Protokollen des Nationalrats akribisch dokumentiert (XX. GP, 139. Sitzung/65) ist die Debatte rund um ein Zitat des damaligen Pressesprechers: „Die Kulturpolitik muss dem Künstler nicht nur Chancen geben, sondern sie hat Künstler in den Dienst des Staates zu nehmen." Lederers erster großer Auftritt in Libro-Diensten ereignet sich am 9. Februar 2000 – einen Tag,, nachdem EU-Wettbewerbskommissar Monti die Aufhebung der Buchpreisbindung ab Juli ankündigt. „Für uns ist die Entscheidung ein Gewinn für den Konsumenten, für die Autoren, für den Handel und natürlich für Libro", freut sich Lederer. „Das ist ein Aufbruchsignal für den Markt, von dem wir uns einen rapiden Anstieg an Konsumenten und eine Ausweitung des Marktes erwarten; wir sind froh, dass wir diese Initiative vor drei Jahren gestartet haben."

Vor allem beim jungen Publikum rechnet Libro durch die niedrigeren Preise mit einer Belebung des Buchmarktes. Dumpingpreise werde es nicht geben. „Wir werden faire Preise machen", betont Lederer und hofft, dass die ersten Aussagen des neuen Staatssekretärs für Kunst und Medien Franz Morak halten würden, der eine vertragliche Regelung einer gesetzlichen vorziehe.

Angesichts der Frist für die Vorlage der endgültigen nationalen Regelungssysteme in Brüssel am 31. März 2000 erwartet Lederer, dass sich Händler, Autoren und Verlage bald an einen gemeinsamen Tisch setzen werden: „Wir wollen eine vernünftige Regelung, wir sind selbst Partner der Autoren." Vorstellbar seien gemeinsame Marketingmaßnahmen oder ein Stiftungsmodell, bei dem sich Verlage und Handel beteiligen.

Für den größten heimischen Buchhändler soll die Aufhebung der bisher geltenden Buchpreisbindung vor allem Vorteile am riesigen deutschen Markt bringen; durch die Übernahme der Boulevard-

Filialen von Bertelsmann hat Libro dort elf Filialen, am 24. Februar kommt eine neue in Bochum dazu, im Mai eine in Berlin am ehemaligen Standort von Warner Brothers. Mit den getrennten nationalen Systemen kann Libro laut Lederer ab Juli auch Bücher deutscher Verlage in Deutschland zu seinen Konditionen anbieten, weil die Bücher über das zentrale Libro-Lager in Guntramsdorf angeliefert werden.

Auch einen Lieferstopp, wie er von den großen deutschen Verlagshäusern angedroht worden war, braucht Libro offenbar nicht zu befürchten. Zumindest sieht das anfangs so aus, denn Monti untersagt in seiner Entscheidung auch eine mengenmäßige Beschränkung von Verlagsprodukten. Laut Lederer hatten „die deutschen Verlage, von denen immerhin rund 80 Prozent der in Österreich angebotenen Bücher stammen, durch das seit 1880 geltende grenzübergreifende System und die Buchmark, mit der die Buchpreise zu einem höheren DM-Kurs umgerechnet werden, am kleinen österreichischen Markt gut verdient".

Aber die liebevoll umworbenen potenziellen Partner wollen keinen Kuschelkurs. Die Interessengemeinschaft der österreichischen Autor(innen) richtet eine „freundliche Untersagung" an Libro und beweist damit geradezu prophetische Qualitäten hinsichtlich der künftigen wirtschaftlichen Entwicklung des Unternehmens. André Rettberg solle es „im Namen der mehr als zehntausend Unterzeichner der Leipziger Erklärung und der rund 3.500 Mitglieder der IG Autorinnen Autoren unterlassen, die Aufhebung des grenzüberschreitenden festen Ladenpreises als einen Sieg der Autoren zu begrüßen".

In einem offenen Brief heißt es weiter, dass Rettberg die EU-Entscheidung zwar im Sinn der Umsätze seines Unternehmens oder der positiven Weiterentwicklung seiner Börsenkurse begrüßen könne, „ganz sicher" dürfe er aber nicht im Namen der Autoren oder der Literatur sprechen. Außerdem solle Rettberg auch nicht den Begriff des „Konsumenten" strapazieren, da Bücher „nicht gegessen, sondern gelesen werden", der Libro-Chef solle wie schon zuvor lieber Sätze wie „Wir werden viel Geld verdienen" oder „Wir werden 20 oder 30 Millionen in die Öffentlichkeitsarbeit investieren" von sich geben, dies sei schließlich meinungsbildend und schaffe Kursgewinne. Weiters fordert die IG Autorinnen Autoren Rettberg auf, sich „wieder ganz dem zuzuwenden, wovon Sie wirklich etwas verstehen", nämlich den Umsätzen und Börsennotierungen Libros „mit tonnen- oder zumindest kübelweise rasch verkaufbaren Waren aller Art".

Sollte Rettberg allerdings weiter im Namen der Autoren sprechen, würde die IG Autorinnen Autoren ebenfalls in fremde Reviere vorstoßen. Man müsste sich dann nämlich überlegen, schließt der offene Brief, bei Gelegenheiten wie dem Rückgang der Börsennotierungen oder sonstigen wirtschaftlichen Einbrüchen Libros „ebenfalls Begrüßungen dieser Vorgänge im Namen der Autoren und auch des Unternehmens Libro vorzunehmen".

Anfang März präsentiert der unermüdliche Rettberg die nächste „zukunftsträchtige" Kooperation, diesmal mit dem Mineralölkonzern OMV. Allerdings sind sowohl seine visionären Berater als auch er selbst mit der Formulierung möglichst optimistischer Geschäftsaussichten mittlerweile absolut überfordert. „Es wird ein klassisches Konzept und eine Zukunftsstrategie geben", fällt dem Libro-Chef gerade noch ein. Ähnlich kryptisch klingen seine aktuellen Bewertungen der Internet-Sparte: „Wir schaffen es, als Medienportal gewertet zu werden, obwohl wir eigentlich vom E-Commerce kommen. Das zeigt, dass wir das Internet-Geschäft gut gelernt haben", gemahnt ein wenig an Peter Sloterdijk'sche Klassiker der Sorte „Neben dem Glück in der unmotivierten Explosion beschwört die aktuelle Bilderindustrie in massiven Formen die Gewalt, die aus den Gruften steigt, die Gewalt alter Flüche und das weit gespiene Gift von toten Ahnen".

Es ist die Zeit der aberwahnwitzigen Internet-Phantasien. Ein Gutachten der renommierten internationalen UBS Warburg Dillon Read nennt als Unternehmenswert für lion.cc phantastische 2,7 Milliarden Euro bei einem Quartalsumsatz von drei Millionen Euro und einem Umsatzwachstum von 700 Prozent im Jahr. Die Markenbekanntheit beträgt 78 Prozent, es gibt bereits 55.000 ISP-Kunden. Die absurde Bewertung „funktioniert" laut Herbert Mayrhofer so: Umsatzprognose für das Geschäftsjahr 2002 (Portal und E-Commerce) rund 90 Millionen Euro, davon 25% aus Werbung mit einem Multiple von 25x, Rest mit Faktor 20x, Prognose ISP: 120.000 User à 5.800 Euro, in Summe 2,7 Milliarden Euro.

Eine Zahl zu diesem Thema hat immerhin auch Rettberg parat, der im Gegensatz zu Knöbl lion.cc nicht separat an die Börse bringen, sondern behalten will: Der Online-Bereich des Konzerns sei mit 20 Millionen Page-Impressions im Februar zum zweitgrößten Internetportal Österreichs hinter dem ORF und vor der „Krone" aufgestiegen. Im Sommer werde auch der Einstieg in den deutschen Markt über die Bühne gehen, die Gespräche mit den potenziellen Partner seien weit gediehen. Genau davor zittert man Libro-intern ebenso wie vor dem Engagement im Schweizer E-Commerce-Markt, den der Chef sicher bald medienwirksam verlautbaren werde. „Das sind in Wirklichkeit zwei Musikfreaks mit langen Haaren und einem kleinen Zwischenlager im Keller", präzisiert ein Libro-Manager, der nicht genannt werden möchte. „Und wenn jemand eine CD bestellt, gehen sie in den Keller und schnüren ein Päckchen ..." Händeringend fragt man sich in Guntramsdorf, wie viel Rettberg für diesen „großartigen Einstieg in den Schweizer Markt" auf den Tisch legen wolle – bis zu 80 Millionen Schilling werden befürchtet. Rettberg selbst spricht zu diesem Zeitpunkt davon, man habe bis dato rund 150 Millionen Schilling in den Aufbau des Internet-Geschäfts investiert, mit dem kleinen, feinen Appendix, der Marketingaufwand sei „ähnlich hoch" gewesen.

Die Stimmungslage in Österreich – „Wir wollen sein ein einig Volk von Visionären ..."

Auf dem Weg vom Informations- zum Entertainmentzeitalter sieht am Abend des 6. 3. im Rahmen eines Vortrags im „Zigarren & Klub" die heimische „Mediengröße" Rudi Klausnitzer die Gesellschaft. Schon heute würden Wirtschaftskapitäne und Vorstandsvorsitzende großer Unternehmen wie Medienstars agieren müssen, um ihren Konzernen nicht zu schaden – und in Abwandlung eines alten Sprichworts gelte für die Wirtschaft der Satz: „There's no business without showbusiness."

Der Intendant der Vereinigten Bühnen Wien (sic!) führt unter dem Titel „Die Entertainment Economy! Über die Rolle der Unterhaltung in der Zukunft" den Chef der Unternehmenskette „Virgin", Richard Branson, an. Ihm sei es gelungen, durch starke persönliche Präsenz in den Medien den geschäftlichen Erfolg seiner Firma zu steigern. Auch der Übernahmekampf zwischen Vodafone und Mannesmann sei immer mehr zum „Entertainment-Showkampf" geworden.

Für Österreich führt „profil"-Herausgeber Christian Rainer Niki Lauda und selbstverständlich André Rettberg an. Im Theaterbereich hätten nicht zuletzt Klausnitzer selbst als auch sein Vorgänger Peter Weck und der ehemalige Burgtheaterdirektor Claus Peymann das „Entertainment"-Prinzip umgesetzt und ihre Bühnen über ihre Person vermarktet.

Für den Erfolg eines Produkts ist es laut Klausnitzer essenziell, ein „Erlebnis" mit diesem zu verbinden. Der Kunde müsse das Gefühl haben, sich mit dem Produkt identifizieren zu können. Theater wiederum sei die „älteste und bewährteste Form des Erlebnis-Vermittelns". So müsse der Zuschauer am Ende eines Stücks sagen, dass der Besuch der Aufführung keine vergeudete Zeit gewesen sei.

Das bevorstehende Entertainment-Zeitalter sieht der ehemalige Ö3-Chef, „Premiere"-Berater und SAT1-Geschäftsführer und zukünftige „News"-Geschäftsführer auch bei Unternehmensentscheidungen Einzug halten. Firmen würden eine rationale Beurteilung von Investitionsentscheidungen immer mehr zu Gunsten einer emotionalen Bewertung zurückstellen.

Wie wahr. Aber Klausnitzer und Rainer meinen es (noch?) positiv.

Rettberg natürlich auch. Die neueste Jubelmeldung folgt am 14. 3.: Welch Wunder, Libro generiert über die mit Jahresbeginn in den 250 Filialen installierten Internet-Terminals bereits Umsätze! Entlarvender Nachsatz im Stile von „Des Kaisers neue Kleider": „Der Umsatzanteil über diese Surfstationen am Gesamtumsatz ist freilich noch gering, das Konzept wird aber von den Kunden gut aufgenommen und noch voll aufgehen." Libro wolle dem Kunden so weit entgegenkommen wie nötig, und dies mit allen technischen Mitteln. Findet der Kunde etwa ein Buch nicht im Laden, kann er dieses online bestellen und schicken lassen, wohin er will, sagt Rettberg; damit habe das Internet den klassischen Versandhandel bereits überholt. Und aus der Abteilung „Gebetsmühle & Co.": „In zwei Jahren wird lion.cc mit E-Commerce wirklich Geld verdienen." Über Banner-Werbung könne man die Grundkosten decken, eine weitere Überlegung, um den Umsatz anzukurbeln, sei, selbst Inhalte zu schaffen und weiterzuverkaufen. „Früher oder später wird im Internet nicht mehr alles nur gratis sein ..."

Und übrigens: Der geplante Börsengang der Online-Aktivitäten werde realistischerweise eher im späten Herbst über die Bühne gehen und sei von der Demission des gesamten Vorstands der Telekom Austria, die am geplanten Internet-Spin-off von lion.cc 51 Prozent halten wird, unberührt.

> „Die gesamte gegenwärtige Managementtheorie lebt im Wesentlichen von strukturellen Schieflagen."
>
> *(Dr. Reinhard K. Sprenger, Managementberater)*

Am 22. 3. wird im Parlament der Entwurf zu einem nationalen Buchpreisbindungsgesetz eingebracht. Wie vorauszusehen war, ist Rettberg ganz und gar nicht zufrieden: „Das Gesetz ist kein großer Wurf und zementiert die Situation zum Schaden der Autoren, der Konsumenten und der mittleren Buchhändler." Große Unternehmen könnten zwar ganz gut mit der „Lex Libro" leben, um den Buchmarkt wachsen zu lassen, sei aber eine weitergehende Preisfreigabe notwendig. Sollte das Gesetz so kommen, wie jetzt geplant, werde Libro dagegen sowohl auf nationaler als auch auf EU-Ebene vorgehen. Besonders problematisch sei die Rabattregelung von fünf Prozent. Dies bleibe hinter der Realität zurück, weil in einigen Fällen Rabatte von zehn Prozent gegeben werden, so Rettberg, der sich für eine schrittweise Einführung von Rabatten bis zu 20 Prozent ausspricht. „Auch der zeitliche Rahmen für Preisbindung von 24 Monaten ab Erscheinen und sechs Monaten ab Lieferung wird vor allem kleinen Händlern Schwierigkeiten bereiten. Sie werden noch weniger schwerer verkaufbare Titel ins Sortiment nehmen als bisher – zum Leidwesen der Autoren."

Ein besonderer Dorn im Auge ist Libro die Ausdehnung der Preisbindung auf den Online-Buchhandel. Für Libro sei das kein Hindernis, weil man den Internet-Buchhandel dann eben von Deutschland aus betreiben werde, womit die Buchpreise frei seien. „Um ein Wachstum im Buchmarkt zu erzielen und neue Kundengruppen anzusprechen, ist eine weitgehende Freigabe der Preise notwendig", vertritt der Libro-Vorstandsvorsitzende zum x-ten Mal eine seiner Lieblingsthesen. In der jetzigen Form sei der Gesetzesentwurf jedenfalls ein unüberlegter Schnellschuss und verfassungs- sowie EU-rechtlich bedenklich.

Kunststaatssekretär Franz Morak reagiert prompt: „Mit einem rein nationalen vertraglichen System können die kulturpolitischen Ziele am österreichischen Buchmarkt – bei einem Importanteil von über 80 Prozent in Deutschland verlegter Bücher – nicht erreicht werden." Auch biete eine gesetzliche Regelung größeren Schutz für die wirtschaftlich Schwächeren als eine vertragliche Lösung, weil bei einer solchen die Gefahr des „Vertragsdiktats" seitens des wirtschaftliche Stärkeren nicht gänzlich ausgeschlossen werden könne.

„Erstaunlich" findet Morak, dass sich ausgerechnet der Libro-Chef nun als Retter der Interessen der Autoren und der kleinen und mittleren Buchhändler ausgeben möchte. „Nur eine gesetzliche Regelung kann die Interessen von Autoren und Buchhändlern sichern. Außerdem ist es dezidiert falsch, dass der Internet-Handel preisgebunden werden soll. Herr Rettberg sollte sich genauer informieren, bevor er Kritik am Gesetz übt."

Einer von Libro in den Raum gestellten Verfassungsklage sieht Morak mit Gelassenheit entgegen, umso mehr, als der nun eingebrachte Entwurf auf eine hoheitliche Preisregelung verzichte. „Angelegenheiten des Gewerbes und der Industrie sowie die Bekämpfung des unlauteren Wettbewerbes sind Bundessache. Der Gesetzentwurf stützt sich daher auf bestehende Bundeskompetenzen und bedarf somit keiner besonderen verfassungsrechtlichen Abstützung."

30. 3. 2000, 21.20, ORF, BRENNPUNKT (AT)
Das Geheimnis des Erfolges: „Wie wird man Milliardär? Die Methoden der Spitzenmanager"

André Rettberg (Libro), Werner Baldessarini (Hugo Boss), Hansjörg Tengg (Jobhopper, ehemals max.mobil und Konsum), Gerhard Andlinger (Selfmademan, kauft und verkauft Firmen), Andrea Ecker (Österr. Kunststoffkreislauf), Thaddaeus Ropac (Galerien Salzburg und Paris) erzählen über ihr Handwerk und geben dabei Einblick in die Welt des Big Business. Wenn Führungsqualitäten und Macht zum Handwerk gehören, sind Fragen nach den Zielen, den Wertvorstellungen und Methoden der Manager und die Antworten darauf spannend wie ein Krimi. Welche Erfolgsrezepte hat die österreichische Manager-Elite, wie arbeiten sie, wie leben sie?

(Wh. im Nachtprogramm um 1.35, ORF 2, spätere Sendung in 3SAT am 2. 5. 2000 um 10.45)

„Im Vordergrund der neuen Reportageserie Menschenbilder stehen Personen, die sich durch Kreativität, Engagement und Eigeninitiative auszeichnen. In jeder Folge – für 2000 sind noch sechs weitere Ausgaben geplant, die jeweils freitags um 21.20 Uhr auf dem Programm stehen – äußern sich drei bis vier Protagonisten darüber, wie sie ihr Leben gestalten, wie sie mit Herausforderungen fertig werden oder wie sie ihre Lebens- und Berufsziele realisieren. Der filmischen Gestaltung wird in der neuen Sendeleiste besonderes Augenmerk gewidmet. So führte für die erste Folge der Diagonale-Preisträger Goran Rebic Regie. Karo Wolm, der diese Serie redaktionell leitet, begleitet als Reporter die handelnden Personen durch die Sendung, die spannende Einblicke in die Welt des Big Business gewährt. Produzent ist Franz Nowotny.

Mit dem alten Geheimrezept des Niccolò Machiavelli – er rät zur Rücksichtslosigkeit – sind heute keine Managementerfolge zu erzielen. Ein Topmanager von heute entspricht nicht mehr dem klassischen Bild von einem Dirigenten, der sein Orchester dirigiert, sondern viel eher der Idee von Jazzmusik, wo die Rollen auf verschiedene Musiker aufgeteilt werden und somit Freiräume für die Improvisation des Einzelnen entstehen. (...) André Rettbergs Management-Philosophie offenbart sich bereits in der Raumkonzeption der Libro-Zentrale. Man findet dort ein offenes Großraumbüro ohne Trennwände und hierarchische Aufteilung. Fehler machen wird nicht bestraft, aus Fehlern wird gelernt."

(ORF-Pressestelle)

So eine Überraschung: Wieder ein neues Betätigungsfeld! Als etwas verspäteter Aprilscherz will Libro nach dem Einstieg in das Verlagsgeschäft vor etwa eineinhalb Jahren nun auch prominenter in der Musikbranche vertreten sein. Neben Konzerten in der bereits etablierten Libro Music Hall werden im konzerneigenen Label Intonation-Recordings-Alben international etablierter Künstler und junger heimischer Nachwuchskräfte herausgebracht. Den Auftakt macht dabei die CD von „Falco – A Cyber Show", u. a. mit dem Gitarristen Milan Polak. Als nächste Veröffentlichung ist die Kompilation „20 Jahre U4" geplant, um den Geburtstag der legendären Wiener Szene-Disco zu feiern.

An internationalen Künstlern nimmt Intonation Recordings die US-Hiphop-Band „Outsidaz" sowie das englische Rock-Trio „Kane" unter Vertrag. Liebhaber von klubtauglicher und tanzbarer Musik werden mit der Serie „DJ Set" verwöhnt; dabei sollen pro Jahr drei von renommierten DJs gemixte CDs auf den Markt gebracht werden. Den Auftakt macht die britische Kultband „Cornershop", die mit „Brimful of Asher" an der Spitze der englischen Charts vertreten war.

Weiters werden auf „DJ Set" CDs unter der Leitung von FM4-Musikchef Makossa und des kanadischen DJs Fred Everything veröffentlicht, der auch sein Solo-Album „Everything under the Sun" bei Intonation Recordings präsentiert. Österreichischen Nachwuchs fördert das Label in Gestalt des Duos „Superherorockstar", dessen Debütalbum „3000" im Herbst erscheinen soll. Intonation Recordings wird von Alexander Spritzendorfer betreut, der auf seinem

Label „Spray Artists“ Künstler wie Count Basic, Kruder & Dorfmeister, Waldeck und Beat 4 Feet veröffentlicht und als Manager u. a. Papermoon und Unique betreut hat.

Schon bald soll der Entertainmentbereich mit Intonations, der Libro Music Hall, dem Ticketverkauf und dem Verlag in einem eigenen Profitcenter zusammengefasst und in eine eigene Gesellschaft ausgegliedert werden. Rettberg im O-Ton: „Wir haben im Unterschied zu unserer Konkurrenz das Tainment-Konzept im Hintergrund.“

Im Libro-Hintergrund schlummern jedoch auch ganz andere Dinge. Intern wird gestritten, dass die Fetzen fliegen. Katastrophale Ergebnisse für das am 28. 2. beendete Wirtschaftsjahr werden in Guntramsdorf debattiert, dringen jedoch nicht an die Öffentlichkeit. Berichte des Rechnungswesens dokumentieren, dass die budgetierten Planzahlen bereits im ersten Quartal deutlich verfehlt werden. So liegt der Umsatz nach den ersten drei Monaten um etwa 15 Prozent unter Plan, die Kosten um rund fünf Prozent darüber, das Ergebnisziel wird um saftige 130 Prozent verfehlt.

Es liegt etwas in der Luft – und die Telekom Austria riecht es offensichtlich. Am 12. April geben Rettberg und der wiederbestellte TA-Vorstand Rudolf Fischer eine gemeinsame Pressekonferenz in Wien und verlautbaren, dass sie entgegen den ursprünglichen Plänen im Internet weiter getrennte Wege gehen wollen. Durch das getrennte Auftreten mit den beiden Portalen lion.cc und a-online („allerdings mit enger Kooperation im Hintergrund“) könne rascher agiert und auch ein größeres Marktpotenzial abgeschöpft werden.

lion.cc soll nach wie vor so rasch wie möglich an die Börse gebracht werden. Für Ende Mai ist die Ausgliederung in eine Tochterfirma sowie die Bewertung angesetzt. „Damit haben wir nicht zuletzt der Kritik rund um den TA-Einstieg beim Börsengang Rechnung getragen“, erklärt Rettberg. Ursprünglich sollten an dieser Tochterfirma zu 51 Prozent die TA und zu 49 Prozent Libro beteiligt sein. Mit dem jetzigen Schritt bleibe die Internet-Phantasie für die Libro-Aktionäre vollständig erhalten und sei klarer nachvollziehbar. Den genauen Zeitpunkt und den Anteil, der im Rahmen einer Kapitalerhöhung an die Börse gebracht werden soll, will der Libro-Chef allerdings – pst, pst! – noch nicht verraten: „Groß genug, damit es für den Markt interessant ist, und klein genug, damit noch Platz für einen strategischen Partner aus dem Medienbereich ist.“ Berichte über Verhandlungen mit dem deutschen Medienriesen WAZ (Westdeutsche Allgemeine Zeitung) will er nicht kommentieren, auch ein ausländischer Telekompartner sei nicht ausgeschlossen, allerdings nur in Abstimmung mit der TA.

TA-Vorstand Fischer bemüht sich um Contenance: Obwohl nicht alle beim Einstieg bei Libro angedachten Kooperationsmöglichkeiten umgesetzt werden, sei das Engagement richtig gewesen. „Im Bereich Distribution soll es wie geplant Shop-in-Shop-Konzepte in den Libro-Filialen geben." Für die Telefonie-Tochter LibroTel, die ursprünglich als alternativer Festnetzanbieter auftreten wollte, wird ein neues Modell angekündigt, nachdem die EU die Beantragung einer eigenen Festnetzlizenz untersagt hatte.

Schon am nächsten Vormittag lässt sich der manische Libro-Chef in der Altstadt von Feldkirch sehen und eröffnet gemeinsam mit Landeshauptmann Herbert Sausgruber und Bürgermeister Wilfried Berchtold im renovierten „Furtenbach-Haus" die erste Vorarlberger Amadeus-Filiale mit 1800 m^2 Verkaufsfläche. Im neuen Flagship-Store erklärt Rettberg vor Mitgliedern des Management- und Presseclubs Vorarlberg das Festhalten an der Zweimarkenstrategie mit Libro für die jüngere Zielgruppe und Amadeus als Medienhaus „vom Buch bis Byte" und spricht von seinen Plänen, von 270 Standorten in Österreich bald auf 400 zu expandieren.

Auch Amadeus selbst ist laut Geschäftsführer Klaus Karnutsch (ein ehemaliger Manager des Passauer Verlages) auf Expansionskurs: „Derzeit gibt es Standorte in Oberösterreich, Wien, St. Pölten, Innsbruck und Villach, in einem Monat wird in Wien beim Hilton eine weitere Filiale eröffnet." Im laufenden Jahr ist außerdem in Salzburg – sinnigerweise in der Getreidegasse Nr. 7, nahe Mozarts Geburtshaus – eine Amadeus-Eröffnung vorgesehen. Auf der Liste stehen laut Karnutsch weiters Eisenstadt und Amstetten, mehrere Projekte seien „noch in Schwebe, fix ist aber, dass im kommenden Jahr im Zentrum von Dornbirn die zweite Vorarlberger Amadeus-Niederlassung kommt".

Und wieder einen Tag später kommt bereits die nächste Jubelmeldung: Wie von den Guntramsdorfer Insidern schon seit Monaten befürchtet, werden per 14. 4. 100 Prozent des „führenden Schweizer CD-Anbieters im Internet – www.CeDe.ch – erworben. „Damit setzt das Unternehmen einen wichtigen Schritt zur geplanten raschen Expansion der E-Commerce-Aktivitäten im deutschen Sprachraum", sagt Heinz Lederer. „CeDe.ch ist in der Schweiz der größte CD-Anbieter im Internet. Die 100%ige Übernahme stellt für das größte österreichische Medienhandelsunternehmen einen wichtigen strategischen Schritt dar." Faktisch kauft Libro damit bei weitem überteuert einen Zugriff auf eine Datenbank mit etwa 290.000 CDs, knapp tausend Software-Titeln, 30.000 Film- und ein paar tausend Music-DVDs sowie immerhin 352 Audio-DVDs ... Rettbergs Schalmeientöne: „Damit schafft sich Libro Unabhängigkeit. Damit unterstreichen wir unser Ziel, einer der größten Player als Internet-Komplettanbieter im deutschsprachigen Raum zu werden."

In der Zentrale brodelt es jedoch bereits bedenklich und das Management wird kräftig umgebaut. Hinter Rettberg tauchen mehr und mehr neue Köpfe auf – und ab. Vor dem Hintergrund der Tatsache, dass die internen Berichte längst nicht mehr mit den Rettberg'schen Sensationsaussprüchen übereinstimmen, und angesichts der Möglichkeit, dass vor allem hochwichtige Prognosen und Faktensammlungen der Mitarbeiter den Aufsichtsrat fast, aber eben doch nicht ganz auch tatsächlich erreichen, will Libro-Geschäftsführer Wilfried Wiesinger „das Haus auf eigenen Wunsch verlassen, um sich neuen Aufgaben zuzuwenden". Heinz Lederer hingegen bleibt und kommentiert: „Wir haben seit Herbst die Schlagzahl kräftig erhöht, das erfordert auch neue Managementkapazitäten."

Die Nachbesetzung von Wiesinger werde noch geklärt, seit kurzem ist jedoch bereits ein neues Team für Einkauf, Verkauf und Marketing zuständig. Für den früheren Leiter der Deutschland-Expansion, Martin Greiner, sei eine gute Lösung gefunden worden. Seit Herbst kümmert sich die ehemalige Bertelsmann-Managerin Barbara Amann um die dortigen Aktivitäten. Greiner sei im Konzern für andere Aktivitäten zuständig, so Lederer. Klaus Karnutsch führt die Geschäfte bei Amadeus, Herbert Mayrhofer den Online-Bereich lion.cc, die Position des künftigen Geschäftsführers der neuen Entertainment GmbH (früher Libro Tel Telekomservices GmbH) wird erst entschieden.

In diesen Tagen läuft auch die „Lock-up-Periode" für die Libro-Altaktionäre aus, die nach dem Börsengang des Unternehmens am 10. November in Kraft getreten war und in der keine Aktien aus dem Altaktionärsbestand abgegeben werden durften. Allerdings sind die Aktien der Altaktionäre weiterhin durch einen Syndikatsvertrag gebunden, und zumindest offiziell besteht „keinerlei Absicht, Libro-Aktien über die Börse zu verkaufen". Der Syndikatsvertrag bestimmt, dass die Altaktionäre und die Telekom nicht weniger als 51 Prozent der Libro-Aktien halten dürfen, wobei die Beteiligung des Libro-Managements bis Dezember 2002 nicht unter acht Prozent sinken darf. Erst ab dem Jahr 2001 sollen die UIAG und andere Finanzinvestoren das Recht haben, Aktien über eine „Sekundärplatzierung" abzugeben. Die absolute Beteiligung der UIAG und der anderen Investoren zusammen mit der Beteiligung der TA und der Managementaktionäre darf aber auch nach Kapitalerhöhungen nicht unter 30 Prozent fallen.

Nach dem Motto „Lasst 1.000 Blumen blühen" betreibt lion.cc inzwischen Sortimentsaufputz. So wird z. B. ein Blumenshop realisiert: Einfach und bequem sollen demnach die Besucher von lion.cc Blumengrüße innerhalb Österreichs sowie in die Schweiz und nach Deutschland versenden können. Sieben verschiedene Blumensträuße in drei unterschiedlichen Größen und Preiskategorien stehen zur Auswahl, auch eine einzelne Rose kann per Mausklick versendet werden. Zusätzliches Feature: Je nach Anlass können die Besteller aus Textvorschlägen einen Kartengruß wählen. Die Zustellung erfolgt noch am selben Tag, wenn der Auftrag bis 10 Uhr vormittags einlangt, ansonsten kann jedes beliebige Lieferdatum mit Uhrzeit vom Kunden festgelegt werden. Und es wäre nicht André M. Rettberg, ließe sich nicht auch damit ein blühendes Statement pflanzen: „Für lion.cc ist der Blumenshop ein neuer Baustein auf dem Weg zum Internet-Komplettanbieter."

Damit nicht genug: Auch ein Software-Shop mit mehr als 11.000 Artikeln wird ins lion.cc-Angebot eingebaut. Im Softwarewühlkorb finden sich Anwendungssoftware wie Office-Pakete, Hilfsprogramme, Virenschutzprogramme, Graphiksoftware, Desktop-Publishing- sowie Internet-Tools, Betriebssysteme und Lernsoftware. Der Software-Shop richtet sich sowohl an private Computer- und Internet-User als auch an Geschäftskunden aus dem Small- und Home-Office-Bereich (Freiberufler, Freelancer und kleine Gewerbebetriebe). „Attraktive Preisgestaltung, eine Riesenauswahl und Gratisversand bei einer Rechnungssumme über 25 Euro sind schlagkräftige Argumente für diese Kundengruppen", hofft Geschäftsführer Mayrhofer. „Damit bieten wir erstmals auch Produkte an, die für den Business-to-business-Bereich interessant sind."

Ende Mai werden frische Zahlen geliefert: Entgegen den Erwartungen beim Börsengang fällt für 1999/2000 kein Gewinn, sondern ein Verlust vor Steuern und Zinsen (EGT) von minus 139 Millionen

Schilling und ein Jahresverlust von 18,5 Millionen an. Das EBITDA (Betriebsergebnis vor Abschreibungen) bricht auf 89 (1999/2000: 329) Millionen ein, das Betriebsergebnis (EBIT) auf minus 100 (+207), der Cashflow sinkt auf 172 (234) Millionen. Es ist von Investitionen von insgesamt 670 Millionen Schilling die Rede, wovon 300 ins klassische Handelsgeschäft, 160 zu Amadeus, 80 in die Deutschland-Expansion und 100 Millionen Schilling in den Lion-Ausbau fließen.

Bemerkenswert ist, dass das Stammgeschäft von Libro mit rund 84 Prozent zum Umsatz beträgt. Das EBITDA im Amadeus-Bereich ist mit 18,8 Millionen Schilling negativ, was Knöbl mit „den längeren Anlaufkosten der großen Medienhäuser“ erklärt. (Intern weiß man längst, dass Knöbl erstens gegen Rettberg nicht ankommt und außerdem für sich persönlich hofft, „dass es sich ausgeht“: „Wenn ich das heimbringe, habe ich ausgesorgt“, soll der Finanzvorstand im Hinblick auf sein Aktienpaket und die „Lock-up“-Bestimmungen bzw. den Syndikatsvertrag im trauten Kreis Klartext gesprochen haben.) In Deutschland liegt das EBITDA bei minus 29,6 Millionen Schilling, was logischerweise mit den hohen Investitionskosten begründet wird.

Den wahren Wahnsinn mit Methode liefert jedoch lion.cc: Bei einer Betriebsleistung von 72 Millionen liegt der Rohertrag bei 20,8 Millionen und das EBITDA bei minus 224,8 (!) Millionen Schilling. Da müssen ganz schnell auch einige vermeintlich positive Zahlen her: lion.cc hat bereits 250.000 registrierte User, 23,6 Millionen Page-Impressions und 7,2 Millionen Visits. Und die Strategie heißt weiterhin Wachstum um buchstäblich jeden Preis: Im laufenden Geschäftsjahr 2000/01 sollen ähnlich wie im vergangenen Jahr rund 700 Millionen Schilling in die weitere Expansion der Handels- und Internetaktivitäten fließen und die Betriebsleistung des Konzerns um rund 30 Prozent auf 6,5 bis sieben Milliarden Schilling gesteigert werden.

„Wir werden heuer wieder kräftig Gas geben“, äußert sich Rettberg bei der Bilanzpräsentation nonchalant. „Libro ist ein Wachstumsunternehmen“ und müsse so groß werden, „dass wir nicht nur in Österreich, sondern im gesamten deutschen Sprachraum etwas darstellen“. In einem Anfall von Realitätsbewusstsein will er keine Prognose zum Ergebnis mehr abgeben, es soll aber „jedenfalls höher als im vergangenen Jahr sein“. Klarerweise gibt es keine Dividende für das erste halbe Börsenjahr. Logisch: „Was wir mit dem

Libro-Filialgeschäft verdient haben, wurde in neue Geschäftsfelder investiert", gesteht Knöbl.

Rettberg verkörpert wie üblich den „good guy": „Mittelfristig" soll auch eine Dividende ausgeschüttet werden, „über kurz oder lang" wolle man in allen Geschäftsfeldern Geld verdienen. „Wir haben die Strategie geändert, weil wir selbst überrascht waren, wie gut lion.cc vom Markt aufgenommen wurde", erklärt Rettberg. Lion sei in weniger als einem Jahr zum zweitgrößten Internetportal in Österreich aufgestiegen, das sei zum Börsengang noch nicht absehbar gewesen. Ähnlich dynamisch soll der Umbau „vom österreichischen Buchhändler in einen internationalen Medienkonzern" heuer weitergehen. Im ertragreichen Handelsgeschäft von Libro sollen in Österreich zu den 250 bestehenden weitere 20 Filialen dazukommen, die Zahl der Amadeus-Medienhäuser in Haupt- und Bezirksstädten soll von derzeit 23 auf mindestens 30 steigen.

In Deutschland sind kurzfristig zwei Libro-Flagship-Stores in Berlin und Bielefeld geplant. Mit den im Vorjahr von Bertelsmann übernommenen elf Boulevard-Filialen – zehn sind bereits als Libro wiedereröffnet – sind es insgesamt 18 Standorte mit Schwerpunkt in Nordrhein-Westfalen. „Damit haben wir die kritische Größe erreicht und denken nun über ein Franchisekonzept nach", gebiert der Libro-Chef wieder einmal eine neue Idee.

Der Kurs der Aktie liegt bei 44,25 Euro und ist damit seit der Erstnotiz um 128 Prozent gestiegen. „Der Einbruch bei den New-Economy-Werten in den vergangenen Wochen ist jedoch auch an unserem Papier nicht spurlos vorübergegangen", gibt Rettberg zu.

Mit der rückwirkenden Abspaltung von lion.cc (in Form einer GmbH) soll wenigstens ein Problem erst einmal vom Tisch. Die Telekom beteiligt sich nun doch mit 6,75 Prozent, in einem nächsten Schritt soll das Unternehmen börsenfähig gemacht werden. Laut Knöbl ist auch die Beteiligung weiterer Partner nicht ausgeschlossen, er sagt aber (noch) nicht, wie groß der Anteil ist, den Libro bereit wäre an einen Partner bzw. über die Börse abzugeben. Der Vorstand werde sich dafür einsetzen, dass Libro ein gewichtiges Wort bei lion mitzureden hat. Auch über den Börsenplatz will Knöbl noch keine Auskünfte geben, der Neue Markt Frankfurt sei ebenso möglich wie Wien. Ein positives Ergebnis werde der Internetbereich frühestens in zwei bis drei Jahren erzielen, korrigiert Knöbl den hyperoptimistischen Rettberg zumindest in diesem Bereich.

Einigkeit herrscht bei den beiden und Geschäftsführer Mayrhofer jedoch über die weitere lion-Strategie, die sich zunächst einmal in einem veritablen Partnerprogramm entäußert. Erste prominente Teilnehmer sind Austrian Airlines (www.aua.com.booking/de) und das Österreichische Verkehrsbüro sowie die Community-Sites www.austrostocks.com und www.evolver.at. „Kommerzielle Websites und Homepages mit speziellem Informationsangebot für ihre Besucher sind die wichtigsten potenziellen Partner", erklärt Mayrhofer. „Betreiber dieser Seiten integrieren Werbeflächen von lion auf ihrer Page, über die sich die Besucher weiter zu lion.cc klicken. Kaufen diese User dann Artikel aus unserem umfangreichen Sortiment, erhalten die jeweiligen Partner bis zu acht Prozent des Nettoumsatzes als Werbekostenerstattung." Diesen Werbekostenersatz können die Partner auch wohltätigen Vereinigungen wie dem Roten Kreuz, Ärzte ohne Grenzen, SOS-Kinderdorf, Caritas und der Österreichischen Krebshilfe als Spende zukommen lassen, geben sich die lion-Chefs betont karitativ-korrekt.

Und das permanente Partnersuchen kommt bei den Bräuten bestens an: „Als größtes österreichisches Touristikunternehmen wollen wir mit dem bedeutendsten heimischen Internet-Komplettanbieter kooperieren", streut Verkehrsbüro-Vorstandsdirektor Mag. Norbert Draskovits Rettberg & Co. Vorschusslorbeeren. „lion.cc ist deshalb der ideale Partner für uns. Die Besucher unserer Homepage können künftig zuerst bei uns die Reise buchen und dann bei lion.cc gleich die Reiseliteratur bestellen."

Beziehungsfähig erweist sich Libro auch im Hardwarebereich. Mit alternativen Internet-Endgeräten wie Web-Screen-Phones, TV-Set-Top-Boxen und Internet-Terminals will das Unternehmen künftig breitere Bevölkerungsschichten ins weltweite Netz und damit auf die firmeneigene Site lion.cc locken und kooperiert deshalb mit der Web3000 Internet Marketing GmbH, die sich die Vermarktung von Internet-Endgeräten zum Geschäftsziel erkiest hat. Zunächst konzentriert sich das Gespann auf das Anyweb Web Screen Phone von Samsung, das bereits ab Ende Juli in allen Libro-Filialen und über lion.cc erhältlich sein wird: ein Multimedia-Telefon, das zusätzlich zu den „normalen" Telefonfunktionen mit integriertem Web Browser, E-Mail-Funktion und Smart Card Reader ausgestattet ist und das laut Rettberg 990 Schilling kosten wird, obwohl es 15.000 wert sein soll.

Der Internetanschluss ist gratis, dazu kommen jedoch noch die ISDN-Gebühren, da das Anyweb nur über einen ISDN-Anschluss der Telekom Austria funktioniert. Mit dem Anyweb-Kauf ist man für 36 Monate an Libro und Web3000 gebunden. „Riesige Vorteile" sind laut Rettberg der im Vergleich zum Computer günstigere Preis, die leichte Bedienbarkeit und der schnelle Informationszugriff. (Das Anyweb soll sich in wenigen Sekunden aufbauen.) „Viele Österreicher sind zwar am Internet, nicht aber an einem Computer interessiert", meint Ernst Rieder, der Geschäftsführer von Web3000. 2001 werden bereits mehr als 50 Prozent der Endgeräte, die den Zugang zum Internet ermöglichen, nicht auf PC-Technologie basieren, ist er überzeugt.

In diesen Tagen prognostiziert das Libro-Rechnungswesen für das Gesamtgeschäftsjahr einen Verlust von rund 500 Millionen Schilling. Rettberg beschuldigt die Überbringer der schlechten Nachricht, sie würden sein „gesundes Unternehmen kaputtreden"!

Inzwischen geht das Ringen um die grenzüberschreitende Buchpreisbindung in die nächste Runde. Rettberg kündigt deutliche Preissenkungen im Internet-Buchhandel an. Auf Bestseller sollen Kunden in Deutschland wegen des Wegfalls der grenzüberschreitenden Buchpreisbindung am 1. Juli bis zu 20 Prozent Rabatt erhalten. Die Lieferung der Bücher soll vom österreichischen Zentrallager aus nach Deutschland erfolgen, damit sieht Rettberg „die klaren Vorgaben der EU-Kommission erfüllt", an die sich die Firma „selbstverständlich auch in Zukunft halten" werde.

Der Börsenverein des Deutschen Buchhandels in Frankfurt am Main verteidigt die Buchpreisbindung vehement. „Wir werden schnell alle rechtlichen Mittel sowohl nach deutschem als auch nach EU-Recht ausschöpfen", lässt Börsenvereinssprecher Eugen Emmerling keine Zweifel aufkommen. Libro verstößt nach Ansicht von Emmerling gegen die Reimportklausel, die in der nationalen deutschen Preisbindung und vom 1. Juli an im EU-Wettbewerbs-Gesetz fixiert ist. Darin heißt es, dass verbilligte Rückimporte deutscher Bücher aus Österreich nach Deutschland zwar zulässig sind, jedoch nicht, wenn der alleinige Zweck des Reimports die der deutschen Preisbindung ist.

„Unsere Widersacher haben keine Chance", ist aber Libro-Sprecher Lederer überzeugt. Der Internetverkauf aus Österreich an deutsche Kunden falle nicht unter diese Klausel, EU-Recht habe Vorrang vor Länderrecht. „Grenzüberschreitende Verkäufe von Verlagserzeugnissen an Endabnehmer in anderen Mitgliedsstaaten der EU als dem Mitgliedsstaat, in dem der Verkäufer ansässig ist, unterliegen in keinem Fall der Preisbindung. Dies gilt auch für grenzüberschreitende Direktverkäufe an Endkunden von und nach Deutschland über das Internet", zitiert Lederer ein EU-Schreiben. „Mit der Veröffentlichung einer Mitteilung hat die Kommission ihre Absicht bekundet, das Verfahren für die antragstellenden Verleger positiv abzuschließen." Man rechne nun mit Schritten der Konkurrenz, erwarte jedoch auch drakonische Sanktionen der EU. Lederer: „Wir halten uns an die Gesetze." Der Online-Vorstoß in Deutschland soll laut Lederer allein auf Grund der Marktgröße ein „zweistelliges Prozentplus beim Kundenwachstum" bringen.

Apropos Deutschland: Zu Fronleichnam – in der protestantischen Hauptstadt kein arbeitsfreier Feiertag – eröffnet Libro sein erstes Berliner Medienkaufhaus im Europa-Center gegenüber der Friedrich-Wilhelm-Gedächtniskirche.

Auf 2000 Quadratmetern findet sich unter dem Schlagwort „Erlebnis-Shopping" wenn auch zu krass überhöhten Mietausgaben, recht viel von dem, was die Zielgruppe der 12- bis 30-Jährigen erfreuen soll. Dazu gehört selbstredend auch ein Internet-Café, das „nebenbei" für Live-Musik und Vorlesungen genutzt werden soll. Bei allen Angeboten wollen die Österreicher möglichst billiger sein als die Konkurrenz im Ostteil der Stadt, vor allem in Gestalt des Medienhauses Dussmann in der Friedrichstraße.

Der Start wirkt verlockend für Rettberg & Co: Im alpenländischen Medienstore sieht die Händlerorganisation der AG City ein Zugpferd in Sachen Belebung der so genannten „City-West". Seit dem Umzug von Parlament und Regierung an die Spree und der damit verbundenen Renaissance der historischen Mitte Berlins um die Friedrichstraße/Unter den Linden war die Kurfürstendammregion langsam ins Abseits geraten. Obwohl eine Frequenzanalyse dort immer noch 13.275 Passanten pro Stunden zählt, führen Stadtrundfahrten und Touristenprogramme zumeist nur noch in die neue/alte Stadtmitte. Auch hier soll Libro also wahre Wunder wirken.

Anfang Juli kommt es dann zu einem medienträchtigen Eklat, als große deutsche Verlage einen gemeinsamen Lieferstopp gegen Libro ankündigen. „Damit verstoßen die Verlage eindeutig gegen den Willen der EU-Kommission, denn die Kommission trat immer ausdrücklich für eine Preisbindungsfreiheit im Internet ein", gibt sich Rettberg streitlustig. „Die Verlage sind im Irrtum, wenn sie im Angebot von lion.cc, Bestseller um 20 Prozent unter dem Ladenpreis grenzüberschreitend an deutsche lion-Shopper zu versenden, einen Preisbindungsverstoß sehen. Wir rechnen in jedem Fall damit, dass die EU-Kommission tätig wird, um diese ungerechtfertigten Maßnahmen aufzuheben."

Weinerlich klagt Rettberg, die deutschen Verlage würden „ein ganzes Unternehmen in Geiselhaft nehmen, obwohl sich die Verleger lediglich an der Preisaktion von lion.cc stoßen. Diese Maßnahmen sind einmalig und verstoßen gegen alle guten Sitten." Dennoch gewinnt er der Situation auch positive Seiten ab: „Die Diskussion um die neuen Regelungen zur Preisgestaltung bei Büchern haben jedenfalls zu einer enormen Hebung des Bekanntheitsgrades der Marken Libro und lion.cc in Deutschland geführt."

Die Libro-Beschwerde an die Europäische Kommission vom 3. 7. 2000

Sehr geehrte Damen und Herren!

Im Vollmachtsnamen der Libro AG erhebe ich Beschwerde gegen von deutschen Verlagen verhängte Liefersperren, die geeignet sind, den Handel zwischen Mitgliedstaaten spürbar zu beeinträchtigen.

1. Zum Sachverhalt

Die Libro AG hat in einer Pressemitteilung vom 21. Juni 2000 angekündigt, in Verfolgung des Schreibens der Europäischen Kommission, Generaldirektion Wettbewerb vom 8. Februar 2000, in rubrizierter Angelegenheit ab 1. Juli 2000 Verkäufe aufgrund elektronischer Bestellungen an Endabnehmer in andere Mitgliedstaaten der EU preisbindungsfrei vorzunehmen.

Diese Presseerklärung der Libro AG nahm die deutsche Bundesregierung zum Anlass, durch eine öffentliche Aussage des Staatsministers Michael Naumann die Auslieferungen der Verlage aufzufordern, in vertragswidriger Weise die Libro AG zu sperren. Diese Presseerklärung der deutschen Bundesregierung haben wir der Generaldirektion Wettbewerb bereits vorgelegt.

Zwischen 21. Juni und dem heutigen 3. Juli 2000 haben mehrere führende Vertreter deutscher Verlage öffentlich Liefersperren gegen Libro angekündigt. Gleich lautende Erklärungen wurden von Verlagsvertretern sowohl deutscher wie österreichischer Verlage und deutscher und österreichische Verlagsauslieferer und Importeure gegenüber führenden Vertretern meines Klienten ebenfalls abgegeben.

Mit Fax vom 28. Juni 2000 hat die Libro AG zwei Titel beim Aufbau-Verlag bestellt. Mit der in Kopie beiliegenden E-Mail vom 30. Juni 2000, 12.14 Uhr, hat der Aufbau-Verlag unter Hinweis auf die öffentlichen Ankündigungen der Libro AG die Lieferung dieser bestellten Bücher verweigert. Zu diesem Zeitpunkt hatte die Libro AG noch nicht veröffentlicht, welche Titel ab dem Wochenende 1./2. Juli 2000 billiger als zum gebundenen Ladenpreis abgegeben werden.

In öffentlichen Erklärungen der Branchenzeitung buchreport.express Nr. 26 vom 28. Juni 2000 bestätigen die Vertreter von acht namhaften Verlagen, dass branchenweit eine Liefersperre verhängt wurde. Kurioserweise wurde diese Sperre auch gegen die Libro-Shops und die Libro-Tochter Amadeus verhängt, obwohl, zumindest vorläufig, sowohl in den Shops wie bei Amadeus die alte Buchpreisbindung eingehalten wird.

Der Vollständigkeit halber sei erwähnt, dass die nationale österreichische Buchpreisbindung, die laut Ankündigungen der Anmelder zum 1. Juli 2000 in Kraft treten sollte, bis dato nicht im Österreichischen Bundesgesetzblatt publiziert wurde, in Österreich somit, streng genommen, derzeit überhaupt gar keine Form der Buchpreisbindung besteht. Die Sperren österreichischer Verlage und österreichischer Importeure sind somit ohne Rechtsgrundlage.

2. Verbotenes Preiskartell

a) Die öffentlichen Ankündigungen, dass alle deutschen Verlage die Libro AG sperren wollen,
b) die Aufforderung durch die deutsche Bundesregierung an die Verlage und die Verlagsauslieferungen, solche Sperren zu verhängen, und
c) die konkrete Verhängung einer Sperrung durch den Aufbau-Verlag zu einem Zeitpunkt, wo noch niemand sagen konnte, welche Bücher von der Libro AG verbilligt werden, legen den Verdacht nahe, dass
   a) zwischen den deutschen Verlagen wettbewerbsbeschränkende Vereinbarungen getroffen wurden, wie sie vom Art. 81 des EG-Vertrages unter Sanktion gestellt sind, und
   b) die deutschen Verlage und Auslieferungen gegenüber der Libro AG eine marktbeherrschende Stellung missbrauchen wollen, wie sie von Art. 82 des EG-Vertrages verboten ist.

3. Schreiben der Kommission vom 8. Februar 2000

Die Europäische Kommission hat in ihrem Schreiben vom 8. Februar 2000 jene Bedingungen genannt, unter denen die Europäische Kommission bereit ist, nationale Buchpreisbindungssysteme zu akzeptieren. Diese Bedingungen wurden von allen Parteien und Beteiligten des Verfahrens gegen die grenzüberschreitende Buchpreisbindung im deutschen Sprachraum anerkannt.

Die Verhängung von Liefersperren gegen die Libro AG, die nichts anderes macht, als im Sinne des zitierten Schreibens der Europäischen Kommission vorzugehen, verletzt die von der Europäischen Kommission aufgestellten Bedingungen und widerspricht damit den eindeutigen Bestimmungen des EG-Vertrages, die dem Schreiben vom 8. Februar 2000 zugrunde liegen.

4. Beschwerde

Aufgrund des dargelegten Sachverhaltes und der obigen rechtlichen Würdigung erhebt die Libro AG neuerlich Beschwerde und bittet die Europäische Kommission

a) die Rechtswidrigkeit des Vorgehens der deutschen Bundesregierung, der deutschen Verlage und der deutschen Verlagsauslieferungen festzustellen,
b) den deutschen Verlagen und Verlagsauslieferungen in vollstreckbarer Art und Weise aufzuerlegen, die Belieferung der Libro AG und ihrer Tochterunternehmungen unverzüglich wieder aufzunehmen,
c) Sanktionen gegen jene Verlage und Verlagsauslieferungen zu verhängen, die der Entscheidung der Europäischen Kommission, die Libro AG wieder zu beliefern, nicht nachkommen,
d) geeignete Maßnahmen zu ergreifen, die es der Libro AG ermöglichen, den durch den Lieferstopp verursachten Schaden von den Verursachern einzubringen.

Im Übrigen stellt sich die Frage, ob aufgrund der Vorgangsweise der seinerzeitigen Anmelder die Europäische Kommission nicht gezwungen ist, die Prüfung des gesamten Falles Buchpreisbindung wieder aufzunehmen, da es sich herausgestellt hat, dass die Klauseln über den Reimport und über den Internethandel in einer Art und Weise angewendet werden, die geeignet sind, den Handel zwischen Mitgliedstaaten spürbar zu beeinträchtigen.

5. Dringlichkeit

Unter ausdrücklichem Hinweis auf Art. 232 des EG-Vertrages bitte ich die Europäische Kommission, unverzüglich tätig zu werden.

Aufgrund des über sechs Jahre laufenden Verfahrens zur Anmeldung des Sammelreverses und der Einzelreverse und des über vier Jahre laufenden Verfahrens zur früheren Beschwerde der Libro AG aus dem Jahre 1996 scheint der Sachverhalt ausreichend geklärt, um eine rasche Entscheidung der Europäischen Kommission herbeizuführen.

6. Erlassung einstweiliger Vorkehrungen und einstweiliger Maßnahmen

Mit Hinweis auf die Entscheidung des EuGH im „La Cinq"-Urteil wird festgehalten, dass meinem Klienten ein schwerer und nicht wieder gutzumachender Schaden mit jedem Tag entsteht, den einzelne oder mehrere deutsche Verlage und Verlagsauslieferungen die Libro AG nicht beliefern. Kundenreaktionen zeigen zudem, dass sich die Konsumenten ab 1. Juli 2000 im Vertrauen auf die Erklärung der Europäischen Kommission vom 8. Februar 2000 nachhaltige Verbilligungen von grenzüberschreitend gelieferten beziehungsweise reimportierten Büchern erwartet haben. Neben dem konkreten Schaden für die Libro AG droht eine für die europäischen Konsumenten und für die Glaubwürdigkeit der Europäischen Kommission unerträgliche Situation, wenn die Kommission nicht unverzügliche Maßnahmen setzt.

Eine geeignete unverzügliche Maßnahme wäre beispielsweise eine vollstreckbare Aufforderung samt Sanktionsandrohung an die deutschen Verlage (Auslieferungen), die Belieferung der Libro AG unverzüglich wieder aufzunehmen und weitere Lieferstopps zu unterlassen.

Mit freundlichen Grüßen
Dr. Karl Jurka

Rettberg widmet sich inzwischen wieder einer seiner absoluten Lieblingsbeschäftigungen: der Suche nach potenziellen, kooperationsbereiten ebenso wie unwilligen Partnern. Im Nachrichtenmagazin „Format" sagt er in einem Interview, die Verhandlungen bezüglich der Kooperation von lion.cc mit dem deutschen WAZ-Konzern (Westdeutsche Allgemeine Zeitung) seien bereits „weit fortgeschritten", und rechnet damit, dass die Verträge „in ein paar Wochen fertig sein könnten". Rettberg bekräftigt das Interesse an einer Partnerschaft mit der „Kronen Zeitung", die sich zu 50 Prozent im

Besitz der WAZ befindet, und strebt eine Kapitalverflechtung zwischen lion.cc und Cityweb, dem Internetportal der WAZ, an. „Das ist heute die Voraussetzung für eine funktionierende Partnerschaft". Ebenfalls „eine hochinteressante Sache" sei eine Annäherung an den deutschen Privat-TV-Sender RTL, „weil RTL in Österreich einen starken Partner für die E-Commerce-Offensive sucht".

ORF-Generalintendant Gerhard Weis findet im Branchenblatt „Der österreichische Journalist" deutliche Worte über die Online-Pläne von Libro und WAZ: „Das sind Meldungen, bei denen man sich immer wieder fragen muss, warum sie in die Zeitungen kommen. Bei näherem Nachfragen stellt sich heraus, dass diese Suppe nicht nur nicht so heiß gegessen wird, sondern dass diese Suppe noch nicht einmal auf dem Herd steht." Jemand habe wohl „ein Interesse daran, potenzielle Börsenanleger zu beeindrucken". Gerhard Zeiler antwortet etwas höflicher auf Rettbergs Charme-Offensive in Richtung RTL und meint immerhin: „Das ist eine Möglichkeit." Es gebe allerdings „noch einen anderen österreichischen Medienkonzern, der in vielerlei Hinsicht mit uns verbunden ist", und meint damit die News-Gruppe. (Der Hamburger Zeitschriftenverlag Gruner+Jahr gehört mehrheitlich zum Bertelsmann-Konzern und hält in Österreich 75 Prozent an der News-Gruppe mit „News", „Format", „tv-media" und „e-media".)

Während in Guntramsdorf ebenso wie in so gut wie allen Filialen bereits die Fetzen fliegen, realisiert Rettberg aber tatsächlich noch einmal einen Big Deal. Was kaum jemand für möglich gehalten hatte, ereignet sich noch ein letztes Mal: tatsächlich positive Schlagzeilen für Libro am 17. Juli 2000. Mit der WAZ wird der „starke Partner für die Deutschland-Expansion" an Bord geholt, den Rettberg immer wieder in Aussicht gestellt und auch dringend gebraucht hat. Ein Letter of Intent (LOI) liegt vor, Verträge sollen in drei bis vier Wochen unterschrieben sein. Die WAZ soll mit 25,01 Prozent – also einer Sperrminorität – an lion.cc sowie mit zehn Prozent an Libro selbst beteiligt sein. Dazu wird sich das Altaktionärs-Konsortium unter Führung der UIAG anteilig zurückziehen: Voraussichtlich wird die UIAG rund 2,5 Prozentpunkte abgeben, die DBAG rund 3,5 Prozent und die sonstigen Privataktionäre vier Prozent. „Wir bleiben aber größte Gesellschafter", kommentiert UIAG-Chef Stiassny den „großen Schritt für Libro", weil das Unternehmen damit „noch attraktiver für weitere Partnerschaften" werde.

Der WAZ-Konzern – mit rund zwei Milliarden Euro Umsatz Nummer 3 in Deutschland und mit 23 Tageszeitungen und 4,6 Millionen Kundenkontakten täglich größter Regionalzeitungsverlag Europas – will die Expansion von lion.cc mit deutlich mehr als einer halben Milliarde Schilling in Form von Gesellschafterdarlehen sowie zusätzlich wertvollen Werbeflächen in den WAZ-Medien unterstützen.

Bernd Nacke, einer der Geschäftsführer der WAZ-Mediengruppe, zeigt sich zuversichtlich, das die Kooperation mit Libro erfolgreich sein wird: „Was zusammenpasst, sollte auch zusammenkommen." Das größte deutsche regionale Internetportal „Cityweb" wird mit lion.cc fusioniert, innerhalb von zwei Jahren soll es „zu einem der fünf größten Internetportale im deutschen Sprachraum ausgebaut werden". Die Analysten bewerten den Deal positiv: An der Wiener Börse steigt der Kurs der Libro-Aktie am Montag bis 15 Uhr auf 38,23 Euro und liegt damit um 2,22 Prozent über dem Schlusskurs von Freitag. „Damit haben wir eine faire Chance für eine noch schnellere Expansion", jubelt Rettberg. „Mit der WAZ haben wir den starken Partner für Deutschland, mit dem es wunderbare Ergänzungen gibt." Damit steht seiner Meinung nach der Spin-off von lion.cc unmittelbar bevor, die Mehrheit soll aber bei Libro bleiben. Die entsprechende AG sei bereits gegründet, die Aktivitäten sollen in den nächsten 14 Tagen eingebracht, der angepeilte Börsengang „raschest möglich gemacht" werden.

Bis einschließlich Juli beträgt das negative Ergebnis vor Steuern, Zinsen und Abschreibungen (EBITDA) bereits 400 Millionen Schilling, die internen Horrorziffern für das Libro-Gesamjahr liegen bereits bei mehr als einer Milliarde. Im August lässt die Bank für Tirol und Vorarlberg einen offenen und jederzeit abrufbaren Kreditrahmen im Umfang von 400 Millionen Schilling ohne Vorwarnung sperren.

Als in der leidigen Buchpreis-Causa wegen des Lieferstopps die Buchvorräte knapp werden, gibt Libro klein bei und stoppt die 20-prozentige Diskontaktion auf Bestseller im Online-Buchverkauf in Deutschland. „Wir haben unser Ziel erreicht", will Rettberg sein Gesicht wahren: Einerseits sei die Sache prozessanhängig, womit es möglich sei, endlich Rechtssicherheit zu bekommen und andererseits nun in Gesprächen mit den Verlagen attraktive Angebote und günstigere Buchpreise durchzusetzen. Nach Gesprächen mit einzelnen Verlagen sollen einige Punkte auch mit dem Börsenverein des

Deutschen Buchhandels verhandelt werden; es sei denkbar, dass man „mit einzelnen Verlagen zu jeweils speziellen Übereinkommen finde". Gegen den Aufbau-Verlag bringt Libro eine Schadenersatzklage in Millionenhöhe ein; Verhandlungstermin ist der 15. 8.

Der Aufbau-Verlag wittert hinter der „verbraucherfeindlichen Unternehmensstrategie mit gesetzeswidrigen Mitteln" von Libro das Unternehmensziel einer generellen „Verteuerung des Großteils aller lieferbaren Bücher". Der Verlag will den Lieferstopp nicht abbrechen, ehe Libro in einer „wasserdichten Erklärung" versichere, auch in Zukunft auf ähnliche Rabattangebote zu verzichten.

Nach Angaben von Preisbindungs-Treuhänder Dieter Wallenfels könnte ein deutsches Gericht den gesamten Fall auch an den Europäischen Gerichtshof weiterleiten. Aber: „Selbst wenn Libro Recht bekäme, muss das nicht heißen, dass die Verlage liefern müssen." Sie könnten schließlich selbst entscheiden, an wen sie liefern wollten.

Inzwischen häufen sich die internen Horrormeldungen, und die Manager bekommen zunehmend kalte Füße. Vor allem über Finanzvorstand Knöbl wird von mehreren Seiten kolportiert, seine Beziehung zu Rettberg sei wie bei einem alten Ehepaar, er könne sich gegen den Partner nicht wehren und werde immer weiter und weiter getrieben von dem, was der Öffentlichkeit vollmundig versprochen wurde. Mehrere Informanten bekunden auf Nachfrage, dem Aufsichtsrat seien erschreckende Zahlen mehrfach definitiv nicht vorgelegt worden.

In diesem Klima findet am 2. August 2000 die erste Hausdurchsuchung in der Libro-Zentrale in Guntramsdorf statt.

Aber Rettberg und seine Adjutanten dürfen aufatmen: Es ist „nur" die EU-Kommission, die Einsicht in Libro-Unterlagen begehrt, weil sie Verlage und Buchhändler möglicher Kartellabsprachen verdächtigt. Für Rettberg wirkt DIESE Hausdurchsuchung nach einem furchtbaren ersten Schreck wohl tatsächlich wie ein Sedativ. Er sei zum Zeitpunkt des Geschehens zwar nicht im Unternehmen gewesen, aber seines Wissens hätten die Hausdurchsucher nichts mit-, sondern nur Einsicht in die Unterlagen genommen. Wonach sie im Detail gesucht hätten, wisse er nicht. Aber nachdem er ein reines Gewissen habe, sei ihm das auch ziemlich egal: „Dass auch unsere Zentrale untersucht wurde, ist ein Zeichen, wie unparteiisch und korrekt die Kommission vorgeht. Es gibt ja nichts zu verstecken, bei uns schon gar nicht ..."

In der Sache sieht Heinz Lederer als „Leiter Strategie und Kommunikation" Libro erneut als Gewinner: „Gegen drei wesentliche Zwischenhändler bzw. Barsortimenter – nämlich Lingenbrink (Libri), Köhler & Volkmar als Tochtergesellschaft von Koch, Neff & Oettinger sowie gegen Franz Hain Verlagsauslieferungen – haben wir in Deutschland und Österreich ohne weiteres einstweilige Verfügungen auf Belieferung durchgesetzt. Dadurch sind wir namens der Libro AG in die Lage versetzt worden, für Verlagsprodukte von dreitausend Verlagen Belieferung zu verlangen. In Hinblick auf den immer wieder medial hochgespielten Prozess gegen den Aufbau-Verlag in Berlin ist auszuführen, dass es sich hierbei um einen Belieferungsanspruch der 18 deutschen Libro-Filialen gegen einen einzelnen deutschen Verlag handelt, dem keinesfalls jene Bedeutung zukommt, die immer wieder kolportiert wird."

Den dramatischen Management-Engpass soll inzwischen der Finanzvorstand der börsenotierten Wolford AG, Karl Millauer, lösen, der schon seit längerem Sitz und Stimme im Libro-Aufsichtsrat hat. Vor allem um lion.cc soll sich der 42-Jährige kümmern und Rettberg bei der internationalen Expansion und bei der Internet-Offensive unterstützen. Handlungsbedarf ist auch sehr dringend gegeben, denn am 19. 10. geben Rettberg und Knöbl die Halbjahreszahlen bekannt.

Und die haben es wahrlich in sich, sind doch die roten Zahlen jetzt auch beim besten Willen nicht mehr wegzuretuschieren.

Von März bis August hat das Unternehmen die Verluste mehr als verzehnfacht: Das Betriebsergebnis vor Steuern, Zinsen, Abschreibungen und Amortisation (EBITDA) der Gruppe sackt von minus 24 auf minus 279 Millionen Schilling ab, allein die Verluste im Internetbereich lion.cc klettern auf 224 (Vorjahresperiode: 56) Millionen, Amadeus schreibt 50 (nach 26) Millionen Verlust.

Bei der Präsentation dieser Halbjahreszahlen sind Knöbl und Rettberg erstmals gelegentlich kleinlaut und lassen sich ab und an auch zu verklausulierten wahrheitsnahen Äußerungen hinreißen: Falls die Kooperation mit der WAZ rechtzeitig schlagend werde, könne man dennoch ein positives Jahresergebnis erzielen, geben die beiden einen Einblick in ihre Loch-auf-Loch-zu-Strategie. „Die Verträge mit der WAZ stehen, bedürfen aber noch der Zustimmung in den verschiedenen Gremien", stellt Rettberg in Aussicht, ohne Details zu Deal und Zeitplan nennen zu wollen. Kolportiert wird, das Essener Verlagshaus würde nicht 25, sondern gar 35 Prozent an lion.cc erwerben. Jedenfalls kann der rettende Deal erst 2001/02 „richtig greifen", weil er der kartellrechtlichen Anmeldung bedarf und sowohl in Österreich als auch in Deutschland von den Wettbewerbshütern genehmigt werden muss.

Der Internet-Börsengang könne nun doch erst im Frühjahr erfolgen, und auch das nur „bei gutem Börsenklima". Deutschland sei „ein sehr schwieriger Markt", gibt Rettberg immerhin zu, die Umsätze lägen „unter den Erwartungen", Höhere Umsätze sind nach dem Ende des deutschen Rabattgesetzes zu erwarten. Mit zusätzlichen Rabatt- und Bundling-Aktionen soll das Deutschlandgeschäft von Libro und lion.cc deutlich ausgeweitet werden. Durch die künftigen Möglichkeiten könnte man nicht nur in die Breite, sondern auch in die Tiefe gehen und die Kundenbindung etwa durch höhere Rabatte für langjährige Kunden stärken. Vorstellbar sind diesbezüglich voraussichtlich ab Mitte nächsten Jahres Aktionen wie Zeitschriften- oder Zeitungsabonnements mit einem günstigen PC-Angebot oder Internetzugang zu kombinieren, wie dies in Österreich schon seit längerem üblich ist. (Hierzulande wurde das restriktive Rabattgesetz bereits 1992 abgeschafft.)

Die Telekom Austria soll noch einmal zur Kasse gebeten werden: Der bereits bekannte Verkauf von 6,75 Prozent an lion.cc soll in den nächsten Wochen über die Bühne gehen, über die Kaufsumme ist Stillschweigen vereinbart worden.

Dass der Aktienkurs im Vormittagshandel nach Verlusten in den letzen Tagen weiter um 6,13 Prozent auf 22,06 Euro fällt, ist laut Knöbl ein Indiz dafür, dass Libro als Unternehmen der New Economy mit starkem Internetbezug gesehen wird. Damit befinde man sich verglichen mit Amazon.com oder Buecher.de in guter Gesellschaft: „Wir gehen davon aus, dass der Kurs wieder drehen wird." Angesichts der weltweit volatilen Börsenlage sieht Knöbl die Aktie an der Wiener Börse „gut aufgehoben".

Zwischen den Zeilen ist deutliche Panik spürbar: Mit 1. 1. 2001 sollen alle Unternehmensbereiche neu organisiert werden, wobei die drei künftigen Sparten Retail (Libro Österreich und Deutschland sowie Amadeus), New Business (Lion.cc, Entertainment und E-Commerce) und Dienstleistung (Logistik und interne Zentralbereiche) unter eine neue Führung kommen sollen. Die Namen der unglücklichen neuen Manager stehen laut Rettberg bereits fest, er will sie aber nicht bekannt geben (u. a. soll der Chef der Österreich Werbung Helmut Höferer als Leiter des neuen Retail-Bereichs ins Feuer geschickt werden) und lenkt schnell auf ein ganz anderes, in Österreich ewig populäres Thema ab: Wenn im Frühjahr, wie von Wirtschaftsminister Martin Bartenstein angekündigt, die Ladenöffnungszeiten von Montag null bis Samstag 17 Uhr erweitert werden, werde Libro an einzelnen strategischen Punkten auch abends geöffnet halten. Schon jetzt wird über die Tochter Amadeus in Wien-Mitte ein Medienhaus betrieben und mit Hilfe der Bahnhofsregelung täglich bis 22 Uhr und am Sonntag offen gehalten. Allerdings müssen jene Waren, die nicht als Reiseproviant gelten, weggesperrt werden. 40 Prozent des Umsatzes an diesem Standort werden am Abend und am Wochenende erzielt.

Am 9. November referiert Heinz Lederer im Rahmen des „Praktiker-Abends" des 19. Umdasch Shop-Concept Forums im Großen Festsaal der Wiener Börse über ein „aktuelles und innovatives Handelskonzept": Libro – Die Tainment-Company; Old economy meets new econonmy; Der Kunde ist König; Vom Shop zum E-Shop und retour.

Für die Beteiligten sicher bedeutsam, für ein größeres Publikum aber kaum wahnsinnig spannend ist der durchaus nachvollziehbare Zusammenschluss von sechs Austro-Unternehmen des Entertainment-Business zur Promoters Group Austria AG (PGA). Die vielfältigen Synergien in der Gruppe und die Kompetenz als One-Stop-Shop sollen die PGA zum Key-Player der österreichischen Entertainment- und Veranstaltungsindustrie führen. „Damit werden wir den ausländischen Anbietern Paroli bieten und uns klar am österreichischen Markt positionieren", findet Rettberg noch ein kleines mediales Aufmerksamkeitsfenster vor.

Mitmachen dürfen bei der PGA neben der Libro Entertainment GmbH mit einem Jahres-Output von zehn CDs und 20 Büchern (mit Promotion/Marketing, Veranstaltungen, Ticketing, Content Produktion, Plattenlabel, Verlag und Libro-Journal) die Gruppe Artist Marketing GmbH/Concert Service Austria mit Geschäftsführer Richard Hörmann, die Bogner Veranstaltungs GmbH mit GF Franz Bogner, die Music Promotions GmbH mit GF Peter Fröstl, die Gruppe Rock Produktion GmbH/VSG GmbH mit GF Wolfgang Klinger und die PSI Music OEG mit GF Paul Debnam. Insgesamt sollen die sechs Unternehmen mit 125 Mitarbeitern im Jahr 2000 mit 565.000 Besuchern einen Umsatz von 320 Millionen und eine Betriebsleistung (Umsatz plus Sponsorgelder) von 335 Millionen bei einem EBITDA von 24 Millionen Schilling erzielen.

„Die PGA soll künftig die gesamte Wertschöpfungskette des Entertainments wie Produktion, Management, Vermarktung, Booking, Veranstaltungen, Spielstätten, Festivals/Events, Verlag, Promotion, Multimedia und Service abdecken", hofft Rettberg. „Dadurch können Synergien sowohl bei Kosten als auch bei Kapazität und Vermarktung genutzt werden." Und noch ein schöner visionärer Satz: „Damit schließt sich das Triangel von klassischem Retail, Internet und Content." Nicht wirklich bescheiden sind jedenfalls die Umsatzerwartungen für 2001: Statt 320 sollen bis zu 450 Millionen Schilling her.

Dabei verhält sich Rettberg ganz im Gegensatz zu den vergangenen zwei Jahren in diesen Monaten erstaunlich still. Es ist keine Rede mehr von ähnlichen Auszeichnungen wie dem „Manager des Jahres" vor Jahresfrist, die Wirtschaftsjournalist(innen) tun sich sogar schwer, dem ungewohnt Wortkargen harmlose Aussagen zum Weihnachtsgeschäft zu entlocken. Der zweite Adventsamstag sei für Libro „sehr erfreulich" verlaufen, gibt Rettberg immerhin preis. Sowohl bei Libro als auch in den Amadeus-Filialen seien die Umsätze in Schnitt um 10 Prozent über dem Vorjahr gelegen. Auch die schon länger bestehenden Deutschland-Filialen melden zweistellige Umsatzzuwächse, bei den neuen gebe es noch keine Vergleichszahlen. Die Highlights bei Libro sind in diesen Tagen das „Taxi Orange"-Video, Prepaid-Produkte sowie Playstation-, aber auch herkömmliche Brettspiele.

„Voll entwickelt" hat sich laut dem Libro-Chef auch das Weihnachtsgeschäft im Internet. „E-Commerce ist sowohl in Deutschland als auch in Österreich ein echter Faktor geworden." Die Umsätze von lion.cc verteilen sich je zur Hälfte auf Deutschland und Österreich, gekauft werden vor allem Bücher. Sollte es Schwierigkeiten bei der pünktlichen Zustellung durch die Post geben, werde man die Kunden notfalls in die Filialen umleiten, verspricht Rettberg diesmal eher Unspektakuläres.

Vor dem letzten Weihnachtswochenende zieht Rettberg dann noch eine positive Zwischenbilanz mit spürbarem „Ja, aber"-Effekt: Besonders gut entwickeln sich seiner Meinung nach die im Sommer eröffneten Libro-Outlets und Amadeus-Medienhäuser. Aber: „Auf Grund der außergewöhnlichen Kalenderarithmetik verdichtet sich das Weihnachtsgeschäft heuer sehr nach hinten, weshalb auch noch in den letzten Tagen ein kräftiger Umsatzschub erwartet wird."

Meistverkauftes Produkt in den Filialen ist nicht die CD eines Newcomers, sondern „One“ der Beatles. Der Topbestseller unter den Büchern – sowohl bei Amadeus als auch bei Libro – ist ungeschlagen „Harry Potter“.

Bei der lion.cc Libro-Online AG wird dringend neue Man-Power gebraucht: Per 1. 1. 2001 übernimmt Mag. Johann Christian Zwiletitsch (38) die Agenden des Finanzvorstandes. Der beeidete Wirtschaftsprüfer und Steuerberater bringt Erfahrungen im Telekom-Bereich mit und soll auch in der Kooperation mit Investmentbanken und mit Kapitalmarkttransaktionen firm sein. Als Vertreter der WAZ wird dann auch noch der Cityweb-Geschäftsführer Reinhard Werbek (44) in den Vorstand berufen; Spannungen mit Lederer und Mayrhofer sind damit vorprogrammiert.

Ohne Kommentar: Die Telekom Austria schreibt im Geschäftsjahr 2000 ihren 25,1-Prozent-Anteil an Libro, für die sie beim Kauf 1,25 Milliarden Schilling hingeblättert hatte, auf null ab. Die Beteiligung sei in erster Linie eingegangen worden, um eine gemeinsame Internet-Gesellschaft aufzubauen, diese Strategie sei aber nicht aufgegangen.

Der Fall Libro (2001)

"The higher they rise,
the harder the fall."
(„Je höher sie steigen,
desto härter fallen sie."
(Sprichwort aus den USA)

Was macht ein Aufsichtsrat?

„Der Aufsichtsrat nimmt eine wesentliche Kontrollfunktion in einer Aktiengesellschaft wahr. Er überwacht die Geschäftsführung und nimmt weitere Einzelaufgaben wahr."

Der Aufsichtsrat der Libro AG
- Mag. Kurt Stiassny, Vorsitzender des Aufsichtsrats
- Mag. Rudolf Fischer, stv. Vorsitzender des Aufsichtsrats
- Univ.-Prof. Dr. Christian Nowotny, Mitglied des Aufsichtsrats
- DDr. Karl-Michael Millauer, Mitglied des Aufsichtsrats
- Dipl.-Ing. Dr. Boris Nemsic, Mitglied des Aufsichtsrats
- Dkfm. Dr. Georg Wailand, Mitglied des Aufsichtsrats
- Gertrude Dunkel, Mitglied des Aufsichtsrats (vom Betriebsrat delegiert)
- Werner Kratochwil, Mitglied des Aufsichtsrats (vom Betriebsrat delegiert)

Das Jahr 2001 beginnt gar nicht gut für Libro: In der ersten Woche verliert die Aktie knapp ein Fünftel ihres Werts, und zum Auftakt der neuen Woche setzt es bei hohen Umsätzen (85.998 Stück in Doppelzählung) einen weiteren kräftigen Abschlag um 13 Prozent auf 14 Euro knapp vor 15 Uhr, nachdem die Aktie vorher sogar auf 13,70 Euro gefallen war.

Gegenüber dem Ausgabekurs von 29 Euro (399 ATS) per 10. 11. 1999 liegen die Libro-Aktien damit bereits um etwa 53 Prozent tiefer, gegenüber dem bisherigen Höchststand von 67,80 Euro (Schlusskursbasis) im März 2000 sogar um rund 80 Prozent.

Ein Analyst der Erste Bank erklärt, dass Aussagen des Libro-

Vorstands, wonach im klassischen Handelsgeschäft statt einer ursprünglichen Umsatzsteigerung um 17 Prozent für 2000/01 nur ein Wachstum von zehn Prozent auf zirka 5,5 Mrd. ATS (400 Mio. Euro) zu erwarten sei, als „Umsatzwarnung" zu werten seien. Flächenbereinigt entspreche das nun reduzierte Wachstumsziel nämlich lediglich einem „Nullwachstum": „Damit geht viel an Deckungsbeitrag verloren." Als enttäuschend bezeichnet der Aktienexperte auch die neu kolportierte Umsatzzahl von knapp mehr als 200 Millionen ATS für lion.cc: Nach dem strategischen Einstieg der WAZ-Gruppe sei noch von 280 Millionen die Rede gewesen.

Für Rettberg ist die Talfahrt der Libro-Aktie natürlich „unverständlich": „Wir sind gut unterwegs, das Weihnachtsgeschäft ist nach Plan gelaufen, ich verstehe das nicht." Libro sei ein gesundes Unternehmen und habe gute Leistungen erbracht. Rettberg führt die Kursbewegung nicht nur auf die „Gerüchte" zurück, sondern auch auf die Börsenentwicklung insgesamt: „Die Märkte insgesamt sind verunsichert." Und der Libro-Chef geht am 10. 1. 2001 sogar noch einmal mit einer Presseaussendung in die Offensive:

Libro-Presseaussendung vom 10. 1. 2001

Aufgrund unrichtiger Marktgerüchte bezüglich der Entwicklung des Unternehmens hat es in den letzten Tagen drastische Kursverluste gegeben. Die Libro AG zieht daher die Bekanntgabe ihres Umsatzes und ihrer Betriebsleistung der ersten 3 Quartale und die Gesamtjahreserwartung vor.

	Quartale 1–3 (Vorjahr)	Gesamtjahreserwartung (Vorjahr)
Betriebsleistung	4,19 Mrd. ATS (3,44 Mrd. ATS) +21,8%	6,25 Mrd. ATS (5,2 Mrd. ATS) +20,1%
Nettoerlöse	3,82 Mrd. ATS (3,21 Mrd. ATS) +19,0%	5,80 Mrd. ATS (4,7 Mrd. ATS) +23,4%

Die oben genannten Betriebs- und Leistungszahlen entsprechen den Plandaten des Unternehmens.

Die Rohertragsmarge ist stabil. Das Weihnachtsgeschäft ist mit einer Steigerung von 15% gut gelaufen, die Konzernumsätze betrugen im Dezember mehr als eine Milliarde ATS.

Die Veröffentlichung der Quartalsergebnisse erfolgt ordnungsgemäß am 17. 1. 2001.

Rückfragehinweis: LIBRO AG

André M. Rettberg, Vorstandsvorsitzender

Tel.: +43 1 91717-881

*** OTS-ORIGINALTEXT UNTER AUSSCHLIESSLICHER INHALTLICHER VERANTWORTUNG DES AUSSENDERS ***

Pünktlich eine Woche später holt Rettberg zum Befreiungsschlag aus: „Libro geht back on track und wird so wie früher wieder Geld verdienen, und zwar in ordentlichen Prozentsätzen", leitet er die Vorlage der Neun-Monats-Ergebnisse am 17. 1. ein. Im Einzelhandelsgeschäft mit Libro und Amadeus soll das Expansionstempo zurückgenommen und auf „qualitatives Wachstum" gesetzt werden, bei lion.cc soll noch vor Ablauf des Geschäftsjahres ein neuer Partner einsteigen. „Wir haben versucht, langfristig zu denken und Marktpositionen zu besetzen", erklärt Rettberg die Expansionsstrategie, die in den ersten drei Quartalen des Geschäftsjahres 2000/01 enorm viel Geld gekostet hat. Im traditionellen Handelsgeschäft verdiene Libro nach wie vor Geld, die Zahlen in der Gruppe insgesamt seien aber „nicht besonders erfreulich".

Die Schlussfolgerungen daraus klingen logisch und nahe liegend: Mehr verdienen soll der Konzern im Handelsbereich, bei stärkerer Integration aller Konzernteile und damit besserer Nutzung von Synergien, bei Libro Österreich plant Rettberg „Flächenoptimierung" und eine „Schärfung des Sortiments". Bei Amadeus werde man die „Kosten weiter durchleuchten", darüber hinaus werde der hohe Warenstand im gesamten Konzern, der in den ersten drei Quartalen aufgelaufen sei, abgebaut und der „Eigenmarkenanteil" mit konzerneigenen Verlags- und CD-Produkten erhöht werden.

Auch die Beteiligungs-Visionitis blüht weiter. Nicht über das Projektstadium hinaus kommt etwa eine Kreuzbeteiligung zwischen Libro und ET Multimedia AG, der zweitgrößten Magazingruppe Österreichs sowie Gründerin und 50%-Aktionärin des WirtschaftsBlattes.

Das Modell hätte zehn Prozent an der ETM für Libro vorgesehen, im Gegenzug sollten die ETM-Aktionäre fünf Prozent an lion.cc erhalten. Darüber hinaus hätte die ETM exklusive Vertriebsmöglichkeiten für ihre Magazine, Zeitungen und Content-Pakete sowohl bei lion.cc als auch in den Libro-Filialen erhalten sollen.

Eine Größenordnung für den Deal, der jedoch nie über ein unverbindliches Gesprächsstadium hinausgeht: Der Wert der Aktienpakete wird mit jeweils rund 125 Millionen Schilling bzw. 9,08 Millionen Euro festgelegt. UIAG-Boss Stiassny: „Libro soll der große E-Commerce-Spieler werden, das Web-Portal lion.cc der Vertriebskanal und die ET Multimedia der Lieferant von Inhalten. Die drei passen gut zusammen und brauchen einander."

Hoffnungsfroh klingen auch die aktuellen News für lion.cc: Libro hat durch einen Syndikatsvertrag die alleinige Kontrolle an den neuen 35-Prozent-Inhaber WAZ abgegeben, wodurch die exorbitanten Verluste (Rettberg spricht von knapp 30 Millionen Euro im Gesamtjahr) und alle weiteren Investitionen rückwirkend ab Stichtag 31. Oktober 2000 voll vom deutschen Medienriesen übernommen und mit etwaigen Erträgen in der mittleren Zukunft gegengerechnet werden sollen.

lion.cc verschwindet somit aus dem Konsolidierungskreis des Libro-Konzerns und scheint in der Bilanz nur noch als Beteiligung auf. Die gesamte Transaktion hat laut Finanzvorstand Johann Knöbl einen bilanzwirksamen Ertrag von 313,8 Millionen Schilling erbracht und so ein positives EBITDA von 15 Millionen Schilling nach dem dritten Quartal beschert. Eine Gefahr für Libro durch die hohen Verluste von lion.cc habe nie bestanden, betont Rettberg.

Noch.

Für das Gesamtjahr 2000/01 wird von Libro ein positives EBITDA sowie ein ausgeglichenes bzw. leicht positives Ergebnis der gewöhnlichen Geschäftstätigkeit (EGT) in Aussicht gestellt, danach wird Gewinnwachstum angesagt.

Die Glaubwürdigkeit dieser Aussagen in der Öffentlichkeit lässt sich am „Anstieg" der Libro-Aktie im Vergleich zu früheren Hype-Phasen darstellen. Am Vormittag war ein Anteil 14,5 Euro wert, nach Rettbergs Darstellung „steigt" der Kurs am frühen Nachmittag auf immerhin 15 Euro ...

Rettberg steht Rede und Antwort

Am 17. 1. findet im Internet ein Bluebull-Chat mit Rettberg statt. Einige Auszüge:

Moderator G. K.: Hallo, es ist wieder einmal so weit. Es gibt einen Chat mit Herrn Rettberg von Libro.

Frage Nr. 4: Wie geht die Deutschland-Expansion voran?

André M. Rettberg: Die bayerischen Filialen laufen zufrieden stellend. Die zu Beginn des Jahres gekauften 10 Boulevard-Filialen werden bis zum ersten Quartal 2001/02 in Libro-Filialen umgerüstet. Bei den Großflächenfililalen wird das Konzept noch regional angepasst (Bochum, Bielefeld, Berlin).

Frage Nr. 10: Welches Kurspotenzial sehen Sie in der Libro-Aktie, derzeit doch stark unterbewertet oder?

R.: Aus Sicht des Vorstandes sehen wir ebenfalls ein starkes Kurspotenzial nach oben. Vor allem, wenn man die möglichen Erträge aus der Expansion des laufenden Geschäftsjahres in Betracht zieht.

Frage Nr. 13: Gratulation – in einem so kompetetiven Markt positiv zu bilanzieren. Das haben nicht viele bis jetzt geschaft. Wie wollen Sie weiterwachsen?

R.: Danke. Im klassischen Retailbereich bilanziert Libro seit Jahren positiv. Im Internetgeschäft sind wir leider noch nicht positiv. Im Zukunftsfeld Entertainment erwarten wir bereits im kommenden Jahr positive Ergebnisse.

Frage Nr. 14: Ist ein Börsengang von lion.cc geplant?

R.: Ja, selbstverständlich. Es war immer unser Ziel, lion.cc börsereif zu machen. Nachdem unsere Aktivitäten sehr stark nach Deutschland gerichtet sind, ist durchaus ein Börsengang in Frankfurt am Neuen Markt möglich. Zu einem genauen Zeitpunkt kann man aber heute noch nicht konkret Stellung nehmen.

Frage Nr. 15: In welche Märkte will Libro zukünftig expandieren?

R.: Zunächst einmal in den deutschsprachigen Bereich. Es ist mittelfristig aber durchaus vorstellbar, auch in jene zentral- und osteuropäischen Staaten zu expandieren, in denen die WAZ schon im Medienbereich eine sehr starke Position innehat.

Frage Nr. 27: Mit welchen Unternehmen wird Libro von Analysten verglichen?

R.: Im Retailbereich: Barnes & Noble, WH Smith, Borders; im Internetbereich: derzeit aufgrund der Größe bevorzugt mediantis.de und buch.de, aber auch die großen Amerikaner amazon.com und AOL.

Frage Nr. 28: Welches Marktpotenzial sehen Sie für Ihr Unternehmen in Deutschland?

R.: Der Markt ist fast zehnmal größer als in Österreich, allerdings auch mit einer stärkeren Konkurrenzsituation. Bringt für Libro vor allem den Vorteil bei Büchern, DVDs, Videos Marktanteilsgewinne im Gesamtmarkt zu erreichen und somit zu einem wesentlichen Einkäufer zu werden (Einkaufspreisvorteile, die wir wieder an Kunden weitergeben können), um so auch am deutschen Markt wieder schneller wachsen zu können.

Frage Nr. 31: Wo steht Libro in 5 Jahren? Wird Libro ein Multimedia Unternehmen oder eher ein Retailer?

R.: Libro wird ein Multimedia-Anbieter sein, der sowohl Produkte als auch Inhalte über den klassischen Retailbereich und das Internet vertreiben wird.

Frage Nr. 35: Wann rechnet Libro auch aus Deutschland mit einem positiven Ergebnisbeitrag?

R.: Leider ist der Investitionsaufwand in Deutschland sehr hoch, sodass frühestens in zwei Jahren mit einem ausgeglichenen Ergebnis zu rechnen ist, dann aber aufgrund der Größe des Marktes sollte der Rückfluss sehr stark werden.

Frage Nr. 41: Amadeus ist ein neues und sehr gutes Konzept, sind Sie operativ schon positiv?

R.: Wir haben in den letzten beiden Jahren sehr stark expandiert (von 17 auf 29 Stores), ab dem Geschäftsjahr 2001/02 wird der Betrieb operativ positiv laufen.

Frage Nr. 46: Bei diesem operativen Cashflow reicht das Umlaufvermögen ohne Vorräte noch für gut zwei Quartale? Wann wendet sich das Blatt?

R.: Allein im Weihnachtsgeschäft haben wir knapp eine Milliarde ATS umgesetzt und damit den Lagerstand bereits deutlich reduziert. Verbunden mit weiterem Abbau des Lagerstandes und einer geringeren Expansion wird sich die Cashflow-Situation in den kommenden Monaten deutlich verbessern.

Frage Nr. 47: Wie sind Ihre Erfahrungen mit unterschiedlichen Brands im Markt zu sehen?

R.: Wir sprechen mit unseren Brands komplett unterschiedliche Zielgruppen an, die wir unter einer Marke nicht vereinen könnten und sind so in der Lage, unseren Marktanteil (EINKAUFSKRAFT!!!) deutlich auszuweiten.

Frage Nr. 52: Herr Rettberg, ich finde das übrigens super, dass sie sich die Zeit für den „kleinen" Aktionär nehmen.

R.: Danke, das ist doch das Mindeste, was ich tun kann.

Frage Nr. 59: Wie viele Amadeus-Stores sollen in Österreich noch eröffnet werden? – Längere Öffnungszeiten wie bei Barnes & Noble wären übrigens super!

R.: Letzteres finde ich auch – wir kämpfen gerade dafür. Eine Amadeus-Filiale am Bahnhof Wien-Mitte hat bereits solche Öffnungszeiten, wir werden noch viele Amadeus-Filialen in den Landes- und Bezirkshauptstäden eröffnen.

Frage Nr. 60: Das Filialnetz der Libro-Geschäfte in Österreich ist bereits recht dicht. Wo planen Sie noch neue Läden?

R.: In noch entstehenden Einkaufszentren, andererseits gibt es noch einige weiße Flecken. Wenn sich gute Standorte anbieten, werden wir dies nützen, z. B. in Wien Innenstadt sind noch einige Standorte nötig.

Frage Nr. 63: Heute ist Libro um gut 5% gestiegen, welches Kursziel würden Sie auf 12 Monate abgeben bzw. die Analysten?

R.: Unsere Erwartung ist ein deutlich höherer Kurs, bei einem Drehen der internationalen Bewertungsmaßstäbe werden auch die Analysten wieder höhere Kurse ansetzen.

Frage Nr. 73: Wollen Sie Mitarbeiter entlassen?

R.: Nein, natürlich haben wir eine gewisse Fluktuation, die für einen Handelsbetrieb nicht unüblich ist. Insgesamt nehmen wir per saldo mehr Mitarbeiter auf.

Frage Nr. 89: Finden Sie Ihre Aktie fair bewertet?

R.: Nach unserem subjektiven Empfinden spiegelt der Aktienkurs nicht die Möglichkeiten und das Potenzial der Libro-Gruppe wider.

Frage Nr. 104: Ist der Osten nicht eine sehr starke Hürde, Verlassen des Sprachraumes, neues Sortiment?

R.: Ja, natürlich ist eine neue Sprache, die wir erlernen müssen, eine zusätzliche Aufgabe. Die wir aber sicherlich meistern werden, denn auf der anderen Seite bieten die Reformländer für unser Unternehmen große Marktchancen.

Übrigens: Die Libro-Filiale in München muss im Februar geschlossen werden.

Die zehn Irrtümer der New Economy (5. 3. 2001)

Old Economy ist out, New Economy in. Falsch, beweisen Kursverluste und erste Pleiten. Martin Sonnenschein (Vizepräsident bei der Unternehmensberatung A. T. Kearney) erklärt, warum:

1. Räumliche Distanz wird irrelevant

Realität: Kunden verlangen Präsenz vor Ort. Die großen Internet-Agenturen wie Razorfish oder Pixelpark eröffnen Zweigstellen an den Orten ihrer wichtigen Kunden, der Onlinebroker Charles Schwab plant Vertriebsfilialen in amerikanischen Städten und Malls. Trotz einer Vielzahl von E-Business-Angeboten blüht der Offlinehandel wie nie zuvor. Denn auch im digitalen Zeitalter ist direkte Kommunikation entscheidend für den Geschäftserfolg. Die Verführungskraft eines Verkäufers oder attraktiver Malls und Geschäfte bleibt allemal größer als die von virtuellen Kaufhäusern. Erst wenn Geschäftsbeziehungen fest etabliert sind, verliert der direkte Kontakt an Bedeutung.

2. Ideen sind alles

Realität: Die Macher der neuen Unternehmen mussten lernen: Ohne profunde und realistische Geschäftsmodelle lässt sich die beste Idee nur schwer in einen finanziellen Geschäftserfolg umwandeln – ganz gleich, ob man der „First Mover" war oder nicht. Vor allem Venture-Capital-Unternehmen, durch den Kursverfall ihrer Zöglinge inzwischen selbst in die Ecke gedrängt, achten zusehends darauf, ob die neuen Geschäftsmodelle dauerhaft profitabel sein können.

3. Old Economy zählt nicht mehr

Realität: Die Old Economy hat bewiesen, dass sie weit flexibler und lernfähiger ist als erwartet, sie hat schnell erkannt, dass sie auf das Internet reagieren muss. Dabei verfügen die „Alten" über einen entscheidenden Startvorteil: Ihre Geschäftsmodelle rechnen sich. Unternehmen wie GE, Siemens und Volkswagen haben inzwischen vorgemacht, wie sich große Konzerne durch E-Business selbst verjüngen und dabei noch Kosten sparen. Oder sie gründen Unternehmensteile aus, um technologische Entwicklungen voranzutreiben.

4. Offline-Werbung überflüssig

Realität: Die Zugkraft von Offline zählt. Wegen der Vielzahl der Sites wird es für ausschließlich im Internet existierende Angebote zusehends schwieriger, sich auf dem Meinungsmarkt Gehör zu verschaffen. Die Folge: Angebote wie Jobpilot oder Billiger-Telefonieren steigen über Offline-Publikationen in den klassischen Markt für Printprodukte ein. Denn über das Web alleine lässt sich nur noch in den seltensten Fällen die kritische Masse an Nutzern erreichen. Nicht vergessen werden darf die Markenkraft der „alten Hasen": Namen wie Quelle oder Neckermann sind seit fünfzig Jahren bekannte Markenstandards in Deutschland, Dot.com-Namen jedoch nicht. Die Musiktauschbörse Napster beispielsweise wurde zunächst durch Mundpropaganda sehr bekannt. Aber erst als die Berichterstattung in den Medien stetig zunahm, explodierten die Zugriffszahlen auf die Site. Das Beispiel zeigt, dass „virales" Marketing im Einzelfall funktionieren kann, die Offlinemedien aber nach wie vor immensen Einfluss ausüben. Erfolgreiche Eigenvermarkter im Web verlassen sich nicht mehr nur auf „virales" Marketing, sondern setzen auf ausgeklügelte Vermarktungskampagnen, die vor allem Cross-Media sind.

5. Physische Produkte sind out

Realität: Klassische Industrien und Güter gewinnen wieder an Bedeutung. Außer den großen Datenlagerungshäusern wie EMC oder einigen Softwarehäusern gibt es fast keine Unternehmen mehr, die ohne die Produktion von physischen Gütern auskommen. Ohne die enge Kooperation mit Logistik-Dienstleistern können Onlineshops wie Amazon nur schwerlich ihre Produkte in der verlangten Geschwindigkeit ausliefern. Für Start-up-Unternehmen bleibt letztlich nur die Nische. So geschehen bei Surplex.com, die es verstanden haben, mit Gebrauchtmaschinen den Neuanbietern Marktanteile abzujagen.

6. Freebies binden Kunden

Realität: Die Kunden nahmen Freebies wie kostenlose Software-Services und interaktive Angebote dankbar an – und klickten sich dann zur Website der Konkurrenz weiter. Denn Webnutzer sind vor allem untreu, ganz besonders, wenn sie für etwas zahlen sollen, was es zunächst umsonst gab. Das werden auch Bertelsmann und Napster zu spüren bekommen. Die Kunden werden ihre Musik vermutlich schnell von anderen Portalen wie Gnutella herunterladen.

7. Vermittler sind überflüssig

Realität: Auch wenn das Web vollkommene Transparenz schafft und jeder mit jedem kommunizieren kann – die Qualität eines Angebots wird durch menschlichen Input bestimmt. Denn Websites sind mehr als nur mit Text versehene Datenbanken und gute Webpages sind sehr pflegeintensiv. Je anspruchsvoller und datenlastiger ein Onlineangebot wird, desto mehr menschliche Fangnetze wird man auswerfen müssen, um die angepeilten Zielgruppen auf das Angebot aufmerksam zu machen.

8. Preise sind transparent

Realität: Der Preis ist nicht das entscheidende Kriterium beim Einkauf, und deshalb ist der einfache Preisvergleich im Netz auch kein Grund, mehr online einzukaufen. Eine kürzlich veröffentlichte Studie von A. T. Kearney zum Thema E-Retailing zeigt, dass die meisten Onlinekäufer bei einer einmal gewählten E-Commerce-Site bleiben und auch weit seltener Preise vergleichen als bislang angenommen. Teure Produkte wie Autos werden außerdem immer noch bevorzugt offline gekauft. Die Gründe dafür sind vielfältig: Sei es der durch den Kauf angestrebte Status, der Zeitvertreib oder ganz einfach die innere Überzeugung, dass man bestimmte Dinge einfach nicht online kauft.

9. Personalisierung hilft sparen

Realität: Die Rechnung, dass man im Web die speziellen Bedürfnisse der Kunden erkennen und sie so schneller und kostengünstiger bedienen und an sich binden kann, ist nicht aufgegangen. Customer Relationship Management (CRM) heißt das Gebot der Stunde – und diese Marketingtechnik umfasst wesentlich mehr als ausschließlich auf das Web bezogene Informationen. Denn es gilt, Cross-Selling-Potenziale zu entwickeln, gleich ob sie online oder offline sind. CRM wird seine größten Trümpfe dort ausspielen, wo verknüpfte Angebote eines oder mehrerer Anbieter einen gemeinsamen Mehrwert schaffen.

10. New Economy ohne Hierarchie

Realität: Gute Führung ist wichtig. Start-up-Unternehmen rekrutieren sich oft aus dem Freundes- und Verwandtenkreis, das Management hat sich zumeist auch finanziell engagiert und pocht auf Entscheidungsfunktionen. Branchenerfahrung und Führungskompetenz weisen Unternehmensgründer der New Economy aber nur selten auf. Erfahrene Manager aus der Old Economy sind im betriebswirtschaftlichen Alltag also äußerst gefragt und notwendig.

Und es gärt und brodelt und dampft und zischt in Guntramsdorf. Zwischen Rettberg und dem lion.cc-Vorstand Herbert Mayrhofer kommt es wiederholt zu schweren Auseinandersetzungen. Mayrhofer nimmt per 1. 3. den Hut, steht dem Unternehmen aber zunächst weiterhin als Konsulent zur Verfügung. Sein Nachfolger als Vorstandssprecher wird der bisherige lion.cc-Marketingvorstand Heinz Lederer. Da sind's also „nur noch drei" (mit Werbeck und Zwiletitsch).

Am 13. 3. erklären Lederer und der Jet2Web-Internet-Geschäftsführer Dr. Eduard Zehetner, man sei übereingekommen, die Zusammenarbeit der beiden Unternehmen neu zu ordnen. Jet2Web Internet übernimmt die 70.000 free & easy Kunden, die bereits jetzt zum Onlinetarif der Telekom Austria surfen, und baut damit die Marktführerschaft auf 32 Prozent aus. lion.cc beschränkt sich in Zukunft auf die E-Commerce-Aktivitäten und behält das Portal, die MP3-Plattform und die Radio- und sonstigen Content-Aktivitäten. „Diese Vorgangsweise ermöglicht es beiden Unternehmen, sich auf ihr Kerngeschäft zu konzentrieren", erklärt Lederer. „Zudem erleichtert uns diese Entflechtung die klare Ausrichtung auf unsere Kooperation mit der WAZ-Gruppe." Über die kommerziellen Vereinbarungen des Deals wird zwischen den Partnern Stillschweigen vereinbart. Und: „Entgegen Medienberichten verfolgt die Telekom Austria keine Pläne, sich aus der Libro-Beteiligung zurückzuziehen."

Aber die Liebe zwischen Libro und der Telekom ist eine enden wollende. In Wirklichkeit will die Telekom nichts mehr von lion.cc wissen und wartet nur noch auf die Aufsichtsratssitzung Anfang April, die den Ausstieg absegnen soll. Von Libro selbst kann sich die TA wegen des existenten Syndikatsvertrages, der die Partner bis Ende 2002 bindet, nicht absentieren. Auch vice versa herrscht Partnersattheit vor: Die Zusammenarbeit funktioniert so gut wie gar nicht, die herbeigesehnten Synergieeffekte etwa in den Libro-Filialen scheitern an fehlenden klaren Hierarchien und schlüssigen Realisierungskonzepten, wo die Telekom in den Libro-Geschäften z. B. ihre Produkt-Dispenser platzieren darf und soll, auch die Entwicklung des Handygeschäfts liegt weit hinter allen Erwartungen. „Libro hat mit der Telekom Austria eine Reihe von Telekom-Shops mit einer breiten Produktrange in Libro-Filialen vereinbart, die nicht realisiert wurden", klagt Rettberg.

Am 22. März 2001 wagt erstmals ein Vertreter eines Kreditinstituts, Klartext zu äußern. Der Erste-Bank-Analyst Günther Artner wählt die Formulierung „nach wie vor nicht unterbewertet" für einen aktuellen Neuverschuldungsgrad von 141 Prozent – nach „nur" 63 Prozent im Februar 2000 – und eine Nettoverschuldung von 96 Millionen Euro. Ohne lion.cc sei Libro, verglichen mit anderen Non-Food-Handelskonzernen, gemessen am Verhältnis von Unternehmenswert (EV) und Betriebsergebnis vor Abschreibungen und Amortisation (EBITDA) sogar um knapp 50 Prozent überbewertet. (Als Basis dieser Berechnung dienen Artner die erwarteten Ergebnisse des Geschäftsjahres 2000/01. Der „enterprise value" setzt sich aus Aktienzahl mal Kurs plus Bankverbindlichkeiten minus Cash zusammen.)

Das Konzern-EBITDA für 2000/01 hat laut Erste-Bank-Schätzungen auf minus 11,5 Millionen Euro gedreht, nach plus 6,5 Millionen Euro im Jahr davor. Das Betriebsergebnis (EBIT) wird in der Erste-Bank-Analyse mit –26,9 Mio. Euro prognostiziert, nach –7,3 Mio. Euro im vorangegangenen Geschäftsjahr.

Resultat an der Börse: Die Aktie notiert mit 11,40 Euro um 2,48 Prozent unter dem Schlusskurs des Vortages. Aber alles „harmlos" – gemessen an dem, was nun folgt!

Zunächst einmal soll in letzter Stunde Libro-intern repariert werden, was noch zu reparieren ist. Als Finanzvorstand löst der 51-jährige Mag. Werner Steinbauer Knöbl ab, der aus dem Vorstand ausscheidet und sich als einer der Geschäftsführer der Deutschlandtochter vor Ort voll auf die Restrukturierung dieser Aktivitäten konzentrieren soll. Steinbauer gilt als Experte im Finanz- und Controllingbereich sowie in Fragen strategischer Ausrichtung von Unternehmen und fungierte nach seiner Tätigkeit in der Turnauer-Gruppe (ISO-Holding) in zahlreichen Vorstands- und Aufsichtsratsfunktionen der Auricon bzw. Mericon und deren Tochterunternehmen wie z. B. der Jenbacher AG. Er soll neben den Finanzagenden auch die Neuorganisation des Konzerns besorgen, während sich Rettberg um die Reorganisation des Retailbereichs kümmern soll. „Auch wenn das Ergebnis des abgelaufenen Geschäftsjahres noch nicht vorliegt und dem Aufsichtsrat noch nicht bekannt ist, war für den Aufsichtsrat rascher Handlungsbedarf hinsichtlich der Neuordnung des Vorstandes gegeben", heißt es in einer Presseaussendung schon ein wenig ahnungsvoll.

Der Marktauftritt und das Profil der beiden Retailsparten Libro-Retail-Österreich und Amadeus sollen in Zukunft klarer voneinander getrennt werden, insbesondere bei Libro müsse eine Schärfung des Profils erfolgen. Vorgesehen ist in dem von der internationalen Wirtschaftsprüfungskanzlei KPMG gecheckten Konzept eine Konzentration auf das Kerngeschäft als Fachdiscounter und Nahversorger und der Rückzug aus der Fachberatung vor allem bei Produkten der Mobiltelefonie. Parallel dazu hofft man bei Libro inständig auf „eine Straffung des Kostenmanagements, insbesondere durch die Schließung unrentabler Filialen und eine Reduktion der Personalkosten". Und dann kommt ein kryptischer Passus, der schon sehr nach moralischer Schuldanerkennung klingt: „Um für größere Transparenz und bessere Strukturen zu sorgen, werden klare Verantwortlichkeiten geschaffen, die auch personell ausreichend besetzt werden. Überlegt wird, Libro Österreich und Amadeus in selbstständige Kapitalgesellschaften mit eigenverantwortlichem Management auszugliedern."

Anfang April übernimmt der größte österreichische Internet-Provider Jet2Web Internet (eine Tochter der Telekom Austria) rund 70.000 lion.cc-ISP-Kunden. Geschäftsführer Eduard Zehetner: „Alle jene User, welche über lion.cc ins Internet einsteigen, können beruhigt sein. Unabhängig vom weiteren Fortbestand respektive allfälligen Übernahmen von lion.cc sind die Kunden bei Jet2Web Internet bestens aufgehoben."

Und der Aktienkurs von Libro? Der „steigt" am 17. April um 0,51 Prozent auf 7,90 Euro ...

Unbestreitbar unangenehm wird es dann schon eine Woche später, als die neue Ausgabe des „Trend" erscheint, in dem den Rettberg-Plänen – unabhängig von den Internet-Phantasien – konzediert wird, sie seien „von Anfang an auf wackligen finanziellen Säulen" gestanden. Außerdem sei der Konzern vor dem Börsengang durch eine Sonderdividende und die Übernahme des Oberösterreichischen Landesverlags finanziell ausgehöhlt worden, darüber hinaus wurden laut „Trend" „Verluste aus dem Einzelhandelsgeschäft durch intern heftig umstrittene Konzernumlagen von Libro zur Internet-Tochter Lion.cc verschoben".

„Obwohl das Unternehmen damals jährlich kaum mehr als 40 bis 50 Millionen Schilling an Dividende ausschüttete, kaum Ertragssteigerungen aufwies und der Börsengang beschlossene Sache war, genehmigte sich das Bankenkonsortium (mit dem gemeinsam Rettberg den MBO finanzierte) kaum ein halbes Jahr davor noch eine Sonderdividende im Ausmaß von 440 Millionen Schilling. Ein weiterer finanzieller Aderlass sei durch die Übernahme des Landesverlages geschehen, der den Schuldenstand bei Libro von 170 auf 600 Millionen Schilling erhöht habe. Zwar seien die Transaktionen zum Teil im Börsenprospekt nachvollziehbar, für den typischen Kleinanleger aber unerkennbar. UIAG-Vorstand Stiassny verwehrt sich in einer schriftlichen Stellungnahme an das Magazin „auf das Schärfste gegen die Unterstellung, dass die Börsenstory nicht richtig war oder die Anleger getäuscht wurden".

„Libro hätte mehr Risikokapital institutioneller Anleger gebraucht, doch nachdem die früheren Libro-Investoren ihre Schäfchen noch vor dem Börsegang ins Trockene gebracht hatten, musste Libro die Expansion allein mit dem Geld der Kleinanleger finanzieren – auf die wurde das volle Risiko abgewälzt", wird der Vorstand des Interessenverbandes der Kleinanleger Erwin Rasinger zitiert. Vor allem der 25-prozentige Einstieg der Telekom Austria (TA) bei Libro habe nur den Altaktionären Veräußerungsgewinne gebracht, heißt es in dem Artikel weiter. Rund 500 Millionen Schilling des auf 1 bis 1,3 Milliarden geschätzten Kaufpreises habe die UIAG und ihre Muttergesellschaft DBAG erhalten, 150 Millionen Rettberg. 40 Millionen seien an den zuletzt abgelösten Finanzvorstand Knöbl geflossen, der Rest von rund 430 Millionen Schilling an eine „große Gruppe anonymer Libro-Privatanleger".

lion.cc „dürfte in Wirklichkeit in den letzten zwei Jahren nur für einen relativ geringen Teil der bei der Gesellschaft ausgewiesenen Verluste verantwortlich gewesen sein", heißt es in dem Bericht weiter. Der Hauptteil der Cash-Burn-Rate von lion.cc stamme aus „intern heftig umstrittenen" Konzernumlagen, also Überweisungen an die Muttergesellschaft. „Verluste aus dem Retailgeschäft wurden so teilweise von der Internettochter übernommen." Laut „Trend" soll etwa für die Platzierung des Schriftzuges lion.cc auf den Libro-Sackerln ein zweistelliger Millionenbetrag in Rechnung gestellt worden sein. Als weiteres Beispiel wird der Aufbau einer eigenen Kleinteillogistik bei lion.cc angeführt, die knapp vor dem Einstieg der WAZ wertsteigernd in die Libro-eigene Tochter MVL fusioniert worden sei.

Und der „Trend" liegt im Trend. Die vorläufigen Zahlen für das Geschäftsjahr 2000/01 (per Ende Februar) sind katastrophal: Das noch ungeprüfte Konzernergebnis vor Abschreibungen, Zinsen und Steuern (EBITDA) stürzt von plus 6,5 Millionen Euro auf minus 16,7 Millionen ab und liegt damit noch unter den Schätzungen der

Analysten, die im Durchschnitt mit einem EBITDA-Verlust von 12,5 Millionen Euro gerechnet hatten. Weitere Details zu den Bilanzzahlen gibt es vorläufig nicht, weil die Auswirkungen der Endkonsolidierung auf den IAS- und HGB-Abschluss noch geprüft werden.

Und der Aktienkurs? Rangiert am 27. April um 13.43 Uhr mit 5,66 Euro um mehr als zehn Prozent unter dem Schlusskurs des Vortages. Von ihrem Höchstkurs bei 67,80 Euro hat die Libro-Aktie damit bereits knapp 92 Prozent eingebüßt.

Schlimmer kann es nicht kommen? Weit gefehlt! Im „Wonnemonat" Mai zeigt „profil" Profil und sieht Libro vor dem Aus. Der Verlust 2000/01 belaufe sich auf eine Milliarde Schilling (bei einem Umsatz von 5,5 Milliarden). Die größten Bankengläubiger werden wie folgt aufgelistet: Bank Austria 700, Oberbank 400, Erste Bank, Deutsche Bank und Raiffeisen Zentralbank jeweils rund 300, Postsparkasse 200 und Bank für Kärnten und Steiermark mit 100 Millionen Schilling. Dazu kommen erhebliche Außenstände bei den Lieferanten.

Ohne frische Liquidität kann das Unternehmen bereits in den nächsten Wochen nicht nur mit den Zinszahlungen an die Banken, sondern auch mit den Gehaltsüberweisungen an die rund 3.000 Mitarbeiter in Rückstand geraten.

Die Lage ist prekär, denn zu allem Überfluss stellt die Wirtschaftsprüfungskanzlei Arthur Andersen eine buchmäßige Überschuldung des Konzerns fest. Um den raschen Finanzbedarf zu decken, sucht Rettberg ein Konsortium aus potenziellen Investoren. Konkret werden Billa-Chef Veit Schalle, der niederösterreichische Papiergroßhändler Walter Babel, Libro-Aufsichtsrat Karl-Michael Millauer und der Wiener Geschäftsmann August André de Roode genannt. Gerüchteweise soll auch die Münchner Verlagsgruppe Hugendubel an einem Libro-Einstieg oder an einem Amadeus-Kauf interessiert sein. Der Consulter Roland Berger wird engagiert, um verschiedene Fortführungsvarianten zu bewerten, wobei man sich u. a. eine Rettung durch den deutschen Medienriesen Bertelsmann erhofft. Für lion.cc interessiert sich angeblich Primus-Online, der Internetableger des Metro-Konzerns.

Angesichts der enormen Verluste in Deutschland wird das dortige Engagement komplett aufgegeben, Amadeus-Standorte werden geschlossen, die Forderungen gegenüber der Onlinetochter lion.cc im Ausmaß von rund einer halben Milliarde Schilling werden in ein nachrangiges Darlehen umgewandelt. „Libro braucht frisches Eigenkapital“, gibt jetzt auch Rettberg zu. Man sei mit der UIAG und den anderen Eigentümern sowie den Banken und Finanzinvestoren im Gespräch.

Der rasende Absturz der Libro-Aktie und die katastrophalen Konzernergebnisse bereiten naturgemäß nicht nur den Banken Kopfzerbrechen, Zorn und Frust werden auch bei den Aktienbesitzern immer heftiger. So wird im Internet eine eigene „rettetlibro“-Hompage betrieben, auf der User ihrem Ärger über die nicht umgesetzten Ankündigungen und Versprechen des Libro-Managements der vergangenen Monate Luft machen. „Nicht nur der ehemalige Finanzvorstand, sondern der gesamte Vorstand gehört eigentlich ins Kriminal“, erregt sich ein „Standard-Online“-Leser. Und man könne – in Anspielung auf den Werbeslogan „Libro hat euch lieb“ „dem Unternehmen nur wünschen, dass die Banken Libro auch lieb haben“.

„Die UIAG macht sich's auch etwas leicht: Zuerst bei der Telekom für den Libro-Anteil abcashen und dann jammern, klingt nach Heuchelei. Wie die Dolchstoßlegenden ganz schnell lanciert werden, ist schon beachtlich. Ich erwarte demnächst in Anlehnung an ‚vom Saulus zum Paulus‘ die Memoiren des Vorsitzenden ‚Vom Rettberg zum Gfrettberg‘, sicherlich der Bestseller des Bücherherbstes hierzulande“, mokiert sich ein weiterer Libro-Interessierter. „Die Aktie ins Klo zu spülen wäre meiner Meinung nach die richtige Strategie“, wird ein Anleger sehr deutlich.

Unter www.geocities.com/rettetlibro findet sich eine spezielle Homepage, auf der sämtliche Ankündigungen des Konzerns der vergangenen Monate zusammengefasst sind. (Anmerkung: Im Februar 2003 existiert sie nach wie vor.) Unter dem Link „Bilanzgags 00/01“ heißt es etwa „Bilanz gerettet, Anleger veräppelt, Unschuld verloren, Equity Story kaputt: Nach einem Jahr, in dem André Rettberg seinen Aktionären Hoffnung verkauft hat, schlägt die Stunde der Wahrheit. Der Chef des Internet-Buchhändlers Libro hat bewirkt, dass sein Aktienkurs im Keller steht.“

Den Usern wird empfohlen, ein Mail an Konzernchef André Rettberg zu senden („Bilden Sie sich Ihre eigene Meinung, wie oft Ihnen als Anleger nicht die Wahrheit gesagt wurde. Wollen Sie Herrn Rettberg etwas sagen?“) oder die Wertpapieraufsicht zu kontaktieren.

IVA-Präsident Rasinger sieht eine „irrsinnige Belastung“ für die

Wiener Börse, weil besonders viele Privatanleger Libro-Aktien gekauft haben. Dies sei ein weiterer Rückschlag für die Börse und werde große Katerstimmung hinterlassen. Er hofft, dass die Banken eine gemeinsame Linie finden, um den „MegaGAU" zu verhindern und eine Neustrukturierung des Konzerns mit neuem Management und neuen Eigentümern durchzusetzen. Ein Konkurs würde den Schaden vergrößern und „nur den beratenden Berufen nützen".

Es stelle sich auch die Frage der Verantwortung. Angesichts der hochkarätigen Besetzung des Libro-Aufsichtsrats – darunter der frühere Wolford- und jetzige BWT-Vorstand Karl Millauer, der „Gewinn"-Herausgeber Georg Wailand, der UIAG-Chef Stiassny oder auch der WU-Professor Christian Nowotny – ist Rasinger „erschüttert", dass die AR-Mitglieder die hochfliegenden Pläne von Libro-Chef André Rettberg nicht in Griff bekommen haben. Als Kleinanleger sei es enorm schwer, rechtliche Schritte gegen die Organe der Gesellschaft durchzusetzen: „Das kenne ich von Maculan." Rasinger erwartet, dass die Libro-Altaktionäre, die beim Einstieg der Telekom Austria (TA) „den großen Schnitt gemacht haben", von sich aus einen Beitrag leisten und „die Schmerzen der vielen privaten Aktionäre etwas lindern". Die Libro AG sei bereits mit null Eigenkapital an die Börse gegangen, kritisiert Rasinger, dass die Beteiligung der TA nur den Altaktionären UIAG, DBAG, dem Management und einer Investorengruppe zugute kam.

Aber Rasinger und die Kleinaktionäre hoffen vergebens. Die Altaktionäre um DBAG, UIAG und Telekom sind nicht in der Lage, Geld nachzuschießen, und ohne eine solche Kapitalspritze sind die Banken nicht bereit, auf einen Teil der Forderungen von insgesamt 2,3 Milliarden Schilling zu verzichten. Eine komplette Pleite käme die Gläubiger jedoch teuer zu stehen: Laut einem geheimen Rohbericht von Roland Berger & Partner könnten die Banken im Insolvenzfall bestenfalls mit einer Quote von 15 Prozent rechnen, da Libro mit Ausnahme der Marke über keine nennenswerte Vermögenswerte verfügt. Der Liquiditätsbedarf für die Restrukturierung beläuft sich auf rund 1,1 Milliarden Schilling, im laufenden Geschäftsjahr erwartet Roland Berger noch einmal 400 Millionen Verlust.

Auch die Suche nach neuen Investoren gestaltet sich äußerst schwierig, es finden sich eher Publicity-Interessierte. Am seriösesten wirkt noch ein Konsortium rund um den Gründer des Finanzportals Bluebull Mike Lielacher, Anton Stahrlinger, dem Eigentümer des Welser Büro- und Schreibwarengroßhändlers PBS Austria und Betreiber der „Skribo"-Filialen sowie die oberösterreichische Kirchdorfer Beteiligungs AG. Neben Beton-, Zement- und Schotterwerken zählt auch die Brevillier-Urban Schreibwarenfabrik mit der Marke Jolly zur Gruppe. Kirchdorfer-Chef Mag. Max Machanek bestätigt, er sei „an jeder sinnvollen Lösung für Libro interessiert und in der Lage, schnell zu reagieren und kurzfristig auch hohe Geldbeträge einzubringen".

Im Auftrag von Stahrlinger und auf Vermittlung von DI Dr. Klaus Woltron wird von einem in Fachkreisen hoch angesehenen Branchenexperten ein detailliertes Gutachten über den aktuellen Libro-Status erstellt, das sich von der ifat-Expertise vor etwas mehr als zwei Jahren doch sehr deutlich unterscheidet ...

Dem Untergang geweiht – Die Situation von Libro im Juni 2001

1. Das Libro-Buchgeschäft: Die Ursachen des Absturzes

a) Das Sortiment:

- Das Warenangebot scheint zufällig zu sein, bestehend aus modernem Antiquariat der auswechselbaren Sorte und aus ein paar Titeln der Bestseller-Charts; diese erlauben dem Kunden keine geplante Einkaufsorientierung. Gezielter Einkauf bestimmter erwünschter Waren aus dem Marktangebot ist nicht möglich. Also: nur Zufalls- und Verlegenheitsgeschenk-Einkauf. Das macht keine für den Kunden wirklich planbaren Umsätze.
- Zielgruppenproblem: Angepeilte Zielgruppe ist offensichtlich der junge Mensch der B- und C-Schicht. Der Buchhandel kann jedoch ohne A-Schicht nicht überleben. Auch nicht im Sektor Modernes Antiquariat bei einer Ladendichte wie in Österreich.
- Amadeus (Vollbuchhandlung) und Libro (Papeterie und Modernes Antiquariat mit ein paar Novitäten) bilden zu wenige Synergie-Möglichkeiten, sind zwei Welten – vergleichbar etwa mit Meinl am Graben und der Hofer-Vertriebsline.
- Anmerkung zum Thema „neue Buchhandelsketten": Vor vier Jahren hat einer der größten Medienkonzerne der Welt, Bertelsmann, in Deutschland und Österreich Buchhandelsketten aufbauen wollen: „Boulevard" (BRD) und „Lektüre" (A). Diese Aktion wurde zur schmerzlichen Erfahrung, ansehnliches Lehrgeld musste bezahlt

werden, beide Ketten gibt es in der geplanten Form nicht mehr, so manche „Boulevard"-Filiale landete danach aber – bei Libro ...

- Die Schaffung eines eigenen Libro-Verlags-Labels ist vor aller Verlegeraugen nicht aufgegangen, die paar selbst besorgten Novitäten gediehen umgehend zu nicht beachteten Ladenhütern.

b) Die Logistik:

- Chaotische bis fehlende Warenbewirtschaftung; die eine Filiale hat Überbestände, die andere einen Null-Bestand des gleichen Produkts. Interne logistische und Kommunikationsprobleme.
- Auch relativ kurzsichtige Branchen-Mitanbieter haben sehr bald mitbekommen, dass das Libro-Lager exzessiv üppig und extrem zähflüssig ist. Das ließ sich etwa daran ablesen, dass Libro manche Titel in großer Stückzahl erst nach einigen Jahren (!) nach Einkauf zur Remission bringen wollte. Die Lagerbereinigung wird der neuen Struktur noch größere Schmerzen verursachen.
- Die Bestseller-Garantie-Aktion vergrößerte vor allem die Lager um ein Weiteres, der Effekt entsprach nicht den Erwartungen.
- Libro hat viel zu viele überflüssige, weil sich nicht rechnende Outlets, von denen gut 50 Prozent liquidiert werden müssten. Dieses Rechenexempel ist überfällig.

c) Service/Warenpräsentation

- Die Warenpräsentation ist nicht kundenfreundlich, wirkt verwirrend und lieblos.
- Das Personal ist nicht geschult, bisweilen ignorant, kennt das eigene Warenangebot nicht fassbar, ist weit weg von jeder Beantwortung von Kundenfragen, einfach: es gibt gewichtige Kompetenzprobleme.
- Libro hat in den vergangenen Jahren relativ viel geworben, im Radio, in News, mit einem eigenen Info-Blatt: Auch diese Werbung scheint die georteten Zielgruppen nicht kaufmotivierend erreicht zu haben. Ein Buchfachmann der Konkurrenz, der seine Käufer und Leser kennt, konnte diese Werbung nie als mitanbietend-gefährlich verstehen. Sie wirkte beiläufig. Bücher, die im Briefmarkenformat angepriesen werden, bleiben im Kopf des Rezipienten klein und mickrig. Und Texte, die nicht verführen, frustrieren.

d) Vertrags- und Preisgestaltung

- Die bestehenden Mietverträge der über 250 Outlets sind zu überprüfen, der relativ hohe Quadratmeter-Durchschnitts-Mietpreis lässt zu viele Ausreißer noch oben vermuten (prüfe etwa Libro Graz oder Sankt Pölten in Relation zum Quadratmeterumsatz und zum lokalen Markt).

- Nicht der angepriesene niedrige Preis macht eine Ware kauferotisch, sondern das Interesse des Käufers am Thema, an dessen Aufbereitung – und ein korrektes Marketing des Buches. Erst danach wird das Preis-Leistungs-Verhältnis überprüft. Billige Ware, die nicht interessant (käuferorientiert) ist, ist teure, weil sperrig absetzbare Ware.

2. Schwerpunkte einer Revitalisierung in Richtung Libro NEU = Libro Nuevo

a) Grundphilosophie

- Überprüfung der Zielgruppen-Definition, danach deren Ausweitung und Neuformulierung: Nicht mehr die Teens und die Twens sind eilige Libro-Kunden, sondern: our family goes Libro. Vom Schulkind bis zum Opapa sind alle gern dem Libro nah.
- Überprüfung und Bereinigung der Libro-Lagerbestände (danach: Ramschverkauf der Überbestände am besten via Deutschland, damit es in Österreich nicht wehtut, Spenden an Altersheime usw., Rest Makulatur).
- Neue Geschäftsfelder etablieren (Schulpackages, Libro-Büro-Services, Merchandising etc.).
- Delegation von Umsätzen und Schaffung von Erträgen an Joint Ventures und Kooperationen bzw. Shop in Shop.
- Neue Formen der Warenpräsentation etablieren, die dem „Zukunftsimage" von „Libro Neu" entsprechen. Licht, Sound, Emotion bewegen ...
- Neustrukturierung/Gestaltung der Läden, die das neue Konzept von Libro klar widerspiegeln.
- Überprüfung, ob die Lagerabwertung tatsächlich den gesetzlichen Vorschriften entsprochen hat. Hier gibt es prägnante historische Fälle ...

b) Sortiment, Sourcing:

- Neue Programmstrukturen definieren, etwa: „Libro ist Spezialist für ..." Das derzeitige Zufallsprogramm eliminieren, stattdessen ganz gezieltes Familienservice: „Libro for family": (Ratgeber, Gesundheit, Glück, Lebensfreude. „Libro is live": Libro-Geschenk-Line. Lebensgestaltung, Karriere etc.)

- Sonderausgaben von Novitäten zu Superpreisen, Bücher, die zielgruppenorientiert sind, vor allem aus Kooperationen mit wesentlichen Verlagen des deutschen Sprachraums. Teilnahme am verlegerischen Risiko anderer schafft Vertrauen. Daher: intelligente Koproduktionen. Was aber voraussetzt, dass das „Feindbild Libro" in ein freundliches „Mitanbieter"-Konzept verwandelt wird.

c) Potenzielle Partnerschaften:
- Kooperation mit ORF-Enterprise bei markanten Büchern, vor allem aus den Ressourcen des ORF.
- Kooperation mit Krone oder Kurier – Serien, Werbung.
- Kooperation mit Verlagsgiganten, etwa mit Bertelsmann München.

d) Service, Präsentation:
- Rack jobbing etablieren: Verkaufsflächen vermieten, verprovisionieren, präzises Kundenbriefing, Partner auswechseln, wenn Erfolg fehlt.

e) Verträge, Pricing
- Verträge mit Zulieferern überprüfen, Selektion der Zulieferer, Konzentration auch auf Inhalte.
- Schaffung eines Labels „Libro/Schnäppchen", das jedoch im Preis-Leistungs-Vergleich auch für den Kunden nachvollziehbar sein muss.
- Überprüfung der historischen und aktuellen Kooperationen (in der Regel bezahlte Werbung), Schaffung effizienter neuer Kooperationen.
- Überprüfung des Internet-Auftritts hinsichtlich Buchvertrieb, Korrektur des Auftritts prüfen, jedenfalls A-Schicht in die User einbeziehen.

f) Soft-Facts:
- Libro wirkt kalt und unpersönlich. Notwendig: Schaffung einer „sinnlicheren" Einkaufslandschaft.
- Libro macht den Eindruck eines Ramschladens. Daher: Signale für Wert und Qualität gleichermaßen wie für den Superpreis setzen.

3. Conclusio
- Neuformulierung der Unternehmens- und Produktphilosophie.
- Kommunikation des neuen, familienzentrierten Firmenimages.
- Größere Bindung des Kunden an das Geschäft durch intelligente, auch emotionalisierende Actions.

- Segmentierung des Warenangebots, klare Verkaufsbotschaften: „Libro steht für ..."
- Libro hat das schmale Charisma einer Hofer-Filiale, ohne deren Frequenz zu erreichen. Im Gegensatz zu Hofer leuchtet die Qualität-Preis-Relation bei Libro nicht immer ein. Hier reparieren.
- Schaffung innovativer partnerschaftlicher Kooperationen und Vernetzungen (Teilung von Aufwänden und Erträgen) – Risikominimierung durch verbreiterte Basis.
- Das Geschäft mit Schulen und Universitäten durch interessante Package-Angebote maximieren.
- Schwerpunkt-Aktivitäten gemeinsam mit wichtigen Zulieferern.
- Reduktion des Filialnetzes, eventuell auch Verleasing der bestehenden und künftig für Libro unwesentlichen Standorte an Partner.
- Gegengeschäfte: Deckung des Papier- und Bürobedarfs von Lieferanten und Partnern im Gegengeschäft.
- Libro hatte, ehe es hybrid expandierte, eine überschaubare, moderne und auch qualitativ ansehnliche Phase. Vielleicht sollte man bei der Restrukturierung den Geist und die Ordnungsprinzipien jener Zeit überdenken und daraus zu lernen versuchen!

Interesse an einer Libro-Übernahme zeigt auch die Wiener Venture-Capital-Gesellschaft VCH, ein Beteiligungsunternehmen u. a. im Software- und Telekombereich mit Libro-Aufsichtsrat Karl Michael Millauer sowie August André de Roode als Vorstand. Der APA gegenüber erklärt de Roode, man sei „bis zu einem gewissen Grad interessiert". Als kleiner Fonds könne man einen solchen Deal freilich nicht allein umsetzen, man habe aber in- und ausländische Investoren an der Hand. Der seit langem im Finanz- und Immobiliengeschäft tätige Familienclan de Roode hatte enge Verbindungen zur General Commerce Bank (vormals WMP Bank) sowie zur General Partners Immobilienbesitz (vormals Residenz Realbesitz).

Inzwischen hat der Libro-Chef enorme persönliche Probleme: Er soll aus privaten Geschäften Bankschulden in zweistelliger Millionenhöhe angehäuft und diese mit mittlerweile praktisch wertlosen Libro-Aktien besichert haben. Allein bei der Creditanstalt dürften sich seine Außenstände auf rund 30 Millionen Schilling summieren. „Auch jetzt noch, da Banker von einer Katastrophe sprechen, die alle Befürchtungen übertroffen hätte, glaubt Rettberg, das Ruder herumreißen zu können", kommentiert Wolfgang Unterhuber im WirtschaftsBlatt.

„Nun ist wohl wahr: Der Kapitän eines sinkenden Schiffes sollte nicht in Panik ausbrechen. Wahr ist aber auch, dass Rettberg durch das Polarmeer steuerte und dabei stets in Abrede stellte, dass es dort Eisberge geben könnte. Alles, was beim Börsengang versprochen wurde, ist danebengegangen. (...) Im März, als bereits von Zahlungsschwierigkeiten die Rede war, verteilte der Libro-Chef erneut Valium-Tabletten an die Anleger. (...) Rettberg gibt zu, dass er von den Ereignissen überrascht wurde. Zu seiner Verteidigung muss gesagt werden, dass auch die Banken und Analysten am linken Fuß erwischt wurden, offenbar ohne vorher die Fakten und Chancen der Tainment Company genau zu studieren. Jetzt fühlen sich die Banker, Anleger und Lieferanten von Rettberg gelinkt. Und da liegt sein Problem. Egal, was er jetzt noch tut oder sagt – keiner wird ihm glauben. Bleibt ihm also nur die Flucht nach vorn: der freiwillige Abschied."

Als Aufsichtsratsvorsitzender von lion.cc geht Rettberg auch („um der Weiterentwicklung und dem Wohl der Gesellschaft nicht im Weg zu stehen"), bei Libro selbst bleibt er jedoch. Dafür verlässt der erst vor wenigen Wochen als neue Finanzchef geholte Werner Steinbauer das Unternehmen. Ende Mai ziehen Otto P. Arbeiter als Sanierungsexperte und der ehemalige Assistent des Industriellen Herbert Liaunig, Mag. Bernhard Chwatal, in den Libro-Vorstand ein. Arbeiter wird darüber hinaus auch in den Aufsichtsrat von lion.cc berufen.

Per 31. 5. wird bei Libro auf die „Insolvenzgestion" umgestellt. Das bedeutet, dass keine Zahlungen mehr auf alte Verbindlichkeiten geleistet und alle neuen Bestellungen Zug um Zug bar bezahlt werden. Am 8. 6. findet in den Räumen der Libro AG um 14 Uhr eine Besprechung statt, zu der alle Lieferanten eingeladen sind, die laut Libro-Buchhaltung einen offenen Saldo von mehr als drei Millionen Schilling haben. Das sind ca. 50 Unternehmen mit einer gesamten Forderungssumme von ca. 500 Millionen (von insgesamt 720 Millionen) Schilling, also etwa 71 Prozent.

Rettberg gesteht im Rahmen einer kurzen Präsentation, dass gravierende Fehler der Unternehmensleitung vorliegen. Es sind dies insbesondere die überzogene Expansion nach Deutschland (Kauf der Boulevard-Geschäfte, rasche Öffnung weiterer Libro-Buchgeschäfte). Auch die Investition in lion.cc hat sich als „Geldgrab" entpuppt. Seinerzeit, so Rettberg, hätten die Investmentbanker dringend die Expansion ins Internet empfohlen, da 1999 ein

Börsengang ohne „Internet-Phantasie“ undenkbar gewesen sei. Zuletzt stellen aber auch die Amadeus-Geschäftseröffnungen einen wesentlichen Verlust dar. Rettberg wörtlich: „Wir wollten zu viel in zu kurzer Zeit.“

Der Libro-Rechtsanwalt Dr. Schilcher präsentiert den von ihm in Zusammenarbeit mit der Unternehmensleitung und den Buchprüfern erstellten Vermögensstatus nach insolvenzrechtlichen Kriterien. Dieser Status gilt unter der Prämisse, dass es zu einer Libro-Schließung im Konkurs kommt, wenn sich nicht rasch ein Interessent bzw. Investor findet, der die Mehrheit der Aktien übernimmt und die erforderlichen Barmittel zur Verfügung stellt. Der Insolvenzanwalt Schilcher konstatiert Passiva von vier Milliarden Schilling: 2,3 Milliarden von neun Banken (unbesichert), 0,7 Milliarden von rund 850 Lieferanten, 0,7 Milliarden diverse Rückstellungen und 0,3 Milliarden Zusatzpassiva wie z. B. Abfertigungen und Schadenersatz.

Demgegenüber stehen nur 1,3 Milliarden Aktiva und somit eine Überschuldung von rund 2,7 Milliarden Schilling! Bei Berücksichtigung von Abwicklungskosten im Konkurs (vier Monate Vollkosten des Betriebs und Verfahrenskosten) würde ein Nettorealisat von ca. 531 Millionen Schilling oder 13 Prozent auf die Passiva verbleiben, wobei laut dem Sanierungskonzept von Roland Berger noch Eigentumsvorbehalte von ca. 140 Millionen sowie Schadenersatzforderungen von Vermietern mit Kündigungsverzichten zu berücksichtigen sind. (Das bedeutet schlicht und einfach: noch deutlich weniger als 13 Prozent.) Dieses „Crash-Szenario“ tritt dann ein, wenn nicht innerhalb kürzester Zeit jemand das Unternehmen mit frischem Kapital ausstattet.

Aber wer soll das sein? Von den bestehenden Eigentümern (25 % Telekom, 25 % UIAG und DBAG, 21 % Alteigentümer wie Rettberg, Knöbl, Babel u. a. sowie 29 % Publikum) ist kein Sanierungsbeitrag zu erwarten. Die großen Eigentümer erklären dezidiert, nichts mehr nachschießen zu wollen. Sie stellen im Gegenzug ihre Anteile zu Zwecken der Sanierung kostenlos zur Verfügung. Die anderen Eigentümer sind persönlich nicht in der Lage, größere Beträge einzubringen bzw. als Publikum ja auch gar nicht motiviert, einem solchen Verlust auch noch neues Geld nachzuschießen.

Immerhin zeigen sich die finanzierenden Banken daran interessiert, das Unternehmen zu erhalten. Sie stellen aber die Bedingung, dass auch seitens der anderen unbesicherten Gläubiger ein Sanierungsbeitrag in Form eines Forderungsnachlasses gewährt wird. Die „Lösung" ist ein außergerichtlicher Ausgleich, dem all jene Gläubiger zustimmen müssen, die mit anderen gleich gelagert sind. Bevorzugungen müssen dabei offen gelegt werden.

Der extremen Zeitnot wegen will Libro die Verhandlungen auf ca. 100 Lieferanten beschränken, woraus sich ein „Schwellenwert" von 1,5 Millionen Schilling ergibt. Bis zum 30. 6. muss ein solcher Ausgleich unter Dach und Fach sein, weil sonst die gerichtliche Insolvenz beantragt werden muss.

Libro bittet um einen Nachlass in Höhe von 60 Prozent der unbesicherten Forderungen. Dieser würde folglich von allen Gläubigern erbeten werden, die Forderungen von mehr als 1,5 Millionen Schilling haben. Der Forderungsbetrag dieser Gläubigergruppe beträgt insgesamt ca. 600 Millionen.

Besonders wichtig ist den Lieferanten, dass Libro schnell wieder „flott"gemacht werden muss, damit das existenzielle Schulgeschäft ungehindert über die Bühne gehen kann. Die dafür erforderlichen Einkäufe müssen spätestens in den ersten Juli-Wochen vorgenommen werden. Gelingt das nicht, steht eine Sanierung grundsätzlich in Frage.

Der Libro-Absturz in Millionen Schilling

EGT 1999/2000:	+3
2000/2001 lt. Bekanntgabe am 22. 5.:	–1218
2000/2001 lt. Bekanntgabe am 8. 8.:	–2069
EBIT 1999/2000:	+42
2000/2001 lt. Bekanntgabe am 22. 5.:	–982
2000/2001 lt. Bekanntgabe am 8. 8.:	–1554
EBITDA (Betriebserfolg vor Abschreibungen und Zinsen)	
1999/2000:	+242
2000/2001 lt. Bekanntgabe am 22. 5.:	–837
2000/2001 lt. Bekanntgabe am 8. 8.:	–1099
Jahresfehlbetrag 1999/2000:	–59
Jahresfehlbetrag 2000/2001:	–2500
Verbindlichkeiten 1999/2000:	1100
Verbindlichkeiten 2000/2001:	2300

Umsatz 1999/2000:	4720
Umsatz 2000/2001:	5461
Betriebsleistung 1999/2000:	5227
Betriebsleistung 2000/2001:	5570
Aktienkurs am 22. 5. 2000:	573
Aktienkurs am 22. 5. 2001:	56
Mitarbeiter Ende Februar:	2035 Libro Österreich
	169 Libro Deutschland
	637 Amadeus
	152 Logistik
	81 lion.cc
	24 Entertainment
Filialen Ende Mai:	269 Libro Österreich
	18 Libro Deutschland
	30 Amadeus

Beteiligungsverhältnisse Juli 2001 an der Libro AG:

Dr. Kranebitter, Treuhänder:	50,0% und eine Aktie
Streubesitz:	29,3%
Altmanagement:	9,2%
Sonstige Privataktionäre:	11,5%

Töchter: CeDe, Libro Management GmbH, Libro Entertainment, MVL GmbH

Die Libro AG besitzt weiters 70% von lion.cc, die restlichen 30% hält die WAZ.

Eckdaten eines außergerichtlichen Ausgleichs

- Alle Lieferanten mit einer Forderung bis zu 1,5 Millionen Schilling erhalten Vollzahlung am 31. 7. 2001.
- Alle Lieferanten mit einer Forderung über 1,5 Millionen erhalten eine Quote von 50 Prozent, mindestens jedoch 1,5 Millionen.
- Soweit Ware unter Eigentumsvorbehalt geliefert und nicht ausgesondert wurde, wird eine Abgeltung von 20 Prozent der zum 31. 5. 2001 offenen Forderung vereinbart. Die Tilgung dieser Forderung erfolgt am 31. 8. 2001.
- Libro führt ab 11. 6. zehn Prozent der Netto-Tagesumsätze zu Guns-

ten aller Warenlieferanten mit Eigentumsvorbehalt zur Sicherung der Abgeltung des Eigentumsvorbehaltes auf ein von der Rechtsanwaltskanzlei Kosch & Partner, RAe, eingerichtetes Treuhandkonto ab.

- Die Tilgung der inkl. Ust. und kapitalisierten Verzugszinsen von 5% p. a. aushaftenden Forderungen – nach Abzug der Pauschalabgeltung für den Eigentumsvorbehalt – erfolgt in zwei gleichen Teilquoten am 31. 7. 2001 und am 28. 2. 2002.
- Im Falle des Verzuges mit einer Quotenzahlung lebt die Forderung zur Gänze wieder auf, wenn Libro nicht innerhalb einer durch schriftliche Aufforderung gesetzten Nachfrist von 14 Tagen die Quote bezahlt.
- Bonifikationen und Skonti werden von Libro für Lieferungen und Leistungen bis 31. 5. 2001, die nicht voll (betrifft Bonifikationen) bzw. nicht fristgerecht (betrifft Skonti) bezahlt wurden, nicht in Anspruch genommen. Der Gläubiger ist nicht verpflichtet, für nicht bezahlte Rechnungen Gutschriften auszustellen. Von Libro vorgenommene Belastungen gelten als nicht gesetzt und sind auszubuchen.
- Bonifikationen und Skonti für fristgerecht bezahlte Rechnungen stehen Libro uneingeschränkt zu.
- Die Verrechnung von Werbekostenzuschüssen bis einschließlich 31. 5. 2001 erfolgt analog.
- Vereinbarte Warenrücknahmen vor dem 1. 6. 2001 vermindern zur Gänze nach Erteilung der Gutschrift den Schuldsaldo der der Quote unterliegenden Forderung. Warenrücknahmen, die ab dem 1. 6. 2001 erfolgen und die nicht bezahlte Lieferungen vor dem 1. 6. 2001 betreffen, werden im Ausmaß von jeweils 50% auf den Nachlass und die Quote verteilt und vom Lieferanten gutgeschrieben.
- Libro wird nach bestem Wissen und Gewissen bis 30. 6. 2001 die Salden mit allen Lieferanten abstimmen. Nicht geklärte Saldendifferenzen werden in der Höhe der darauf entfallenden Quote treuhändig auf einem Treuhand-Sonderkonto durch den einvernehmlich bestimmten Treuhänder Kosch & Partner Rechtsanwälte, 2700 Wiener Neustadt, Hauptplatz 31, sichergestellt.
- Die Sicherstellung wird frei, wenn der Gläubiger die Klage über den Betrag der Saldendifferenz nicht bis spätestens 30. 9. 2001 (Einlangen bei Gericht) eingebracht hat. Dem Treuhänder ist bis spätestens 10. 10. 2001 der Nachweis über die Einbringung der Klage durch Übermittlung einer Kopie der Klagsrubrik, auf der der Eingangsstempel des Gerichts deutlich lesbar angebracht sein muss, zu erbringen, widrigenfalls der Treuhänder unwiderruflich berechtigt ist, den Sicherstellungsbetrag an Libro auszufolgen.

- Diese Vereinbarung steht weiters unter der Bedingung, dass bis spätestens 30. 6. die Gläubigerbanken zumindest einen Saldennachlass von 50 Prozent für unbesicherte Forderungen aus Bankgeschäften verbindlich zusagen.

Durch die Vereinbarung einer erheblichen Barquote am 31. 7. ist sichergestellt, dass es entweder zu einer glaubhaften Vollsanierung kommt oder zu einem gerichtlichen Insolvenzverfahren. Der angestrebte Nachlass mit den Großlieferanten ist jedenfalls geringer als der gleichzeitig zur Bedingung erhobene Nachlass mit den Banken, da aufgrund der Sockelregelung zwischen 1,5 und drei Millionen Schilling, aufgrund des Eigentumsvorbehaltes und seiner Abgeltung und zuletzt auch durchgerechnet inklusive der Kleingläubiger bis 1,5 Millionen Schilling eine insgesamt wesentlich bessere Befriedigung erwartet werden kann.

Das Sanierungskonzept von Roland Berger sieht im Wesentlichen folgende nicht dramatisch spektakuläre bzw. innovative Maßnahmen vor:

- zurück zu den Wurzeln = Rückzug aus Deutschland und lion.cc
- Kostensenkung im Stammgeschäft
- Schließung von 30 Libro- und sechs Amadeus-Filialen in Österreich
- Fokus auf straffes und profitables Warensortiment (Buch, Papeterie, Lifestyle)

Weiters kommt Roland Berger zum Schluss, dass vor allem kleine Libro-Filialen mit nicht mehr als 600 m^2 Verkaufsfläche am profitabelsten geführt werden können. Insgesamt kommt das Konzept für Libro „Kern“ und Amadeus zu Ergebnisverbesserungen im Bereich von 280 Millionen Schilling pro Jahr, die durch zusätzlichen (einmaligen) Restrukturierungsaufwand in etwa gleicher Höhe erzielt werden können. Die Schließungs- und Restrukturierungskosten werden mit einem Cash-Effekt (ohne Abschreibungen) von 235 Millionen Schilling berechnet, der sehr rasch anfällt. Summa summarum wird eine klare Rückzugsstrategie („fort mit Schaden“) in Kombination mit Ergebnisverbesserungen empfohlen. Trotzdem kann die Sanierung selbst bei Forderungsnachlässen in Millionenhöhe nur mit „frischem“ Geld von außen funktionieren, da insgesamt Beträge in der Größenordnung von etwa einer Milliarde Schilling notwendig sind: 400 Millionen für den Einkauf der notwendigen Ware (Schulgeschäft) und zumindest je 300 Millionen für Quotenzahlungen an Lieferanten und für die Schließungskosten.

Der Kurs der Aktie zeigt Aufstieg und Fall des Konzerns: Wer Ende November 1999 mit 100.000 Schilling eingestiegen ist, hat in den ersten drei Monaten Kurssteigerungen erzielt. Im März 2000 hätte er mit 234.000 Schilling aussteigen können. Seit damals ist es bergab gegangen, und Dividende wurde auch keine bezahlt. Derzeit sind die eingesetzten 100.000 Schilling gerade um die 14.000 Schilling wert – ein Minus von 86 Prozent ...

„Ein Aktiönär, der heute noch in der Libro drinnen sitzt, der kann noch hoffen, dass sich ein Sanierungskonzept durchsetzt, das für den Aktionär spricht", meint Wolfgang Matejka von Allianz Invest im ORF. „Ich glaube, dass ohne Lösung der Bankenproblematik und Lieferantenproblematik nichts geht. (...) Ich würde allerdings in jedem Fall raten, das Sanierungskonzept abzuwarten, denn dann ist klar, welche Zukunft Libro erwarten kann."

Inzwischen brodelt die Gerüchteküche. Die Bietergruppe rund um August André de Roode will schon sehr bald das aufzubringende Kapital in fette Gewinne verwandeln: „Libro ist zwar keine Mezzie, aber ein sehr interessanter Deal." Er glaubt, dass das Unternehmen – zurechtgestutzt auf das alte Kerngeschäft – in zwei Jahren wieder zwei Milliarden Schilling wert sein könnte. Die betroffenen Libro-Mitarbeiter, Lieferanten und Kleinaktionäre müssten dafür jedoch wohl die sprichwörtlichen „Hosen runterlassen". Kommt sein Konsortium zum Zug, will de Roode internen Plänen zufolge die Libro-Zentrale in Guntramsdorf großteils auflassen, das Controlling, die Warenwirtschaft und andere wichtige administrative Aufgaben sollen zurück an den Billa-Konzern gehen. Insidern zufolge will de Roode lediglich 700 Millionen Schilling hinlegen, die Banken müssten weitere 400 bis 500 Millionen aufbringen.

Zweitinteressent Stahrlinger sieht sich laut „Standard" mit einer „beginnenden politischen Schlammschlacht" konfrontiert: „Ich bin bekennender Wirtschaftsbündler und habe mit den Freiheitlichen absolut nichts am Hut." Insider vermuten nämlich, hinter Stahrlinger stünde u. a. YLine-Chef Böhm, der als FP-nah gilt. Der Mann aus Wels gibt sich austrobewusst: „Kommen wir nicht zum Zug, wird Libro über kurz oder lang an einen ausländischen Konzern verkauft. Ich will das Schnäppchen für Bertelsmann verhindern. Das ist mein sportlicher Ehrgeiz." Nachsatz laut „Standard": „Das Wort Sumpf ist für Libro eine maßlose Untertreibung." lion.cc-Vorstand Heinz Lederer findet inzwischen genug Zeit, um bei e-publishing-Kongress der Messe Düsseldorf (20. bis 22. 6.) zu referieren. Sein sinniges Donnerstags-Thema: „Kooperationsmodelle". Inhalt des Beitrags: „Die notwendigen strategischen Kooperationsmodelle im Bereich des Electronic Publishing werden hinsichtlich Inhalt, Handel und Fulfilment in Best-Practice-Beispielen abgebildet."

„Hier wird wirklich jedem etwas geboten", kommentiert WirtschaftsBlatt-Kolumnist Arne Johannsen. „Die Banken verlieren mal wieder Geld, wofür sich das Mitleid bei Menschen außerhalb der Finanzwelt erfahrungsgemäß in Grenzen hält. (...) Absolut ungetrübte Freude am Libro-Stück hat derzeit allerdings das große Publikum der Bedenkenträger. Sie haben immer schon gewusst, dass die Libro-Pläne niemals aufgehen können, und lehnen sich jetzt bequem zurück, um sich Rettbergs Untergang anzuschauen. Und das ist schade. Und falsch. Denn die Wirtschaft braucht Rettbergs – und hat sie auch. Red-Bull-Erfinder Dietrich Mateschitz investierte als Sponsor Unsummen in die Formel 1, obwohl 80 Prozent der TV-Zuschauer Red Bull in ihrem Land damals noch gar nicht kaufen konnten – verrückt. Gericom-Gründer Hermann Oberlehner bildete sich ein, ausgerechnet gegen Giganten wie Compaq, Toshiba und Sony antreten zu müssen und stieg in die Produktion von Notebooks ein – absurd. Der Bauunternehmer Hans Peter Haselsteiner scheute sich nicht, als David den deutschen Bau-Goliath Strabag zu schlucken – Wahnsinn. Alle drei zählen zu den Topunternehmern des Landes und schreiben beeindruckende Erfolgsstorys. Was zeigt, dass Unternehmer und auch Manager nicht nur ein gesundes Selbstvertrauen benötigen, sondern auch eine gehörige Portion Selbstüberschätzung – und den gewissen ‚Rettberg-Faktor', eine Mischung aus Vision und Illusion. Ohne den Glauben, etwas besser zu können als alle anderen, würden sie keine Unternehmen gründen und keine Toppositionen übernehmen. Trotz eines hohen ‚Rettberg'-Faktors stellen sich die wirklich Erfolgreichen allerdings regelmäßig der Realität, auch der bilanziellen. Und das ist wohl der entscheidende Unterschied zum echten André Rettberg."

In einem ultrakurzen Intermezzo gehört Libro Ende Juni für einige Stunden zumindest theoretisch dem Konsortium um YLine-Chef Werner Böhm und den steirischen FP-nahen Unternehmer Ernst Hofmann (u. a. Aufsichtsrat bei der Pankl & Hofmann AG und bei der Röhrig High Tech Plastics AG), das auf dem Papier kurzfristig die Mehrheit erwirbt, als Telekom, UIAG und DBAG ihre Anteile von 50 Prozent und einer Aktie um einen Schilling an diese Bietergruppe abtreten. Aber die neun Gläubigerbanken verlangen einen Kapitalnachweis von einer Milliarde Schilling, der nicht zufrieden stellend erbracht werden kann, auch wenn der Konsortiumssprecher Willi Berner (Austro Control) vollmundig erklärt, man werde „alle rechtlichen Schritte gegen die Bankenentscheidung im Sinne unseres rechtsgültigen Vertrages unternehmen".

Am Freitag, dem 29. 6. 2001, ist es dann so weit: Libro muss den Gang zum Insolvenzrichter antreten. Damit sind die Verhandlungen um eine außergerichtliche Entschuldung endgültig gescheitert. Die Kreditinstitute halten den gerichtlichen Ausgleich für den „besten Weg für eine erfolgreiche Sanierung" und erklären sich in einem Gipfelgespräch dazu bereit, die Libro AG weiterzufinanzieren.

Das Insolvenzverfahren wird am Landesgericht Wiener Neustadt eröffnet. Die Medienhandelskette bietet eine 40-prozentige Ausgleichsquote, zahlbar innerhalb von zwei Jahren. Dieses Angebot sei nur „als Formalangebot zu werten, das jedenfalls zu verbessern sein wird", kommentiert der Kreditschutzverband von 1870 (KSV). Mit rund 4,1 Milliarden Schilling bzw. 300 Millionen Euro an Passiva ist die Libro AG der drittgrößte Insolvenzfall in der Geschichte Österreichs. Die Aktiva belaufen sich auf 1,4 Milliarden Schilling, die rechnerische Überschuldung somit auf (vorläufig) 2,7 Milliarden. Die beiden (an den Passiva gemessenen) größten Insolvenzen in Österreich betrafen den Konsum (26 Mrd. ATS/1,9 Mrd. Euro) und den Maculan-Baukonzern (11,1 Mrd. ATS/800 Mio. Euro).

Zum Ausgleichsverwalter wird Günther Viehböck aus Mödling bestellt, die Ausgleichstagsatzung wird am 21. 9. stattfinden, Anmeldefrist für Gläubigerforderungen ist der 7. 9. Ab dem 30. 6., 0.00 Uhr, unterliegt Libro den Regeln der Ausgleichsordnung, wodurch sich eine klare Abgrenzung der Ausgleichsforderungen von den voll zu bezahlenden Forderungen aus dem fortlaufenden Geschäftsbetrieb, ein Schutz vor Konkursanträgen und Räumungsexekutionen sowie eine Leistungspflicht des Insolvenz-Ausfallgeldfonds ergeben.

Die Großaktionäre Telekom, UIAG und DBAG setzen den KPMG-Manager Gottwald Kranebitter zum „Sanierungsbeauftragten" ein und übertragen jetzt ihm ihre Anteile zum symbolischen Preis von einem Schilling. Kranebitter verfügt über eine Finanzierungszusage von sofort 300 Millionen Schilling der Gläubigerbanken, um die Finanzierung des Ausgleiches und die Fortführung des Unternehmens speziell für das lebenswichtige Schulgeschäft zu sichern. Die Vorstände Rettberg und Arbeiter müssen zurücktreten, zur Sanierung wird ein vierköpfiger Vorstand, bestehend aus Mag. Werner Steinbauer (Sprecher des Vorstands), Mag. Bernhard Chwatal (bisheriger Vorstand der Libro AG), Dr. Karl Kronsteiner (aus der Libro AG) und Gerhard Maierhofer (aus dem BML-Konzern), ernannt.

Die Libro-Kleinaktionäre können nur mehr weinen. „Das Ganze ist zutiefst unmoralisch", kritisiert Georg Mautner-Markhof, Exchef des gleichnamigen Lebensmittelkonzerns und Inbegriff des konservativen Unternehmers. „All diese Firmen sind viel zu früh an die Börse gegangen. Da glaubt einer, dass er eine gute Idee hat, und geht damit zu fremden Leuten, damit sie ihm Geld dafür geben. Dann kommt es zum Crash, und das Geld dieser Leute ist weg. (...) Die Aktionäre sind alle Hysteriker, sie bekommen jetzt die Rechnung präsentiert. (...) Nichts, was geschehen ist, ist überraschend. Überraschend ist nur, dass tatsächlich irgendjemand glauben konnte, es hätte anders kommen können."

Laut dem IVA-Vorsitzenden Rasinger besteht die einzige Hoffnung in einer künftigen Kapitalerhöhung, doch dürfte die Motivation von Kleinaktionären zum Mitziehen nicht allzu hoch sein. Er rechnet aber mit einem Kapitalschnitt: „Dann ist die Libro-Aktie nur mehr ein historisches Wertpapier und eine Erinnerung an ein trauriges Kapitel der österreichischen Börsenkultur." Den „Rettberg Aktien", also dem Aktienpaket, das der Ex-Konzern-Chef selber gehalten hat, blühe dasselbe Schicksal. Doch da Rettberg dies selbst verantwortet hat, hält sich Rasingers Mitleid in Grenzen.

Flugs prüft die Telekom Schadenersatzklagen. Der Libro-Ausgleich hat für das Telekom-Ergebnis zwar keine substanzielle Auswirkung mehr, weil die Beteiligung ja bereits in der Bilanz 2000 abgeschrieben wurde. Dennoch kündigt TA-Chef Sundt während der eigenen Hauptversammlung an, dass die TA akribisch prüfen werde, ob sich Personen oder Gremien von Libro „außerhalb des Rechtsrahmens bewegt haben". Dass die TA ihre Libro-Aktien zu teuer gekauft haben könnte, weist Sundt zurück.

„Ich habe eine klare Anweisung des Telekom-Austria-Vorstands, dass bei lion.cc kein Engagement gewünscht ist", kommentiert der Geschäftsführer der TA-Internet-Tochter jet2web Internet, Eduard

Zehetner, die in der Branche kolportierten Gerüchte, dass die TA lion.cc übernehmen wolle.

Diese Entscheidung der TA, sich nicht bei Libro bzw. lion.cc zu engagieren, sei bereits „vor Wochen abgehandelt worden". Solange sich die Vorgabe des TA-Vorstands nicht ändere, denke die jet2web Internet nicht an eine Übernahme von lion.cc: „Wir sind kein ernst zu nehmender Interessent." Bei den derzeit laufenden Gesprächen zwischen lion.cc und der jet2web Internet gehe es darum, wie man mit den Verträgen zwischen den beiden Unternehmen weiter verfahre, erläutert Zehetner. „Wir machen uns natürlich Sorgen um die lion.cc, wenn die vereinbarten Leistungen nicht mehr kommen." Allerdings würde die Telekom Austria durch einen allfälligen lion.cc-Konkurs „keinen finanziellen Schaden erleiden".

Zum Handkuss kommen zunächst mehr als 300 Libro-Mitarbeiter, die über das Frühwarnsystem vorsorglich zur Kündigung angemeldet werden. Außerdem werden sich wohl die per Ende Juni fälligen Lohn- und Gehaltszahlungen inklusive Urlaubsgeld verzögern. Sie sollen bereits vom Pleiten- bzw. Insolvenzfonds übernommen werden, der aber erst bei einem gerichtlichen Insolvenzverfahrens zahlt. Diese Lohn- und Gehaltszahlungen dürften rund 80 Millionen Schilling ausmachen; im Falle eines Konkurses würde der Pleitenfonds auf Grund hoher Abfertigungszahlungen sogar mit 350 bis 400 Millionen belastet werden.

Durch die gesetzlichen Insolvenzfristen wird zumindest einmal für die nächsten drei Monate und damit für das wichtige Schulartikelgeschäft der ärgste Zeitdruck für die Rettungsbemühungen reduziert. Abgesehen von Spekulationen über eine Zerteilung des Konzerns wird in Finanzkreisen auch eine Gesamtlösung als durchaus möglich bis wahrscheinlich erachtet. Als aussichtsreicher Kandidat für diese Variante wird die Styria Medien AG („Kleine Zeitung", „Die Presse") gehandelt, deren Chef Horst Pirker meint, ohne Ausgleich sei Libro nicht zu retten. Nachdem der Ausgleich nun eingeleitet ist, werde die Styria AG bald die weitere Vorgangsweise festlegen: „Wenn es gemacht werden kann, sollten wir es machen." Die Beteiligung von Investoren sei nicht ausgeschlossen, aber es handle sich nicht um Fonds, sondern um „gesunde, mittelständische Unternehmen, die solide Gewinne schreiben". Laut Pirker kommen diese Unternehmen zum Teil aus dem Bereich der Libro-Gläubiger.

Sehr unterschiedlich entwickeln sich die Nachbetrachtungen der handelnden Personen. Jetzt-wieder-Vorstand Werner Steinbauer schließt zwar dezidiert aus, dass Rettberg weiterhin für Libro tätig sein dürfe, meint aber auch wohl unter dem Motto „Über die (wirtschaftlich) Toten nur Gutes", es habe keinen Sinn, in der Vergangenheit zu wühlen: „Wir alle machen Fehler. Ich denke lieber an die Zukunft."

Der Aufdeck-Profi Hannes Reichmann sieht das im „Format" ganz anders: Die Libro-Pleite entwickle sich immer mehr zum Kriminalfall. Eine Gruppe von Libro-Kleinaktionären habe die Wiener Rechtsanwältin Huberta Gheneff-Fürst eingeschaltet, die die Kanzlei des freiheitlichen Justizministers Dieter Böhmdorfer übernommen hat. Sie will auch die Rolle der beteiligten Banken genau durchleuchten, weil erste Indizien dafür aufgetaucht sind, dass bereits im Herbst des Vorjahres von den Banken Geld aus dem Libro-Konzern zurückgeholt worden sei.

Die Banken wiederum fordern die Überprüfung von zwei Einkaufsgesellschaften, die für Libro Waren besorgt haben. Demnach wurden Papier- und Schreibwaren über den Libro-Aktionär der ersten Stunde, Walter Babel, beschafft. Im anderen Fall handelt es sich um Wilhelm Sotsas, Chef der Viso Buchhandels GmbH. In beiden Fällen besteht laut Banken der Verdacht, dass Libro etwa für Bücher und Schreibwaren zu viel bezahlt habe. Sotsas-Anwalt Wolfgang Schubert: „Bei uns hat Herr Rettberg keinesfalls durch die Hintertür mitkassiert. Das sind Gerüchte der Konkurrenz."

Last, but not least droht laut „Format"-Bericht Rettberg und Knöbl bereits der Privatkonkurs. Rettberg hatte auf Kredit Libro-Aktien im Wert von 70 bis 100 Millionen Schilling gekauft; zeitweise war sein Aktienpaket mehr als 600 Millionen Schilling wert. Auch Knöbl finanzierte Libro-Aktien durch Kredite bei der Oberbank. Durch den Kurssturz der Aktien kann das Duo nun nicht einmal mehr die Zinsen zurückzahlen ...

Die Libro-Tochterfirmen haben kein langes Leben mehr: Die Management GmbH, wohin das leitende Personal ausgelagert wurde, geht ebenso in Konkurs wie (beim Landesgericht Wiener Neustadt) die Medienvertriebslogistik GmbH. Die Passiva der MVL belaufen sich auf rund 23 Millionen Schilling, wovon 5,5 Millionen auf Lieferanten entfallen, der Rest betrifft Konzern- und sonstige Verbindlichkeiten. Der Großteil der insgesamt 141 Mitarbeiter der MVL soll von Libro übernommen werden. Die Juni-Gehälter werden über den Insolvenzausgleichsfonds abgewickelt. Die Logistik und andere administrative Zentralbereiche erledigt künftig wieder Billa für die frühere Konzerntochter – mit Sicherheit kein schlechtes Geschäft für Billa, wie mir ein hochrangiger Ex-Libro-Manager bei selbst produzierter Eierspeis berichtet.

Das 900 Millionen Schilling teure Deutschland-Engagement wird wie bereits angekündigt ebenfalls beendet, 14 von 19 Filialen in Deutschland wurden bereits geschlossen. „Wir trennen uns bis Ende August von sämtlichen Filialen, die Gesellschaft wird voraussichtlich liquidiert", erklärt Steinbauer. Neben lion.cc sucht der Konzern für die Entertainment GmbH und die Schweizer CD-Versandtochter CeDe.ch Käufer. Amadeus soll ausgegliedert, aber „vordringlich" nicht verkauft werden.

Laut dem Sanierungsbeauftragten Kranebitter umfasst das Libro-Sanierungskonzept drei Eckpunkte: „Die kranken Arme abschneiden, Fokussierung aufs Kerngeschäft und zum Dritten sparen, sparen, sparen." Roland Berger hat vorgeschlagen, alle in Österreich negativ bilanzierenden Filialen (30 von Libro und sechs von Amadeus) zu schließen, erklärt Steinbauer. „Wir müssen aber erst prüfen, welche Filialen geschlossen werden." Es gäbe strategische Kriterien wie der Standort, die über eine Weiterführung entscheiden. Diese Prüfung soll bis Mitte August abgeschlossen sein. Die Zahl der Kündigungen steht auch noch nicht fest, beim Arbeitsmarktservice werden jedenfalls 450 Mitarbeiter zur Kündigung angemeldet. Die Mitarbeiter erhalten laut Steinbauer ihren Juni-Lohn Mitte Juli und den Juli-Lohn planmäßig.

Libro wird sich wieder aufs Kerngeschäft „Buch, Papier und Musik" beschränken, umreißt Steinbauer die künftige Ausrichtung. Dabei will die Kette primär zwölf- bis 30-Jährige ansprechen, ein preiswerter Nahversorger sein und auf 200 bis 600 Quadratmeter je Filiale auf Selbstbedienung setzen. „Wir werden jetzt Geschäftspläne auf Wochenbasis erstellen, ein Liquiditätscontrolling wurde bereits eingerichtet."

Amadeus soll mit 28. 2. 2001 nachträglich aus der Bilanz herausgeschält und rückwirkend verselbstständigt werden. Zur 300-Millionen-Finanzspritze von den Banken rechnet Libro 200 Millionen eigene liquide Mittel dazu. „Damit kommen wir laut Finanzplan bis Ende September aus", hofft Steinbauer. Für das laufende Geschäftsjahr, das mit 1. 7. begonnen hat, ist ein Verlust von 400 Millionen eingeplant, innerhalb von drei Jahren sollen wieder Gewinne geschrieben werden. Im Vorstand ist laut Steinbauer noch nicht bekannt, wie viel die einzelnen Bereiche eigentlich derzeit wert sind.

„Die Aktien bleiben vorläufig im Handel, derzeit gibt es auch keine Delisting-Möglichkeit", sagt Kranebitter. Der Wert der Aktien sei einem insolventen Unternehmen entsprechend derzeit „rein spekulativ". Es gäbe derzeit mehrere Anfragen, aber noch keine konkreten Angebote. Sollte alles klappen, würde der Streubesitz, der 29,3 Prozent der Libro AG ausmacht, am Sanierungserfolg partizipieren. Es könnte aber auch der Fall eintreten, dass ein Libro-Interessent ein Börsenlisting wegen der damit verbundenen Rechnungslegung nach IAS oder wegen Publizitätspflichten als Hindernis betrachtet. Die Interessen der Mitarbeiter und von Libro wären in diesem Fall höher zu bewerten als jene der Kleinaktionäre. „Ich wünsche mir einen Partner, der Kapital ins Unternehmen bringt und zu Libro passt", träumt Kranebitter. „Ein Angebot von Styria würden wir sehr wohlwollend prüfen."

Von lion.cc will man sich möglichst rasch trennen. „Wir wollen sehr schnell verkaufen. Wenn das nicht gelingt, geht lion.cc in Konkurs", warnt Steinbauer und beziffert die Lieferantenverbindlichkeiten mit 60 Millionen Schilling. lion.cc habe zwar ausreichend Eigenkapital, „verbrennt aber 15 Millionen Schilling pro Monat". Als stark verschuldet gilt lion.cc vor allem bei der Mutter Libro, Bankenverbindlichkeiten hat das Online-Unternehmen kaum, dem das Potenzial zugebilligt wird, auch ohne Libro als Eigentümer weiterzuexistieren. „Libro könnte nach einem Verkauf weiter Lieferant sein", glaubt Steinbauer. „Es gibt drei Interessenten, aber ich möchte keine Namen nennen." Laut dem einzig verbliebenen Vorstand Heinz Lederer können die Juli-Löhne der noch 65 Beschäftigten bezahlt werden: „Dafür haben wir vorgesorgt." Die beiden anderen Vorstände Johann Zwiletitsch und Reinhard Werbeck treten ebenso wie der komplette Aufsichtsrat zurück. In der teilkonsolidierten Libro-Bilanz soll lion.cc nicht mehr enthalten sein.

Ex-lion.cc-Chef Mayrhofer richtet schwere Vorwürfe gegen das alte Libro-Management. Rettberg habe insgesamt eine halbe Milliarde Schilling an lion-Geldern zur Bedeckung von Handelsverlusten verwendet. Der aktuelle lion-Vorstand Lederer widerspricht allerdings: „Alle Zahlungen wurden ordnungsgemäß verbucht." Er räumt nur ein: „Das Geld ist in einen Cash-Pool des Konzerns geflossen und von dort verteilt worden. Wir haben auch die eine oder andere Konzernumlage an Libro gezahlt" – laut Mayrhofer weit überhöhte Summen.

Die WAZ-Gruppe kündigt die Syndizierungsverträge, die ihr die Stimmrechtsmehrheit an lion.cc sicherten, und erhebt schwere Vorwürfe. In einem dreiseitigen Brief der Bochumer Anwälte Menold & Aulinger werden gerichtliche Schritte in Aussicht gestellt. In dem Schreiben verdächtigt die WAZ Rettberg, Stiassny und Lederer, nicht weniger als 354 Millionen Schilling aus dem Vermögen des Löwenbabys zur allzu hungrigen Mutter transferiert zu haben. Der Medienriese aus Essen hat Anfang des Jahres 230 Millionen Schilling in vier Tranchen cash bei lion.cc eingezahlt, und die Onlinefirma wäre verpflichtet gewesen, „die ihr von der WAZ zur Verfügung gestellten Mittel ausschließlich für die vertraglich vereinbarten Zwecke einzusetzen". Stattdessen wurden damit laut WAZ Schulden der jetzt insolventen Mutter beglichen. Zudem flossen auch jene 124 Millionen Schilling, die lion.cc für den Verkauf ihrer Onlinekunden im März 2001 kassierte, direkt an Libro. „lion.cc buchte dies als Tilgung eines ihr von der Libro AG gewährten Darlehens, obwohl dieses noch gar nicht fällig war." Ein weiterer Vorwurf lautet, dass lion.cc für einen Libro-Kredit bei der P.S.K. über 215 Millionen Schilling die volle Mithaftung übernehmen musste; eine rechtliche Verpflichtung dazu habe nicht bestanden.

Probleme bekommt der im Übernahmepoker für kurze Zeit hoch gehandelte Chef des Papiergroßhandels PBS Anton Stahrlinger, der sich mit dem Vorwurf des unlauteren Wettbewerbs konfrontiert sieht. Er hatte in Mailings und Briefen an Schreibwarenhändler und andere potenzielle Kunden der PBS auf die Notlage bei Libro hingewiesen. Daraufhin fordert die Rechtsanwaltskanzlei Kosch und Partner Stahrlinger auf, eine Erklärung zu unterschreiben, dass er solche Schreiben in Hinkunft unterlässt oder 50.000 Euro pro Fall Schadenersatz an die Libro AG bezahlt. Libro-Anwalt Robert Graschitz: „Bei den Mails geht es um Verstöße gegen das im Telekommunikationsgesetz festgehaltene Verbot unzulässiger E-Mail-Werbung. Die Hinweise auf mögliche Warenengpässe bei Libro im Herbst fallen aus unserer Sicht unter Kreditschädigung."

Gar nicht gut geht es inzwischen auch dem kurzzeitigen Libro-Inhaber Werner Böhm und seinem Internetdienstleister YLine, dessen Aktien an der Brüsseler Technologiebörse Easdaq am 30. Juli vom Handel ausgesetzt werden. Die Parallelen zu Libro sind bemerkenswert: YLine war im vierten Quartal 1999 an der Easdaq gestartet, der Aktienkurs erreichte im ersten Quartal 2000 mit über 280 Euro seinen Allzeit-Höchststand. Danach sackte das Papier kontinuierlich ab. Das Jahreshoch 2001 beläuft sich auf 52 Euro, das Jahrestief auf 4,82, zuletzt notiert das Unternehmen bei 5,20 Euro.

Und auch für André Rettberg häufen sich sehr unangenehme Medienberichte, die sich in seinem Fall gleich mit den vergangenen zwei Jahren befassen. Er sei bereits im Frühling 2000 nicht mehr Herr der Lage gewesen, habe aber noch bis ins Frühjahr 2001 hinein von märchenhaften Gewinnen zu erzählen gewusst und die Öffentlichkeit – nobel formuliert – nur unzureichend über die Lage von Libro informiert. Exaufsichtsrat WU-Professor Christian Nowotny: „Ich habe diese Zahlen nie gesehen." Auch Libro-Betriebsratschef Werner Kratochwill, der in dieser Funktion Mitglied des Aufsichtsrats ist, kann sich „nicht erinnern, dass das jemals zur Sprache gekommen ist". Sollten sich diese Vorwürfe erhärten, drohen jedenfalls beträchtliche Schadenersatzforderungen. Der ehemalige Finanzvorstand Knöbl räumt immerhin ein, die Berichte des Controllings zumindest gekannt zu haben. „Es wurden sicher Fehler gemacht. Dafür wird der Vorstand die Verantwortung tragen müssen." Warum die eindringlichen Warnungen allerdings dem Aufsichtsrat und der Öffentlichkeit nicht kommuniziert wurden, lässt er aber unbeantwortet. Dies werde, so Knöbl, „Gegenstand der kommenden Untersuchungen sein".

Die Libro-Dienstverträge mit Rettberg und Knöbl sind nach wie vor aufrecht und sollen erst vom neuen Aufsichtsrat gekündigt werden, wobei man sich laut dem neuen Vorstandssprecher ein Rückforderungsrecht vorbehalten will. Die rechtlichen Implikationen sind ganz generell bemerkenswert. So werden beispielsweise Rettberg und Knöbl die Juli- und August-Gehälter vertragskonform überwiesen; eine Nichtausbezahlung der Gehälter hätte ein begründetes Rücktrittsrecht der ehemaligen Vorstände bewirkt und damit ein Wiederaufleben der Verträge bis zum Ende der Laufzeit, die für Knöbl und Rettberg erst 2000 um weitere fünf Jahre, also bis 2005 verlängert worden sind.

Am 8. August um 10 Uhr findet passenderweise in den Wiener Sofiensälen (die kurz darauf ein Raub der Flammen werden) eine außerordentliche Hauptversammlung statt. Die Tagesordnung hatte ursprünglich nur die „Neuwahl des Aufsichtsrates" vorgesehen. Auf Antrag des Schutzverbandes der Wertpapierbesitzer sowie des Interessenverbandes der Anleger gibt es jedoch auch den „Bericht des Vorstandes über den Verlust der Hälfte des Grundkapitals", vor allem aber – mit Unterstützung des von den Banken mit der Vertretung der Libro-Aktienmehrheit betrauten Wirtschaftsprüfers Gottwald Kranebitter – eine „Beschlussfassung über die Durchführung einer Sonderprüfung gemäß § 118 Aktiengesetz". (Rettberg hatte es verabsäumt, eine Hauptversammlung einzuberufen, wenn das halbe Grundkapital verbraucht ist, wie dies das Aktienrecht vorsieht. Inzwischen ist das gesamte Grundkapital verbraucht.)

Während der Gerüchten zufolge an schwerer Psoriasis (Schuppenflechte) erkrankte Rettberg durch Abwesenheit glänzt, wählen die Aktionäre den Betriebswirt Hans Rohregger (60, zuletzt bei der Raiffeisen Ware Austria), den Rechtsanwalt und Insolvenzspezialisten Norbert Kosch (72, begleitete u. a. den Konsum-Konkurs), Paul Tanos (56, viele Jahre Marketing-Vorstand bei Wienerberger und seit Februar 2003 Aufsichtsratsvorsitzender der Palmers-Oberholding „P"-Beteiligungs-AG) und den Steuerberater und ehemaligen Billa-Vorstand Günter Tik (46) für eine volle Funktionsperiode in den Aufsichtsrat. Der Antrag des Vertreters des Streubesitzes, Wolfgang Leitner, Wilhelm Rasinger in den Aufsichtsrat zu hieven, findet keine Mehrheit. Heftige Diskussionen gibt es um KPMG-Wirtschaftsprüfer Gottwald Kranebitter. Mehrmalige Anfragen von Rasinger, in welchem Auftrag er agiere, „wer seine Hintermänner sind" und von welcher Seite er entlohnt wird, lässt der Libro-Mehrheitseigentümer unbeantwortet. Auch an der Entlohnung des neuen Aufsichtsrates scheiden sich die Geister, allerdings machen die designierten Mitglieder klar, das Mandat nicht ohne Besoldung durchzuführen.

Nach immer noch vorläufigen Zahlen hat Libro im mit Ende Februar abgelaufenen Geschäftsjahr 2000/01 einen Verlust von 2,5 Milliarden Schilling eingefahren. Im Jahr davor hatte der Fehlbetrag „nur" 59 Millionen ausgemacht. Die dramatischen Verluste im vierten Quartal begründet Steinbauer im Nachhinein mit einem „katastrophalen Weihnachtsgeschäft" und damit, dass Waren im Jänner und Februar „verschleudert wurden".

Den größten Verlust fährt Libro Deutschland mit 680 Millionen Schilling ein, bei lion.cc beläuft sich der Fehlbetrag auf 570 Millionen, dicht gefolgt von der Libro Österreich mit 500 Millionen, Amadeus steht mit 460 Millionen in den roten Zahlen. Die bilanzmäßige Überschuldung beläuft sich „aus heutiger Sicht" auf 1,3

Milliarden Schilling. (Die Ergebnisse unterscheiden sich zu den im Mai veröffentlichten vorläufigen Zahlen durch die eingerechneten bis dato bekannten Sanierungsmaßnahmen.)

Bei der Hauptversammlung schlagen Rechtsanwalt Wolfgang Leitner und Rasinger den Wirtschaftsprüfer Peter Wolf als Sonderprüfer nach § 118 Aktiengesetz vor. Da Kranebitter über mehr als 50 Prozent der Aktien verfügt, wird dafür jedoch der ehemalige Finanzminister und Wirtschaftsprüfer Andreas Staribacher bestellt. Die Sonderprüfung soll u. a. untersuchen, ob es in den vergangenen drei Jahren Anzeichen für fahrlässiges Handeln von Aufsichtsrat, Vorstand, Gutachtern oder Wirtschaftsprüfern gegeben hat. Auch die Rechtmäßigkeit der Sonderdividende, die 1999 in der Höhe von 440 Millionen Schilling ausgeschüttet wurde, ist Gegenstand der Untersuchung. Wie diese Dividende finanziert wurde, sei ein ganz zentraler Punkt, meint Rasinger, denn „es gab dafür keine liquiden Mittel". Auch sei es wichtig, Aussagen über die Qualität des Rechnungswesens zu gewinnen.

Bei der konstituierenden Sitzung des Aufsichtsrates wenige Tage später werden Tik zum Aufsichtsratsvorsitzenden und Tanos zu seinem Stellvertreter gewählt. Der Jurist Tik kennt Libro aufgrund seiner beruflichen Vergangenheit als langjähriger Finanzvorstand des BML-Konzerns sehr gut. Seit 1994 ist Tik selbstständiger Unternehmensberater; in dieser Funktion ist es ihm gelungen, den Pleite gegangenen Handelsriesen Konsum zu zerschlagen und „lebend" auf den österreichischen Handel aufzuteilen. Der Jurist möchte Libro „zum Status von 1999 zurückführen". „Alle Dummheiten, die seither passiert sind, müssen abgedreht werden." Die Devise laute „Back to the roots". Das Nahziel seiner Tätigkeit sieht Tik in der Erreichung des Ausgleichs, danach folge die Sanierung. In der Aufsichtsratssitzung wird der Vorstand ermächtigt, die im Rahmen des Sanierungskonzepts von Roland Berger festgelegten Maßnahmen umzusetzen. „Libro war bis vor zwei Jahren ein hoch gewinnträchtiges Unternehmen, dann hat man den Boden unter den Füßen verloren", wagt Tik einen „Blick zurück im Zorn". Es sei geradezu ein Kunststück gewesen, dass dieselben Personen, die Libro so lange so erfolgreich führten, es danach zugrunde gerichtet haben.

Die Schließungen, Stand Mitte August 2001

Libro: Schließungen bis 30. 9. 2001:

- Wien (9): 1010 Wien, Kärtner Ring 9–13/Top; 1020 Wien, Mexikoplatz 13–14/WE; 1070 Wien, Mariahilfer Straße 120; 1110 Wien, EKZ HUMA Simmering; 1120 Wien, U4 Park-Shop; 1150 Wien, Märzstraße 54; 1160 Wien, Thaliastraße 5; 1190 Wien, Himmelstraße 11; 1220 Wien, Donaufelder Straße 252
- Niederösterreich (1): 2345 Brunn/Gebirge, Hubatschstr. 3
- Oberösterreich (3): 4840 Vöcklabruck, EKZ-Wohlmuth; 4470 Enns, Linzer Straße 18; 4020 Linz, Schillerplatz 1
- Salzburg (2): 5020 Salzburg, Zentrum Hernau; 5020 Salzburg, Rainerstraße 21–23
- Tirol (2): 6020 Innsbruck, Schützenstr. 4; 6330 Kufstein, Inntal Center
- Steiermark (2): 8010 Graz, „Libromania" am Jakominiplatz; 8020 Graz, Griesplatz 35

Amadeus: Schließungen bis 31. Dezember 2001:

- Wien (4): 1010 Wien, Kaufhaus Steffl; 1060 Wien, Mariahilfer Straße 37; 1210 Wien, EKZ Floridsdorf; 1220 Wien, Donauzentrum
- Salzburg (1): 5020 Salzburg, Getreidegasse 5 + 7
- Tirol (1): 6020 Innsbruck, Maria-Theresien-Straße 16
- Vorarlberg (1): 6800 Feldkirch, Marktplatz 11

Am 24. 8. steigt der Kurs der Aktie am Vormittag um zwei Prozent auf exakt zwei Euro (Jahreshoch: 36,64 Euro; Jahrestief: 1,84 Euro).

Der KSV, der rund 600 Lieferantengläubiger von Libro vertritt, verknüpft die Zustimmung zum Ausgleich mit der raschen Ausschüttung einer Barquote: Einige mittlere und kleinere Lieferanten sind bereits selbst massiv in ihrer wirtschaftlichen Existenz bedroht. „Ohne entsprechende Barquote kein Ausgleich", bringt es KSV-Insolvenzexperte Johann Kosstal auf den Punkt. Da nach dem Insolvenzrecht die Zustimmung der Kopfmehrheit der Gläubiger gefordert ist, liegt das weitere Libro-Schicksal somit in den Händen der Lieferanten. Ein Gremium aus wichtigen Lieferanten und Kreditversicherungen unter der Federführung des KSV will einer 40-prozentigen Ausgleichsquote zustimmen; bei Scheitern des Ausgleiches ist im Anschlusskonkurs mit einer mehrjährigen Verfahrensdauer mit völlig ungewissem wirtschaftlichen Ergebnis zu rechnen.

Am 20. September findet eine weitere außerordentliche Hauptversammlung statt, bei der das Grundkapital von bisher rund 9,6 Millionen Euro auf den gesetzlich festgesetzten Mindestbetrag von 70.000 Euro herabgesetzt wird. „Das ist ein wichtiger Schritt für den Weiterbestand von Libro“, kommentiert Steinbauer. 99 Prozent des stimmberechtigten Kapitals tragen diese Entscheidung mit. Mit dieser Kapitalherabsetzung stehen auch die Chancen wesentlich besser, einen Financier zu finden, der die erforderlichen 1,6 Milliarden Schilling lockermachen wird.

Bei der Kapitalherabsetzung muss jeder Libro-Aktionär für eine neue Aktie 134 alte hergeben, und die Kleinanleger können sich ihre Papiere, die mit Kurs vom 20. 9. mit 0,90 Euro pro Stück nur noch etwas mehr als ein Prozent des einstmaligen Höchststandes von 67,80 Euro wert sind, auch nicht einmal einrahmen. Denn die Satzungen der Gesellschaft schließen eine so genannte Einzelverbriefung aus. (Ein Aktionär schlägt in der Hauptversammlung wörtlich vor, sich „die Aktie ausfolgen zu lassen, in einen Holzrahmen zu geben und jeden Morgen davor zu beten“.)

Mehr als hundert Aktionäre sind da, in der Mehrzahl Besitzer von kleinen Aktienpaketen, aber auch Vertreter der beiden Exvorstände Rettberg und Knöbl. Die Kleinanleger machen ihrem Ärger in zahlreichen Wortmeldungen Luft: „Der Aktiensplit ist eine Frechheit!“ Ein anderer schlägt vor, die Aktien dem Schutzverband der Kleinanleger zu übertragen, um nach der Aktienzusammenlegung mit geballter Kraft vorzugehen. Der Wiener Rechtsanwalt Wolfgang Leitner vom Schutzverband der Wertpapierbesitzer verteidigt den Kapitalschnitt: Damit vollziehe die Gesellschaft nur jene Kapitalvernichtung nach, die in der Realität bereits in der Vergangenheit passiert sei.

Immer wieder wird die Rolle der Banken kritisiert, die Libro so lange finanziert und Einfluss genommen hätten und jetzt als Gläubiger zumindest eine kleine Quote erhalten, während die Kleinaktionäre als Eigentümer durch die Finger schauen müssten. „Wo ist das viele Geld hin verschwunden?“, lautet eine der oft gestellten Fragen. „Ich möchte nichts beschönigen, aber wir sind die falschen Adressaten“, kontert Steinbauer. „Gibt es zumindest Übernahmephantasien, denn Gewinne sehe ich auch 2003/04 noch nicht?“, will ein Aktionär Näheres über die Zukunftsaussichten seiner Libro-Aktien wissen. „Ich auch nicht“, antwortet der Vorstand trocken.

In der vorläufigen Bilanz 2000/01 weist das Unternehmen einen

Jahresfehlbetrag von 2,51 Milliarden Schilling und eine Überschuldung von 1,28 Milliarden auf. Das Geld ist im Wesentlichen in Deutschland und bei lion.cc versickert", erklärt Steinbauer und betont, dass der Turnaround frühestens im Geschäftsjahr 2003/04 erreicht werden kann, Libro werde im laufenden Geschäftsjahr 2001/02 einen „mittleren dreistelligen Betriebsverlust" einfahren. Mehr als 300 Mitarbeiter werden gekündigt: 186 im Filialbereich, 123 in der Zentrale.

„4,8 Milliarden Schilling Forderungen wurden angemeldet", gibt Steinbauer bekannt. Nur ein kleiner Teil der 40-Prozent-Ausgleichsquote könne sofort bezahlt werden. Auch Exchef Rettberg hat eine Dienstnehmerforderung in der Höhe von „bescheidenen" 20,2 Millionen Schilling angemeldet. Im Gegenzug prüft Steinbauer, ob es vorsätzliche oder fahrlässige Versäumnisse und daraus erwachsende Schadenersatzforderungen gibt: „Wir brauchen allerdings Zeit, denn das muss gründlich sein, sonst ziehen Sie bei Gericht den Kürzeren." Die Banken müssten in den nächsten zwei Jahren auf ihr Geld verzichten, um den Ausgleich erfüllen zu können.

Eine Investorengruppe um eine Offshoregesellschaft mit Sitz auf den Bahamas kauft um 200.000 Euro die mit 85 Millionen Schilling überschuldete Libro Entertainment, für die Schweizer CeDe gibt es einige Anfragen, fur Amadeus ebenfalls.

Einen Tag später bringt Libro den Ausgleich mit überwältigender Mehrheit durch: 99,81 Prozent der 3.897 stimmberechtigten Gläubiger stimmen am 21. 9. bei der Augleichstagsatzung im Landesgericht Wiener Neustadt für die Annahme. 4.237 Gläubiger melden Forderungen von insgesamt 4,6 Milliarden Schilling an, davon werden 3,367 Milliarden von Libro anerkannt. Die Quote von 40 Prozent wird in vier Tranchen und nicht, wie in Vorverhandlungen von Libro angeboten, innerhalb von zwei Jahren bezahlt – das bedeutet „schnelleres Geld" für die Gläubiger.

Die Nichtbanken-Gläubiger erhalten die erste Tranche in Höhe von 7,5 Prozent bis zum 31. 12. 8,5 Prozent der Forderungen werden laut Plan bis 30. Juni 2002 sowie je zwölf Prozent bis 28. Februar und 21. September 2003 ausbezahlt. Ausgenommen von den vorzeitigen Auszahlungen sind die involvierten Kreditinstitute, die für ihre Ansprüche Rückstehungserklärungen abgegeben haben und daher erst an den Quotenausschüttungen teilnehmen, wenn alle anderen Gläubiger bedient sind.

Die noch immer zu Libro gehörende Fachbuchkette Amadeus bekommt ab dem 1. 10. einen neuen Geschäftsführer. Wolfgang Heger folgt dem bisherigen Amadeus-Geschäftsführer Karnutsch nach, der Ende Oktober „auf eigenen Wunsch ausscheidet". Der Verkauf der 23 Amadeus-Filialen soll demnächst entschieden werden, als Favorit gilt die zu 55 Prozent der Barclays Private Equity gehörende deutsche Handelskette Buch Kunst. Als möglicher Kaufpreis werden 18 bis 22 Millionen Euro genannt.

Bei lion.cc wurden inzwischen per Ende September alle 74 Mitarbeiter gekündigt, und Anfang Oktober kauft die Bank-Austria-Tochter MC Marketing GmbH das Anlagevermögen der Libro-Internettochter einschließlich Marke, Portal und E-Commerce-Kundenstock. MC Marketing will die Marke lion.cc am Leben erhalten und in ihre eigenen Online-Aktivitäten einbinden, nach dem Kauf soll das Unternehmen lion.cc allerdings liquidiert werden. Über den Kaufpreis wird Stillschweigen vereinbart. „Die kolportierten fünf Millionen Schilling sind allerdings zu wenig. Wir haben mehr bezahlt", meint MC-Marketing-Geschäftsführer Hans-Jörg Finsterer. „Die Assets von lion.cc ergänzen unsere bisherigen Geschäftsfelder ideal."

Das Multi-Channel-Marketingunternehmen will lion.cc als reinen E-Commerce-Shop für Bücher und CDs einsetzen und dabei einen Kundenstock von 250.000 registrierten Usern übernehmen. „Wenn 30.000 bis 40.000 davon auch regelmäßig kaufen, können wir gut leben." Das Spektrum des Portals wird allerdings abgespeckt. „Die Kommunikations-Services oder auch die Community werden stark reduziert", erklärt Finsterer. „Wir prüfen gerade, ob wir einige Mitarbeiter, die uns gefallen, übernehmen können. Ein Fulfillment wird es aber nicht geben."

In der ordentlichen Hauptversammlung am 9. 10. wird die Liquidation von lion.cc beschlossen, Alleinvorstand Heinz Lederer tritt zurück. Mit der Abwicklung der Liquidation werden die Rechtsanwälte Gerhard Schilcher und Dieter Jedlicka (Kanzlei Kosch & Partner) beauftragt, zum neuen Aufsichtsrat werden Rechtsanwalt Dr. Nikolaus Reininger (Kanzlei Engelhart & Reininger) sowie die beiden Vorstände der Libro AG Mag. Bernhard Chwatal und Mag. Werner Steinbauer bestellt. Die Libro-Aktie tendiert um 3,9 Prozent schwächer und hält nun bei 1,25 Euro. Passenderweise wird in diesen Tagen die YLine Internet Business Services AG konkursgerichtlich geschlossen, ein operativer Weiterbetrieb der Gesellschaft ist

Libro in den alten Tagen (Fotos: privat)

Der „André Tourwagen" für Libro-Boss André Rettberg

André Rettberg, (noch) wild drauflosstürmend und von zwei Manager-Kollegen flankiert (Fotos: privat)

Die folgenden Artikel aus der Libro-Produktpalette sind heute – wenn überhaupt – nur noch mit sehr viel Glück antiquarisch zu bekommen: Libro Journal, „The Sound of Now, Vol. 1“, 1998, u. a. mit den Sofa Surfers, Run DMC, Nick Cave, Radiohead und Robbie Williams (!), „Rosa spielen“ (Katrin Mackowski, 1998, ISBN 3-85494-000-9), „Charly Traktor/Harry“ (Michael Scharang, 1999, ISBN 3-85494-101-3), „Thirsty Dog“ (Simone Gertz, 1999, ISBN 3-85494-001-7), „Sturz der Denkmäler“ (Gottfried Kinsky-Weinfurter, 1998, ISBN 3-85494-201-X), „Wunderbar wanderbar“ (Alfred Kölbel, 1999, ISBN 3-85494-300-8), „Droge Leben“ (herausgegeben von Alfred Zellinger, 2000, ISBN 3-85494-002-5), „Shinergy“ (Ronny Kokert, Redaktion: Veronika Pelikan, 2001, ISBN 3-85494-004-1), „Nachbar in Not“ (1999, gesponsert u. a. von Libro, mit Thirteen, Love Child, Audio Dope u. v. a.)

Ein Bild aus glücklichen Tagen: André M. Rettberg eröffnet als Vorstandsvorsitzende Libro-Filial

er Libro AG am 23. 9. 1999 die erste nach Feng-Shui-Grundsätzen eingerichtete Foto: Libro AG).

Der neue Libro-Vorstand ab Juli 2001.
V. l. n. r.: Mag. Werner Steinbauer, Dr. Karl Kronsteiner, Gerhard Maierhofer, Mag. Bernhard Chwatal (Pressefoto: Mike Ranz)

Rudolf Fischer, COO bei der Telekom und zeitweise stv. Vorsitzender des Libro-Aufsichtsrats (Foto: Telekom Austria)

Heinz Lederer, Ex-Vorstandschef von lion.cc (Pressefoto: Harald Schneider)

Mag. Dr. Wilhelm G. Rasinger, Vorsitzender des Interessenverbandes für Anleger (Foto: SOT)

Derzeit Libro-Geschäftsführer: Dr. Martin Waldhäusl, (Foto: Fotostudio Derp)

Sie führen lion.cc heute. V. l. n. r.: Hans-Jörg Finsterer, Klement Cabana (beide Geschäftsführer der MC Marketing GmbH), Mag. Martin Vögel (Leiter Business Development und lion.cc-Verantwortlicher) (Foto: MC Marketing GmbH)

In guten wie in schlechten Jahren:
Karl Wlaschek 1996; Knöbl und Rettberg bei einer (positiven) Pressekonferenz.

Die ausgebrannten Sofiensäle kurz nach der Libro-Hauptversammlung im Herbst 2001; die Libro-Vorstände Kronsteiner, Chwatal, Maierhofer und Steinbauer am 20. 9. 2001 im Gartenbaukino (Pressefotos)

Ein symbolträchtiges Bild: Nicht gerade der „Pleitegeier" über dem Libro-Logo, aber doch bezeichnend für die Situation des Konzerns. Geschäftsführer Dr. Martin Waldhäusl hat dem Autor zugesichert, die unvorteilhafte Optik (der Filiale in der Linzer Landstraße) umgehend „sanieren" zu lassen ... (Foto: Paul Christian Jezek)

März 2003: Libro-Werbung für die „Crazy Days"

nicht möglich. Lediglich für das Rechenzentrum wird eine Verwertungsmöglichkeit gesucht.

> „Ich glaube, es ist ein überzogenes Expansionskonzept gewesen. Die Visionen sind richtig. Und ohne Visionen kann man ein Geschäft auch nicht zukunftsträchtig führen. Nur muss man immer etwas in der Hinterhand haben und daran denken, dass Erwartungen nicht aufgehen können, und dass man auch eine Reserve hat, wenn es anders kommt, wenn es schlechter kommt. Diese Reserve hatte Libro nicht. Jedenfalls nicht für drei Expansionen auf einmal."
>
> *(Dr. Hans-Georg Kantner, Leiter der Insolvenzabteilung im Kreditschutzverband von 1870)*

Am 9. 10. beschließt die ordentliche Hauptversammlung von lion.cc, das Unternehmen zu liquidieren: Allein im abgelaufenen Geschäftsjahr verzeichnet das einst so hoch gepriesene Handelsportal einen Fehlbetrag von 570 Millionen Schilling.

Alleinvorstand Heinz Lederer tritt zurück, mit der Abwicklung der Liquidation werden die Rechtsanwälte Gerhard Schilcher und Dieter Jedlicka von der Kanzlei Kosch & Partner beauftragt. Zum neuen Aufsichtsrat werden Libro-Chef Werner Steinbauer, dessen Vorstandskollege Chwatal sowie Rechtsanwalt Nikolaus Reininger von der Kanzlei Engelhart & Reininger bestellt. (Exvorstand Herbert Mayrhofer macht den Autor im Frühjahr 2003 auf das witzige Detail aufmerksam, dass die ursprüngliche „lion.cc Libro Online AG in Abwicklung" per Adresse 1060 Wien, Mariahilfer Straße 99 bis heute nicht liquidiert ist, wovon man sich nach wie vor überzeugen kann.)

Per 1. 11. ist lion.cc wieder operativ tätig. MC Marketing will das Portal als mittelgroßen lokalen Online-Medienhändler etablieren. „Wir werden jetzt sicher nicht den Buchhandel revolutionieren", gibt sich Finsterer bescheiden. In nur vier Wochen hat man die neuen lion-Shops inklusive Logistik und Warenwirtschaftslösung programmiert. Für das kommende Geschäftsjahr erwartet Finsterer einen Umsatz zwischen 60 und 80 Millionen Schilling und nennt mit 25 Millionen Schilling erstmals auch den Kaufpreis für lion.cc. MCM zeichnet für das Contentmanagement, den technischen Service, das Ticketing sowie für Marketing und Kooperationen verantwortlich, erklärt Mag. Martin Vögel, lion.cc-Verantwortlicher bei

MCM. Der Rest wird mit Partnern durchgeführt: Der Badener Buchhändler Buchportal.com (http://www.buchportal.com) und der deutsche Mediengroßhändler JPC sind für die Warenbeschaffung und die Lieferung, der E-Commerce-Dienstleister PrimusOnline (http://www.primus-online.at) für das erweiterte Warenangebot und Jet2Web für die Community und ISP-Services zuständig. Die Ticket-Plattform Clubticket http://www.clubticket.at, auf der für mehr als 10.000 Veranstaltungen Tickets bezogen werden können, wird als Sublink ebenfalls in die lion.cc-Plattform integriert.

Im November verzeichnet lion.cc rund 220 Bestellungen täglich und erwartet für November und Dezember einen Umsatz von rund zehn Millionen Schilling. Als wichtigste Ergänzung sieht Finsterer die Implementierung der „shops neu“, einer völlig neue Shoppingsoftware, die noch von lion.cc alt entwickelt wurde und Ende Juni 2002 online gehen soll. Der neue Slogan „Hier kaufe ich sicher ein“ bezieht sich laut Vögel vor allem auf den sicheren Zahlungsverkehr.

Schon Anfang November bekommen die 1.400 Gläubiger (exklusive Mitarbeiter) die erste Teilquote von rund 70 Millionen Schilling. Nach diesen ersten vier Prozent sollen weitere 3,5 Prozent bis zum 31. 12. fließen.

Die Geschäftsentwicklung lässt einen leichten Aufwärtstrend erkennen: Die Monate September bis November haben sich sowohl umsatz- als auch ertragsmäßig besser als erwartet entwickelt. Im September-Schulgeschäft wurde bei einem Umsatzplus von zwei Prozent mit guten Spannen sogar ein positives Ergebnis der gewöhnlichen Geschäftstätigkeit erzielt.

„Es hängt zwar viel vom gut angelaufenen Weihnachtsgeschäft ab, aber wir werden im zweiten Halbjahr sicher nicht so hohe Verluste haben wie in den ersten sechs Monaten“, übt sich Steinbauer im offenbar Libro-üblichen Optimismus. Am ersten Weihnachts-Einkaufswochenende ist der Umsatz um rund zehn Prozent über den Budgets gelegen. (Das Weihnachtsgeschäft trägt 20 und das Schulgeschäft 15 Prozent zum Jahresumsatz bei.)

Die Halbjahresergebnisse (Stichtag: 31. August) zeigen allerdings ein düsteres Bild: Hier ist der Umsatz um 15 Prozent auf 1,85 Milliarden Schilling gesunken, was sich auch negativ auf die Ertragslage auswirkt und mit Liquiditätsschwierigkeiten in den Monaten März bis Juli begründet wird.

Der Aktienkurs sinkt in den frühen Morgenstunden des 30. 11.

um knapp vier Prozent auf 1,25 Euro (Jahreshoch: 22,06 Euro; Jahrestief: 0,85 Euro).

> „Gerade bei Libro ist es sehr schwierig, denn jedes neue Produkt, jede Investition in einen neuen Markt verlangt Anfangsinvestitionen. Und wenn Sie einen Businessplan auflegen, der diese Anfangsverluste und Anfangsinvestitionen ausweist, so ist der Verlust allein noch kein Alarmsignal. Ich glaube, dass bis in den Herbst des Vorjahres die Abgänge von Libro nicht alarmierend waren. Aber wenn man sich die Zwischenbilanz ansieht, wo die Abgänge gegenüber der Vorperiode – ich spreche vom ersten Halbjahr, Februar bis August 2000 – sich verzehnfacht haben, verzwölffacht, auf ungefähr 280 Millionen Schilling gestiegen sind: Das hätte schon ein Alarmsignal sein können."
>
> *(Dr. Hans-Georg Kantner, Kreditschutzverband von 1870)*

Der Niedergang (2002)

„Sie werden in die Höhe geschoben,
um in heftigerem Fall zusammenzustürzen."
(Claudius Claudianus)

Im Jänner 2002 registrieren die Libro-Aktionäre ein Lebenszeichen, das reichlich zynisch anmutet. Während die Getreuen nämlich eine Kursbewegung von 15 Prozent prinzipiell wahrlich gewöhnt sind, hat es schon lange keine 15 Prozent Plus mehr gegeben. Damit erholen sich die Aktien kurzfristig vom Tiefststand von 75 auf mehr als 90 Cent. Die Analysten sind aber einig: Dieser Vorfall dürfte vor allem ein kurzes Aufholen gewesen sein, für einen nachhaltigen Anstieg fehlt jedwedes Anlegervertrauen.

Operativ ist Libro recht gut unterwegs, weil das Weihnachtsgeschäft erfreulich verlaufen ist und verlustbringende Töchter verkauft werden. Zur Halbzeit des Geschäftsjahres beträgt der Betriebsverlust mehr als 20 Millionen Euro, für 2003 werden wieder einmal vollmundig Gewinne vorausgesagt.

Die geplante Übernahme von Amadeus durch die ostdeutsche Buch & Kunst GmbH platzt allerdings. „Die Verhandlungen sind einvernehmlich beendet worden", bestätigt Steinbauer. Nun müssen auch andere Verwertungsszenarien überlegt werden. Libro-Vorstand Gerhard Maierhofer: „Grundsätzlich könnten wir auch einzelne Standorte herauslösen und verwerten." Laut Immobilienexperten sind derzeit für Flächen in Toplagen Investablösen in Millionen-Euro-Höhe zu erzielen. Maierhofers Problem: Ein Teil der Standorte ist weniger attraktiv und würde als „unverkäuflicher Bodensatz" die neue schlanke Linie belasten. Außerem fühlen sich etliche Vermieter von Amadeus- und Libro-Filialen durch die abrupte Rückzugsstrategie vor den Kopf gestoßen. Maierhofer: „Weil wir Mietverträge gekündigt haben, die eigentlich bis ins Jahr 2014 laufen, fordern die Vermieter jetzt Entschädigungen von uns."

Am 1. 2. legt der „allgemein beeidete und gerichtlich zertifizierte Sachverständige" Dr. Andreas Staribacher jenes „Gutachten über die Sonderprüfung gemäß § 118 AktG" vor, das als (nach dem Börsenprospekt) zweitwichtigstes Schriftstück über das Libro-Debakel bezeichnet werden kann. Das 80-Seiten-Konvolut liegt dem Orac-Verlag vor, kann hier aber schon aus Platzgründen nur auszugsweise dokumentiert werden.

Eine gute Zusammenfassung bietet ein Artikel von Dan Berger im „Börsen-Kurier" am 13. 2.:

„Brisanter Libro-Sonderprüfungsbericht

Etappenerfolg für die Libro-Kleinaktionäre. Der auf IVA-Initiative erstellte Sonderprüfungsbericht der Kanzlei Staribacher liegt nun vor. Somit bestehen gute Chancen, dass die größte Pleite des Vorjahres nicht ohne rechtliche Folgen für die Verantwortlichen bleibt. Für die Aktionäre mag dies, materiell gesehen, nur ein schwacher Trost sein. Immerhin stürzte der Libro-Kurs innerhalb kurzer Zeit von lichten Höhen (68 Euro) ins Bodenlose (1 Euro).

Der fast 100 Seiten umfassende Prüfungsbericht zeichnet ein Sittenbild von Größenwahn, Kumpanei, Unfähigkeit und Schlamperei – aber auch von schnöder Gier. Nachfolgend einige Originalzitate aus dem Sonderprüfungsbericht.

- Keine Geschäftsordnung
  ‚Das Bestehen einer Geschäftsordnung für den Vorstand ist (...) infolge der nicht dokumentierten Beschlussfassung nicht feststellbar. Die Festsetzung von Betragsgrenzen durch den Aufsichtsrat für (im Detail aufgezählte Geschäfte) ist nach den vorliegenden Unterlagen (...) nicht erfolgt.'
- Kein Kontrollsystem
  ‚Hinsichtlich der Funktionsfähigkeit und Wirkungsweise eines internen Kontrollsystems (IKS) (...) kann man sich des Eindrucks nicht verwehren, dass (...) keinesfalls von einem funktionierenden IKS für die wesentlichsten Unternehmensbereiche gesprochen werden kann.'
- Kein Vieraugenprinzip
  ‚Abgesehen von der Tatsache, dass Unterlagen nur zum Teil auffindbar waren, wurde festgestellt, dass in fast allen wichtigen Unternehmensbereichen – wie insbesondere Warenwirtschaft, Personalwesen, Finanzbuchhaltung – das Vier-Augen-Prinzip negiert wurde.'
- Keine ordentlichen Protokolle
  ‚Inwieweit die Aufsichtsräte (zwei besonders krasse Bilanzmanipulationen) hinterfragt haben, kann im Einzelnen nicht mehr

nachvollzogen werden. Die diesbezüglichen Aufsichtsratsprotokolle geben darüber wenig Auskunft.'

‚Eine Urgenz oder Beanstandung der fehlenden laufenden Berichtserstattung durch den Aufsichtsrat im Wirtschaftsjahr 1999/2000 ist nicht erfolgt bzw. nicht protokolliert worden.'

- Keine Kritik vom Abschlussprüfer

  ‚Das Fehlen eines internen Kontrollsystems, welches die dargestellten Bilanzverbesserungen verhindert hätte, wäre vom Wirtschaftsprüfer zu beanstanden gewesen. Ob dies durch den Wirtschaftsprüfer erfolgt ist, kann nicht eingeschätzt werden, da der Wirtschaftsprüfer die Einsicht in seine Arbeitspapiere verweigert hat.'

Da der Sonderprüfungsbericht reichlich Ansatzpunkte für straf- und/oder zivilrechtliche Klagen liefert, sollen die Verantwortlichen des Debakels nicht ungenannt bleiben. Vorstand: André Rettberg, Johann Knöbl; Aufsichtsrat: Kurt Stiassny (UIAG), Rudolf Fischer (Telekom), Boris Nemsic (Mobilkom), Georg Wailand (Kronen Zeitung), Christian Nowotny (Universitätsprofessor), Michael Millauer; Jahresabschluss bzw. Prospektprüfer: Auditor Arthur Andersen, KPMG."

Gutachten des Sonderprüfers zu den gestellten Fragen

Aus der Ausfertigung vom 1. Februar 2002

I. Frage eins: „Ob es Anhaltspunkte dafür gibt, dass die Ausschüttung der Sonderdividende von 440,0 Mio. ATS an die Altaktionäre im Frühjahr 1999 nicht dem tatsächlich erwirtschafteten Gewinn entsprochen hat und damit – möglicherweise zum Teil – eine unzulässige Rückgewähr der Einlage darstellte?"

Tz 74 / Die Libro AG hat mit Sacheinlage- und Einbringungsvertrag vom 30. April 1999 100% ihrer Geschäftsanteile an der Libro Deutschland im Nominale von 50.000,00 DEM unter Inanspruchnahme der umgründungssteuerrechtlichen Begünstigungen des Art. III UmgrStG in die Libro Management GmbH eingebracht. Als Einbringungsstichtag wurde rückwirkend der 28. Februar 1999 gewählt.

Eine Gegenleistung war nicht vereinbart, da die Libro AG sowohl alleinige Gesellschafterin der Libro Deutschland als auch der Libro Management GmbH war. Steuerrechtlich erfolgte die Einbringung zum Buchwert, somit mit 1,00 ATS; handelsrechtlich wurde das Einbringungsvermögen mit einem Verkehrswert von ATS 140 Mio. zum Ansatz gebracht, also aufgewertet. Hierzu lag eine Stellungnahme der KPMG Austria GmbH zur Bestimmung des Unternehmenswertes der Libro Deutschland (im Folgenden „KPMG-Stellungnahme" genannt) vor.

TZ 75 / Im Jahresabschluss zum 28. Februar 1999 wurde dieser Vorgang wie folgt verbucht: Der aufgrund der oben dargestellten Umgründung beigemessene Unternehmenswert der Libro Deutschland wurde um 140 Mio. ATS aufgewertet. Es wurden weiters latente Steuern in der Höhe von 23,9 Mio. ATS als Verbindlichkeiten eingebucht, sodass in Summe ein außerordentlicher Ertrag in der Höhe von 116,1 Mio. ATS ausgewiesen wurde. Die latenten Steuern wurden so berechnet, in dem für die in den Vorjahren gewährten Verlustabdeckungszuschüsse der Libro AG an die Libro Deutschland in der Höhe von insgesamt 70,2 Mio. ATS 34% Steuerbelastung darauf angesetzt wurden. Darüber hinaus wurde eine Rückstellung für „Schließungskosten Deutschland" in der Höhe von 35 Mio. ATS gebildet.

Tz 76 / Als Grundlage für die KPMG-Stellungnahme wurde der geprüfte Jahresabschluss zum 28. Februar 1999 der Libro Deutschland sowie eine von der Geschäftsleitung erarbeitete Plan-Erfolgsrechnung für die Geschäftsjahr 1999/2000 bis einschließlich 2003/04 zur Verfügung gestellt. Die vorgelegten Plan-Erfolgsrechnungen wurden von der KPMG Austria GmbH auf Plausibilität verprobt, jedoch auftragsgemäß keiner weiteren Überprüfung unterzogen. Insbesondere wurden keine Markterhebungen oder damit verbundene Wettbewerbsanalysen durchgeführt.

Tz 77 / Die Unternehmenswerte wurden unter Anwendung eines Kapitalisierungszinssatzes von 10% errechnet.

Tz 78 / (...) Dadurch ergab sich für die so genannte Phase I ein negativer Barwert der Zukunftserfolge von von –215 Mio. ATS. Die Phase II repräsentierte laut KPMG-Stellungnahme die „Verstetigungs-Phase", in der eine umsatz- und ergebnismäßig konstante Situation zugrunde gelegt wurde. Es wurde ein so genanntes „Normjahr" ermittelt, bei dem eine weitere Umsatzsteigerung von 5% gegenüber dem letzten Planjahr sowie ein EBIT von 3% dieses Umsatzes veranschlagt wurde. Unter Berücksichtigung gleich bleibender Finanzierungsaufwendungen wurde diesem Planjahr somit ein EGT von 59 Mio. ATS zugrunde gelegt. Das EGT dieses Normjahres wurde als nachhaltiger Zukunftserfolg in Form einer ewigen Rente auf den Bewertungsstichtag diskontiert und dem (negativen) Barwert der Phase I hinzugefügt, sodass in Summe ein Unternehmenswert von rund 153 Mio. ATS ermittelt wurde. Die ewige Rente der Planphase II betrug rund 592 Mio. ATS und auf den Bewertungsstichtag diskontiert rund 368 Mio. ATS. Der Unternehmenswert setzte sich somit zusammen aus Barwert der Phase I (–215 Mio.) und Barwert der Phase II (368 Mio.) = 153 Mio.

Zusammenfassend wurde in der KPMG-Stellungnahme festgehalten, dass die Bewertungsüberlegungen nicht auf einen branchenfremden Finanzinvestor als fiktiven Erwerber abstellen, sondern auch subjektive – in der Sphäre der Eigentümerin gelegene – Aspekte reflektieren. Einem Drittvergleich wurde der Wertermittlung insofern Rechnung getragen, dass für die Leistungen der Muttergesellschaft ein Lizenzentgelt in Höhe von 1% der Nettoerlöse zum Zeitpunkt der Erreichung eines positiven Betriebsergebnisses berücksichtigt wurde. Der Unternehmenswert wurde schließlich in einer Bandbreite von 140 Mio. bis 160 Mio. ATS festgelegt.

Tz 79 / Weiters ist darauf hinzuweisen, dass im Sacheinlagevertrag eine aufschiebende Bedingung enthalten ist, dass die Eintragung des Umgründungsvorganges im zuständigen Handelsregister zu erfolgen hat.

Tz 80 / In weiterer Folge agiert allerdings weiterhin die Libro AG als Gesellschafterin der Libro Deutschland, so wurde etwa am 4. September 2000 ein notariell beglaubigter Gesellschafterbeschluss (Satzungsänderung) der Libro Deutschland gefasst und war in diesem Beschluss weiterhin die Libro AG als Gesellschafterin tätig. Dieser Umstand wurde auch in einem Gesellschafterbeschluss vom 6. Juni 2001 dokumentiert. Nach außen hin hat die Libro Management GmbH, soweit aus meinen Stichproben ersichtlich, ihre Funktion als alleinige Gesellschafterin der Libro Deutschland somit nicht wahrgenommen. Da das deutsche Firmenbuchsystem – wie das alte österreichische – keine Eintragung der Gesellschafter einer GmbH vorsieht, war die Vertragsbedingung unmöglich. Ein Anteilsbuch, das den Gesellschafterwechsel dokumentiert, konnte mir nicht vorgelegt werden.

Tz 81 / Abgesehen von der eventuellen Ungültigkeit des Umgründungsvorganges ist auch der Wertansatz für die Libro Deutschland zum 28. Februar 1999 mit einem Betrag in der Höhe von 140 Mio. ATS nicht gerechtfertigt.

Aus den bis zum Stichtag des Jahresabschlusses 1998/99 bestehenden vier Filialen der Libro Deutschland ist niemals ein Gewinn erzielt worden, sondern mussten vielmehr von der Libro AG Verlustabdeckungen in der Höhe von 70,2 Mio. ATS vorgenommen werden. Dies, um den Fortbestand der Libro Deutschland zu ermöglichen.

Selbst wenn die neue Unternehmensplanung eine expansive Strategie zur Eroberung des deutschen Marktes unter Schließung der bisherigen Filialen vorgesehen hat und eine Neueröffnung von insgesamt 54 Filialen vorgesehen war, kann eine derart optimistische – letztlich unter Heranziehung einer ewigen Rente – angesetzte Bewertung nicht für Ausschüttungszwecke vorgenommen werden.

Tz 82 / In Höhe der Aufwertung von 140 Mio. ATS unter Berücksichtigung latenter Steuern von rund 23,9 Mio. ATS, somit in Höhe von 116,1 Mio. ATS, wäre der Bilanzgewinn 1998/99 von 447 Mio. ATS niedriger und somit die vorgenommene Ausschüttung der Sonderdividende von 440 Mio. ATS um 109,1 Mio. ATS zu hoch gewesen.

Durch diese Sonderdividende konnte das Eigenkapital der UD-Beteiligungs- und Beratungs-AG entsprechend hoch ausgewiesen werden, was die bilanziellen Auswirkungen des nachfolgenden down-stream mergers bei der Libro AG insofern beeinflusste, als kein Ausweis eines Verschmelzungsmehrwertes erfolgen musste. Wäre diese Sonderdividende nur in der geringeren (richtigen) Höhe ausgeschüttet worden, wäre die Verschmelzung in der gewählten Form ohne Ausweis eines Verschmelzungsmehrwertes nicht möglich gewesen. Die Verschmelzung der UD-Beteiligungs- und Beratungs-AG als übertragende Gesellschaft mit der Libro AG als aufnehmende Gesellschaft ermöglichte es den Altaktionären der untergehenden Gesellschaft, beim Börsengang der Libro AG steuerliche Vorteile aufgrund ihrer direkten Beteiligung an der Libro AG zu erzielen, und wäre aus der Sicht der neuen Aktionäre, die im Rahmen des Börsenganges Aktien erworben haben, nicht notwendig gewesen.

II. Frage zwei: „Wann für die Unternehmensleitung erstmals die sich abzeichnende Unternehmenskrise, insbesondere eine signifikante Abweichung der Ist-Zahlen von den Budget-Zahlen erkennbar wurde, und ob dieser Umstand zeitnah dem Aufsichtsrat berichtet wurde?" (...)

Tz 86 / Dem Protokoll der neunten Sitzung des Aufsichtsrates vom 27. Jänner 1999 ist unter Punkt 3 Folgendes zu entnehmen: „Planungsprämissen 1999/2000. Hier wurde von Mag. Knöbl ein erster Planansatz präsentiert, der die Basis für die weitere Detailplanung bilden soll.

Die Unterlagen wurden unkommentiert zur Kenntnis genommen und sind im Anhang (...)"

Tz 87 / Auch ist in den weiteren Aufsichtsratssitzungen ein „detaillierter" Business-Plan für die Geschäftsjahre 1999/2000 nicht zur Genehmigung vorgelegt worden.

Tz 88 / Es konnten für das Geschäftsjahr 1999/2000 aufgrund der mir vorgelegten Unterlagen keine unterjährigen Soll-Ist-Vergleiche abgeleitet werden. Erstmals in der zwölften Aufsichtsratssitzung vom 4. Februar 2000 wurde in der Beilage ein Quartalsergebnis (Quartalsbericht zum 30. November 1999) beigelegt, wobei eine Gegenüberstellung der Zahlen bis zum dritten Quartal des Geschäftsjahres 1999/2000 und jener des Vergleichszeitraumes des Vorjahres auf IAS-Basis erfolgte.

Tz 89 / Ab dem Geschäftsjahr 2000/01 wurde eine umfassende Controllingauswertung erstellt, welche Soll-Ist-Vergleiche auf monatlicher Basis für die einzelnen Gesellschaften, Teilbetriebe und Abteilungen sowie Deckungsbeitragsrechnungen aufweist.

Tz 90 / Mangels eines detaillierten Management-Informationssystemes kann daher der genaue Zeitpunkt der Erkennbarkeit der Unternehmenskrise nur näherungsweise ermittelt werden. Aufgrund der in der Bilanz zum 29. Februar 2000 erkennbaren Zahlen (erhöhte Lieferantenverbindlichkeiten, Anlaufkosten bei Amadeus und Libro Deutschland sowie Kosten der lion.cc) kann die Erkennbarkeit der Unternehmenskrise mit spätestens Frühjahr 2000 eingegrenzt werden.

III. Frage drei: „Was als wesentliche Ursache für die eingetretene Unternehmenskrise angegeben werden kann?"

Tz 92 / Es lässt sich erkennen, dass bereits im Geschäftsjahr 1999/2000 – trotz erheblich erhöhter Anzahl der Filialen – eine Kostenerweiterung erfolgte, die jedoch nicht in entsprechend erhöhten Betriebsleistungen ihren Niederschlag finden konnte.

Den erhöhten Personalaufwendungen und in absoluten Zahlen gesteigerten Umsatzzahlen im Geschäftsjahr 1999/2000 stehen tatsächlich rückläufige Filialumsätze (pro m^2 Verkaufsfläche) und geringere Margen gegenüber.

Insbesondere das ab dem Geschäftsjahr 1999/2000 eingeschlagene Konzept der „Libromania", also das Forcieren von Großflächenfilialen (mit Verkaufsflächen von 1000 m^2 und mehr), brachte aufgrund der hohen Kosten und der geringeren Roherträge in Wahrheit eine Ertragseinbuße.

Tz 93 / So wurde auch in der Anmerkung im Protokoll der siebzehnten Aufsichtsratssitzung vom 15. Dezember 2000 ausgeführt, dass die Entscheidung in Richtung Flächenvergrößerung im Filialnetz nach damaligem Wissensstand sich als falsch erwiesen hat.

Tz 94 / Weiters wurden die Unternehmenserwerbe der Landesverlag HandelsgmbH & Co OHG (vormals KG), Linz, und Landesverlag HandelsgmbH, Linz, welche im März 1999 erfolgte und welche insgesamt 275 Mio. ATS gekostet haben, als wesentlich zu teuer vorgenommen; die Ertragsentwicklung dieser Gesellschaften konnten den bezahlten Kaufpreis keinesfalls verdienen.

Bereits im ersten Jahr der Übernahme entstand durch eine Umsatzentwicklung unter Plan und höhere als geplante Personalkosten ein negatives EBITDA.

Letztlich hat das Weihnachtsgeschäft des Jahres 2000 dazu geführt, dass die sich bereits abzeichnende Liquiditätsenge noch zusätzlich verschärft wurde.

Tz 95 / Im Geschäftsjahr 2000/01 wurde ein wesentlich geringerer Rohaufschlag aus den oben angeführten Gründen erzielt: Für die ersten elf Monate des Geschäftsjahres 2000/01 zeigt der Konzern-Rohaufschlag lt. Controllingauswertungen einen Wert von 22%, bei einem geplanten Rohaufschlag von 44% und einem Vorjahreswert von 41%.

Insgesamt war daher mit Ende des Weihnachtsgeschäfts 2000 klar, dass die eingeschlagene Expansionsstrategie als gescheitert anzusehen ist.

Tz 96 / Anhand einer Gegenüberstellung der Bilanzen der Libro AG zum 29. Februar 2000 und zum 28. Februar 2001 kann der Wertverzehr aufgrund von „außerordentlichen Effekten" zusammengefasst werden:

- Der im Kaufpreis an den Landesverlag enthaltene Firmenwert hat sich als nicht nachhaltig erwiesen und musste im Geschäftsjahr 2000/01 in Höhe von 221,9 Mio. ATS zur Gänze abgeschrieben werden.
- Die erwarteten Ergebnisse der Libro Deutschland konnten nicht annähernd erreicht werden, sodass der Beteiligungsansatz in Höhe von 140 Mio. ATS im Geschäftsjahr 2000/01 zur Gänze abzuschreiben war.
- Ebenfalls erwies sich die Aufwertung des Geschäftsbereiches „Entertainment" als nicht werthaltig, was sich in einer Abschreibung von 131,5 Mio. ATS im Geschäftsjahr 2000/02 niederschlug.

- Die Beteiligung an der CeDe Schweiz wurde auf den realisierbaren Verkaufserlös mit 72,2 Mio. ATS wertberichtigt.
- Über das Vermögen der MVL GmbH wurde das Konkursverfahren eröffnet und mussten die Anteile in Höhe von 12,4 Mio. ATS abgeschrieben werden.
- Aus der Ausgliederung des Teilbetriebes lion.cc ergab sich zwar ein buchmäßiger Ertrag in Höhe von 229,7 Mio. ATS, der jedoch durch die Abschreibung der Forderungen an die lion.cc AG mehr als überkompensiert wurde.
- Forderungen gegenüber verbundenen Unternehmen mussten infolge von Uneinbringlichkeit in Höhe von insgesamt rund 1.020,9 Mio. ATS abgeschrieben werden.

Aufwendungen aus der Abwertung eigener Aktien sind in Höhe von rund 45,6 Mio. ATS angefallen.

Aus Haftungsübernahmen für Bankverbindlichkeiten der Libro Deutschland waren 175 Mio. ATS rückzustellen.

Aufwendungen für Schadenersatzansprüche aus Filialschließungen sowie sonstige Ansprüche und Abwicklungskosten wurden in Höhe von insgesamt rund 239,5 Mio. ATS aufwandsmäßig erfasst.

Tz 97 / Aus den dargestellten außerordentlichen Effekten ist somit in Summe im Geschäftsjahr 2000/01 ein Wertverzehr von rund 2.156,0 Mio. ATS eingetreten.

IV. Frage vier: „Ob während der Geschäftsjahre 1998/99, 1999/2000 und 2000/01 Verdachtsmomente der Pflichtverletzung auf Seiten des Vorstandes, des Aufsichtsrates, der Abschlussprüfer oder der Begutachtung von Firmenwerten in Bezug auf die vorstehend genannten Themenbereiche feststellbar sind?"

1. Verdachtsmomente der Pflichtverletzung auf Seiten des Vorstands

Tz 99 / Für den Zeitraum der aktienrechtlichen Sonderprüfung gemäß § 118 AktG (Geschäftsjahr 1998/99, 1999/2000 und 2000/01) waren folgende Personen als gesamtvertretungsbefugte Mitglieder des Vorstandes im Firmenbuch eingetragen:

- André Rettberg, Vorsitzender des Vorstandes, Löschung im Firmenbuch am 30. Juni 2001;
- Martin Greiner, Mitglied des Vorstandes vom 28. September 1996, Datum der Funktionsniederlegung nicht bekannt, Eintragung der Löschung im Firmenbuch am 29. August 1998;

- Mag. Johann Knöbl, Mitglied des Vorstandes vom 1. Jänner 1998; Datum der Funktionsniederlegung mit Schreiben vom 7. Mai 2001, Eintragung der Löschung im Firmenbuch am 30. Juni 2001;
  (...)

Tz 105 / Folgende Geschäfte entbehren zum Teil der gemäß § 95 Abs. 5 AktG bzw. der in der Geschäftsordnung festgelegten Zustimmung des Aufsichtsrates:

a) Die Ausgabe von 44.557 Stückaktien der Libro AG an die Gesellschafter der CeDe-Shop GmbH zur Begründung einer strategischen Partnerschaft erfolgte entgegen dem in der Beilage zum Protokoll der Hauptversammlung vom 15. Juni 2000 angeschlossenen Berichtes des Vorstandes gemäß § 65 Abs. 1a iVm § 153 Abs. 3 AktG betreffend den Aktienrückerwerb zum Zweck der Verwendung als Akquisitionswährung ohne Festlegung des Ausgabebetrages und der sonstigen Bedingungen durch den Aufsichtsrat. Ein Sachverständigengutachten, das das Nichtvorliegen einer wertmäßigen Verdünnung der anderen Aktionäre feststellen hätte sollen, liegt nicht vor. Im Halbjahresbericht wurde nur folgender Hinweis veröffentlicht: „Libro startete mit dem Rückkauf eigener Aktien ab 1. September 2000 und hat bis dato rund 45.000 Stück für einen Teil des Erwerbes der CeDe.ch erworben." Eine Befassung des Aufsichtsrates erfolgte – entgegen den Vorschriften des Aktiengesetzes – NICHT.
b) Die von der Hauptversammlung vom 6. Mai 1999 beschlossene Ausschüttung in Höhe von 440,0 Mio. ATS gelangte noch Mitte Mai 1999 in zwei Teilbeträgen zu 250,0 Mio. ATS und 190,0 Mio. ATS zur Auszahlung, die über Barvorlagen finanziert wurden. Eine Genehmigung der Finanzierung dieser Ausschüttung ist nicht erfolgt, nur der Gewinnverwendungsvorschlag wurde vom Aufsichtsrat zustimmend zur Kenntnis genommen.
c) Die Abgabe einer Garantieerklärung am 22. August 2000 zu Gunsten der Libro Deutschland für einen Kredit der Oberbank AG in Höhe von 7.994.000 Euro zur Finanzierung der Anschaffung und Errichtung eines Filialnetzes in Deutschland sowie für die langfristige Warenfinanzierung in Kenntnis der konkreten Situation der Gesellschaft: Die Libro Deutschland war zum 29. 2. 2000 bereits mit einem Betrag von rund 32,9 Mio. ATS überschuldet; dem Jahresabschluss für das Geschäftsjahr 1999/2000 wurde infolge der festgestellten Mängel im Rechnungswesen kein Bestätigungsvermerk erteilt; alle bis zu diesem Zeitpunkt bestehenden 19 Filialen erwirtschafteten negative Filial-

deckungsbeiträge; Planzahlen wurden weder für das Geschäftsjahr 1999/2000 noch für 2000/01 erreicht. Eine Protokollierung der Genehmigung dieses Geschäftes durch den Aufsichtsrat wurde NICHT festgestellt.

d) Für die beiden Mitglieder des Vorstandes, die jedenfalls mittelbar Aktionäre der Gesellschaft sind, wurde in den für eine Funktionsperiode bis zum 28. Februar 2002 abgeschlossenen Vorstandsverträgen jeweils die Gewährung einer erfolgsabhängigen Prämie vorgesehen, die jährlich vom Aufsichtsrat festzusetzen ist. Die Erfolgsbeteiligung sollte jährlich im Nachhinein in dem Monat abgerechnet und ausbezahlt werden, in dem die Hauptversammlung über die Gewinnverteilung für das vorangegangene Jahr beschließt. Dem Aufsichtsrat wurde die Genehmigung einer laufenden Akontierung der Erfolgsbeteiligung vorbehalten. In diesem Zusammenhang ist festzuhalten, dass die beiden Vorstandsmandate laut Protokoll der zwölften Aufsichtsratssitzung vom 4. Februar 2000 einstimmig bis zum 31. Jänner 2005 verlängert wurden und dem Präsidium des Aufsichtsrates die Verhandlung und Erstellung der neuen Dienstverträge übertragen wurden. Eine schriftliche Ausfertigung der neuen Vorstandsdienstverträge wurde mir nicht vorgelegt; jedoch eine schriftliche Stellungnahme des Vorsitzenden des Aufsichtsrates, dass die Änderung der Bezüge (Grundgehalt und Erfolgsbeteiligung) der Vorstandsmitglieder unter Bezugnahme auf eine an den Aufsichtsratsvorsitzenden adressierte Telefaxnachricht vom 7. März 2000 vom Präsidium akzeptiert wurde. Tatsache Ist, dass aufgrund einer Telefaxnachricht vom 29. August 2000, die an den Aufsichtsratsvorsitzenden gerichtet ist, die Genehmigung der Vorstandsbezüge rückwirkend mit 1. Februar 2000 erbeten wird. Aus einer Benachrichtigung der mit der Lohnabrechnung der Vorstände beauftragten Wirtschaftstreuhandkanzlei Ende September 2000 geht hervor, dass die Meldung der angepassten Bezüge erfolgt ist. In den Geschäftsjahren 1998/99, 1999/2000, 2000/01 sowie bis inkl. Juni 2001 erfolgte die Abrechnung und Auszahlung von erfolgsabhängigen Prämien an die beiden Vorstandsmitglieder, deren Angemessenheit in Bezug auf die zugrunde gelegte Basis mangels Kenntnis derselben keiner Beurteilung zugänglich war. Unter Berücksichtigung der Entwicklung der Unternehmensergebnisse in den Vergleichszeiträumen ist die Vergleichbarkeit der Höhe der im Geschäftsjahr 1999/2000 mit der Prämienhöhe des Vorjahres zu hinterfragen und die Akontierung von Prämien ab Beginn des Geschäftsjahres 2000/01 NICHT GERECHTFERTIGT GEWESEN.

Tz 106 / Im Rahmen meiner Tätigkeit als Sonderprüfer lagen folgende Verdachtsmomente einer Pflichtverletzung des Vorstandes vor:

a) (...) In der vierzehnten Aufsichtssratssitzung vom 25. März 2000 wurde ein Soll-/Ist-Vergleich für das Geschäftsjahr 1999/2000 vorgelegt: Das geplante Ergebnis der gewöhnlichen Geschäftstätigkeit wurde somit um –195,5% verfehlt und lag um –184,6% unter dem Vergleichswert des Vorjahres. Im Geschäftsjahr 2000/01 wurde nach Durchsicht aller Aufsichtsratsprotokolle für diesen Zeitraum dem Aufsichtsrat kein vom Vorstand erstellter Zwischenabschluss, der gemäß dem Börsengesetz zu veröffentlichen ist, vorgelegt. Ob dem Aufsichtsrat diese Informationen in anderer Art und Weise zugänglich waren, kann nicht beurteilt werden. Unterlagen zur Liquiditätsplanung der Gesellschaft, d. h. die Aufstellung einer monatlichen oder quartalsweisen Mittelherkunfts- und Mittelverwendungsrechnung in einem so genannten Finanzplan, konnten für den Prüfungszeitraum – abgesehen von einer groben Finanzbedarfsrechnung für das Geschäftsjahr 1999/2000 (neunte Aufsichtsratssitzung vom 27. Jänner 1999) – nicht vorgelegt werden. Das Cash-Management erfolgte nach Auskünften der zum Zeitpunkt meiner Prüfungstätigkeit noch im Unternehmen beschäftigten Personen über (tägliche) Feststellung der liquiden Mittel (Bankguthaben) und Angabe der zu diesem Zeitpunkt ausgenützten oder noch offenen Kreditlinien.

b) (...) Hinsichtlich der Funktionsfähigkeit und Wirkungsweise eines internen Kontrollsystems (im Folgenden „IKS") im Sinne des § 82 AktG kann man sich des Eindrucks nicht verwehren, dass – sofern ein effizientes IKS jemals für alle Unternehmensbereiche bestanden hat – infolge der konkreten Gestaltung desselben und der Missachtung von vorhandenen Kontrollmechanismen keinesfalls von einem funktionierenden IKS für die wesentlichsten Unternehmensbereiche gesprochen werden kann. Abgesehen von der Tatsache, dass Unterlagen nur zum Teil auffindbar waren, wurde festgestellt, dass in fast allen wichtigen Unternehmensbereichen – wie insbesondere Warenwirtschaft, Personalwesen, Finanzbuchhaltung – das Vieraugenprinzip negiert wurde. Für den Bereich der Warenwirtschaft ergaben sich konkret folgende Feststellungen: Für diesen Unternehmensbereich – insbesondere betreffend die buchhalterische Behandlung von Bonifikationen und Werbekostenzuschüssen – kann zum 29. Februar das Vorhandensein eines funktionierenden IKS aufgrund der folgenden schwerwiegenden Mängel ausgeschlosen werden:

- keine Funktionstrennung und Beachtung eines Vieraugenprinzips, da ein Einkäufer sowohl betreffend die Vereinbarung als auch die Abwicklung von Bonifikationen und Werbekostenzuschüssen weitgehend autonom agieren konnte;

- Bonifikationen wurden ergebniswirksam eingebucht und in weiterer Folge wieder storniert, da es sich entweder um Vorfakturierungen für künftige Perioden oder um Gutschriften handelte, die von Libro vorgegeben wurden;
- die Einbuchung von Bonifikationen erfolgte im Jahresabschluss zum 29. Februar 2000 zum Teil mit einem Valutadatum 28. Februar 2001, um den Abzug dieser „fiktiven Gutschriften" im Wege eines normalen Zahlungslaufes zu vermeiden;
- die Häufigkeit der Buchung von „fiktiven Gutschriften" schließt ein Versehen bei der Erfassung dieser Geschäftsfälle aus.

Der Jahresabschluss zum 29. Februar 2000 weist ein um rund 22 Mio. ATS zu hohes Ergebnis aus. Hierbei wurden Bonifikationen eingebucht, die später wieder storniert wurden. Die Stornos wurden im folgenden Wirtschaftsjahr oder mit einem Valutadatum des folgenden Wirtschaftsjahres vorgenommen. Gemäß Aussagen von Mitarbeitern der Finanzbuchhaltung und des Einkaufes wurden diese Buchungsvorgänge über Weisung des Vorstandes vorgenommen.

Es ist davon auszugehen, dass die Libro AG kein funktionierendes internes Kontrollsystem hatte. Dadurch – und durch das Fehlen eines nachvollziehbaren monatlichen bzw. quartalsmäßigen Berichtssystems – konnte daher auch die Berichterstattung an den Aufsichtsrat nicht konsistent und belegbar durchgeführt werden. Das Fehlen des internen Kontrollsystems führt auch beim deutschen Konzernunternehmen zu fehlenden Kontrollverfahren (keine ordnungsmäßige Buchführung, kein nachvollziehbares Zahlungsverhalten, keine Rechnungsprüfungsmethodik).

c) Im Bericht der Libro AG zum Geschäftsverlauf der ersten drei Quartale des Geschäftsjahres 2000/01 (Stichtag 30. November 2000), der am 17. Jänner 2001 veröffentlicht wurde, wurde ein konsolidiertes EBITDA in Höhe von rund 15,0 Mio. ATS bekannt gegeben, das im Wesentlichen durch die positiven Effekte aus der Endkonsolidierung der lion.cc AG in Höhe von rund 313,8 Mio. ATS beeinflusst war. Die Endkonsolidierung dieser Tochtergesellschaft wurde mit dem nicht mehr bestehenden bestimmenden Einfluss der Libro AG auf die lion.cc AG durch den mit der WAZ-Gruppe geschlossenen Syndikatsvertrag begründet. Die Unternehmensergebnisse dieser Tochtergesellschaft wurden somit nach der „at equity"-Methode, d. h. anteilig in Höhe der prozentuellen Veränderung am Eigenkapital des assoziierten Unternehmens, an dem ein maßgeblicher Einfluss auf die Geschäfts- und Finanzpolitik besteht, einbezogen. Die Durchsicht der mir in diesem Zusammenhang vorliegenden gesellschaftsrechtlichen Beschlüsse, Verträge, sonstigen Vereinbarungen und Dokumente ergab, dass die Libro AG zum Stichtag 30. November 2000 jedenfalls noch mehrheitlich an der lion.cc beteiligt war und die Einbeziehung der lion.cc AG at-equity in Verbindung mit dem Ausweis der positiven Effekte aus der Endkonsolidierung NICHT ZULÄSSIG war.

Der im veröffentlichten Zwischenabschluss vorgenommene Hinweis auf die Bestimmungen eines Syndikatsvertrages ist missverständlich, da der Vollzug der Syndikatsvereinbarungen unter dem Vorbehalt der kartellrechtlichen Genehmigungen stand. Die offizielle Frist für das Vorbringen von kartellrechtlichen Einwendungen ist am 20. Jänner 2001 abgelaufen. Zum Zeitpunkt der Erstellung des Zwischenabschlusses sind bereits entsprechende Grundsatzvereinbarungen vorgelegen; die vom Eigentümer der lion.cc AG zu treffende gesellschaftsrechtliche Entscheidung der Durchführung einer Kapitalerhöhung als vorbereitende Maßnahme für eine Kooperation mit der WAZ und der Abschluss eines Aktienkaufvertrages mit der WAZ sind am 25. Jänner 2001 erfolgt. Mangels Kenntnis der in diesem Quartalsbericht angenommenen Beteiligungshöhe der Libro AG an der lion.cc AG – insbesondere unter Berücksichtigung von der der WAZ eingeräumten Put-Option für 5.555 Aktien der lion.cc AG – erfolgte durch diese Bilanzierungsmethode eine Verbesserung des Konzernergebnisses der gewöhnlichen Geschäftstätigkeit vor Zinsen, Steuern und Abschreibungen (EBITDA). Die Darstellungen über den Vermögensstand der Gesellschaft waren daher zu diesem Zeitpunkt um rund 313,8 Mio. ATS zu hoch. Der Abschlussprüfer der Gesellschaft hat bei der Aufstellung dieses Zwischenabschlusses der Libro AG, betreffend die Endkonsolidierung, insbesondere im Zusammenhang mit dem Übergang auf eine „equity"-Bewertung nach HGB und nach ISA, mitgewirkt.

2. Verdachtsmomente der Pflichtverletzung auf Seiten des Aufsichtsrates

Tz 107 / Die von mir eingesehenen Protokolle des Aufsichtsrates zeigen, dass regelmäßig Sitzungen der Aufsichtsräte mit unterschiedlicher Zusammensetzung stattgefunden haben. Inwieweit die Aufsichtsräte die oben dargelegten Aufwertungsvorgänge der Libro Deutschland bzw. der

Libro Entertainment GmbH hinterfragt haben, kann im Einzelnen nicht mehr nachvollzogen werden. Die diesbezüglichen Aufsichtsratsprotokolle geben darüber wenig Auskunft.

Tz 108 / Eine Urgenz oder Beanstandung der fehlenden laufenden Berichterstattung durch den Aufsichtsrat im Wirtschaftsjahr 1999/2000 ist nicht erfolgt bzw. nicht protokolliert worden.

3. Verschulden des Abschlussprüfers und allfälliger Gutachter

Tz 109 / Die oben dargelegte Aufwertung der Libro Deutschland im Zusammenhang mit der nachfolgenden Sonderdividende erfolgte meines Erachtens nach zu Unrecht. Aufgrund der Erfahrungen der Vergangenheit, wonach eine positive wirtschaftliche Entwicklung der Libro Deutschland nicht erzielt werden konnte, ist ein Wertansatz der Libro Deutschland von 140 Mio. ATS zum Stichtag 28. Februar 1999 NICHT GERECHTFERTIGT.

Tz 110 / Die Aufwertung im Rahmen der Einbringung des Geschäftsbereichs „Libro Entertainment" in eine eigene GmbH in Höhe von 160 Mio. ATS erfolgte meines Erachtens ebenfalls zu Unrecht, da es sich dabei eigentlich um keinen bewertbaren Unternehmensbereich handelt. Da für die Vergangenheit keine Zahlen vorhanden waren, konnte auch nicht von einer Plausibilität des prognostizierten Wachstumsszenarios ausgegangen werden und ist somit ein Wertansatz der Libro Entertainment in Höhe von ATS 160 Mio. zum Stichtag 29. Februar 2000 NICHT GERECHTFERTIGT.

Tz 111 / Das Fehlen eines internen Kontrollsystemes, welches die dargestellten Bilanzverbesserungen verhindert hätte, wäre vom Wirtschaftsprüfer* zu beanstanden gewesen. Ob dies durch den Wirtschaftsprüfer erfolgt ist, kann von mir nicht eingeschätzt werden, da der Wirtschaftsprüfer die Einsicht in seine Arbeitspapiere verweigert hat.

Tz 112 / Die Arbeiten sonstiger Sachverständiger, wie etwa Gutachter, sind zwar zur Klärung von Einzelfragen relevant, letztlich liegt die Verantwortung für allfällige Wertermittlungen im Jahresabschluss aber beim Vorstand und Wirtschaftsprüfer.

* Dem Wirtschaftsprüfungsunternehmen Arthur Andersen geht es in diesen ersten Wochen des Jahres 2002 selbst extrem schlecht, da u. a. zugegeben werden muss, dass wichtige Aktien des Energieriesen Enron vernichtet wurden.

Fazit: Bereits anhand der Bilanz vom 29. Februar 2000 hätte man erkennen müssen, dass Libro in der Krise steckt. Liquiditäts- oder Finanzplanung seien im Hause Libro nicht üblich gewesen, es habe an einem detaillierten Management-Informationssystem gemangelt und von einem „funktionierenden Kontrollsystem kann keineswegs gesprochen werden“. Sollte ein Gericht auf Basis der Staribacher-Feststellungen eine Insolvenzverschleppung erkennen, droht Rettberg eine Haftstrafe. Der wird unterdessen von der in Wien und Umgebung mit 25 Filialen präsenten Billig-Handelskette Sconto als Berater engagiert – möglicherweise eine Art „Absprungbrett“ nach Deutschland, wo er wegen seinem dort deutlich weniger bekannten Namen womöglich bessere Jobchancen hat. „Er ist ein erstklassiger Handelsexperte“, erklärt Sconto-Verwaltungschef Laszlo Salgo. „Die Kooperation basiert auf einem engen Freundschaftsverhältnis zwischen Rettberg und den Sconto-Eigentümern.“

Über Art und Höhe der Entlohnung von Rettbergs Dienstleistungen will Salgo nichts sagen. Sconto kauft Restposten, überschüssige Produktionseinheiten und speziell produzierte Posten auf und vertreibt sie über seine Läden extrem billig – zum Beispiel Toilettenpapier zum halben Preis, Baumwollgeschirrtücher um 0,99 Euro im Dreierpack oder Milka-Schokolade in der Vorjahresverpackung zum halben Preis. Laut „Format“ ist die Kette im Vorjahr Pleite gegangen und vom 28-jährigen Izchak Yeuda als Hauptgesellschafter aus der Konkursmasse gekauft worden. Hinter Yeuda steht die umsatzstarke deutsche Restpostenkette Thomas Philipps Ges. m. b. H., die im Franchisesystem 150 Läden betreibt und selbst als Produzent von Posten auch für den klassischen Handel auftritt.

Kleinaktionärsvertreter Rasinger erwartet straf- und zivilrechtliche Folgen für den „Mister Libro“, rechnet aber nicht damit, dass Rettberg hinter Gitter gehen wird. „Es wird eine Fülle von Milderungsgründen geben und daher maximal eine bedingte Verurteilung.“ Der Aktionärsschützer hält ein gerichtliches Vorgehen aber für ein notwendiges Signal: „Plötzliche Milliardenverluste müssen strukturiert aufgearbeitet werden“, fordert Rasinger auch eine ähnliche Vorgangsweise beim Feuerfestkonzern RHI. Das Gutachten könnte auch ein „Trumpf in der Hand des Vorstandes“ gegen alle im Prüfbericht genannten möglichen Betroffenen sein, darunter auch die Wirtschaftsprüfer, die Libro-Geschäftsgebarungen abgesegnet haben. „Das verschafft dem Vorstand eine gute Verhandlungsposition für einen eventuellen Vergleich.“

Den Aktionären werden allerdings weder mögliche Schadenersatzforderungen gegen frühere Organe noch eine strafrechtliche Verfolgung der Exvorstände etwas bringen, so Rasinger. Die hätten zwar die Hauptlast der Misere getragen, „jetzt haben sie de facto null davon". Anders sieht das der Wiener Anwalt und ebenfalls Kleinaktionärsvertreter Wolfgang Leitner. „Mittelbar könnte es auch einen Vorteil für die Aktionäre geben, weil das Unternehmen dann besser dasteht", sagt er im ORF-Mitttagsjournal. Genau zu prüfen sei auch, ob nicht auch eine Prospekthaftung in Zusammenhang mit dem Libro-Börsengang im Herbst 1999 ins Treffen geführt werden könnte.

Rettberg wehrt sich in einer schriftlichen Stellungnahme: Von der Erkennbarkeit einer Unternehmenskrise im Frühjahr 2000 könne keine Rede sein, Libro sei im Beurteilungszeitraum dank drei führenden Wirtschaftsprüfungskanzleien (KPMG, Ernst & Young, Auditor/Arthur Andersen), die zum Teil überlappend tätig waren, eines der bestgeprüften Unternehmen Österreichs gewesen. Arthur Andersen habe im fraglichen Zeitpunkt das Funktionieren des Rechnungswesens und insbesondere des Kontrollsystems geprüft und nichts beanstandet. Rettberg führt dies darauf zurück, dass dem Gutachter die „im Bereich der Planung, Budgetüberwachung und Controlling besonders sorgfältig geführte Dokumentation" offensichtlich nicht vorgelegen sei: „Wie Dr. Staribacher in seinem Gutachten selbst feststellt, wurden ihm von der Libro AG bzw. den Wirtschaftsprüfern nur unzureichend Unterlagen zur Verfügung gestellt. Ich bin davon überzeugt, dass das Gutachten daher in wesentlichen Teilen nicht richtig ist."

Auch die laut Gutachten überhöhte Bewertung von Libro Deutschland sei durch die KPMG bzw. Ernst & Young als Prüfer für die TA als auch Auditor/Arthur Andersen mehrfach bestätigt worden. Die umstrittene Ausschüttung einer Sonderdividende im Vorfeld des Börsengangs sei „aus Sicht und auf Grundlage der damaligen Einschätzung der positiven Entwicklung der Expansion von Libro und auf Basis von Wirtschaftsprüfer-Gutachten" erfolgt und von den Prüfern abgesegnet worden. Die Dividende sei auch nicht an die „Altaktionäre", sondern an die Libro Holding erfolgt, die anschließend mit der Libro AG zusammengeführt worden sei.

Rettberg verteidigt auch seine Informationen an Aufsichtsräte und Aktionäre. Im Gegensatz zum Gutachten seien die „Zustimmung des Aufsichtsrates in jedem aufsichtsratspflichtigen Geschäftsfall, insbesondere auch für Vorstandsbezüge", vorgelegen. Auch seien regelmäßige Quartalsabschlüsse erstellt worden. Das Berichtswesen des Vorstandes an den Aufsichtsrat habe stets „zumindest die gesetzlichen Anforderungen" erfüllt. Die ebenfalls kritisierte Entkonsolidierung von lion.cc war „laut Meinung der Wirtschaftprüfer zwingend notwendig", die Insolvenz von Libro „vermeidbar", ist Rettberg überzeugt und beruft sich u. a. auf ein Gutachten der BDO Auxilia Treuhand GmbH vom 20. 3. und auf eine Stellungnahme von Univ.-Prof. Dr. Dr. h. c. Anton Egger vom 21. 3., die beide wohl sehr in seinem Sinne ausfallen.

Aus dem Gutachten zum Bericht über die Sonderprüfung der Libro AG, erstattet von der BDO Auxilia im Auftrag der UIAG und der Deutschen Beteiligungs AG:

„... Allerdings ist darauf hinzuweisen, dass es für Libro Deutschland neben dem Bewertungsgutachten der KPMG im Zusammenhang mit den Vorarbeiten für die Börseneinführung der Libro AG auch Grobschätzungen des Unternehmenswertes durch angesehene Investmentbanken gegeben hat. So schätzt etwa Goldman Sachs International in einer Stellungnahme vom 30. 11. 1998 den Wert für Libro Deutschland auf 200 bis 300 Millionen Schilling und unter Berücksichtigung einer Expansionsstrategie und einer strategischen Allianz mit einem Partner für den deutschen Markt sogar auf 500 Millionen. Auch zur Zeit der Libro-Börseneinführung im November 1999 wurden die Wachstumsaussichten für den deutschen Markt von namhaften (Investment-)Banken (z. B. CSFB, Erste Bank, RZB) überwiegend positiv beurteilt, wenngleich auf die mit der Expansion verbundenen Risiken hingewiesen wurde.

In der Folge wurde die auf der Unternehmensbewertung von Goldman Sachs International und insbesondere der KPMG basierende Aufwertung der Libro Deutschland bzw. der Libro Management GmbH in Höhe von 140 Millionen Schilling auch anlässlich der Prüfung der Libro-Jahreabschlüsse zum 28. 2. 1999 und zum 29. 2. 2000 durch den Wirtschaftsprüfer Auditor Treuhand GmbH (Arthur Andersen) überprüft und bestätigt. Weiters fanden vor dem Börsengang der Libro AG (und vor der Übernahme einer Beteiligung von 25 Prozent durch die Telekom Austria AG) mehrere Due-Diligence-Prüfungen durch namhafte Wirtschaftsprüfungsgesellschaften statt, durch welche die Bewertung von Libro Deutschland ebenfalls bestätigt worden ist.

Im Übrigen wird darauf hingewiesen, dass sich die im Einzelabschluss vorgenommene Aufwertung der Libro Management GmbH um den Betrag von 140 Millionen Schilling im Libro-Konzernabschluss nicht auswirkt.

(...)

Ausschüttung der ‚Sonderdividende' und Verschmelzung: Selbst wenn man – entgegen den vorstehenden Ausführungen dieses Gutachtens – der Argumentation des Sonderprüfers hinsichtlich der Unzulässigkeit der Aufwertung im Zusammenhang mit der Einbringung von Libro Deutschland in die Libro Management GmbH bzw. der Ungültigkeit dieses Einbringungsvorgangs folgt und die am 11. 5. 1999 vorgenommene Dividendenausschüttung von 440 Millionen Schilling als überhöht einstuft, stellt sich die Frage, in welchem Umfang die Dividendenausschüttung überhöht und damit unzulässig gewesen wäre und welche rechtliche Konsequenzen sich daraus ergeben würden.

Laut obigen (mit dem Sonderprüfungsbericht übereinstimmenden) Ausführungen steht dem Ertrag aus der Aufwertung in Höhe von 140 Millionen Schilling der Aufwand aus dem aufwertungsbedingten Ansatz von latenten Steuern in Höhe von 23,9 Mio. ATS sowie aus der Bildung einer Rückstellung für Schließungskosten von Filialen in Deutschland in Höhe von 35 Mio. ATS gegenüber. Bei letzterer Position handelt es sich lt. Angaben der damaligen Vorstände vor allem um eine Filiale in München, welche im Rahmen des neuen Expansionskonzepts Deutschland geschlossen werden sollte. Die rückgestellten Kosten betreffen lt. den uns erteilten Auskünften vor allem den Aufwand für die Abfindung des langfristigen Mietvertrags für diese Filiale. Die Rückstellung ist daher wirtschaftlich als eine Korrektur der vorgenommenen Beteiligungsaufwertung zu qualifizieren. Die Bildung dieser Rückstellung hängt unmittelbar mit der Aufwertung von Libro Deutschland bzw. der Libro Management GmbH zusammen. Ohne der auf dem neuen Expansionskonzept für Deutschland basierenden Aufwertung hätte – wegen Weiterführung der bisherigen Deutschland-Stratgie – auch die Rückstellung für Schließungskosten nicht gebildet werden müssen.

Die Auswirkung der Aufwertung auf den Jahresgewinn beträgt daher nicht 116,1 Mio. ATS (so lt. Tz 82 des Sonderprüfungsberichtes), sondern nur 81,1 Mio. ATS. Unter Berücksichtigung des nach Auszahlung der Sonderdividende noch verbleibenden ausschüttungsfähigen Bilanzgewinns (Gewinnvortrags) von rd. 7 Mio. ATS könnte die Sonderdividende daher nur maximal um einen Betrag von 74,1 Mio. ATS (und nicht um 109,1 Mio. ATS lt. Tz 82 des Sonderprüfunsberichtes) überhöht gewesen sein. Geht man weiters davon aus, dass der Unternehmenswert für Libro Deutschland zwar nicht mit 140 Mio. ATS, aber zumindest mit einem deutlich über null liegenden positiven Wert hätte angesetzt werden müssen, so wäre der als überhöht zu qualifizierende Ausschüttungsbetrag noch geringer gewesen.

Die Ausschüttung einer überhöhten Dividende würde aktienrechtlich den Tatbestand der verbotenen Einlagenrückgewähr erfüllen. Nach § 52 AktG dürfen den Aktionären die Einlagen nicht zurückgewährt werden; die Aktionäre haben, solange die Gesellschaft besteht, nur Anspruch auf den Bilanzgewinn, der sich aus der Jahresbilanz ergibt. Nach § 56 AktG haften die Aktionäre den Gläubigern für die Verbindlichkeiten der Gesellschaft, soweit sie entgegen den Vorschriften des AktG Zahlungen von der Gesellschaft empfangen haben. Dies gilt allerdings nicht, soweit sie Beträge in gutem Glauben als Gewinnanteile oder Zinsen bezogen haben. Gem § 56 Abs 3 AktG kann die Gesellschaft Beträge nicht zurückfordern, die Aktionäre in gutem Glauben als Gewinnanteile oder Zinsen bezogen haben.

Geht man in Übereinstimmung mit dem Sonderprüfungsbericht – und entgegen der in diesem Gutachten vertretenen Ansicht – davon aus, dass die von der Libro AG an die UD-AG ausgeschüttete ‚Sonderdividende' von 440 Mio. ATS zumindest um den oben ermittelten Betrag von 74,1 Mio. ATS zu hoch gewesen ist, so ergäbe sich daraus auf der Rechtsgrundlage des § 52 und 56 AktG im Ausmaß des überhöhten Ausschüttungsbetrages ein prinzipieller Rückforderungsanspruch der Libro AG gegenüber ihrer Alleinaktionärin UD-AG (bzw. parallel dazu eine gleich hohe Verbindlichkeit der UD-AG gegenüber der Libro AG). Allerdings kann die Libro AG eine überhöhte Dividende gem. § 56 Abs. 3 AktG dann nicht zurückfordern, wenn die UD-AG – wovon im vorliegenden Fall nach den obigen Ausführungen zu Frage 1 jedenfalls auszugehen ist – die Dividende in gutem Glauben bezogen hat.

Schlussendlich ist zu beachten, dass die Libro AG – wie oben bereits dargestellt – als übernehmende Gesellschaft mit Verschmelzungsvertrag vom 19. 5. 1999 mit ihrer Alleinaktionärin UD-AG als übertragender Gesellschaft verschmolzen worden ist. Dieser Verschmelzungsvorgang wird im Sonderprüfungsbericht hinsichtlich seiner rechtlichen Auswirkungen auf die Konsequenzen einer behaupteten erhöhten Gewinnausschüttung nicht (ausreichend) gewürdigt. Die Folge dieser Verschmelzung besteht nämlich darin, dass durch den verschmelzungsbedingten Übergang sämtlicher Vermögenswerte und Schulden der UD-AG im Wege der Gesamtrechtsnachfolge auf die Libro AG sämtliche gegenseitigen Ansprüche zwischen Libro AG und UD-AG verschmeldzungsbedingt durch ‚Confusio' untergegangen sind. Auch ein auf die § 52 und 56 AktG gestützter Rückforderungsanspruch der Libro AG gegen die UD-AG richtet sich daher nach der Verschmelzung beider Gesellschaften gegen die Libro AG selbst und ist damit aus rechtlicher Sicht infolge Confusio erloschen.

Die UD-AG selbst hat an ihre eigenen Aktionäre – wie oben bereits ausgeführt – bis zu ihrem verschmelzungsbedingten Untergang keine Gewinnausschüttungen vorgenommen. Ein Rückforderungsanspruch an die Aktionäre der UD-AG ist daher schon aus diesem Grunde jedenfalls auszuschließen.

(...)

Mit den behaupteten steuerlichen Vorteilen der Altaktionäre wird offensichtlich der Umstand angesprochen, dass ein Großteil der ‚Altaktionäre' der Libro AG mit den Gewinnen aus der Veräußerung ihrer Beteiligungen steuerbefreit gewesen ist. Relevant kann diese Feststellung daher nur insoweit sein, als von den Altaktionären Aktien veräußert wurden. (Die bei der Libro AG im Zuge des Börsengangs durchgeführte Kapitalerhöhung durch Ausgabe von 2.760.000 jungen Aktien wäre bei der Libro AG in jedem Fall ertragsteuerlich neutral gewesen.) Die zitierte Feststellung des Sonderprüfers geht aber offensichtlich von der Vorstellung aus, dass im Rahmen der Börseneinführung in jedem Fall – also auch ohne Verschmelzung der UD-AG mit der Libro AG – Aktien der Libro AG platziert worden wären. Diese Vorstellung ist aber gerade aus den erwähnten steuerlichen Gründen unzutreffend.

Im Falle einer aktienrechtlichen Unzulässigkeit der Verschmelzung der Libro AG mit der UD-AG wäre es ohne besondere Probleme möglich gewesen, den Börsengang nicht mit den Aktien der Libro AG, sondern mit den Aktien der UD-AG vorzunehmen. Da die UD-AG die 100%ige Muttergesellschaft der Libro AG war, ist ein Börsengang der UD-AG mit einem (direkten) Börsengang der Libro AG wirtschaftlich gleichwertig (wenngleich eingeräumt werden muss, dass einem direkten Börsengang der Libro AG aus Gründen der Börsenoptik der Vorzug zu geben ist). Damit hätten die Altaktionäre aber die angesprochenen steuerlichen Vorteile (Steuerbefreiung des Veräußerungsgewinns) ohne weiteres auch ohne eine Verschmelzung von Libro AG mit UD-AG erzielen können.

Darüber hinaus ist darauf hinzuweisen, dass die Verschmelzung der UD-AG mit der Libro AG nicht nur in Form einer Verschmelzung ‚down stream', sondern auch in Form einer Verschmelzung ‚up stream' oder einer verschmelzenden Umwandlung nach UmwG durchgeführt hätte werden können und nach der damaligen Rechtspraxis der Firmenbuchgerichte davon auszugehen ist, dass die Verschmelzung auch bei Ausweis eines Verschmelzungsverlustest und damit auch ohne Aufwertung der Beteiligung an der Libro Management GmbH im Firmenbuch eingetragen worden wäre. Weiters hätte zur Beseitigung eines restlichen Verschmelzungsverlustes beim ‚Down-Stream-Merger' auch die Möglichkeit einer Kapitalherabsetzung (nach der erfolgten Kapitalerhöhung aus Gesellschaftsmitteln) bei der Libro AG bestanden.

(...)

In Tz 107 des Sonderprüfungsberichtes wird angedeutet, dass die fehlende (weil aus den Aufsichtsratsprotokollen nicht nachvollziehbare) Überprüfung diverser Aufwertungsvorgänge (darunter auch des vorstehend dargestellten Aufwertungsvorganges im Zusammenhang mit Libro Deutschland) durch den Aufsichtsrat möglicherweise ein Verdachtsmoment für eine Pflichverletzung auf Seiten des Aufsichtsrates darstellen könnte.

Unter Berücksichtigung des ausführlich dargestellten vollständigen Sachverhalts stellt sich die vom Sonderprüfer kritisierte Aufwertung aus der damaligen Sicht des Aufsichtsrates (und auch der damaligen Aktionäre) der Libro AG wie folgt dar:

- Die Aufwertung der Libro Management GmbH resultiert aus der Einbringung der Beteiligung an der Libro Deutschland; der Aufwertung liegt eine Unternehmensbewertung der renommierten Wirtschaftsprüfungsgesellschaft KPMG Austria GmbH vom 15. 4. 1999 zugrunde.
- Die Bewertung der KPMG liegt mit 140 bis 160 Mio. ATS sogar deutlich unter jenem Wert von 200 bis 300 Mio. ATS, welcher Ende 1998 im Zusammenhang mit der Vorbereitung der Börseneinführung von der angesehenen amerikanischen Investmentbank Goldman Sachs International geschätzt worden ist.
- Die Aufwertung in Höhe von 140 Mio. ATS wurde anlässlich der Prüfung des Libro-Jahresabschlusses zum 28. 2. 1999 durch den Wirtschaftsprüfer Auditor Treuhand GmbH (Arthur Andersen) überprüft und bestätigt.
- In weiterer Folge wurde der Wertansatz der Libro Management GmbH nochmals anlässlich der Prüfung des Libro-Jahresabschlusses zum 29. 2. 2000 vom Wirtschaftsprüfer Auditor überprüft und bestätigt.
- Schließlich fanden vor dem Börsengang der Libro AG (und vor der Übernahme einer Beteiligung von 25% durch die Telekom Austria AG) mehrere Due-Diligence-Prüfungen durch namhafte Investmentban-

ken und Wirtschaftsprüfungsgesellschaften statt, durch welche die Bewertung von Libro Deutschland ebenfalls bestätigt worden ist.

Der Aufsichtsrat der Libro AG hat sich anlässlich der Befassung mit dem Jahresabschluss zum 28. 2. 1999 in der 10. AR-Sitzung vom 6. 5. 1999 lt. Angaben des damaligen Aufsichtsratsvorsitzenden auch mit der dargestellten Aufwertung der Libro Management GmbH im Gefolge der Sacheinlage der 100%igen Beteiligung der Libro Deutschland befasst. Angesichts der dargestellten Sachlage (Bewertung durch KPMG und Goldman Sachs International, Überprüfung durch Wirtschaftsprüfer Auditor Treuhand GmbH sowie durch weitere Wirtschaftsprüfer im Rahmen mehrerer Due-Diligence-Prüfungen) bestand aber für den Aufsichtsrat aus damaliger Sicht keine erkennbare Veranlassung, im Rahmen seiner durch § 96 AktG vorgeschriebenen Prüfung des Jahresabschlusses, des Lageberichtes und des Gewinnverteilungsvorschlages an den vorgelegten Wertansätzen zu zweifeln bzw. weitergehende Prüfungen, insbesondere hinsichtlich der Bewertung der Libro Management GmbH, zu verlangen.

(...)

Eine direkte Einsichtnahme in die Organisation des Rechnungswesens sowie der internen Berichterstattung innerhalb der Libro-Gruppe wurde uns vom Vorstand der Gesellschaft nicht gestattet. Unsere Ausführungen zu diesem Punkt basieren daher auf Auskünften der ehemaligen Vorstände André Rettberg und Mag. Johann Knöbl sowie ehemaliger Aufsichtsratsmitglieder.

Nach den uns erteilten Auskünften verfügte die Libro-Gruppe über ein langjährig erprobtes und detailliertes Management-Informationssystem, das noch während der Zugehörigkeit der Libro AG zur BML-Gruppe (Billa) implementiert worden ist.

In einer schriftlichen Stellungnahme vom 19. 3. 2002 beschreibt der ehemalige Finanzvorstand Mag. Knöbl das Management-Informationssystem des Vorstandes u. a. wie folgt:

‚Es gab monatlich so genannte Cash-Besprechungen, an denen alle Geschäftsführer, Verkaufsleiter sowie leitende Mitarbeiter des gesamten Libro-Konzerns teilzunehmen hatten. In diesen Cash-Besprechungen wurde die Unternehmensentwicklung anhand der vorliegenden Ertragszahlen besprochen. Eingehend besprochen wurden die wesentlichen Positionen der Bilanz, insbesondere Lagerbestände, der Investitionsstand, die net-debt-Entwicklung und die frei verfügbaren Rahmen. Weiters wurden die so genannten EKS-Listen (Ergebnisse aus Einkauf/Verkauf)

besprochen, die rascher verfügbar waren als die Gesamt-Cash-Auswertungen. In diesen Besprechungen wurde die Ertragssituation des Unternehmens insgesamt, aber auch heruntergebrochen auf die Verkaufsleiterebene, Rayonebene und Filialebene besprochen, die einzelnen Geschäftsfelder wurden zudem gesondert behandelt. Für besondere Anlässe (Abweichungen vom Plan, Filialeröffnungen, Integration neuer Geschäftsfelder und neuer Beteiligungen, Trendabweichungen bzw. Marktabweichungen) wurden Detailauswertungen erstellt. Die Auswertungen standen in verdichteter Form dem Aufsichtsrat zur Verfügung.'
(...)

Insgesamt gesehen vermitteln die uns vorliegenden Unterlagen und die uns dazu von den ehemaligen Organen gegebenen ergänzenden Erläuterungen den Eindruck, dass der Vorstand der Libro AG über ein den Bedürfnissens des Unternehmens entsprechendes und umfassendes Management-Informationssystem verfügt hat. (...)

Weiters ergibt sich, dass auch der Aufsichtsrat in einem den unternehmensindividuellen Erfordernissen entsprechenden Umfang über die wirtschaftliche Entwicklung des Unternehmens laufend informiert worden ist, auch wenn – wie dies in der Praxis häufig der Fall ist und auch die nachfolgend angeführten Punkte zeigen – nicht immer den Kriterien einer vollständigen Dokumentation (z. B. Gebot der Schriftlichkeit) entsprochen wurde. (...)

Der im Sonderprüfungsbericht mit spätestens Frühjahr 2000 festgelegte Zeitpunkt der Erkennbarkeit der Unternehmenskrise ist u. E. in keiner Weise nachvollziehbar. (...)

Der Anstieg der Lieferantenverbindlichkeiten ist daher kein Signal einer bevorstehenden Unternehmenskrise, sondern das Ergebnis einer aus bewussten kaufmännnischen Strategie des Managements.

Im Übrigen ist darauf hinzuweisen, dass den Lieferantenverbindlichkeiten lt. Konzernabschluss zum 29. 2. 2000 u. a. Vorräte in Höhe von rd. 1.153,4 Mio. ATS sowie liquide Mittel (Kassenbestände, Bankguthaben, Schecks, Wertpapiere des Umlaufvermögens) in Höhe von rd. 409 Mio. ATS gegenüberstanden. (...)

Zusammenfassend ist daher festzustellen, dass mit dem negativen EGT 1999/2000 (nach IAS) in Höhe –139,1 Mio. ATS zwar ein erheblicher Verlust erwirtschaftet worden ist (woraus allenfalls die Notwendigkeit entsprechender Managementmaßnahmen abgeleitet werden könnte), allerdings etwa ein halbes Jahr nach dem Börsengang und mit einem bilanziellen Eigenkapital per 29. 2. 2000 (nach Berücksichtigung dieses Verlustes) in Höhe von 1.008 Mio. ATS (nach IAS) bzw. 954 Mio. ATS (nach HGB) u. E. aber keinesfalls von einer sich abzeichnenden Unternehmenskrise gesprochen werden kann.

Von besonderer Bedeutung für die Frage der Erkennbarkeit der Unternehmenskrise ist u. E. die Entwicklung des Unternehmensbereiches lion.cc. Dieses erst im Juni 1999 gestartete Internetportal der Libro-Gruppe (lt. Geschäftsbericht 1999/2000 war es im Februar 2000 bereits die Nr. 2 unter den österr. Internet-Sites) nahm in der strategischen Positionierung der Libro-Gruppe – auch im Kontext mit der gerade im Zeitraum Anfang bis Mitte 2000 auf einem Höhepunkt befindlichen Internet-Euphorie an den Börsen – einen besonderen Stellenwert ein. Wie oben bereits erwähnt, war für lion.cc für das Geschäftsjahr 1999/2000 ein Verlust (EGT auf IAS-Basis) in Höhe von 105,9 Mio. ATS geplant. Der tatsächliche Verlust (EGT auf IAS-Basis) belief sich sodann infolge des (zunächst nicht geplanten) hohen Werbeaufwands für den ISP-Bereich auf –244,8 Mio. ATS.

Diese Entwicklung erschien jedoch aus damaliger Sicht im Hinblick auf den ursprünglich bereits für den Herbst 2000 (gemeinsam mit den Internetaktivitäten der Telekom Austria AG) geplanten Börsengang der lion.cc als nicht außergewöhnlich. Gerade die in lion.cc investierten Entwicklungs- und Marketingkosten wurden von den Libro-Organen im Hinblick auf den geplanten Börsengang und die von namhaften Investmentbanken dafür ermittelte Marktbewertung als besonders lukratives Investment eingestuft. Aus den uns vorliegenden Unterlagen können folgende Bewertungen der lion.cc genannt werden.

1. Analyse der RZB vom 12. 10. 1999: Der von der RZB anhand von Market-Multiples ermittelte Wert für lion.cc bewegte sich in einer Bandbreite von 3.000 bis 3.400 Mio. ATS. Dieser Wert versteht sich allerdings unter Miteinbeziehung eines strategischen Partners.
2. Analyse der Deutschen Bank vom 15. 10. 1999: Die Deutsche Bank ermittelte in ihrer Analyse für den Teilbereich lion.cc anhand von Multiplikatoren folgende Unternehmenswerte: ISP-Bereich 800 Mio. ATS, E-Commerce/Portal: 600 Mio. ATS. In dieser Bewertung sind die Synergieeffekte aus der beabsichtigten Kooperation mit der Telekom Austria bereits enthalten.
3. Präsentationsunterlagen von Warburg Dillion Read zur vorläufigen Bewertung von lion.cc vom März 2000: Die uns vorliegenden Präsentationsunterlagen der Investmentbank Warburg Dillion Read enthalten eine vorläufige Bewertung des Teilbetriebs lion.cc mit Stand März 2000. Methodisch erfolgte die Bewertung im Wege einer sogenannten „Multiple Based Valuation" durch Verwendung von aus Ver-

gleichsdaten ausgewählter Unternehmen ermittelter Multiplikatoren. Für den ISP-Bereich und den E-Commerce/Portal-Bereich wurden dabei folgende Unternehmenswerte ermittelt: ISP-Bereich: 300 bis 500 Mio. Euro (etwa 4.100 bis 6.900 Mio. ATS), E-Commerce/Portal: 2.000 bis 3.500 Mio. Euro (etwa 27.500 bis 48.200 Mio. ATS)

4. Analyse der Erste Bank AG zur indikativen Erstbewertung von lion.cc vom 19. 6. 2000: Laut den uns vorliegenden Informationen wurde diese Analyse nicht im Auftrag von Libro, sondern im Auftrag der Kronen Zeitung als Bewertungsgrundlage für den geplanten 10%igen Einstieg der Krone bei der lion.cc erstellt. Die Erste Bank kam dabei zum Ergebnis, dass für lion.cc eine Bewertungsbandbreite von 300 bis 400 Mio. Euro (etwa 4.100 bis 6.600 Mio. ATS!) gerechtfertigt sei. Der Unternehmenswert wurde nach dem DCF-Verfahren ermittelt. Zusätzlich erfolgte die Wertermittlung aufgrund der Marktbewertung vergleichbarer börsennotierter Unternehmen. Nachdem die Krone auf den geplanten Einstieg bei der lion.cc verzichtet hatte, wurde das Gutachten von der WAZ als Basis für die Verkaufsverhandlungen mit der Libro AG übernommen.
5. Gutachten der Auditor Treuhand GmbH vom 15. 7. 2000 über den Unternehmenswert des Teilbetriebes der lion.cc per 30. 6. 2000: Dieses Gutachten wurde im Zusammenhang mit der Ausgliederung des Teilbetriebs lion.cc in eine eigene Gesellschaft erstellt. Die Bewertung wurde nach dem DCF-Verfahren auf Basis der vom Unternehmen vorgelegten Planungsrechnung vorgenommen. Der Unternehmenswert wurde in der Bandbreite von 1.000 Mio. ATS bis 1.400 Mio. ATS ermittelt, wobei aber einschränkend festgehalten wurde, dass dieser Wert nur dann gerechtfertigt ist, wenn folgende Planungsprämissen erreicht werden:
   - die angenommene Marktentwicklung im Bereich Internet bzw. E-Commerce
   - die geschätzten Marktanteile im Bereich E-Commerce
   - die geplante Spannenentwicklung
   - die zugrunde gelegte Wettbewerbsintensität sowie
   - die aktive Kooperation mit anderen Marktteilnehmern

Bei Nichterreichen der dargestellten Prämissen wäre der Unternehmenswert deutlich niedriger anzusetzen.

Weiters ist darauf hinzuweisen, dass das Libro-Management im Sommer 2000 – nach einer Änderung der ursprünglich auf eine Zusammenführung der beiderseitigen Internetaktivitäten abzielenden Kooperation mit der Telekom Austria AG – zusätzlich zu einem Engagement der Telekom Austria AG bei lion.cc intensive Verhandlungen mit der deutschen WAZ-Gruppe wegen der Übernahme einer Beteiligung an lion.cc geführt hat (Abschluss einer Rahmenvereinbarung am 13. 7. 2000 sowie eines Syndikatsvertrages am 25. 10. 2000). Die Verhandlungen mit der WAZ waren auch das Ergebnis einer neuen Strategie der Zusammenarbeit mit einem Medienpartner, der nicht nur eine gewichtige Marktpräsenz in Österreich (Kurier und Kronen Zeitung) und Deutschland aufwies, sondern auch in der Lage gewesen wäre, den für die Internet-Aktivitäten von lion.cc so wichtigen ‚Content' zu liefern.

Die Verhandlungen mit der WAZ haben schließlich dazu geführt, dass die WAZ in einem ersten Schritt mit Vereinbarung vom 25. 10. 2000 gegen Einzahlung eines Betrages von 90 Mio. ATS (für Kapitalerhöhung und Agio) eine 10%ige Beteiligung an lion.cc erworben hat. Rechnet man diesen ‚Einstiegspreis' auf das gesamte Unternehmen hoch, so ergibt sich für lion.cc vor Einstieg der WAZ-Gruppe ein Unternehmenswert von 900 Mio. ATS.

Auch aus den am 12. 7. 2000 abgeschlossenen Vereinbarungen über die Übernahme einer 6,75%igen Beteiligung durch die Telekom Austria AG um einen Betrag von 70 Mio. ATS ergibt sich hochgerechnet ein Unternehmenswert für lion.cc von über 1.000 Mio. ATS.

Insgesamt gesehen sind alle Beteiligten aus der Sicht der damaligen Marktverhältnisse noch im Herbst 2000 davon ausgegangen, dass für die Beteiligung an lion.cc – aufgrund der erreichten führenden Marktposition – im Falle eines Börsengangs ein Unternehmenswert weit jenseits des Betrages von 1.000 Mio. ATS erzielbar ist.

Generell ist festzuhalten, dass gerade um die Zeit der Präsentation des Jahresabschlusses zum 29. 2. 2000 der Libro AG der ‚Internetboom' an den Börsen seinen Höhepunkt erreicht hatte. So erreichten sowohl der ‚Neue Markt' als auch das amerikanische Pendant NASDAQ im März/April 2000 ihr All-time-High. Auch die Aktien der mit lion.cc grundsätzlich vergleichbaren Unternehmen wie amazon.com, Buch.de Internetstores AG, buecher.de, Barnesandnoble.com etc. hatten in diesem Zeitraum bei starken Umsätzen ein hohes Kursniveau erreicht.

Der im Sommer bzw. Herbst 2000 einsetzende Rückgang des Internetbooms und der damit einhergehende Wertverfall von Internet-Unternehmen hat auch im Falle von lion.cc einen im Unternehmenskonzept vorgesehenen Börsengang bzw. einen Verkauf an strategische Partner über den Investitionskosten schließlich unmöglich gemacht und damit in der Folge ganz wesentlich zur Unternehmenskrise und Bestandsgefährdung der Libro AG beigetragen.

(...)

Angesichts dieser Fakten und Rahmenbedingungen kann u. E. – entgegen der Feststellung des Sonderprüfungsberichtes – keinesfalls davon gesprochen werden, dass die ‚Unternehmenskrise' spätestens im Frühjahr 2000 (Vorlage des Jahresabschlusses 29. 2. 2000) erkennbar gewesen ist. Es ist daher nach rechtlichen Kriterien eine derartige Krise zu dieser Zeit nicht feststellbar. (...)

Erste Informationen über unerwartete, erhebliche Planabweichungen im Geschäftsjahr 2000/01 sind im Protokoll der 16. AR-Sitzung vom 8. 9. 2000 anhand des in dieser Sitzung vorgelegten Soll-Ist-Vergleichs der Ertragszahlen bis zum 31. 7. 2000 dokumentiert.

Aus den Zahlen ist ersichtlich, dass von der Gesamtabweichung von –229,1 Mio. ATS fast die Hälfte (–108,2 Mio. ATS) auf das Kerngeschäft der Libro-Filialen entfällt. Da das zweite Halbjahr wegen des Schul- und Weihnachtsgeschäftes traditionell stärker ist, bestand seitens der Unternehmensleitung aus damaliger Sicht (vor allem auch angesichts positiver Daten zum angelaufenen Schulgeschäft zu Schulbeginn) noch die berechtigte Erwartung, die bisherigen Abweichungen aufholen zu können. Ein wesentliches Thema dieser AR-Sitzung bildeten auch die im Sommer 2000 begonnenen Verhandlungen mit der WAZ-Gruppe über einen Einstieg bei lion.cc. Angesichts dieser Rahmenbedingungen sowie eines per Ende August 2000 vorhandenen Kreditrahmens im Ausmaß von insgesamt rd. 2.900 Mio. ATS (Net debts per Ende August: rd. 1.900 Mio. ATS) kann auch zu diesem Zeitpunkt noch nicht von einer ‚Unternehmenskrise' gesprochen werden.

In der 17. AR-Sitzung vom 15. 12. 2000 wurde dem Aufsichtsrat erneut ein Soll-Ist-Vergleich der Ertragslage bis zum 31. 10. 2000 vorgelegt, der wiederum eine nachhaltige Verschlechterung der Ertragssituation aufzeigt.

Aus den Erläuterungen zum Soll-Ist-Vergleich geht hervor, dass das Schulgeschäft und der nachfolgende Zeitraum bei weitem nicht die Erwartungen erfüllt haben (wesentliche Planabweichungen bei Libro Österreich, Libro Deutschland und Amadeus, Verschärfung der Ertragssituation der Libro-Gruppe durch sinkende Roherträge). Weiters musste die Libro-Gruppe aufgrund des aus kartellrechtlichen Gründen verzögerten Einstiegs der WAZ bei lion.cc alleine die hohen Werbekosten für die Markteintrittsoffensive in Deutschland tragen, was ebenfalls zu einem nicht geplanten Liquiditätsabfluss geführt hat.

Der Vorstand berichtet weiters, dass sich im Hinblick auf das schlecht laufende Weihnachtsgeschäft und die dramatisch über Plan liegenden Warenbestände sowie die im Zeitraum Jänner und Februar 2001 zu begleichenden Lieferantenverbindlichkeiten eine schwierige Liquiditätssituation abzeichne. Es wurde bereits ein Einkaufsstopp angeordnet und für Jänner 2001 eine ‚dramatische Abverkaufs-Aktion' geplant. Weiters sei damit zu rechnen, dass nach der Veröffentlichung der Quartalszahlen am 30. 11. 2000 die Kreditrahmen der Banken nicht mehr voll ausgenützt werden können.

Ca. einen Monat später – in der 18. AR-Sitzung vom 15. 1. 2001 – wurden nach dem ‚atypischen' Verlauf des Weihnachtsgeschäfts und den ‚dramatischen' Planabweichungen (vor allem bei Amadeus und Libro Deutschland) einschneidende Restrukturierungsmaßnahmen diskutiert (Schließung Deutschland, Ausarbeitung eines Sofortmaßnahmenplanes und eines neuen Liquiditätsplanes).

Rund zwei Wochen später wurde in der 19. AR-Sitzung am 1. 2. 2001 die Planung für 2001/02 diskutiert. Das Budget war noch nicht beschlussfähig und sollte nach den Gesprächen mit den Mitarbeitern von der KPMG geprüft werden.

Weiters wurden diverse Maßnahmen für eine Verbesserung der Situation diskutiert.

Der Aufsichtsrat hat – als Reaktion auf die negative Unternehmensentwicklung – im Zeitraum Oktober 2000 bis Februar 2001 u. a. folgende Maßnahmen gesetzt bzw. den Vorstand mit der Umsetzung beauftragt:

- Ab Oktober 2000 wurde Herr Mag. Stadler (ehemaliger Mitarbeiter der KPMG) als Konsulent mit der Kontrolle der Finanzgebarung bei lion.cc beauftragt. Ab Dezember 2000 unterstützte Mag. Stadler die Libro AG weiters bei der Erstellung einer Hochrechnung bis zum Ende des Geschäftsjahres 2000/01.
- Weiters wurden zur Verstärkung der zweiten Managementebene, vor allem im Bereich Controlling, die späteren Mitglieder des Vorstandes Dr. Karl Kronsteiner (ab Oktober 2000) und Mag. Bernhard Chwatal (ab Februar 2001) engagiert.
- Ab Jänner 2001 wurde das Management der lion.cc um den Wirtschaftsprüfer Dr. Zwiletitsch verstärkt.
- Ab Jänner 2001 wurde auch die KPMG mit einer Plausibilitätsprüfung des vorgelegten Budgets für das Geschäftsjahr 2000/01 beauftragt.
- Weiters wurde in den AR-Sitzungen vom Dezember 2000 bzw. Jänner 2001 intensiv über Redimensionierungen von Unternehmensbereichen, über Filialschließungen (insbesondere betreffend Libro Deutsch-

land und Amadeus) sowie über Kostensenkungen diskutiert und der Vorstand angewiesen, entsprechende Konzepte auszuarbeiten.

- Als kapital- und liquiditätsverstärkende Maßnahmen wurde u. a. der Verkauf von Unternehmensbereichen (z. B. ISP-Bereich von lion.cc an Telekom Austria), Retourlieferungen an Lieferanten, Ausverkaufsaktionen sowie Möglichkeiten der Zufuhr von Eigen- und Mezzaninkapital (Ausgabe einer Wandelanleihe) diskutiert und umgesetzt.

Auch die veröffentlichten IAS-Quartalszahlen der Libro-Gruppe für das Geschäftsjahr 2000/01 lassen die dargestellte negative Entwicklung deutlich erkennen. Die Eigenmittel, die per 29. 2. 2000 noch mit einem Wert von 1.008 Mio. ATS ausgewiesen worden sind, haben sich bis 31. 8. 2000 mit einem Wert von 471,6 Mio. ATS (unter Berücksichtigung des Abzugs von eigenen Aktien in Höhe von 44 Mio. ATS) fast halbiert. Zum 30. 11. 2000 werden – unter Berücksichtigung der Endkonsolidierung von lion.cc – zwar mit 721,6 Mio. ATS wieder höhere Eigenmittel ausgewiesen; lässt man die Endkonsolidierung von lion.cc allerdings außer Betracht, ergibt sich per 30. 11. 2000 eine weitere Verminderung der Eigenmittel auf deutlich unter 400 Mio. ATS. (...)

Aufgrund der Quartalszahlen sowie der in den AR-Protokollen dokumentierten Geschäftsentwicklung des Geschäftsjahres 2000/01 (insbesondere Kenntnis über das enttäuschende Weihnachtsgeschäf) kann u. E. davon ausgegangen werden, dass sowohl für den Vorstand als auch für den Aufsichtsrat das Vorliegen einer Unternehmenskrise um den Jahreswechsel 2000/01 erkennbar gewesen ist. Damit ist aber noch keine Zahlungsunfähigkeit bzw. Überschuldung im Sinne des Insolvenzrechts gegeben.

(...)

Die Unternehmenskrise der Libro AG ist vor allem auf ein Scheitern der beim Börsengang propagierten, aber mit zu hohen Kosten verbundenen Expansionspolitik in verschiedene Geschäftsbereiche zurückzuführen.

Hauptverlustträger war dabei die unter dem Titel ‚Libromania' umgesetzte massive Filialausweitung der Libro AG in Österreich (einschließlich der Amadeus-Großfilialen). Dies brachte zwar von März 1999 bis Februar 2001 eine über 20%ige Umsatzausweitung, war aber gleichzeitig mit einem Rückgang des Umsatzes je m^2 Verkaufsfläche sowie mit einer massiven Kostenexplosion verbunden. Der im Geschäftsjahr 2000/01 im österr. Kerngeschäft entstandene operative Verlust belief sich auf 423 Mio. ATS, wovon 286 Mio. ATS auf Libro Österreich und 137

Mio. ATS auf Amadeus entfielen. Unter Berücksichtigung von restrukturierungsbedingten außerordentlichen Belastungen aus Lagerabwertungen, Firmenwertabschreibungen (Amadeus), Schließungskosten, Schadenersatzansprüchen und Abwertung der eigenen Aktien in Höhe von rund 633 Mio. ATS beträgt der Gesamtverlust von Libro Österreich im Wirtschaftsjahr 2000/01 mehr als 1.000 Mio. ATS.

Ein wesentlicher Teil des Gesamtverlustes ist auf die Internet- und E-Commerce-Aktivitäten im Rahmen der lion.cc zurückzuführen. (...) Aus bilanzieller Sicht hat das lion.cc-Abenteuer Eigenmittel in Höhe von knapp 600 Mio. ATS verschlungen.

Auch ein weiterer Pfeiler der beim Börsengang propagierten Expansionsstrategie, nämlich die Expansion nach Deutschland (mit Übernahme von 11 Bertelsmann-Boulevard-Filialen und Eigeneröffnung der Filiale Berlin) war mit enormen Kosten verbunden und schlägt nach der vollständigen Einstellung mit einem Eigenkapitalverzehr von mehr als rd. 600 Mio. ATS zu Buche.

Schließlich hat auch der neue Geschäftsbereich ‚Libro Entertainment' der Gesellschaft insgesamt Verluste in einer Größenordnung von rd. 200 Mio. ATS beschert. (...)

Die ausführlich dargestellte Sonderdividende in Höhe von 440 Mio. ATS wurde von der Libro AG (damals noch Librodisk AG) mittels zweier Barvorlagen finanziert. Der Aufsichtsrat wurde im Rahmen der zustimmenden Kenntnisnahme des Gewinnverwendungsbeschlusses über die Finanzierungsmodalitäten informiert, ein formaler AR-Beschluss über die Finanzierung ist nicht erfolgt.

Zunächst ist u. E. davon auszugehen, dass der Aufsichtsrat mit der Prüfung und Billigung des vorgelegten Jahresabschlusses zum 28. 2. 1999 und des dazugehörigen Gewinnverwendungsvorschlages für das Geschäftsjahr 1998/99 wohl auch der dafür notwendigen Fremdfinanzierung seine Zustimmung erteilt hat, da aus dem Jahresabschluss klar ersichtlich gewesen ist, dass die Ausschüttung nicht aus den bestehenden liquiden Mitteln (lt. Jahresabschluss rd. 41 Mio. ATS) finanziert werden konnte.

Darüber hinaus stellt sich die Frage, ob eine Genehmigung durch den Aufsichtsrat überhaupt notwendig gewesen wäre, da die Ausschüttung offensichtlich ohnedies in den zum Zeitpunkt der Auszahlung (Mai 1999) bestehenden Kreditrahmen von 2.350 Mio. ATS gedeckt gewesen ist. So betrugen die Verbindlichkeiten der Librodisk AG gegenüber Kreditinstituten zum 28. 2. 1999 bei einem Kreditrahmen von 2.350 Mio. ATS rund 956,9 Mio. ATS. Zum 31. 8. 1999 – mehr als drei Monate nach der Ausschüttung – hatte die Libro AG Verbindlichkeiten gegenüber Kreditinstituten in Höhe von 1.617,2 Mio. ATS; es waren daher die Kreditrahmen auch nach der Ausschüttung (und vor dem Börsengang) bei weitem noch nicht ausgeschöpft.

Nach Angaben der ehemaligen Vorstände bestand zwischen der Libro AG und der Libro Deutschland bereits aus der Zeit der Zugehörigkeit zum BML-Konzern eine grundsätzliche Vereinbarung, dass die Verluste der Libro Deutschland von der Libro AG abgedeckt werden. Die Verlustabdeckungen wurden im Wege des Umlaufbeschlussverfahrens vom Aufsichtsrat auch stets genehmigt.

Eine formell protokollierte Genehmigung der Garantieerklärung vom 22. 8. 2000 zu Gunsten der Libro Deutschland für einen Bankkredit der Oberbank AG in Höhe von rd. 8 Mio. Euro durch den Aufsichtsrat ist tatsächlich nicht nachweisbar. Laut Auskunft ehemaliger AR-Mitglieder war es aus Sicht des Aufsichtsrates aber klar, dass Libro Deutschland von Libro Österreich finanziert wird und ohne Garantieerklärung durch die Muttergesellschaft keinen Kredit in dieser Höhe bekommen würde. Der Kredit war für die langfristige Umsetzung der in Deutschland eingeschlagenen Expansionsstrategie notwendig, die auch in der 9. AR-Sitzung vom 27. 1. 1999 im Rahmen der Vorlage des Budgets für das Geschäftsjahr 1999/2000 vom Aufsichtsrat genehmigt worden ist. Es kann u. E. daher davon ausgegangen werden, dass der Aufsichtsrat der Garantieerklärung – wenn auch nicht formell in einem Protokoll dokumentiert – zugestimmt hat. Weiters ist anzumerken, dass die Haftungsübernahme in den zu diesem Zeitpunkt bestehenden Kreditrahmen offenkundig Deckung gefunden hat (Verbindlichkeiten der Libro AG gegenüber Kreditinstituten zum 31. 8. 2000 2.212,0 Mio. ATS bei einem Kreditrahmen von 2.402 Mio. ATS).

Nach Auskunft des Vorsitzenden des Aufsichtsrates Mag. Stiassny wurde die in der 12. AR-Sitzung vom 4. 2. 2000 einstimmig beschlossene Verlängerung der Vorstandsverträge in weiterer Folge durch das Präsidium korrekt abgewickelt. Dabei wurden die bestehenden Verträge bis auf die Regelung der Bezüge unverändert gelassen. Die Erhöhung der Bezüge wurde ebenfalls am 4. 2. 2000 vom Präsidium des Aufsichtsrates beschlossen. Die Änderung der Bezüge wurde im Telefax vom 7. 3. 2000 von Mag. Knöbl an Mag. Stiassny richtig dargestellt, wobei in diesem Telefax festgehalten wird, dass eine Detailregelung zur Akontierung der Prämien noch zu erfolgen habe. Die im Telefax vom 29. 8. 2000 von Mag. Knöbl nochmal erbetene Bestätigung der geänderten Bezüge ist im Hinblick auf den bereits vorliegenden Präsidiumsbeschluss vom 4. 2. 2000 ohne rechtliche Relevanz. Der vom Sonderprüfer geäußerte Verdacht, dass die Änderung der Bezüge erst mi 29. 8. 2000 vom Präsidium des Aufsichtsrates genehmigt worden ist, ist jedenfalls nicht zutreffend. (...)

Weiters kann festgestellt werden, dass auch die Berichterstattung an den Aufsichtsrat in den Geschäftsjahren 1999/2000 und 2000/01 inhaltlich im Wesentlichen den aus § 81 AktG abgeleiteten Erfordernissen und Usancen der Aufsichtsratspraxis entsprochen hat. Geringfügige Mängel ergeben sich allenfalls aus formaler Sicht (Schriftlichkeit!) sowie aus dem Umstand, dass der tatsächliche Umfang der Berichterstattung offensichtlich nicht immer vollinhaltlich in den AR-Protokollen dokumentiert worden ist. (...)

Die Funktionsfähigkeit des Internen Kontrollsystems (IKS) wurde in den Geschäftsjahren 1998/99 bis 2000/01 mehrmals auch durch externe Sachverständige überprüft. Neben der obligatorischen Überprüfung des IKS im Rahmen der Jahresabschlussprüfungen, die auch in den Prüfungsberichten des Abschlussprüfers dokumentiert ist, wurde der Wirkungsgrad des IKS insbesondere auch anlässlich des Börsenganges von der Wirtschaftsprüfungsgesellschaft KPMG überprüft. Die Überprüfungen ergaben keine Beanstandungen. Erst anlässlich der Prüfung des Jahresabschlusses am 20. 2. 2001 der Libro AG weist der Abschlussprüfer darauf hin, dass sich der Wirkungsgrad des IKS im Geschäftsjahr 2000/01 massiv verringert hat.

Aus den uns vorgelegten Unterlagen und erteilten Auskünften kann der Schluss gezogen werden, dass die Libro AG über ein sehr detailliertes IKS verfügt hat. Die Funktionsfähigkeit dieses IKS konnte von uns mangels Möglichkeit der Einsichtnahme in die Unterlagen des Unternehmens im Rahmen dieses Gutachtens allerdings nicht überprüft werden.

Der vom Sonderprüfer in diesem Zusammenhang erhobene Vorwurf, dass auf Weisung des Vorstands ‚fiktive Gutschriften' eingebucht wurden, stellt aus der Sicht der Funktionsfähigkeit des IKS keine Schwachstelle dar, da der Vorstand ein von ihm implementiertes IKS außer Kraft setzen bzw. ändern kann. Der ehemalige Vorstand der Libro AG weist diese Vorwürfe jedoch zurück. (...)

Der Aufsichtsrat hat in Zusammenhang mit der Einbringung und Aufwertung der Libro Deutschland seine gesetzlichen Verpflichtungen vollinhaltlich erfüllt. (...)

Aufgrund der von uns durchgeführten Erhebungen kann u. E. davon ausgegangen werden, dass sowohl für den Vorstand als auch für den Aufsichtsrat das Vorliegen einer Unternehmenskrise um den Jahreswechsel 2000/2001 erkennbar gewesen ist."

Aus der Stellungnahme von Univ.-Prof. Dr. Dr. Anton Egger:

„... Wenn unter Unternehmenskrise eine ernsthafte Gefahr für den Bestand des Unternehmens gemeint ist, kann diese im Hinblick auf die nachfolgenden Ausführungen zum 29. Februar 2000 zumindest aus der Sicht des Abschlussprüfers verneint werden.

Der Sonderprüfer beschäftigt sich in seinem Gutachten relativ oberflächlich mit diesem Problem und kommt zunächst zum Schluss, dass mangels eines detaillierten Management-Informationssystems der genaue Zeitpunkt der Erkennbarkeit der Unternehmenskrise nur näherungsweise ermittelt werden könne. Er stellt aber anschließend fest, dass dieser Zeitpunkt auf Grund der in der Bilanz zum 29. Februar 2000 erkennbaren Zahlen mit spätestens Frühjahr 2000 eingegrenzt werden könne. (...)

Selbst unter Berücksichtigung der von Dr. Staribacher vorgenommenen Eigenkapitalberichtigungen ergibt sich eine Eigenkapitalquote lt. nachstehender Verrechnung von 27,6%.

Trotz der relativ geringfügigen Auswirkung auf die Eigenkapitalquote erscheint die von Dr. Staribacher vorgenommene Rückführung der Erweiterungskosten lion.cc im Jahr der Aktivierung in den Aufwand nicht verständlich. lion.cc wurde als Internetportal der Libro-Gruppe gegründet, wobei es notwendig war, in die Erweiterung dieses viel versprechenden Geschäftsbereiches erhebliche Finanzmittel zu investieren. Die Bedeutung dieses Geschäftsbereiches zeigte sich in mehreren von verschiedenen Investment-Institutionen in der Zeit von Oktober 1999 bis Juli 2000 vorgenommenen Analysen dieses Geschäftsbereiches, die durchwegs Werte über der Milliardengrenze ergaben.

Noch im Oktober 2000 erwarb die WAZ-Gruppe 10% der lion.cc um 90 Millionen Schilling. (...)

Wie schon hingewiesen, verneint der Sonderprüfer zunächst dic Möglichkeit der Feststellung eines genauen Zeitpunktes der Erkennbarkeit der Unternehmenskrise und führt dies auf das Fehlen eines detaillierten Management-Informationssystems zurück. Gleichzeitig grenzt er aber die Erkennbarkeit auf das Frühjahr 2000 ein.

Seine Kritik am Managementsystem bezieht sich vornehmlich auf das Fehlen eines quartalsmäßig aufgeteilten und kontrollierten Jahresbudgets im Geschäftsjahr 1999/2000. Er erwähnt allerdings, dass ein Quartalsbericht zum 30. November 1999 mit einer Gegenüberstellung der Zahlen des Vorjahres erstellt und dem Aufsichtsrat vorgelegt wurde.

Er führt aber gleichzeitig aus, dass ab dem Geschäftsjahr 2000/2001 eine umfassende Controllingauswertung erstellt wurde, welche Soll-Ist-Vergleiche auf monatlicher Basis für die einzelnen Gesellschaften, Teilbetriebe und Abteilungen sowie Deckungsbeitragsrechnungen aufweist.

Wer in Unternehmen mit solchen Aufgaben zu tun hat, weiß, dass ein derart dichtes internes Kontrollsystem mit einem monatlichen Berichtswesen nicht von einem Tag auf den anderen aufgestellt werden kann, dass das Kontrollsystem also bereits vorher vorhanden sein musste. In der Tat existierte in der Libro-Gruppe noch während der Zugehörigkeit zum Billa-Konzern ein detailliertes und aussagefähiges Management-Informationssystem, welches von den Erwerbern des Unternehmens fortgesetzt wurde.

Es kann daher davon ausgegangen werden, dass die Libro AG über ein den Bedürfnissen des Unternehmens entsprechendes internes Kontrollsystem auch schon vor dem Geschäftsjahr 2000/01 verfügte. Dies wurde auch im Zuge des Börsenganges im Herbst 1999 im Zuge einer Systemerhebung durch die Investmentbank bestätigt.

(...)

Anlässlich der Einbringung der Libro Deutschland in die Libro Management GmbH mit Sacheinlagevertrag vom 30. April 1999 und Einbringungsstichtag 28. Februar 1999 wurde die einzubringende Beteiligung an Libro Deutschland mit 140 Mio. ATS bewertet. Diesem Aufwertungsbetrag (außerordentlicher Ertrag) standen außerordentliche Aufwendungen von rd. 60 Mio. ATS gegenüber.

Die von der KPMG durchgeführte Bewertung des Unternehmens ergab einen Unternehmenswert in einer Bandbreite von 140 bis 160 Mio. ATS, wobei der Bewerter darauf hinwies, dass die erforderlichen Markt- und Plandaten – wie üblich – von der Geschäftsführung des zu bewertenden Unternehmens zur Verfügung gestellt wurden. Diese Plandaten wurden von der KPMG auf Plausibilität verprobt.

Der Sonderprüfer wirft nunmehr dem Jahresabschlussprüfer Arthur Andersen vor, dass die Aufwertung mit der nachfolgenden Sonderdividende zu Unrecht erfolgte, da auf Grund der Erfahrungen in der Vergangenheit, wonach eine positive wirtschaftliche Entwicklung der Libro Deutschland nicht erzielt werden konnte, ein derartiger Wertansatz nicht gerechtfertigt sei.

Nun ist darauf hinzuweisen, dass der gesamte Einbringungsvorgang unter der Mitwirkung einer Reihe von Experten erfolgte. Eine Bewertung der Libro Deutschland im Zusammenhang mit dem Börsegang der Libro AG gab es durch Goldman Sachs International, die den Wert auf

200–300 Mio. ATS schätzten. Eine eingehende Prüfung und inhaltliche Beurteilung des Gutachtens der KPMG erfolgte auch durch Arthur Andersen anlässlich der Jahresabschlussprüfung der Libro AG.

Grundsätzlich ist darauf hinzuweisen, dass sich ein Wirtschaftsprüfer auf ein Gutachten eines anderen Wirtschaftsprüfers, welches für den Zweck der Einbringung erstellt wurde, verlassen können muss, umso mehr, wenn dieses Gutachten erwiesenermaßen allen facheinschlägigen Richtlinien und der berufsüblichen Praxis entspricht. (...)

Zusammenfassende Bemerkung: Die vorliegende Stellungnahme bezieht sich ausschließlich auf die Tätigkeit und Verantwortlichkeit des Abschlussprüfers. Dem Prüfer kann in den in der Stellungnahme angeführten Fällen keine Schuld bzw. Pflichtverletzung vorgeworfen werden. Dies gilt insbesondere für die Frage der zeitlichen Feststellung des Eintrittes der Unternehmenskrise."

Rettberg verteidigt auch die Expansion im Sommer 1999 nach Deutschland bzw. ins Internet. „Anfang 2000 war die vollständige Finanzierung dieser kostenintensiven Expansionsschritte sowohl durch den Börsengang als auch durch das Engagement der Telekom Austria (TA) bei Libro vertraglich sichergestellt." Nicht nur er, sondern „nahezu die gesamte Welt" habe die Marktentwicklung im Internet bzw. im E-Commerce-Bereich zu euphorisch eingeschätzt. Der Kurseinbruch an den Börsen der Jahre 2000/01 habe in diesem Marktsegment zu extremen Umsatz- und Gewinneinbrüchen geführt. Die von den USA auf Deutschland und Österreich übergreifende Rezession habe den Buch- und Musikmarkt besonders hart getroffen, sodass „die von uns gesetzten Ziele nicht bzw. nicht rasch genug erreicht werden konnten".

Rettberg ortet aber auch ein Versäumnis bei der Telekom Austria: „Hätte die TA entsprechend ihren vertraglichen Verpflichtungen die anstehenden Zahlungen geleistet, hätte die von uns geänderte Strategie (...) rascher gegriffen."

Wie nicht anders zu erwarten, geben sich die Kleinaktionäre damit nicht zufrieden und wollen ein gerichtliches Nachspiel erzwingen. „Wenn ich auch nur ein bisschen mehr als den Funken einer Chance sehe, werden wir das Instrument der Prospekthaftung zum ersten Mal schlagend machen", kündigt Wilhelm Rasinger an. Ins Visier einer solchen Klage nimmt er vor allem die beiden Exvorstände Rettberg und Knöbl namens der Libro AG als Emittentin sowie die Wirtschaftsprüfer von Auditor (Arthur Andersen), die den

Börsenprospekt abgesegnet haben, ebenso wie die KPMG und die RZB, wobei Letztere allerdings jeweils nur für Teilbereiche des Prospekts (KPMG für Rechnungsüberleitung, RZB als Prospektkontrollor für Vollständigkeit) verantwortlich zeichnen. Man beschreite hier aber „juristisches Neuland", räumt Rasinger ein. Im Kern der Überlegungen steht die umstrittene Sonderdividende von 440 Millionen Schillig, die vor dem Börsengang – indirekt über eine Holding – an die früheren Aktionäre, darunter die UIAG und das Management ausgeschüttet und im Prospekt „nicht sehr auffällig" (Rasinger) angeführt wurde: „Die Dividende basiert nicht auf einem Gewinn, sondern einem Aufwertungseffekt (der Deutschlandtochter), der damals so nicht hätte passieren dürfen", erklärt Rasinger. „Die Gesellschaft war zum Zeitpunkt des Börsengangs somit um 109,1 Millionen Schilling ärmer, als sie hätte sein dürfen", pflichtet ihm Rechtsanwalt Wolfgang Leitner bei.

Kapitalmarkt „vor schwarzen Schafen nie zu 100% sicher"

Dubiose Bilanzierungspraktiken, „kreative Buchhaltung" bis hin zu bewussten Bilanzfälschungen vornehmlich von Unternehmen aus dem angloamerikanischen Raum sorgen in den letzten Wochen für Schlagzeilen in den Medien. „Betrügereien wird es immer geben", warnt Friedrich Mostböck, Head of Research der Erste Bank. Analysten verfügen generell über keinerlei Insiderinformationen und müssen sich auf vorgelegte Zahlen verlassen. „Sobald eine Bilanz von einem Wirtschaftsprüfer testiert wurde, glauben wir auch den vorgelegten Zahlen. Ein uneingeschränkter Bestätigungsvermerk gewährleistet für uns Sicherheit." Der Fall Enron sei insofern einzigartig, weil sowohl von Seiten des Managements als auch von Seiten des Wirtschaftsprüfers offensichtlich falsche Zahlen bzw. Unwahrheiten präsentiert wurden.

Auch die Größe eines Unternehmens sei wie im Fall Enron von Bedeutung. „Je größer und komplexer eine Unternehmensgruppe ist, desto vielfältigere Interessen spielen eine Rolle und es wird schwer zu intervenieren", so Mostböck. Die Schwierigkeit liege dann oft darin, mit dem vorgegebenen Zahlenwerk auch negative Entwicklungen im Ansatz vorauszuahnen und eine weitere positive Darstellung des Managements in Frage zu stellen. Durch quantitative Bewertungstools würden Investoren und Analysten oft an Grenzen stoßen. Eine Projektion in die Zukunft versprach mit den erwarteten Entwicklungen des Managements oft Perspektiven, die es nie gab. Daher sei ein qualitatives Tool wie Corporate Governance (CG) zusätzlich extrem wichtig. „Durch CG werden viele Abläufe transparenter und können besser verfolgt werden, eine 100%ige Sicherheit gibt es aber nicht."

Betrügerische Bilanzierungspraktiken würden natürlich auch durch die derzeitige Konjunkturabschwächung begünstigt. Eine generelle Tendenz in Richtung Bilanzfälschung ortet Mostböck nicht: „Der Druck der Öffentlichkeit auf börsennotierte Unternehmen, aber auch auf den Kapitalmarkt ist enorm." Auch das Management werde über die Performance am Kapitalmarkt gemessen. Daher sei größtmögliche Transparenz absolut notwendig. Unternehmen müssten auch negative Entwicklungen rechtzeitig kommunizieren, tun sie das nicht, entstehe ein extremer Vertrauensbruch. „Ein Investor vergisst so etwas nicht", meint der Erste-Bank-Chefanalyst. „Ist das Vertrauen einmal weg, kann es Jahre dauern, bis es wiederkehrt."

In Österreich gebe es keine Anzeichen auf eine Entwicklung in Richtung dubiose Bilanzierungspraktiken. Fälle wie Libro, YLine sind hausgemacht und auf falsche Strategien oder falsche Erwartungen seitens des Managements zurückzuführen. In der Regel seien die Unternehmen aber seriös. „Wenn wir etwas nicht glauben, dokumentieren wir das auch in unserer Analyse."

Auf den Neuen Markt angesprochen, der seinen fünften Geburtstag feiert, meint Mostböck, es habe „im Zuge des New-Economy-Hypes einfach zu viele IPOs gegeben. Der Markt hat sich mittlerweile aber selbst bereinigt". Generell steht das Börsenjahr 2002 im Zeichen des Abwartens und leichten Aufschwunges. „Es wird ein Jahr werden, wo man sich genau anschaut, was passiert." 2003 soll wieder ein „gutes Aktienjahr" werden. Auch für die Wiener Börse zeigt sich der Erste-Chefanalyst optimistisch, seine einzige Sorge ist das nach wie vor „nicht wirklich existente Handelsvolumen".

Inzwischen leitet die Creditanstalt wegen einer offenen Forderung in der Höhe von exakt 726.728,34 Euro (umgerechnet zehn Millionen Schilling) plus Zinsen und Nebenkosten bereits ein Versteigerungsverfahren auf Rettbergs privaten Immobilienbesitz in der niederösterreichischen Gemeinde Bad Fischau ein, wo der gestrauchelte Libro-Chef ein 25.348 Quadratmeter großes Grundstück samt Haus besitzt. „Mister Libro" hatte offenbar noch vor dem Börsengang bei der CA einen Kredit zum Kauf von Libro-Aktien aufgenommen und schuldet der Bank nach Insolvenz und Absturz laut

„Format“ rund vier Millionen Euro. Außerdem ermittelt der Wiener Neustädter Staatsanwalt Hans Fuchs gegen Rettberg wegen des Verdachts grob fahrlässiger Beeinträchtigung von Gläubigerinteressen (dem ehemaligen Kridaparagraphen) sowie Insolvenzverschleppung.

Und als wäre das nicht genug, erteilt auch der neue Libro-Chef Steinbauer den beiden Wiener Wirtschaftsanwälten Georg Kahlig und Gerhard Stauder am 21. Februar die Vollmacht, das Unternehmen „bei der Feststellung und Verfolgung von Schadenersatzansprüchen gegen den vormaligen Vorstand und den Aufsichtsrat der Gesellschaft als Organe und deren Mitglieder, einschließlich gegen haftende oder regresspflichtige Dritte, insbesondere auch gegen die AIG Europe S.A., zu vertreten“. (Dies deshalb, weil der ehemalige Vorstand und Aufsichtsrat von Libro bei der Europa-Tochter des amerikanischen Versicherungsriesen AIG gegen Ansprüche dieser Art in der Höhe von 7,27 Millionen Euro (100 Millionen Schilling) pro Jahr versichert war.)

Schon am nächsten Tag schreiben die beiden Rechtsexperten Rettberg und Knöbl einen Brief: „Im Zusammenhang mit der vormals eingetretenen Zahlungsunfähigkeit unserer Mandantschaft haben wir mitzuteilen, dass unsere Mandantschaft Schadenersatzansprüche von vorerst 18.000.000 Euro gegen Sie geltend macht.“ Die Begründung für diese höchsten je von einem heimischen Unternehmen gegen eigene Topmanager eingebrachten Schadenersatzansprüche: „Fahrlässige Gestionierung in Ihrer vormaligen Funktion als Mitglied des Vorstandes.“ Die Vollmacht zur Geltendmachung von Schadenersatzansprüchen richtet sich nicht nur gegen Rettberg und Knöbl, sondern auch gegen den gesamten Exaufsichtsrat des Unternehmens, darunter UIAG-Chef und Exaufsichtsratspräsident Kurt Stiassny, Telekom-Marketing-Vorstand Rudolf Fischer, „Krone“-Wirtschaftschef Georg Wailand und BWT-Finanzchef Karl Millauer.

Ende Februar wird wieder einmal Zwischenbilanz gezogen: Libro hat demnach in der Zeit nach Annahme des Ausgleichs nach eigenen Angaben die Planzahlen erreicht bzw. in einigen Monaten sogar übertroffen. Im Dezember konnten demnach mit Umsätzen von 50,5 Millionen Euro die Planwerte um 1,3 Prozent überschritten werden, im Vergleich zum Vorjahr wurde jedoch aufgrund der Verringerung der Verkaufsflächen um 15 Prozent weniger umgesetzt. Das Betriebsergebnis (EBIT) beläuft sich auf plus 2,7 Millionen Euro, was einem Rückgang von sechs Prozent gegenüber dem Dezember 2000 entspricht. Damit habe sich die Ertragskraft erheblich verbessert, meinen Steinbauer & Co. Der Turnaround werde allerdings noch einige Zeit – und zwar mindestens bis zum Geschäftsjahr 2003/04 – auf sich warten lassen.

In den ersten neun Monaten des laufenden Geschäftsjahres von März bis November 2001 ist der Umsatz um rund 15 Prozent von 258,4 auf 220,7 Millionen Euro zurückgegangen. Das EBITDA hat sich von plus 8,9 auf 21,2 Millionen Euro ins Minus gedreht und das EBIT hat sich von minus 3,1 auf minus 33,1 Millionen Euro dramatisch erhöht. Diese riesigen Verschlechterungen sind laut Libro auch auf die insolvenzbedingte Umsatzdelle von April bis Juli zurückzuführen.

Im laufenden vierten Quartal, das am 28. Februar endet, sind im Jänner nach „offiziellen" Angaben die geplanten Umsätze erreicht worden. Auch im Februar seien die Umsätze im Plan. Das Angebot der Libro-Filialen ist definitiv auf die vier Kernbereiche Buch, Musik, Papier sowie Video und DVD zurückgefahren, die Gesamtverkaufsfläche hat sich gegenüber dem Vorjahr um 7,5 Prozent auf 126.515 Quadratmeter verkleinert.

Ab dem 4. 3. werden die neuen Libro-Aktien wieder gehandelt. Das Grundkapital ist auf 70.000 Euro herabgesetzt worden, was einer Zusammenlegung der Aktien im Verhältnis von 134:1 entspricht.

> „Libro war insofern revolutionär, als diese Kette es geschafft hat, möglichst viel verschiedenes Zeugs auf möglichst geringem Platz in möglichst kreativem Durcheinander zu platzieren und dann ein riesengroßes virtuelles Preispickerl draufzuhaun, das obendrein noch auf Bücher fokussiert ist."
>
> *(Aus dem Internet)*

Nicht als Aprilscherz am 1., sondern am 3. April findet die nächste ordentliche Hauptversammlung im Wiener Hotel Wimberger am Neubaugürtel statt. Die anwesenden 66 Aktionäre verweigern mit riesiger Mehrheit Rettberg und Knöbl die Entlastung für das Geschäftsjahr 2000/01, der neunköpfige ehemalige Aufsichtsrat wird hingegen mit erstaunlichen 86 Prozent der Stimmen entlastet. Auf Grund einer rechtlichen Beurteilung von Georg Kahlig auf der Basis der Staribacher-Sonderprüfung sollen die Schadenersatzansprüche gegen die ehemaligen Vorstände geltend gemacht werden.

Beim Aufsichtsrat hingegen ergeben sich laut Kahlig-Beurteilung zwar keine konkreten Verdachtsmomente, Haftungsansprüche sind jedoch laut dem Aufsichtsratsvorsitzenden Paul Tanos weiterhin möglich. Gegen die Wirtschaftsprüfer hingegen ergeben sich keine Haftungsansprüche. Zum Abschlussprüfer für das Geschäftsjahr 2001/02 wird die Grazer SOT Süd-Ost-Treuhand GmbH bestellt. Steinbauer berichtet, die Wirtschaftslage des Unternehmens habe sich seit Beginn der Sanierung zusehends stabilisiert, unter anderem durch das „äußerst erfreuliche Schulgeschäft im Herbst 2001". Er geht aber dennoch davon aus, dass das vierte Quartal 2001/02 des im Ausgleich befindlichen Unternehmens trotz des Weihnachtsgeschäfts negativ und schlechter als das dritte Quartal verlaufen wird.

WIE schlecht die Situation für Libro aber aussieht, zeigt sich in aller Deutlichkeit wieder einmal im „Wonnemonat"! Das abgelaufene Quartal ist absolut katastrophal verlaufen, die Umsatzeinbrüche betragen rund 25 Prozent, die Ergebnisse liegen ganz klar unter den Budgetvorgaben. Steinbauer will das Unternehmen spätestens zu Jahresende verlassen, eine fieberhafte Nachfolgersuche beginnt. Die Liquiditätslage hat sich derart verschlechtert, dass die Gläubigerbanken nochmals zwischen 20 und 40 Millionen Euro zuschießen müssten, um das Unternehmen zu retten: Libro kann sonst Ende Juni die dritte Ausgleichsquote von 8,5 Prozent oder rund zehn Millionen Euro nicht bezahlen; dazu kommen die fälligen Mieten, die Urlaubsgelder der Mitarbeiter und der Einkauf für das Schulgeschäft im Herbst.

Einige Kreditinstitute wie etwa Raiffeisen und Bawag sind zwar skeptisch, wollen aber offenbar die außerplanmäßige Kapitalspritze „schweren Herzens" gewähren. Die Bank Austria wehrt sich dagegen, und ohne Finanzspritze beginnt die 60-Tage-Frist für einen Anschlusskonkurs. Ein Ausgleich wie vor einem Jahr ist laut Insolvenzgesetz nicht mehr möglich, da ein Ausgleich nur alle fünf Jahre angemeldet werden darf. Bei einem Konkurs leben allerdings die Forderungen der Banken von rund 170 Millionen Euro wieder auf. Die Lieferantenforderungen wurden im Ausgleich zu einem Fünftel bezahlt, die offenen vier Fünftel müssten wieder angemeldet werden. Dazu kommen voraussichtlich Schadensansprüche aus vorzeitig gekündigten Mietverträgen. Die Quote für die Gläubiger würde im Konkursfall erfahrungsgemäß sehr gering ausfallen.

Während einige Spitzenbanker dennoch bereits appellieren, mit

Libro endlich „Schluss zu machen", drücken sich andere, wie etwa ÖVAG-Vorstand Erich Hackl, diplomatisch aus: „Ein Nachschuss der Banken ist unwahrscheinlich, wenn kein Käufer da ist." Und er fügt hinzu, dass es an „unseriösen" Interessenten „jede Menge" gebe. „Es gibt aber auch seriöse." Als mögliche Interessenten werden in Branchenkreisen neben dem eher chancenlosen Thomas Theuretzbacher (aus der Herlango-Gründer-Dynastie) wieder der oberösterreichische Papier- und Bürowarenhändler Anton Stahrlinger genannt, der schon vor einem Jahr bei den Banken abgeblitzt war. Als dritter Interessent wird ein Konsortium um den Wiener Unternehmensberater Rudolf Haberlander angeführt, hinter dem die norddeutsche Buchhandelskette Weiland und Gerhard Wöhrl stehen soll. Als Kaufpreis werden (aus späterer Sicht: noch) 40 bis 50 Millionen Euro kolportiert.

Am 4. Juni meldet Libro sämtliche 2.380 Mitarbeiter (davon 1.850 bei Libro und 530 bei Amadeus) im Rahmen des Frühwarnsystems beim AMS zur Kündigung an. Auch wenn es sich dabei offiziell „lediglich um eine Vorsichtsmaßnahme" handelt, wird die Zeit immer knapper. Am 17. Juni ist es dann endgültig so weit. Die RZB teilt in einer Aussendung mit, dass es kein Geld mehr für Libro geben wird: „Durch den überraschenden Markteinbruch ab Februar 2002 mündeten die Sanierungsbemühungen – die Schließung von Libro Deutschland, der Verkauf von lion.cc und Libro Entertainment und die Schließung einiger unrentabler Filialen – vorerst nicht im erforderlichen Geschäftserfolg", heißt es. Trotz intensiver Bemühungen konnte ein Eigenkapitalgeber, der die für die Fortführung nötige Zusatzfinanzierung einbringe, nicht gefunden werden. Die Konsortialbanken seien daher übereingekommen, ihrerseits keine weitere Finanzierungszusage mehr abzugeben.

Nachdem somit keine positive Unternehmensfortführung mehr gegeben ist, reicht der Vorstand den Konkursantrag beim Landesgericht Wiener Neustadt ein. Die 268 Filialen sollen bis auf weiteres fortgeführt werden, die Mittel dazu sollen zumindest über einen Zeitraum von drei bis vier Wochen aus den täglichen Eingängen – insbesondere aus einem Konkursabverkauf – aufgebracht werden. Zum Masseverwalter wird der seinerzeitige Ausgleichsverwalter Dr. Günther Viehböck bestellt, der sich schon im Vorjahr um die Causa gekümmert hatte. Libro-CEO Werner Steinbauer ergibt sich in sein Schicksal: „Wir können im Moment nichts tun außer warten, welche Vorstellungen der Masseverwalter hat."

Der Handel mit Libro-Aktien an der Wiener Börse wird bis auf weiteres ausgesetzt. Wie üblich und immer noch optimistisch rechnet das Unternehmen damit, dass auf Grund der „bereits sehr weit gediehenen Gespräche zur Übernahme von Amadeus und der vorhandenen Interessenten für Libro" eine Verwertung der Teilbetriebe des Gesamtunternehmens innerhalb einer angemessenen Zeit nach Konkurseröffnung möglich ist. Im Gespräch sind u. a. die Donau Design mit ihrem Geschäftsführer Franz-Georg Stern und – ebenfalls wie üblich – Anton Stahrlinger.

> „Mir tut es Leid, dass der Konzern pleite ist. Ich persönlich mag den Libro voll gern. Jedem das Seine, aber für mich war es immer wieder geil, auf ausgefallene Sachen zu stoßen, die ich meist beim Libro gefunden habe, und zwar zumeist haufenweise. Ob's ein Kuhfellimitat für den Monitor war, DVDs, die ich sonst nirgends bekam, CDs, die selbst die Großen nicht führten (...) und das Beste daran: Jede Filiale hatte da so ihre Schmankerln zu bieten (...) also, diese Rumkramerei liebe ich heiß!" *(Aus dem Internet)*

Für den Vizepräsidenten des Hauptverbandes des Österreichischen Buchhandels, Erwin Riedesser, ist der Konkurs „weder ein Grund zu jubeln noch zu trauern", zumal ja nicht klar sei, was jetzt passiere. Vermutlich würden nun einzelne Firmen der Kette verkauft und weitergeführt, für den Buchhandel interessant sei insbesondere die Amadeus-Zukunft. Libro bzw. Amadeus seien ein Zusatzmarkt, der auch bei einem Aus der Kette vom restlichen Buchmarkt nicht abgedeckt würde, meint Riedesser. Ein Ende von Amadeus wäre daher zwar „sicher für einzelne Buchhändler ein Vorteil", würde aber einen Einschnitt nicht nur für den Buchhandel, sondern auch für die Verlage bedeuten. Der Oö. Landesverlag, der Amadeus einst verkauft hat, zeigt angeblich Interesse an einem Rückkauf. „Meine Wunschvorstellung wäre eine Weiterführung von Amadeus durch einen seriösen Betreiber, der sich markt- bzw. buchhandelsgemäß verhält, also im Sinn des Buchpreisgesetzes." Zu bedauern sei höchstens, dass Libro nicht bereits unter Rettberg Konkurs anmelden musste. „Denn Rettberg ist mit einer aggressiven und dummen Marktpolitik gegen den Buchhandel vorgegangen. Aber das ist passé", auch wenn diese Politik eine Reihe von Buchgeschäften die Existenz gekostet habe. Im Übrigen seien Libro und Amadeus ja auch Mitglieder des Hauptverbandes des österreichischen Buchhandels, hält Riedesser fest. „Allerdings haben sie in den vergangenen Jahren keine Mitgliedsbeiträge mehr gezahlt."

„Nicht immer sind die Firmenchefs mit ihren Reitställen und goldenen Wasserhähnen schuld an der Misere, wie uns seinerzeit Bruno Kreisky weismachen wollte", schreibt Rainer Strunz in der „Kleinen Zeitung". „Im Fall von Libro stellt sich die Sache aber anders dar. Da versuchte ein Visionär namens André Rettberg aus einem Ableger des Billa-Konzerns einen der größten Musik- und Medienkonzerne im deutschsprachigen Raum zu zimmern. Aus dem Diskonter, der mit Schulartikeln und Billigbüchern groß geworden war, sollte eine Tainment Company werden, den Kunden versprach man alles auf einmal – und das sofort. Libro übernahm Amadeus, das Internet, wollte ein Plattenlabel, einen Verlag und verkündete lautstark: Wir sind die Marktmacher (Rettberg).

Dass das alles viel zu viel kostet und viel zu wenig hereinbringt, war nur ganz leise hinter vorgehaltener Hand zu hören. Was die Frage aufwirft: Hat der Aufsichtsrat zeitgerecht eingegriffen? Haben die Banken, die Abermillionen ins Experiment Libro pulverten, tausende Kleinaktionäre von Libro gewarnt? Vielleicht ganz leise und ganz still. Wie sie sich jetzt in der ganzen Causa Libro verhalten."

Dafür meldet sich in „News" ausgerechnet Exfinanzvorstand Johann Knöbl zu Wort: „Das Konzept Libro hat auch für die Zukunft Bestand." Der nunmehrige Geschäftsführer einer Consulting-Firma hält Libro „nach wie vor für eine starke Marke, aus der man etwas machen kann". Über die endgültige Konkursanmeldung zeigt sich Knöbl auch im Namen Rettbergs enttäuscht: „Libro war unser Lebenswerk." Die größte Chance, um das Unternehmen wieder flottzubekommen, ortet Knöbl in einem Käuferkonsortium, dem Lieferanten angehören. Damit könne eines der wesentlichsten Probleme – nämlich ein gutes Sortiment – rasch gelöst werden ...

Bis Anfang Juli meldet sich ein Dutzend interessierte Unternehmen beim Masseverwalter und verspricht, ein Offert abzugeben. Allerdings will offenbar niemand das Megarisiko eingehen und das marode Libro-Konstrukt in Bausch und Bogen kaufen. Steinbauer will die Kette „lebend" verkaufen, und um das zu ermöglichen, räumen die Banken Libro noch einmal Kredite ein, was wiederum zu heftigen Protesten bei der Konkurrenz führt. Es sei für ihn unverständlich, dass Libro erneut Geld bekomme und Klein- und Mittelbetriebe hingegen schon bei kleinen Darlehen Sicherheiten gewähren müssten, regt sich der Vorsteher des Bundesgremiums des Radio- und Elektrohandels Wolfgang Krejcik auf: „Der Wettbewerb ist dadurch extrem gefährdet."

Anfang Juli werden auf einer Gläubigerausschusssitzung die Voraussetzungen für die weitere Finanzierung beschlossen. Das Konzept basiert auf drei Säulen: Zum einen gewähren die Hauptlieferanten ihre Zahlungsziele. Das heißt, Libro muss 75 Prozent des Einkaufspreises bar bezahlen, die restlichen 25 Prozent werden gestundet. Die Banken, im Ausschuss durch die Bank Austria und Raiffeisen vertreten, stellen eine zusätzliche Kreditlinie im Ausmaß von 11,5 Millionen Euro zur Verfügung, und der Insolvenzausfallgeldfonds wird aufgrund seiner gesetzlichen Verpflichtungen die Löhne und Gehälter bis September bezahlen. Durch dieses Maßnahmenpaket kann eine sofortige Betriebsschließung der gesamten Unternehmensbereiche Libro und Amadeus verhindert werden. In 30 gekündigten Filialen wird ab sofort ein Filialabverkauf durchgeführt, danach werden die Mitarbeiter in den anderen Filialen eingesetzt.

Am 9. Juli meldet die Libro Entertainment GmbH (mit Plattenlabel und Ticketverkauf) mit Sitz in Wien beim Handelsgericht Wien den Antrag auf Eröffnung des Konkursverfahrens an. Der Gesamtschuldenstand wird von Geschäftsführer Richard Hörmann mit ca. 1,8 Millionen Euro beziffert, betroffen sind ca. 80 Gläubiger. Durch den Konkurs der Libro AG habe man nicht nur Forderungsverluste erlitten, sondern auch den Vertriebspartner verloren.

Am 10. 7. richtet der Interessenverband für Anleger (IVA) eine Sachverhaltsdarstellung an die Staatsanwaltschaft Wiener Neustadt gegen Rettberg, Knöbl, Stiassny, Univ.-Prof. Dr. Christian Nowotny, DDr. Karl Michael Millauer, Dr. Georg Wailand, Werner Kratochwil, Gertrude Dunkel sowie gegen Dr. Bernhard Huppmann und Dipl.-Ing. Michael Vertneg (Pflichtprüfer, Auditor Treuhand GmbH) und gegen Dr. Gottwald Kranebitter und Mag. Regina Reiter (KPMG Austria, mitverantwortlich für die Verfassung und Prüfung des Börsenzulassungsprospektes) wegen möglicher Rechtsverletzungen:

„Die Anzeige wird wegen § 146 (Betrug), § 153 (Untreue), § 159 (Grob fahrlässige Beeinträchtigung von Gläubigerinteressen) StGB und § 255 AktG eingebracht.

Die Angezeigten waren verantwortliche Vorstände, Aufsichts-

ratsmitglieder, Pflichtprüfer und Prüfer des Börsenzulassungsprospekts der Libro AG im Zeitraum bis Juni 2001. Am 29. Juni 2001 wurde das gerichtliche Ausgleichsverfahren über das Vermögen der Gesellschaft mit Beschluss des Landesgerichts Wiener Neustadt beantragt. Das Ausgleichsverfahren wurde am 19. Oktober 2001 wiederum aufgehoben. Mit Beschluss des LG Wiener Neustadt vom 17. 6. 2002 wurde das Konkursverfahren über das Vermögen der Libro AG eröffnet.

Im Zuge des Börsengangs der Libro AG sind folgende Sachverhalte auf ihre strafrechtliche Relevanz zu prüfen:

Im November 1999 wurden 2.760.000 Aktien nach einem öffentlichen Angebot zu 29,00 Euro je Aktie an der Wiener Börse eingeführt.

Vor der Börseneinführung kam es zu einem Aktienkaufvertrag zwischen der Libro AG, den Altaktionären und den zukünftigen Aktionären der Telekom Austria AG. Nach diesem Aktienkaufvertrag sollten die Altaktionäre zu einem Preis von 25 % über dem Angebotspreis, d. h. um 36,25 Euro, insgesamt 2.357.251 Aktien (entspricht rund 85 Mio. Euro) an die Telekom Austria verkaufen.

Sollte kein Börsengang realisierbar sein, würde die Telekom Austria nur 73 Mio. Euro für die Angebote an Aktien zu bezahlen haben. (...)

Von den Altaktionären waren im Vorstand die Herren Rettberg und Knöbl, im Aufsichtsrat die Herren Millauer und Wailand vertreten.

Vor dem Börsengang wurde auf Beschluss der ordentlichen Hauptversammlung vom 6. Mai 1999 betreffend den Jahresabschluss zum 28. Februar 1999 vom Bilanzgewinn in Höhe von 447.040.132,92 ATS eine Dividende an die Aktionäre ausgeschüttet in der Höhe von 440 Mio. ATS und der verbleibende Bilanzgewinn in der Höhe von 7.040.132,92 ATS auf neue Rechnung vorgetragen.

Alleingesellschafter der Libro AG (damals mit dem Firmenwortlaut Librodisk AG) war zum Zeitpunkt der Ausschüttung die UD-Beteiligungs- und Beratungs AG. (...) Die UD-AG war seit November 1997 Alleingesellschafterin der Libro AG. (...)

Die erwähnte Dividendenausschüttung von 440 Mio. ATS diente der zum Großteil fremdfinanzierten UD-AG zur Rückzahlung ihrer mit der Libro AG in keinem Zusammenhang stehenden Verbindlichkeiten.

Der in dieser Höhe nicht operative Bilanzgewinn wurde durch eine Aufwertung der Beteiligung an der Libro Deutschland dargestellt. Die Aufwertung der Libro Deutschland kam durch ein Firmenwertgutachten der KPMG Wirtschatsprüfungs- und Steuerberatungsgesellschaft zu Stande. Durch dieses Gutachten über die Sonderprüfung gem. § 118 AktG des beeideten Wirtschaftsprüfers Dr. Andreas Staribacher vom 1. Februar 2002 liegt der Verdacht nahe, dass diese Aufwertung nicht durch den unternehmerischen Wert der Libro Deutschland zu begründen ist und offensichtlich dazu diente, diese Dividendenausschüttung zu ermöglichen.

Durch diese Ausschüttung wurde das Eigenkapital der Libro AG von 511 Mio. ATS auf 9 Mio. ATS reduziert und der Emissionserlös zu einem Großteil – wirtschaftlich betrachtet – zur Bezahlung der Schulden aus der Ankaufsfinanzierung verwendet. Durch den Verkauf eines wesentlichsten Teils ihrer Aktien durch die Altaktionäre an die neue Aktionärin Telekom Austria AG erhielten die derzeitigen Altaktionäre mit beträchtlichen steuerlichen Vorteilen einen Verkaufserlös für ihre in dieser Höhe dem Unternehmenswert überhaupt nicht entsprechenden Altaktien.

Die Angezeigten haben durch die ungerechtfertigte Aufwertung der Beteiligung und die Dividendenausschüttung von 440 Mio. ATS kurz vor dem Börsengang den Wert des Unternehmens drastisch verringert.

(...)

Zur Verfälschung des Börsenzulassungsprospektes, zur Verfälschung der Jahresabschlüsse, Lageberichte und Quartalsberichte und somit zur Verletzung des § 255 AktG ist auf Folgendes hinzuweisen:

Die Verwendung der Sonderdividende von 440 Mio. ATS, die nicht aus erwirtschafteten Gewinnen, sondern aus der Aufwertung der verlustreichen Libro Deutschland GmbH entstanden ist, wurde eklatant dazu benutzt, den Altaktionären, die in der UD-AG zusammengefasst waren, die Bezahlung ihrer fremdfinanzierten Verbindlichkeiten zu ermöglichen. Dieser spezielle Umstand wurde im Börsenzulassungsprospekt nicht dargestellt, selbst dann nicht, als die eklatanten Abweichungen der Planzahlen zu den Ist-Zahlen dem Vorstand, Aufsichtsrat und den Abschlussprüfern bekannt waren.

Die Umsatzung des Konzepts Libro AG Deutschland (Umsatzsteigerung innerhalb von 5 Jahren von 90 Mio. auf 3,5 Mrd. ATS) hätte neben der Verlustfinanzierung von 297 Mio. ATS + Zinsen finanzielle Mittel von ca. 30 bis 40 % des Umsatzes erfordert, somit in der Größenordnung von 1,4 bis 2,0 Mrd. ATS. Diese Beträge waren auch nach dem erfolgten Börsengang in dieser Größenordnung niemals finanzierbar. Diese Umstände wurden im Börsenzulassungsprospekt weder vom Vorstand noch vom Aufsichtsrat noch von den Abschlussprüfern dargestellt.

Die Umsetzung des Konzepts Libro Entertainment sah laut Plan für die ersten 3 Jahre ab 2000/01 einen negativen Free Cashflow, entspricht in etwa dem Finanzierungsbedarf von 128 Mio. ATS vor. (...)

Die Umsetzung des Konzepts Lion.cc sah laut Plan für die ersten 3 Jahre ab 2000/01 einen negativen Free Cashflow, entspricht in etwa dem Finanzierungsbedarf von 609 Mio. ATS, vor. Diese Umstände, insbesondere dass beim Ankauf nur eine „eingeschränkte due diligence" erfolgte, wurden weder im Börsenzulassungsprospekt noch in den Jahresabschlüssen/Lageberichten/Quartalsberichten entsprechend dargestellt.

Die Anmerkungen zu den Jahresabschlüssen per 28. 2. 1999, 2000 und 2001 zeigen, dass ergebniswirksame Anpassungen/Wertberichtigungen nicht vorgenommen wurden, die zum 28. 2. 2001 schlagend wurden.

Auf den Themenkreis „nicht berechtigte Bonifikationsbuchungen" (siehe Gutachten Staribacher) wird speziell hingewiesen.

Zusammenfassend liegt der Verdacht sehr nahe, dass Vorstand, Aufsichtsrat und Wirtschaftsprüfer im Zusammenwirken die Bestimmung des § 255 Abs. 1 Z 1, 2, 3, 4, 5 AktG verletzt haben und zusätzlich dazu vorsätzlich die durch das öffentliche Anbot ausgesprochenen Neuaktionäre dadurch getäuscht waren, dass die Angezeigten diesen wahren Wert der Libro AG verschwiegen, Wertberichtigungen nicht bekannt gemacht und im gemeinsamen Zusammenwirken einen überhöhten Emissionskurs veröffentlicht haben. Dazu ist dem Vorstand der Libro AG Untreue nach § 153 StGB vorzuwerfen, da er die ihm durch Gesetz und Rechtsgeschäft eingeräumte Befugnis, über das Vermögen der Libro AG zu verfügen, durch die dargestellten Maßnahmen und Handlungen wissentlich missbraucht und somit das Vermögen der Aktionäre geschädigt hat.

Ganz offensichtlich wurde die bereits bestehende Zahlungsunfähigkeit der Libro AG vom Vorstand, möglicherweise auch durch die gutachtlichen Äußerungen und Bewertungen sowie die Abgabe des uneingeschränkten Bestätigungsvermerks der Wirtschaftsprüfer ignoriert, wobei der Einschreiter sich erlaubt, auf § 159 Abs. 5 Z 4 und 5 StGB zu verweisen.

Einem allfälligen Strafverfahren gegen die Angezeigten schließt sich der IVA – Interessenverband für Anleger mit einer Schadenssumme von zumindest einer Million Euro an."

Am 25. Juli melden die Schlagzeilen wieder „neue Hoffnung für Libro". Im Rahmen einer abendlichen Sitzung des Gläubigerausschusses werden laut Masseverwalter Viehböck „einige ernst zu nehmende Kaufangebote für den Erwerb des gesamten Unternehmens, des Betriebes Amadeus und des Betriebes Libro vorgebracht". Die Offerte sind unterschiedlich strukturiert; um die besten herausfischen zu können, werden vom Masseverwalter intensive Verhandlungen mit den Bietern geführt, denen auch die Möglichkeit einer Nachbesserung eingeräumt wird. Es sei „wichtig, dass dies ungestört und vertraulich erfolge", weshalb auch keinerlei konkrete Informationen über die Bieter bzw. deren Anbote gemacht werden.

Ende August wird im Zuge einer Versteigerung der deutschen Thalia-Gruppe der Zuschlag für die Libro-Tochter Amadeus erteilt. Als Konkurrenten sind u. a. der Wiener Buchgroßhändler Wilhelm Sotsas (Buchhandlung Frick) und der Linzer Unternehmer Albert Fellner, Ehemann der Chefin des Oberösterreichischen Landesverlags, Eveline Pupeter-Fellner, aufgetreten.

Die zum Douglas-Konzern (in Österreich bis dato nur durch die Parfümeriekette vertreten) gehörende Thalia-Gruppe legt mit 9,3 Millionen Euro das Bestbot mit einem entsprechenden Finanzierungsnachweis vor. Die Thalia-Gruppe will die meisten Amadeus-Filialen übernehmen. „Wir sind überzeugt, damit die beste Lösung für den langfristigen Arbeitsplatzerhalt und die Gläubiger andererseits gefunden zu haben", kommentiert Viehböck. Die Thalia-Gruppe ist eine der bedeutendsten Buchhändler im deutschsprachigen Raum; 2001 haben sich die Thalia-Buchhandlungen aus Hamburg und die Buchhandlungen Phönix und Montanus zur Thalia Holding GmbH mit 77 Buchhandlungen zusammengeschlossen. Zu den Partnern zählen auch Buch.de sowie Buch.ch.

Thalia möchte mit Amadeus gleich 2003 wieder schwarze Zahlen schreiben. „Wir wollen einen Jahresumsatz von mindestens 40 Millionen Euro erzielen", bestätigt Geschäftsführer Wolfgang

Heger. Und Michael Busch, Geschäftsführer der Thalia-Holding, meint: „Es war für uns schon lange ein wichtiges strategisches Ziel, nach Österreich zu gehen. Amadeus war dabei immer ein Wunschpartner." Den von Viehböck genannten Kaufpreis von 9,3 Millionen Euro will Busch weder bestätigen noch dementieren: „Wir haben bereits seit eineinhalb bis zwei Jahren mit Libro verhandelt." Allerdings sei man von Anfang an nur an Amadeus interessiert gewesen. Der Name Amadeus werde mittelfristig auf jeden Fall bestehen bleiben. „Eine Expansion müssen wir zwar nicht machen, aber wir wollen." Langfristig kann sich Busch ein Netz von bis zu 40 Filialen in Österreich vorstellen. Amadeus wird künftig als reine Buch- und Papier-Handelskette betrieben, vom CD-, Software- bzw. CD-ROM-Geschäft wird man sich trennen und dieses nur als Ergänzung in bestimmten Bereichen wie etwa der Kinderbuchabteilung weiterführen. Auch der Verkauf übers Internet wird forciert.

Thalia hat insgesamt 17 Standorte übernommen, von denen fünf verkauft werden: vier an den Wiener Wilhelm Sotsas (u. a. Buchhandlung Frick), eine an einen Kärntner Buchhändler. Ein Großteil der Mitarbeiter wird laut Heger weiter beschäftigt: Ende August 2002 gibt es bei Amadeus noch 520 Angestellte, nach den Verkäufen reduziert sich die Anzahl auf etwa 470, wobei 42 Personen gekündigt wurden. Das entspricht etwa neun Prozent. Von den übernommenen Mitarbeitern bekommen rund 90 Prozent die gleichen Löhne wie vorher. „Anpassungen" gibt es lediglich bei den Führungskräften. Heger: „Es haben sich im Laufe der Zeit Ungereimtheiten ergeben, die nun korrigiert wurden. Einige Gehälter haben nicht der Realität entsprochen."

„So sieht also das Ende aus: Endlose Gläubigersitzungen, ein mühsamer Abverkauf auf Raten, bei dem schließlich nur Gustostücke wie die Buchhandelskette Amadeus einen Käufer finden", kritisiert Arne Johannsen im WirtschaftsBlatt. „Über dem Rest von Libro kreisen weiter die Pleitegeier. Nur das Geschäft mit Stiften und Heften für den nahenden Schulanfang hält das Unternehmen derzeit am Leben – keine Rede mehr von einer international operierenden Tainment-Company, wie sie André Rettberg einst vor Augen hatte." Doch zur Schadenfreude besteht kein Anlass, schreibt der Kolumnist. „Im Gegenteil: Die Rettberg-Niederlage stärkt die Fraktion der Kleinmütigen. Sie bestätigt all diejenigen, die immer schon gewusst haben, dass Expansion gefährlich ist, dass Wachstum Leichtsinn bedeutet. Was die Bedenkenträger verkennen: Es müssen in Österreich mehr Betriebe zusperren, weil sie Chancen nicht erkennen und nicht nutzen – mit Ideen über das Ziel hinauszuschießen, ist zwar ein spektakulärer, aber seltener Pleitegrund. Fehlinvestitionen tun langfristig oft weniger weh als Nichtinvestitionen.

Außerdem gibt es in Österreich eine Reihe eindrucksvoller Expansions-Erfolgsstorys, von Billa über die Möbelriesen Leiner/Kika und Lutz im Inland bis zu den internationalen Auftritten von Red Bull und den Banken speziell im Osten. Was erfolgreiche Unternehmer wie Billa-Gründer Karl Wlaschek und Leiner-Chef Herbert Koch von den Rettbergs dieser Welt unterscheidet, ist ein echtes Kunststück: Trotz großer Ideen und Abhebens ihrer Unternehmen haben sie die Bodenhaftung nicht verloren. Wlaschek konnte man mittags noch im Nordsee-Selbstbedienungsrestaurant auf der Kärntner Straße treffen, da war er schon der größte Lebensmittelhändler des Landes. Und Herbert Koch wohnt zwar in einem großzügigen Penthouse, aber es befindet sich über einem seiner Möbelgeschäfte – was täglichen Kontakt mit Kunden und Produkten garantiert. (…) Es braucht viele neue Ideen und Initiativen, auch Rettberg'scher Größenordnung, wenn nur die Füße am Boden bleiben!"

Auch bei der Berichts- und Prüfungstagsatzung beim Landesgericht Wr. Neustadt am 5. September geht es sich gerade noch einmal aus, und Libro kann weitergeführt werden. Knapp 1.200 Gläubiger melden Konkursforderungen von rund 349 Millionen Euro an. Nur der Konsum mit 1,89 Milliarden und die Maculan-Gruppe mit 810 Millionen Euro haben in Österreich bis dato diese Summe überschritten, haben sich aber zum Geldverbrennen deutlich länger Zeit gelassen. „Kreative Bilanzgestaltung" ist nur selten illegal und wird immer beliebter – zu diesem Schluss kommen die Wirtschaftsprofessoren Romuald Bertl (Treuhand- und Rechnungswesen) und Alfred Wagenhofer (Controlling und Unternehmensführung) im Rahmen einer Veranstaltung des Instituts für Wirtschaftsprüfer. Als „übliche" Betrugsmethoden nennt Bertl die Ausstellung von Scheinrechnungen, die Verbuchung fiktiver Umsätze sowie Manipulationen bei Forderungsverkäufen. Anleger haben dabei so gut wie keine Chancen, hinter diese Manipulationen zu kommen. „Eine Änderung des Bilanzstichtages kann zu einem höheren Ausweis der Eigenmittelquote führen und damit auch ein positiveres Bild der Schuldentilgungsdauer darstellen", erklärt Bertl. Auch auf Änderungen des Konsolidierungskreises sollten Anleger achten; Spielraum steht geschickten Finanzvorständen auch bei der Bewertung von Wertpapieren offen.

Die Rolle der Medien

Einen aufschlussreichen Einblick in die weite Welt des Journalismus bietet eine Gegendarstellung im Branchenblatt ExtraDienst, die von der „Wirtschafts-Trend" Zeitschriften-Verlagsgesellschaft m.b.H. als früherem Medieninhaber der periodischen Druckschriften „trend" und „profil" und der Verlagsgruppe News Gesellschaft m. b. H. als nunmehrigem Medieninhaber begehrt wird:

„In der Ausgabe 15–16 des ExtraDienst vom 6. 9. 2002 zitieren Sie auf der Seite 30 im Zusammenhang mit einem Bericht über den Gewinn-Herausgeber Georg Wailand und dessen Aufsichtsrat-Tätigkeit bei Libro in einem mit ‚Wer hat die Libro-Aktie hochgeschrieben? ‚Die Medien-Chronik' bezeichneten Kasten unter anderem nachstehende Textstellen aus ‚profil' und ‚trend', aus welchen sich ergeben soll, dass ‚profil' und ‚trend' die Libro-Aktie hochgeschrieben, das heißt überbewertet und damit zum Kauf nahe gelegt hätten:

1. Sie zitieren die ‚profil'-Ausgabe 2/2000, dass darin den Libro-Mitbesitzern Rettberg und Knöbl ein Vermögen von 2.381 Millionen Schilling zugeschrieben werde. Dieses Zitat ist insofern unrichtig und unvollständig, als sich der Wert der Aktien dieser beiden Libro-Aktionäre nach den Angaben im ‚profil'-Artikel auf 468 Millionen Schilling beläuft. In Bezug auf junge börsennotierte Unternehmen warnt ‚profil' in diesem Artikel, dass die Kurse praktisch über Nacht auf die Hälfte einbrechen oder mittelfristig ins Bodenlose fallen können. Die Kurskorrekturen der vergangenen Woche dürften noch nicht die letzten gewesen sein.
2. Die ‚profil'-Ausgabe 5/2000 zitieren Sie, dass es darin heiße: ‚Libro hatte nicht nur eingefleischte Börsianer in freudige Erregung versetzt, nein, auch Leute, denen Aktien bislang so fremd waren wie einem Analphabeten die Schrift, wollten plötzlich über die Börse bei der Medienhandelskette einsteigen.' Dies ist unvollständig, da ‚profil' im unmittelbaren Anschluss an dieses Zitat ausführt, dass das Hochgefühl – keine drei Monate nach dem Börsengang – längst verflogen ist und schwerer Katerstimmung Platz gemacht hat. In Bezug auf die Libro-Aktie wird ausgeführt, dass sich diese nach einem zähen Start, da-

nach einem steilen Anstieg nun wieder auf dem Weg nach unten befindet und die Internet-Phantasie mit der Medienhandelskette Libro durchgegangen ist.

3. Den ‚trend' vom 1. April 2000 zitieren Sie, dass die Empfehlungen von Franz C. Bauer unter dem Motto ‚Welche Papiere sind jetzt am günstigsten?' unter anderem ‚Libro' lauten würden. Zitat: ‚Die Boykott-Empfindlichkeit wird mit niedrig angegeben. Libro-Aktionäre sollen eine bevorrechtete Zuteilung bei einem Börsengang der Libro/Telekom-Tochter lion.cc erhalten. Das ist derzeit der stärkste Grund, um Libro-Aktien zu kaufen.' Anschließend kämen dann doch ein wenig Zweifel auf. Wörtlich heiße es: ‚Einzige Rechtfertigung des hohen Aktienkurses ist die Internet-Phantasie, und ob dort ausreichend Geld verdient wird, um die hohen Kurse zu rechtfertigen, ist fraglich.' Dieses Zitat ist unvollständig. Die Libro-Aktie wird im ‚profil'-Artikel von Franz C. Bauer nicht empfohlen. Die mögliche bevorrechtete Zuteilung bei einem Börsengang der Libro-Telekom-Tochter lion.cc an Libro-Aktionäre wird als der möglicherweise einzige Grund zum Kauf von Libro-Aktien bezeichnet. Die Aktie sei bereits viel zu teuer. Es habe im dritten Quartal des Geschäftsjahres 1999/2000 einen Ergebniseinbruch von 9,7 Millionen auf 1,7 Millionen Euro gegeben.
4. Die Mai-2000-Ausgabe des ‚trend' zitieren Sie, dass Franz C. Bauer darin empfehlen würde: ‚Wer Wiener Aktien kauft, ist zumindest relativ sicher gegen weitere Kursabstürze.' Auch diese Darstellung ist unvollständig. Im selben Bericht des Franz C. Bauer ist eine Grafik über die Kursentwicklung österreichischer Unternehmen wiedergegeben, wobei Libro mit einem Kursverlust von minus 15,43% als jenes Unternehmen unter der Bezeichnung ‚Flop five' geführt wird, das von 3/2000 bis 4/2000 am zweitstärksten verloren hat.
5. Weiters führen Sie aus, dass ‚profil' am 12. Juni 2000 im Zusammenhang mit dem Buch-Rabattkrieg, den Libro in Deutschland entfachte, schreibe: ‚Der börsennotierte Handels- und Medienkonzern Libro ist der mit Abstand größte Buchhändler in Österreich. Sein Filialnetz umfasst 250 Libro-Diskontläden und 23 Amadeus-Geschäfte und expandiert weiter.' Dieses Zitat stammt aus dem ‚profil' vom 10. Juli 2000. Es ist insofern unvollständig, als ‚profil' im Anschluss an diese Textstelle ausdrücklich darauf hinweist, dass die anfallenden Kosten und der stagnierende Buchhandel Libro im abgelaufenen Geschäftsjahr 1999/2000 rote Zahlen beschert haben und das Ergebnis der gewöhnlichen Geschäftstätigkeit auf minus 139 Millionen Schilling abgerutscht ist.

6. Zur ‚trend'-Ausgabe vom 1. Juli 2000 führen Sie aus, dass darin in einer großen Story der Aufstieg von Libro und dessen Manager André Rettberg gefeiert werde. Libro werde – zum damaligen Zeitpunkt – ein Börsenwert von 6,5 Milliarden Schilling zugeschrieben. Rettberg werde eine (wörtlich) ‚beeindruckende Bilanz' attestiert. Diese Zitate sind insofern unvollständig, als Rettberg nur eine relativ beeindruckende Bilanz attestiert wird. Ausdrücklich wird in dem Artikel darauf hingewiesen, dass die Aktie im Jahr 2000 von 68 auf 42 Euro heruntergeplumpst ist und das auf die zu erwartenden Verluste von Libro zurückzuführen ist.
7. Das ‚profil' vom 24. Juli 2000 zitieren Sie, dass darin Reinhard Christl schreibe: ‚Der Buchhändler Libro ist dabei, Österreichs bekanntestes Unternehmen in Deutschland zu werden. Eine Kooperation mit dem Medienkonzern WAZ soll endlich Gewinne bringen und den Aktienkurs aus dem Keller holen.' Begeistert heiße es in dem Artikel wörtlich: ‚Tatsächlich ist außer Red Bull, das niemand in Deutschland als österreichisch identifiziert, kein einziges heimisches Unternehmen medial ähnlich präsent.' Und zur aktuellen Bewertung der Libro-Aktie habe ‚profil' in dieser Ausgabe die Banken mit ‚neutral' zitiert. Tatsächlich hat Reinhard Christl in diesem ‚profil'-Artikel die Libro-Aktie als ‚kein Bestseller' bezeichnet. Nach dem Höhenflug im Anschluss an den Börsengang sei es mit der Libro-Aktie rasant abwärts gegangen. Schon zwei Mal habe Libro seine Ergebnis-Prognosen bzw. sein Quartalsergebnis nach unten revidieren müssen. Ausdrücklich wird auf die erheblichen Kursverluste der Libro-Aktie und die bereits zweimaligen drastischen Ergebnisrevisionen und immer schlechteren Prognosezahlen hingewiesen.
8. Zum ‚trend-intern' vom August des Jahres 2000 schreiben Sie, dass Karl Riffert darin ‚Eine sachkundige Analyse über die Auswirkungen des Einstiegs der deutschen WAZ-Gruppe bei Libro' ankündige. Die Analyse sei wohl mehr Kaffeesud-Leserei gewesen, denn zum WAZ-Einstieg bei Libro sei es nie gekommen. Da wundere es nicht, dass im ‚trend-Spezial' ebendieser Ausgabe Folgendes zu lesen gestanden habe: ‚WAZ steigt bei Libro ein. Die deutsche Mediengruppe WAZ übernimmt 10% der Aktien der heimischen Medienkette Libro und 25% an lion.cc, der Internet-Tochter von Libro.' Auch das habe natürlich in der Realität nie stattgefunden. Diese Ausführungen sind insofern unvollständig, als der ‚trend' in dieser Ausgabe des ‚trend-Spezial' ausdrücklich berichtet, dass seitens der WAZ erst eine Absichtserklärung für die Kooperation unterschrieben worden ist. Auf die

deutlichen Verluste von Libro und die wiederholten Versprechungen einer blühenden Zukunft durch Rettberg wird hingewiesen. Es sei die bewährte Geschäftspolitik von Libro gewesen, Dinge groß anzukündigen und sie dann nicht einzuhalten. Auch in diesem Artikel wird wieder auf die erheblichen Verluste der Libro-Aktie und den Ausfall der Dividende hingewiesen.

9. Den ‚trend' vom 1. Oktober 2000 zitieren Sie, dass Libro bei der Bewertung der besten Geschäftsberichte österreichischer börsennotierter Werte unter 93 untersuchten Firmen der ausgezeichnete siebenunddreißigste Rang zuerkannt werde. Auch dieses Zitat ist unrichtig. Die Bewertung im ‚trend' befasst sich nicht mit den im Geschäftsbericht wiedergegebenen Ergebnissen von Libro, sondern lediglich mit der Gestaltung des Geschäftsberichtes. Der Geschäftsbericht von Libro wird dabei auch nicht als ausgezeichnet, sondern als durchschnittlich eingestuft."

Dass Bilanzen in Zeiten wie diesen bei weitem nicht immer halten, was sie versprechen, zeigt übrigens auch eine aktuelle Untersuchung der US-Börsenaufsicht SEC nach einer Überprüfung der Geschäftsberichte 2002 der 500 größten US-Unternehmen. Danach wurden 350 Gesellschaften schriftlich auf Fehler hingewiesen, wobei vor allem an Technologie-, Energie-, Pharma- und Einzelhandelsunternehmen Kritik geübt wurde.

Die Problemfelder sind weitreichend, die meisten Fehler finden sich laut SEC in Beiträgen des Managements sowie in Analysen. Viele Unternehmen bezeichnen die Verluste aus schwachen Investments als „vorübergehend“, oft handelt es sich aber um deutliche Verluste über lange Zeiträume.

Zurück in die Alpenrepublik: Das weitere Schicksal der verbliebenen Libro-Standorte ist in diesen Herbstwochen äußerst ungewiss. 28 Outlets hat der Masseverwalter bereits geschlossen. Branchenkenner gehen davon aus, dass Libro ohne das Kronjuwel Amadeus nur mehr schwer anzubringen sein wird. Und die Experten täuschen sich nicht: Das drohende Liquidationsszenario wird erst am 17. November abgewendet, als Libro an einem Sonntagvormittag „unter den Hammer“ kommt. Den Zuschlag bekommt die zur Holding des Industriellen Josef Taus MTH gehörende IPO Beteiligungs-Management AG Nfg KG (Wien) als Vertreter eines Bieterkonsortiums zum euphemistisch „Meistgebot“ genannten Betrag von fünf Millionen Euro, was freilich nur dem ursprünglichen Mindestgebot und damit dem Ausrufungspreis für den ehemaligen „Börsenstar“ entspricht. (Die Tochter Amadeus hat bekanntlich fast den doppelten Verkaufspreis „eingespielt“!) „Als Unternehmer bin ich wie einst als Politiker Optimist“, wird Taus im „Format“ zitiert. „Wirtschaft und Demokratie sind von Natur aus expansiv.“ Lapidarer (und von mir nur mit innerlichem Protest registrierter) Nachsatz: „Wenn ich Pessimist wäre, würde ich Bücher schreiben oder mich als Intellektueller gerieren.“

Die Management Trust Holding AG jedenfalls ist eine börsennotierte und international ausgerichtete Industrie- und Finanzgruppe mit zwei unternehmerischen Schwerpunkten: Einerseits versteht sich das Unternehmen als Industrieholding, wobei das Augenmerk auf mittelständisch orientierten Technologiebranchen liegt. Derzeit ist die MTH in den Geschäftsfeldern „Zutrittskontrollsysteme“ und „Werkzeugmaschinenbau“ aktiv. Durch eine Konzentration auf die definierten Kernkompetenzen soll in den jeweiligen spezifischen Branchen die führende Wettbewerbsposition erlangt werden. Im Geschäftsfeld der Finanzdienstleistungen sind neben den Beteiligungen an Venture Capital/Private Equity Fonds auch die Consulting-Aktivitäten zusammengefasst. Durch einen effizienten Wissenstransfer des konzernintern verfügbaren Know-hows in den Bereichen Technologie und Innovation sollen vor allem die eigenen Unternehmen bzw. die Portfoliogesellschaften verbundener Unternehmen unterstützt werden.

Der ehemalige ÖVP-Spitzenpolitiker Taus pflegt beste Kontakte zu Großbanken und hat in seiner eigenen Firmengruppe wieder frisches Kapital für Akquisitionen aufgestellt. Als Financiers treten die Raiffeisenlandesbank Oberösterreich sowie die Bawag auf. RLB-Chef Ludwig Scharinger: „Der Markt ist da – die Marke hat gelitten, ist aber nicht tot. Wir haben Libro sehr günstig bekommen und machen jetzt einen soliden Neustart und nicht mehr Highflyer wie früher.“

Zum Taus'schen Firmenimperium gehören u. a. auch die Herold-Druckerei, die Designa-Gruppe, der Ed.-Hölzel-Verlag sowie die Maschinenbaufirma Krause & Mauser. Über ein Konsortium ist Taus 2002 auch beim größten bulgarischen Mobilfunkanbieter Mobiltel eingestiegen. Unternehmerisch war er durchaus nicht immer erfolgreich: So war seine MTH zum Beispiel zu 40 Prozent an KTM beteiligt, als diese in die Insolvenz schlitterte.

An der Versteigerung nimmt überraschend der ursprünglich als

Konsortialparter der IPO vorgesehene Wilhelm Sotsas nicht teil; er zieht sich kurzfristig aus der Bietergruppe zurück, „da einiges ungeklärt und das Risiko für ihn zu hoch gewesen wäre“, wie der Geschäftsführer von WISO-Buchhandel und Frick-Buchhandlung zur APA sagt.

Kaufchancen sind auch der Familie Stern eingeräumt worden, die erst kürzlich die Mehrheit ihres Büroartikel-Unternehmens Donau Design an die Schweizer Biella verkauft hat, die nun 74 Prozent hält; Stern bzw. Donau Design ist einer der größten Libro-Lieferanten bei Büroartikeln. Auch der ehemalige Herlango-Manager Theuretzbacher gilt als Interessent, er spricht jedoch ebenfalls von „zu großem Risiko“ und teuren Abfertigungsansprüchen. Immerhin: „Unser Angebot ist höher als das von Stern. Wir haben einen guten Preis geboten und wollen die Firma noch im November übernehmen. Das Problem ist: Libro wird jeden Tag weniger wert, weil der Warenbestand schwindet.“

Durch die Versteigerung kann also der Weiterbestand sichergestellt werden, ist der unter schwerem Zeitdruck stehende Masseverwalter Viehböck endlich seine größte Sorge los. Das Weihnachtsgeld für die Mitarbeiter wird bald fällig, und es muss auch bald wieder Geld her, um die Filialen für das Weihnachtsgeschäft einzudecken. Wäre die Versteigerung gescheitert, wäre bereits ein „Zerschlagungs- und Abverkaufsexperte“ vor der Tür gestanden: Der US-Liquidationsprofi Gordon Brothers hat sich zur Einleitung eines Totalabverkaufs bereits in Lauerstellung begeben. Aufgrund der beabsichtigten Fortführung des „größten Teils“ der insgesamt 216 Filialen würden auch die entsprechenden Arbeitsplätze erhalten bleiben, die Finanzierung für einen „wirtschaftlich vernünftigen Neustart“ sei gewährleistet. Der Verwertungserlös fließt zur Abdeckung der Insolvenzschulden an den Masseverwalter, der Libro noch bis Jahresende führt: „Nach der Abwicklung des Weihnachtsgeschäftes wird das Unternehmen mit 31. 12. 2002 seinem neuen Eigentümer übergeben.“

„Das ist ein Garantieschein für den Weiterbetrieb“, freut sich ein regionaler Betriebsrat, der die Lage aber offiziell lieber Werner Kratochwil, den Vorsitzenden des Betriebsrates, kommentieren lassen will. Auch der ist sehr glücklich: „Ich bin sehr zufrieden, dass der Deal so gelaufen ist, und gehe davon aus, dass die Arbeitsplätze fast zur Gänze erhalten werden können. Damit ist eine riesige Last von unseren Schultern.“ Auch der KSV zeigt sich erleichtert, auch wenn sich die Gläubiger nur eine Quote im unteren einstelligen Prozentbereich erwarten dürfen. „Wir sind froh, dass endlich ein Käufer gefunden wurde", sagt Johann Kosstal. „Das ist ein verfrühtes Weihnachtsgeschenk für die Mitarbeiter."

Taus & Co. müssen freilich ein Vielfaches des Auktionspreises in die Libro-Fortführung investieren. Die Branchenkenner gehen Ende November davon aus, dass zusätzlich zum Kaufpreis für die Marke Libro und die Mietrechte, das Anlage- und Umlaufvermögen samt Warenlager noch etwa 40 Millionen Euro erforderlich sein werden, um die Libro-Filialen wieder auf Vordermann zu bringen. Allein die Auffüllung des Lagers soll rund zehn Millionen Euro kosten, weitere Euro-Millionen wird die Verkleinerung des Filialnetzes nach dem Weihnachtsgeschäft verschlingen. Taus rechnet mit einer Sanierungszeit von 2,5 Jahren. Danach soll Libro nicht weiterverkauft werden, er kann sich eher vorstellen, „noch etwas dazuzukaufen". Zur Rolle Rettbergs bei der Libro-Krise sagt Taus, dieser habe „wohl viel Pech gehabt". Er selbst würde keine Steine werfen, weder als Erster noch nach anderen.

„zu weihnachten is bei uns immer die volle action", verspricht sinnigerweise ein aktuelles 16-seitiges Libro-Flugblatt und preist „coole Geschenke für wenig Lappen!" an: z. B. „Spider-Man" wahlweise als VHS um 14,99 oder als Doppel-DVD um 29,99, die aktuellen CDs „Escapology" von Robbie Williams, „Unbelievable" von Sarah Connor oder „In den Wahnsinn" von Westernhagen um 14,99 und die Playstation 2 inklusive zwei Spielen (Formula One 2001 und Tekken Tag Tournament) um wohlfeile 259 Euro. Flotte Sprüche wie „wenn die familie zu singen anfangt, spiel ich nicht mehr mit" oder „was schenkt ma nur an menschen wie meim bruder?" sollen die Kids in die Libro-Filialen locken, von investigativen News über das Unternehmen klarerweise null Information. Die große Hoffnung für die Mitarbeiter findet sich in Sloganform auf Seite 9 des Prospekts: „heuer wird weihnachten einfach phantastisch" ...

Eine Fußnote der Libro-Geschichte: Der ehemalige Vorstand Gerhard Maierhofer soll der Post zu mehr Umsätzen in der Sparte „Schalter" verhelfen: Er ist dort unter Geschäftsfeldchef Heinz Frühauf als Leiter des „Retail"-Bereichs (Verkauf von Papier- und Schreibwaren, Handys, Geschenkartikel etc.) vorgesehen. Der gelbe Riese forciert diese Zusatzschiene vor allem mit den neuen Filialtypen Post.at und Post-Box.

Unterschiedlich gestaltet sich bundesweit die Situation der einzelnen Filialen: In Tirol beispielsweise können alle 16 Outlets und die 76 Arbeitsplätze gerettet werden. „Die niedrigen Mieten für die Geschäftslokale am Land“, gibt Betriebsrat Kratochwil als möglichen Grund für die positive Situation an. Ähnlich ist die Lage auch im Burgenland, wo in den elf Filialen ebenfalls alle Arbeitnehmer(innen) weiter beschäftigt werden. Auch in Oberösterreich kämpft man „ums Überleben“. „Die vielen Kunden, die seit acht Jahren gerne bei Libro an der Mühlviertler Bundesstraße einkaufen, können aufatmen“, ist etwa in der „Freistädter Rundschau“ zu lesen. „Seit Montagnacht ist es fix: Libro Freistadt bleibt bestehen und das gesamte Team (insgesamt sechs Mitarbeiter) wird übernommen. Filialleiterin Renate Duschlbauer möchte an dieser Stelle ihren Kunden für die jahrelange Treue danken, die nicht zuletzt ausschlaggebend dafür war, dass der Standort nie ernsthaft in Frage gestellt wurde.“

„Wir sind froh, dass das Abwarten vorbei ist und es überhaupt weitergeht“, meint Annemarie Petschl, Leiterin der Filiale in Eferding mit fünf Mitarbeitern. Ebenfalls erfreut über den neuen Eigentümer ist Elisabeth Oswald von Libro in Enns; wie viele andere hofft auch sie, dass ihre Filiale unter jenen ist, die weitergeführt wird.

Am 27. 12. beginnt in den 14 Schließungsfilialen der Abverkauf, der vom US-Liquidationsprofi Gordon Brothers abgewickelt wird. In Niederösterreich werden das Outlet im EKZ Fischapark sowie gleich beide Filialen in Baden (Breyerstraße 1 und Breyerstraße 9 BPS) geschlossen. Warum das? Dr. Michael Tröthandl von der Kanzlei des stellvertretenden Libro-Masseverwalters Lexacta-Schatz und Partner Rechtsanwälte OEG geht davon aus, dass die Übernehmergruppe auch in der Schulstadt Baden einen Standort betreiben will, „ein nahtloser Übergang ist allerdings nicht mehr zu bewerkstelligen“. Das Problem in Baden sei, dass Libro auf zwei Filialen aufgeteilt und jeder Standort für sich zu klein sei.

In Wien trifft es die Filialen in der Thaliastraße 152, in der Ignaz-Köck-Straße 39 und im Gewerbepark Stadlau. Nicht übernommen werden weiters vier Standorte in Salzburg (Salzburg Stadt, Alter Markt 111 und Alpenbachstraße 114, Schwarzbach, Airportcenter Wals) und in der Linzer Wiener Straße, in Villach sowie in Trieben und am Hauptplatz in Deutschlandsberg (beide Steiermark). „Natürlich sind wird über die Schließung unserer Filiale, die ich noch dazu mit aufgebaut habe und die von den Kunden gut angenommen wurde, enttäuscht", ärgert sich Filialleiterin Barbara Strutz. „Mir tut es wirklich Leid. Wenn ich nämlich nach Deutschlandsberg komme, war ein Besuch bei Libro immer eingeplant, auch wenn ich manchmal nur geschmökert habe", bringt Walter Lederhaas aus Oberhaag die (hier nunmehr fehlende) Nahversorgerfunktion auf den Punkt. Das sieht auch Dagmar Damjanovic so: „Hier hat man eine große Auswahl und kann ungestört gustieren. Außerdem ist das Geschäft durchgehend geöffnet und zentral gelegen. Schade, dass es geschlossen wurde; auch für die Infrastruktur des Hauptplatzes ist das sicher nachteilig."

21 Pleiten pro Arbeitstag

Das Jahr 2002 war in puncto Unternehmenspleiten für Österreich ein relativ gutes. „Es hätte viel schlimmer kommen können, aber Grund zur Freude haben wir nicht", kommentiert der KSV die Insolvenzstatistik 2002. Die Anzahl der Pleiten ist im Vergleich zum Vorjahr mit ca. zwei Prozent Anstieg nahezu unverändert geblieben. Die eröffneten Verfahren gingen um 2,6 Prozent zurück, die Zahl der betroffenen Dienstnehmer damit sogar um zehn Prozent. Das Sorgenkind bleibt weiterhin die Baubranche. In einer Zeit, in der schwaches Wirtschaftswachstum und eine Insolvenzwelle in Deutschland die Stimmung auch in Österreich drücken, sei dies ein achtbares Ergebnis und Zeichen von Resistenz der heimischen Wirtschaft.

Bereinigt um die Libro AG, die im Jahr 2002 schon wieder Eingang in die Pleitenstatistik gefunden hat, liegen die betroffenen Dienstnehmer um ca. 1.700 unter den Vorjahreswerten und die Passiva sind um ca. 350 Millionen Euro geringer ausgefallen. Insgesamt haben 1,7 Prozent aller Wirtschaftsunternehmen Österreichs 2002 finanziellen Schiffbruch erlitten; das bedeutet 21 Pleiten an jedem Büroarbeitstag. Die Höhe der Passiva lag mit 3,4 Milliarden Euro annäherend auf Vorjahresniveau. Die Hochwasserkatastrophe im August 2002 habe keine Insolvenzwelle ausgelöst, eher eine Steigerung der Nachfrage nach Bauleistungen und Möbeln.

Zu den Großinsolvenzen 2002 zählen Libro mit 349 Millionen Euro, AE Energietechnik mit 165 Millionen (Konkurs aus der Babcock-Borsig-Gruppe), Cybertron mit 96 Millionen und i-21 Future Communication mit 70 Millionen Euro. Wie schon in den vergangenen Jahren führt die

Bauwirtschaft die Pleitenstatistik an, und zwar gleich in beiden Dimensionen: Anzahl der Verfahren und Höhe der Verbindlichkeiten. Der KSV rechnet auch für 2003 mit keiner wesentlichen Besserung in der Baubranche. „Die gegenwärtige Wirtschaftslage (schwache Nachfrage nach Industrie-, Büro- und Wohnimmobilien – teilweise sogar Überhang an Angebot), gepaart mit den sprichwörtlichen leeren Taschen der öffentlichen Hand sind nicht angetan, das Bild im Jahr 2003 deutlich zu ändern." Die Wirtschaft werde wahrscheinlich erst ab Jahresmitte ein bisschen frischen Wind verspüren können. Bleiben die Zinsen niedrig, so werde das auch die Insolvenzfront etwas entspannen. Daher rechnet der KSV im kommenden Jahr mit keiner Insolvenzwelle wie in Deutschland, sondern mit Zahlen, die insgesamt in der Größenordnung von 2002 liegen. Die betroffenen Passiva werden dabei ebenfalls unverändert hoch bleiben. Das sei keine Entwarnung, aber auch keine Horrorprognose. Die heimische Wirtschaft besitze durch Fremdenverkehr, Ostöffnung und Diversifikation offensichtlich eine ganz gute Krisenfestigkeit.

Neues Leben bei Libro? (2003)

„Aus dem Tod blüht immer neues Leben.
Aus dem Leben blüht immer neuer Tod.
Beklagenswert der, den nur jenes tröstet, nicht auch dieses."
(ALFRED POLGAR)

Der Schweizer Managementexperte Fredmund Malik kritisiert in einer Kolumne (für das Manager Magazin) die verfehlten Ratschläge von Beratern, Trainern, Wissenschaftlern und Journalisten in der Phase des Börsen- und Internetbooms. Die jetzige Börsenkrise wäre nach seiner Auffassung vermeidbar gewesen: „Das einzig Gute an der eingetretenen Entwicklung ist, dass man die Inkompetenz jetzt ganz leicht erkennen kann. Sie ist überall dort gegeben, wo die Modewellen und Irrlehren der 90er Jahre entstanden und lauthals in die Welt getragen wurden. Daher ist zu empfehlen, zur Vermeidung weiteren Schadens immer nachzusehen, welche Meinungen jemand in den zurückliegenden Jahren vertreten hat und wie er sich heute rechtfertigt."

Wer die New Economy hochgejubelt habe, verstehe nichts von Wirtschaft. Wer Shareholder-Value und Börsenwertsteigerung propagierte, habe gefährlich wenig Ahnung von richtiger Unternehmensführung. Wer Stock Options für Manager forderte, ist naiv, weil er glaubte, an der Börse zeige sich die unternehmerische Leistung. „Die meisten E-Business-Apostel sind Träumer und Phantasten. Leute, die bei den Gründerwettbewerben dabei waren, von Business Models, Business Angels und Money Burnrate faselten, sind Ignoranten. Wer den Unfug von einer ewig steigenden Börse vertrat, ist historisch ungebildet oder latent betrügerisch."

Es sei zu erwarten, dass eine große Zahl von Leuten, die in diese Kategorien fallen, ihre Meinungen wie die Hemden wechseln und so tun, als hätten sie es immer schon besser gewusst, als hätten sie nie Unsinn vertreten und früh gewarnt. Sie würden ihre Fahnen nach dem Winde drehen und hoffen, dass niemand auf die Idee komme, ihren früheren Blödsinn zu recherchieren. Sie seien meistens nicht nur inkompetent, sondern auch Wendehälse.

„Man sollte solchen Typen keine Chance geben, gleichgültig

welche Titel, Ränge, Statussymbole und Funktionen sie haben. Dummheit ist zwar nicht strafbar, aber man kann sie decouvrieren und anprangern. Vor allem sollte jene Dummheit gesellschaftlich geächtet werden, die nicht einem prinzipiellen Mangel an geistigen Fähigkeiten entspringt, sondern einem Mangel an Gewissenhaftigkeit und Sorgfalt. Das ist nicht ganz leicht, wenn diese Art der Dummheit in der beeindruckenden Maske des Experten auftritt, mit der Pose der Unfehlbarkeit vorgetragen und Kritik mit dem Pathos der Empörung erwidert wird", schreibt Malik. Führungskräfte aller Organisationen müssten heute auch die Aufgabe und Verantwortung übernehmen, unbescheidenen Intellektuellen keine Plattform zu bieten, von wo aus sie Schaden anrichten können, und sie sollten den Mut haben, sie zu entfernen – aus Stabsorganisationen, Redaktionsteams, Beraterlisten und aus dem Ausbildungsbereich. Wenn man den geistigen Schrott entsorge, erreiche man eine höhere ökonomische Wirksamkeit, so Malik.

Ökonomisch wirksam ist auf alle Fälle der Austritt der meisten Libro-Arbeitnehmer aus ihrem bisherigen Arbeitsverhältnis am 31. 12. 2002. „Ab 2. 1. 2003 erhalten sie neue Arbeitsverträge zu ähnlichen Bedingungen bei der Libro Nuevo GmbH", erläutert Marion Delle Karth, Arbeitsrechtsexpertin der Tiroler Arbeiterkammer. Alle Ansprüche aus dem Arbeitsverhältnis mit „Libro alt" werden mit dem Konkursgericht und dem Insolvenzausfallgeldfonds abgerechnet; österreichweit liegt die Summe der Ansprüche zwischen 36 und 50 Millionen Euro.

Rund 200 Beschäftigte haben keinen neuen Vertrag bekommen, schätzt Libro-Betriebsratsvorsitzender Kratochwil. In der Zentrale müssen rund 20 Prozent der Beschäftigten gehen.

Per 2. 1. werden die verbleibenden Filialen in die Libro Nuevo eingebracht und mit der Book4U zusammengeführt. Libro geht offiziell ins Eigentum der Taus-Gruppe über. Ein Drittel der Firma gehört Taus gemeinsam mit dem niederösterreichischen Unternehmer Johannes Gauster (Happy-Card Österreich Handelsges. m. b. H., Pottendorf, bzw. P & V Handel und Beteiligungen GmbH, FN 229.913 h), ein weiteres Drittel besitzt der von Taus (mit-)verwaltete Investmentfonds Athena Zweite Beteiligungen AG (FN 202.032 g), in deren Aufsichtsrat u. a. der Geschäftsführer der neuen Austria Wirtschaftsservice GmbH, Mag. Dr. Peter Takacs, zu finden ist, und das letzte Drittel gehört Dkfm. Franz Georg Stern

(Donau Design GmbH bzw. Belfort Beteiligungs GmbH, FN 225.709 a). Fix ist inzwischen auch die neue Geschäftsführung: Mag. Werner Weber ist für Finanzen und Taus-Schwiegersohn Dr. Martin Waldhäusl für das operative Geschäft zuständig. Der ehemalige Libro-Einkaufsleiter Helmut Scharf übernimmt die Vertriebsleitung, Georg Poppenberger den Einkauf.

Während man sich in der Gewerkschaft recht optimistisch gibt, werden im Handel immer wieder Stimmen laut, die an einer Libro-Renaissance zweifeln. Der Aufwand für die Geschäftsmieten soll bei rund acht Prozent vom Umsatz liegen – eine Zahl, die jedem Handelsprofi die Schweißperlen auf die Stirn treibt. Branchenüblich und für ein langfristiges Überleben notwendig sind nämlich nur rund drei Prozent. Auch beim Warenschwund bzw. weniger euphemistisch beim Diebstahl durch Kunden und Mitarbeiter sind einige Hausaufgaben zu erledigen: Rund sieben Prozent der Ware verschwinden dem Vernehmen nach auf Nimmerwiedersehen. Und die neue Unternehmensstrategie soll auch erst im März feststehen. Als ziemlich sicher gilt allenfalls, dass das Büro- und Papiersortiment im Interesse des Miteigentümers und Donau-Design-Geschäftsführers Franz Georg Stern ausgeweitet werden soll. Eine Bereinigung dürfte es hingegen bei Tonträgern geben, wobei man Spezialsortimente kürzen und die breite Masse ansprechen will. Der Buchbereich könnte mit Bestsellern und Billigbüchern unverändert bleiben.

In einem Exklusivinterview mit dem Autor am 11. Februar erklärt Martin Waldhäusl den aktuellen „Libro-Frühling", den das Unternehmen gemeinsam mit der Agentur FCB Kobza für die Zeit vom 3. 2. bis zum 8. 3. terminisiert hat. In dieser Zeit werden rund 2,5 Millionen Artikel zum halben Preis verkauft, damit neue Ware Platz in den Filialen findet. „Das ist mehr als ein Abverkauf", sagt Waldhäusl, der den aktuellen Finanzbedarf für Revitalisierung und Sortimentsauffrischung auf 20 bis 30 Millionen Euro schätzt: „In zwei bis drei Jahren glauben wir den Turnaround schaffen zu können." Demnächst werde sich der neue Aufsichtsrat konstituieren, der Boss dieses Kontrollgremiums steht mit dem ehemaligen Wiener Neustädter Bawag-Vorstandsmitglied Dr. Josef Schwarzecker bereits fest. Ein etwaiger Einzug von Universal-Österreich-Chef Bogdan Roscic in die Libro-Geschäftsführung ist nur ein „hartnäckiges Gerücht". Der 39 Jahre junge General-Manager von Universal Music in Österreich bestätigt das: „Gegen Gerüchte ist man machtlos. Da hat jemand Uninformierter falsche Schlüsse daraus gezogen, dass Libro für meine Firma ein sehr guter Kunde ist. Wenn da nach einer harten Zeit – und die Pleite hat dem Musikmarkt in Österreich stark geschadet –, wenn eine Erneuerung stattfindet, ist es so selbstverständlich wie banal, dass wir da Gesprächspartner sind. Das hat überhaupt nichts zu tun mit meiner persönlichen beruflichen Zukunft."

Waldhäusl greift ab und zu nach einer Philip Morris Super Light und vergleicht Libro mit einem Supertanker: Wenn das Unternehmen einmal wieder in Fahrt kommt, würde es sich kontinuierlich und stabil weiterbewegen. Der Beteiligungs- und Finanzierungsfachmann glaubt an die Strategie „Kernsortiment in jeder Filiale, Ergänzungen in den größeren Outlets, in keinem Bereich echter Vollsortimenter" und kennt André Rettberg nicht persönlich. Auch mit Billa habe man jetzt (fast) gar nichts mehr zu tun: „Beide Unternehmen haben neue Eigentümer; Libro war und ist Bestandteil der österreichischen Popkultur. Wir setzen dort an, wo das Unternehmen etwa 1996/97 schon einmal war." Dazu gehören sogar kleine Expansionsschritte wie z. B. die neue Filiale im neuen Einkaufszentrum in Amstetten. Auch in der Stadt Salzburg soll bald neu eröffnet werden.

„Wir haben derzeit wieder mehr als 55.000 Kunden pro Tag", ist Waldhäusl für die Libro-Zukunft optimistisch. „Libro ist nach Coca-Cola und McDonald's die bekannteste Marke im Land; das ist ein gutes Fundament." Die Zielvorgabe für das erste Jahr besteht darin, „mit 1.252 Mitarbeitern einen Jahresumsatz von 200 Millionen Euro zu erwirtschaften". In den besten Jahren hatte das Unternehmen fast den doppelten Umsatz erzielt – aber Größe ist eben nicht (mehr) alles. Werner Weber: „Libro hat drei wesentliche Standbeine: Buch, Papier/Büro/Schule und Unterhaltung mit CD, CD-ROM, DVD und Video. Es wird sicher Schwerpunkte geben, aber wir haben nicht vor, das CD-Geschäft, in dem der alte Konzern einst 37 Prozent hatte, zurückzufahren."

Der Taus/Waldhäusl-Fonds Athena III übernimmt auch 50 Prozent des Wiener Neustädter Kaffeemaschinenherstellers Reinhold Schärf. Waldhäusl interessiert die „langsam aufgebaute Kaffeekompetenz" bei der Coffeeshop Company und beginnt bereits wie schon vor Jahren André Rettberg mit der Synergiensichtung und -bewertung: „Auch in großen Libro-Filialen sind die Cafés als Ergänzung denkbar ..."

Dem ehemaligen Hoffnungsträger lion.cc geht es unter den neuen Eigentümern offenbar ganz gut. Aktuelle Testkäufe des Autors bestätigen die Brauchbarkeit des E-Commerce-Unternehmens im Alltag, womit sich auch dieser Kreis schließt: War es vor weit mehr als zwei Jahrzehnten vor allem meine örtliche Umgebung, die mich dazu bewogen hat, kulturelle (Kauf-)Bedürfnisse bei Libro zu befriedigen, so sind es jetzt vor allem neben möglichen Preis-Schnäppchen meine mangelnden zeitlichen Ressourcen, die das Shopping im Internet so angenehm wie bequem erscheinen lassen. MC-Marketing-Geschäftsführer Hans-Jörg Finsterer kann trotz schwieriger Marktumfelder wie etwa im Bereich CD auf ein wirtschaftlich erfolgreiches lion.cc-Jahr 2002 zurückblicken: „Wir haben lion.cc zunächst auf eine ältere Zielgruppe – die 20- bis 49-Jährigen – fokussiert." Zur permanenten Vergrößerung des Warenkorbs ist der Start des Special Shops mit dem Verkauf von Product-Bundles gekommen. So gab's etwa zum Wien-Konzert von Robbie Williams ein Paket, bestehend aus zwei Tickets und der neuesten CD „Escapology". Alle Entwicklungen am Portal und im Back-Office trugen lion.cc mehr als 64 Prozent Zuwachs bei DVDs, ein gutes Buchgeschäft und die Steigerung der Bestellgrößen um durchschnittlich 25 Prozent ein. Finsterer: „In diesem Jahr werden wir den Warenkorb vergrößern und uns stärker an den Bedürfnissen der weiblichen Käuferschaft orientieren." Die Ex-Libro-Tochter kommt derzeit auf rund 279.000 registrierte User und hinkt marktanteilsmäßig in Salzburg und Oberösterreich etwas dem restlichen lion.cc-Österreich nach.

Am 17. 2. beansprucht Libro gleich vier Eintragungen im Amtsblatt der Wiener Zeitung:

- FN 046814 w Libro AG, Industriestraße 7, 2353 Guntramsdorf; Kaufvertrag vom 24. 9. 2002; Übertragung des Teilbetriebes in die Amadeus Buch & Medien GmbH (FN 223256 v) Teilbetrieb: „Amadeus"; LG Wiener Neustadt, 24. 1. 2003
- Sacheinlagevertrag vom 18. 12. 2002 Übertragung des Betriebes Libro auf Libro Nuevo GmbH (FN 229729 m); LG Wiener Neustadt, 24. 1. 2003
- Aufsichtsrat: (M) Werner Kratochwil (7. 9. 1960), gelöscht; (AW) Helmut Ruß (13. 3. 1964), gelöscht; LG Wiener Neustadt, 28. 1. 2003
- FN 229729 m Libro Nuevo GmbH, Industriestraße 7, 2353 Guntramsdorf; Kapital nun 70.000 Euro; GV vom 18. 12. 2002 Kapi-

talerhöhung um 35.000 Euro. Änderung der Errichtungserklärung im Punkt III; Sacheinlagevertrag vom 18. 12. 2002 Einbringung des Betriebes Libro der Libro AG (FN 046814 w); GS: (C) Libro AG Einlage nun 70.000 Euro; geleistet nun 70.000 Euro; die Kapitalerhöhung erfolgt im Betrag von 17.500 Euro bar. Des Weiteren bringt die Alleingesellschafterin unter Anrechnung auf die übernommene Stammeinlage als Sacheinlage ein: den gesamten Betrieb „Libro" gemäß dem Sacheinlagevertrag vom 18. 12. 2002, wobei die Sacheinlage 17.500 Euro beträgt; LG Wiener Neustadt, 24. 1. 2003

Die zweitgrößte Schweizer Bank Credit Suisse Group (CSG) hat inzwischen das Geschäftsjahr 2002 mit einem Rekordverlust beendet. Das Minus belief sich auf 3,3 Milliarden Franken (2,25 Milliarden Euro), nachdem im Vorjahr noch ein Gewinn von 1,6 Milliarden Franken (1,09 Milliarden Euro) erwirtschaftet wurde. Der hohe Verlust wird vor allem der schlechten Performance der Investment-Bank-Tochter Credit Suisse First Boston (CSFB) zugeschrieben. Wir erinnern uns: Wie hieß doch gleich der Lead-Manager und Bookrunner des Libro-Börsenganges?

Ein (winzig) kleiner Trost für die Kleinaktionäre? Als Konsequenz aus den schlechten Zahlen werden bei der Bank rund 1250 Stellen gestrichen ...

Im „trend" 2/2003 finden Taus und Rettberg im Rahmen der Coverstory „Österreichs neue Milliardäre" wieder zusammen. „Alles, was dem ehemaligen ÖVP-Obmann zur Ersteigerung der in Ausgleich geschlitterten Libro-Kette um fünf Millionen Euro einfällt, ist: Mir war an einer österreichischen Lösung gelegen", ist da zu lesen. Und einige Sätze später: „Der schiere Patriotismus dürfte nicht die einzige Motivation eines 70-Jährigen sein, seinen Namen noch einmal ins Spiel ‚Wer rettet heimische Arbeitsplätze und erwirbt nebenbei billigst eine Firma?' zu bringen."

Eine Seite danach wird noch ein letztes Mal der „Gefallene Engel" relativ ausführlich beschrieben (und nebenbei das eigene Wirtschaftsmagazin von der Konkurrenz abgegrenzt): „Alles, was André Rettberg in Angriff nahm, war stets umfangreich und kostspielig. (...) Er verstand es hervorragend, auf der Medienorgel des Landes zu spielen, und wurde 1999 auch zum Manager des Jahres gekürt. (Übrigens ein Titel, den der trend noch nie vergeben hat. Der trend wählt ausschließlich Männer/Frauen des Jahres, und zu denen hat André Rettberg nie gehört, genauso wenig wie Alexander Maculan, Leopold Steiner, Hermann Gerharter, Kurt Kaindl oder Basile Vavaressos.) Schon im Geschäftsjahr 1999/2000 rutschte Libro in die Verlustzone, und im September 2001 war die Aktie auf einen Euro eingebrochen. Libro ging mit einer Überschuldung von 344 Millionen Euro in Ausgleich, Rettberg verschwand in der Versenkung."

In diesen März- und April-Wochen des Jahres 2003 geht die gerichtliche Klärung der Megapleite in die nächste Runde: Im Zuge der Vorerhebungen der Staatsanwaltschaft Wiener Neustadt müssen sich André Rettberg und Johann Knöbl einer nächsten Befragungsrunde durch die Kriminalabteilung Niederösterreich stellen, auch die Aufsichtsräte und Wirtschaftsprüfer werden erneut befragt. Der Fall ist bereits vom Staatsanwalt an den Untersuchungsrichter weitergegeben worden, womit das Stadium der Vorerhebungen abgeschlossen ist. „Das zeigt, dass die Suppe eher dicker geworden ist", vermutet Kleinaktionärsvertreter Wihelm Rasinger. Laut Ermittler Klaus Preining können die Nachforschungen jedenfalls noch einige Monate dauern.

„Auf dem Akt steht eine ganze Reihe von Beschuldigten", bestätigt der Gerichtssprecher des Wiener Neustädter Landesgerichts. Angebliche Bemühungen einiger Verdächtigen, den Fall von Wiener Neustadt nach Wien zu holen, seien endgültig gescheitert. Als Erstbeschuldigter scheint Rettberg auf, dem laut WirtschaftsBlatt vom 8. 3. Betrug, Untreue, fahrlässige Krida und unrichtige Aussagen gemäß § 255 Aktiengesetz vorgeworfen werden. Im Zuge der gerichtlichen Untersuchungen haben einige der Beschuldigten und weitere Involvierte unerwarteten Besuch bekommen: Das Gericht bestätigt Hausdurchsuchungen bei Rettberg, aber auch die Räumlichkeiten von Ernst & Young wurden auf den Kopf gestellt. Wobei die Wirtschaftsprüfungskanzlei insofern zu Unrecht zum Handkuss kommt, weil nicht gegen sie ermittelt wird, sondern lediglich Unterlagen zum „Fall Libro" sichergestellt werden; der jetzige geschäftsführende Gesellschafter bei Ernst & Young, Mag. Georg Bauthen, wird unter der Firmenbuchnummer 181954 f nach wie vor im Vorstand der André-Maarten-Rettberg-Privatstiftung geführt. (Stifter waren neben André auch Barbara und Raoul Rettberg, im Vorstand sind neben Bauthen Dr. Roland Rief und Dr. Wilfried Seist vertreten, die Privatstiftung firmiert in 1220 Wien, Wagramer Straße 19.)

Am 13. 3. berichtet News, Rettbergs neues Betätigungsfeld sei die Entwicklung neuer Marken und Produkte. Fallweiser Auftraggeber: die in Branchenkreisen bislang gänzlich unbekannte H.I.-Beteiligungs AG, bei der Rettbergs Anwalt Michael Löb im Aufsichtsrat sitzt. Eine heiße Spur der Justiz besagt laut News weiters, Rettberg habe zwei Millionen Euro und mehr angehäuft, die bisher in keinem Vermögensstatus aufgetaucht sind. Bestätigt sich dieser Verdacht, droht Rettberg ein hochbrisantes Verfahren: der mögliche Verstoß gegen den Strafrechtsparagraphen 156 mit Höchststrafe von zehn Jahren. Sollte sich nämlich herausstellen, dass Rettberg entgegen seinen Angaben doch nicht mittellos ist und Millionen Euro beiseite geschafft hat, könnte das als betrügerische Krida ausgelegt werden. Dabei reicht es, wenn Gläubigern persönliches Vermögen bloß verheimlicht wird, egal ob legal oder illegal erwirtschaftet. Rettberg hat zwar stets beteuert, sein gesamtes Vermögen mit dem Kauf inzwischen wertloser Libro-Aktien verspielt zu haben. Jetzt soll genau untersucht werden, was mit jenen rund 14 Millionen Euro geschehen ist, die Rettberg aus dem Verkauf des 25%-Anteils an die Telekom Austria erwirtschaftet hat. „Die Antwort auf diese Frage wird auch die Bank Austria Creditanstalt interssieren", schreibt News. „Sie hat die Aktienkäufe der Rettberg-Stiftung finanziert und pocht – bislang vergeblich – auf die Rückzahlung von Krediten in Höhe von rund fünf Millionen Euro."

Libro ist (auch) Teil meiner eigenen Geschichte, habe ich zu Beginn dieses Buches geschrieben, und für mich stellt sich die Situation so dar wie vermutlich auch für Österreichs Konsumenten und für viele Libro-Mitarbeiter(innen): Das „Backtotheroots"-Konzept des Unternehmens könnte durchaus von Erfolg gekrönt sein. Buchhändler, Verlage und so mancher persönlich Involvierte werden allerdings noch einige Zeit lang benötigen, bis sich ihre Wunden geschlossen haben. Für viele Konsumenten und speziell für die Kids einer neuen Generation hat sich vielleicht gar nicht so viel geändert, auch wenn die ersten wirklichen Erträge für das Unternehmen wohl erst mit dem Schulgeschäft im Herbst 2003 zu erwarten sind. Für sie ist Libro wirklich „nuevo", und durch die verschiedenen gerichtlichen Untersuchungen gilt das auch für Libro selbst.

Die neue Geschäftsführung ist trotz meiner beinahe schon flehentlichen Bitten nicht in der Lage, einige Daten der „frühen" Jahre zu recherchieren. Am 18. 2. bekomme ich schließlich einen fast skurrilen Anruf des ehemaligen ORF-Generalintendanten Gerhard Weis, der sich ausgesprochen höflich – um nicht zu schreiben: devot – als Marketing Consultant von Libro vorstellt. Allerdings ist auch Weis als einer der noch vor kurzem mächtigsten Männer des Landes und nach wie vor Repräsentant eines umtriebigen Netzwerkes nicht in der Lage, Libro-Fakten beispielsweise der frühen 80er Jahre des vorigen Jahrhunderts bereitzustellen: Es gibt sie schlicht und einfach nirgends mehr. „Wir werden uns diesbezüglich demnächst an unsere Mitarbeiterinnen und Mitarbeiter wenden“, verspricht der Taus-Freund Weis die mögliche mündliche Rekonstruktion. Oral history at its best: Libro ist offenbar zur Gänze geschichtslos geworden. Vielleicht ist das auch die letzte Chance dieses Unternehmens in Zeiten wie diesen.

Übrigens ist auch ein zweiter Börsengang nicht undenkbar. Martin Waldhäusl: „Bei der gegenwärtigen Stimmung am Finanzmarkt ist das kein Thema. Mittelfristig ist es aber nicht ausgeschlossen.“

Also auf ein Neues, Libro!

Nachwort: Sittenbild Libro

von Mag. Dr. Wilhelm Rasinger,
IVA – Interessenverband für Anleger

Es ist endgültig, die Anleger haben direkt oder indirekt über ihre Beteiligung an Aktienfonds über 80 Mio. Euro (über 1,1 Mrd. ATS) verloren. Die Chancen bei der derzeitigen Rechtslage unter Berücksichtigung des Prozessrisikos und wirtschaftlicher Überlegungen zu einem auch nur minmalen Schadenersatz zu kommen, sind gleich null. Ob strafrechtliche Aspekte gegeben waren, haben die Untersuchungsbehörden und die Gerichte zu klären. Nachdenklich macht der Umstand, dass mit intensiven Bemühungen und Interventionen à la Italia das Modell Berlusconi kopiert und das anhängige Verfahren von Wiener Neustadt nach Wien verlegt werden sollte.

Wie konnte es nur zu diesem Megaflop kommen? In den einzelnen Kapiteln dieses Buches wird auf die wichtigsten Ereignisse eingegangen. Ich habe in den letzten Monaten viel Zeit und Energie für diese Causa verwendet und habe versucht, auch die Hintergründe und Zusammenhänge zu sehen. Komprimiert auf einen Nenner gebracht: Gier, Eitelkeit, Unfähigkeit waren die Triebfedern der Entwicklung. Es geht nicht darum, im Nachhinein mit dem Wissen und den Erfahrungen von heute die damalige Situation zu beurteilen, sondern Erkenntnisse für die Zukunft abzuleiten.

Der tüchtige, aber sparsame Geschäftsmann Karl Wlaschek verkaufte zu einem stolzen Preis den Billa-Konzern und verlangte auch für Libro einen ambitiösen Preis. Der spätere Präsident des Libro-Aufsichtsrates stellte für die Übernahme eine Investorengruppe zusammen. In dieser Gruppe fanden sich bekannte Namen, Glücksritter und Schnäppchenjäger. Mit hochkarätigen Experten wurde zweitausend Jahre nach Christus ein modernes Modell der „wunderbaren Brotvermehrung“ entwickelt. Das erste Meisterstück war, dass es gelang, die gutgläubigen und unerfahrenen Manager der Telekom Austria AG dazu zu bringen, sich mit 25 Prozent zu einem Überpreis von über 85 Mio. Euro ohne ausreichende Gegenleistung zu beteiligen. Zur Abdeckung der Schulden der Investorengruppe wurden durch eine geschickte, hochintelligente Konstruktion 32

Mio. Euro (= 440 Mio. ATS) der Gesellschaft entzogen. Zu den dafür notwendigen Bewertungsgutachten fällt mir ein: „Papier ist geduldig." Als Nächstes wurde in einer aufwändigen, hochprofessionellen Werbekampagne mit Visionen und atemberaubenden Plänen das breite Anlegerpublikum zum Aktienkauf verführt. Nicht zu kaufen, bedeutete der Feind des eigenen Glücks zu sein.

Der Geschäftsführer, der unter Aufsicht von Wlaschek und seinen strengen Controllern eine beeindruckende Karriere machte, wurde von unkritischen Medien, Journalisten und geschickten PR-Betreuern zum Mega-Manager hochstilisiert, einer, der das goldene Zeitalter einläutet. Sein Finanzchef war diesen Höhenflügen und „Kreativitätsschüben" nicht gewachsen, auch der Aufsichtratschef wirkte nicht dämpfend, sondern hob mit diesem Phantasten ab. An den Aktionen gegen die Buchpreisbindung verdienten die diversen Berater fette Honorare, aber die Sinnhaftigkeit dieses Kampfes wurde von niemand hinterfragt. Das Medienecho war exzellent, die Kosten exorbitant hoch, die dadurch lukrierten Umsätze und Deckungsbeiträge nicht wahrnehmbar. lion.cc war ein Fass ohne Boden. Superleistung: Es gelang sogar die biederen, aber renditebewussten WAZ-Leute zu verführen.

Der Aufsichtsrat war mit dem Top-Wirtschaftsjournalisten Österreichs, einem angesehenen Professor der Wirtschaftsuniversität und dem Finanzchef eines damals noch erfolgreichen Strumpferzeugers prominent und sachkundig besetzt. Die Banken stellten mit Begeisterung – ohne kritische Prüfungen – Millionenbeträge bereit. Ein Aktionär machte einerseits mit Libro gut dotierte Geschäfte, und anderseits baute er mit dem „Schnitt" aus der Telekom-Beteiligung und Börsengang eine Konkurrenz zu Libro auf. Als die schlechten Zahlen und Planverfehlungen nicht mehr durch Ausreden und Schönfärberei „relativiert" werden konnten, machte sich bei einigen Akteuren ein „Realitätsverlust" bemerkbar.

In der Hauptversammlung am 8. 8. 2001 in den Sofiensälen wurden erschreckende Zahlen präsentiert. Wenigstens wurde zwar mit Zähneknirschen, aber doch eine Sonderprüfung beschlossen. Inzwischen traten „Interessenten" ohne Geld und einschlägige Handelserfahrung auf. Einer von ihnen legte darnach mit seiner börsenotierten AG einen Konkurs hin und beschäftigt Staatsanwaltschaft und Gerichte, ein anderer bewies seine Cleverness bereits bei der Residenz/General-Partners-Gruppe, die übrigens auch bereits im Konkurs ist. Ein unerträglicher Selbstdarsteller im neu gewählten Aufsichtsrat, der am liebsten von seinen unzähligen Erfolgen jedem, der es auch nicht wissen wollte, erzählte, trägt Mitverantwortung, dass weder im Aufsichtsrat effizient gearbeitet wurde, noch sich der Vorstand auf die Sanierungsarbeit konzentriert hat.

Damit war der Konkurs unausweichlich. Aber auch die Marktgegebenheiten haben sich verschlechtert: Immer mehr Märkte führten ein Papiersortiment, und das CD-Geschäft brach wegen der Kopiermöglichkeiten ein, die lion-Blase platzte.

Nachdem mehrere Wochen lang durch die Medien über Interessenten und ihre Absichten berichtet wurde, wurde nicht überraschend an den letztverbliebenen Bieter, der andere Interessenten ins Boot genommen hatte, Libro zum Mindestpreis veräußert. Die Story ist noch nicht zu Ende, denn die Galionsfigur, der Käufer, ein eloquenter Exwirtschaftspolitiker, geschickter Deal-Maker und Drahtzieher in Altherren-Netzwerken, dem aber ein anderer vor über zehn Jahren zeigen musste, wie man ein Unternehmen erfolgreich saniert, verfügt über kein Know-how in diesem schwierigen Markt, aber hat einen Schwiegersohn, der das Zahlenhandwerk beherrscht.

Resümee: Gewinner waren die „Investoren der ersten Stunde", die beratenden Professionen, wie Anwälte, Wirtschaftsprüfer, Investmentbanken; die Rechnung bezahlt haben die Telekom-Aktionäre und die Vielzahl der privaten Anleger. Es fand einerseits eine Umverteilung von unten nach oben statt und andrerseits wurden Werte vernichtet. „Unterm Wlaschek" hätte es das alles nicht gegeben.

Das Ende und die Ohnmacht der Aktionäre

In dem Sonderprüfungsbericht wurde das Desaster sachlich dargestellt und Verantwortlichkeiten und Versäumnisse festgestellt. Die Hoffnung der Aktionäre, ein Instrument zur Durchsetzung von Schadenersatzforderungen in der Hand zu haben, hat sich nicht erfüllt. Denn die Aktionäre können nach der geltenden Rechtslage direkt keine Ansprüche gegen den Vorstand, den Aufsichtsrat und die Abschlussprüfer geltend machen, weil dies nur die Gesellschaft kann. Sollte ein Betrag erstritten werden, so haben die Aktionäre nichts davon, da diese Summen die Masse vergrößern. Dies kommt wiederum ausschließlich nur den Gläubigern, im konkreten Fall zu einem großen Teil den finanzierenden Banken zugute. Gespräche mit Juristen ergaben, dass auch eine Klage wegen der Prospekthaftung nicht aussichtsreich ist. Denn die Informationen im Kapitalmarktprospekt stehen neben einer Vielzahl von Fakten und Zahlenwerken wie Jahresabschlüssen, Cashflow-Rechnungen, Zwischenberichten, aber keinen Planungen und Plausibilisierungen von Bewertungen und Unternehmensstrategien. Darüber hinaus findet sich nur ein Kundiger in dem trocken formulierten 100-Seiten-Text zurecht. Auf fünf Seiten werden Risikohinweise dargestellt, von denen aber bei der Werbekampagne und den Empfehlungen und Analysen, welche die eigentliche Grundlage der Anlageentscheidung sind – wenn überhaupt –, nur sehr verklausuliert am Rande die Rede ist. Einige Anleger haben sich an die Verschärfung von Informationspflichten, insbesondere betreffend die Adhoc-Publizität erinnert. Fehlanzeige! Aus diesem Titel haben mir alle wohlmeinenden Juristen von einer Klage abgeraten. Knackpunkt ist, dass es dem Anleger kaum gelingen wird, dass eine Fehlinformation monokausal für eine Anlageentscheidung war und darüber hinaus der Schaden bzw. der Kursverfall ausschließlich darauf zurückzuführen ist. Forget it!

Zu hoffen, dass der Staat durch eine Behörde bzw. Institution wie die FMA (Finanzmarktaufsicht) dem „kleinen Mann" bei der Durchsetzung seiner individuellen Ansprüche hilft, ist im Hinblick auf den Gesetzesauftrag ein Irrglaube. Ob strafrechtliche Aspekte relevant sind, wird sich noch zeigen. Aber es muss darauf hingewiesen werden, dass Dummheit, Gier, Unfähigkeit keine Straftatbestände darstellen. Außer eine emotionelle Befriedigung, dass nicht alles in diesem Staat mit Achselzucken hingenommen wird, und einer möglichen Präventivwirkung hat der geschädigte Anleger nichts davon.

Viele Experten sprechen von Haftungen, die als Begründung von hohen Honoraren herhalten müssen, aber tatsächlich können die Verursacher angesichts der geltenden Rechtslage und den fast unüberwindbaren Schwierigkeiten bei der Rechtsdurchsetzung sehr ruhig schlafen. Ein Anleger, der 10.000 Euro oder mehr investiert und verloren hat, ist aus wirtschaftlichen Gründen zur Resignation verdammt.

Libro war einerseits eine Katastrophe – vergleichbar Enron in den USA und EMTV in Deutschland – für den Kapitalmarkt Wien, andererseits eine Umverteilungsaktion unter dem Deckmantel ineffizienter Gesetze und prohibitiver Schwellen bei gerichtlichen Schritten zugunsten einiger weniger cleverer Profiteure.

Aus Gründen der persönlichen Lebensqualität empfehle ich nach Ausschöpfen aller Möglichkeiten und Versuche einen Schlussstrich zu ziehen. Durch den Schaden soll nicht noch zusätzlich eine nachhaltige Verbitterung eintreten.

Die Chronologie

„Lernen Sie Geschichte, Herr Redakteur!“
(Bruno Kreisky)

**Ein Vierteljahrhundert Libro –
und was Österreich sonst noch aufgeregt hat**

1978:

- Die Handelskette Libro wird von Karl Wlaschek als hundertprozentige Billa-Tochter gegründet.
- In einer Volksabstimmung entscheiden sich die Österreicher(innen) mit der hauchdünnen Mehrheit von 50,4 Prozent gegen die Inbetriebnahme des nahezu fertig gebauten Kernkraftwerks in Zwentendorf.
- Historischer Triumph der Fußball-Nationalmannschaft: Bei der WM in Argentinien gelingt nach 47 Jahren mit 3:2 wieder ein Sieg über „Erzfeind“ Deutschland, für unsere Nachbarn bis heute die „Schmach von Cordoba“. Österreich belegt den ausgezeichneten siebenten WM-Platz. Und noch ein (heute fast unvorstellbarer) Erfolg: Austria Wien erreicht das Europacupfinale. (Allerdings im Cup der Cupsieger, und das Endresultat – 0:4 gegen Anderlecht – ist auch nicht unbedingt erfreulich.)
- Als erster Österreicher gewinnt Peter Feigl ein Tennis-Grand-Prix-Turnier. Ein Vierteljahrhundert später erhöht Stefan Koubek am 4. 1. 2003 auf insgesamt 57 Siege für Österreich (44 Thomas Muster, 4 Horst Skoff, je 3 Peter Feigl und Stefan Koubek, je einer Alexander Antonitsch, Hans Kary und Gilbert Schaller).

1979:

- André Rettberg heuert als Rayonsleiter bei Libro an, das Sortiment wird um einige Musikprodukte ergänzt. Die SPÖ erreicht bei der Nationalratswahl neuerlich die absolute Mehrheit, und Bruno Kreisky bildet seine vierte Regierung.
- Die UNO-City in Wien, deren Bau 5,7 Milliarden Schilling (nur knapp mehr als die Gesamtbörsenkapitalisierung zu besten Libro-Zeiten) gekostet hat, wird an UN-Generalsekretär Kurt Waldheim (1971 gewählt) übergeben.

- Bei einer Frauendemonstration in Wien wird auf die Benachteiligungen der Frauen in Gesellschaft und Politik aufmerksam gemacht.

1980:
- In diesem Jahr verkaufen sich bei Libro u. a. da dtv-Taschenbuch „Kinder brauchen Märchen“ von Bruno Bettelheim, „Ein fliehendes Pferd“ von Martin Walser und Wolfgang Koeppens „Tauben im Gras“ gut. Musikalische Hits sind z. B. „Back in black“ von AC/DC, das Live-Album der Eagles und in alternativen Kreisen „Fresh fruit for rotting vegetables“ der Dead Kennedys.
- Annemarie Moser-Pröll rast bei den Olympischen Spielen in Lake Placid zu jenem Abfahrtsgold, das ihr acht Jahre zuvor Marie-Theres Nadig weggeschnappt hatte. Auch Toni Innauer holt „versäumtes Gold“ nach. Ersatzmann Leonhard Stock gewinnt die Abfahrt vor Peter Wirnsberger, dazu gibt’s Silber für Hubert Neuper sowie Bronze für Hans Enn und die Rodler Fluckinger/Schrott.
- Bei den Sommerspielen in Moskau reitet Sissy Theurer zu Gold, jeweils Silber erreichen die Segler Raudaschl/Ferstl und Wolfgang Mayrhofer, Gerhard Petritsch holt sich mit der Schnellfeuerpistole Bronze.

1981:
- Libro-Vorboten? Im bis dahin größten Wirtschaftsprozess der Nachkriegsgeschichte um den Bau des Allgemeinen Krankenhauses AKH in Wien werden einige führende Baumanager wegen Veruntreuung und Betrug zu langjährigen Haftstrafen verurteilt.
- Drei Todesopfer und 40 Verletzte fordert am 29. 7. ein Überfall arabischer Terroristen auf dem Flughafen in Wien-Schwechat. Drei Männer hatten Handgranaten unter wartende Passagiere der israelischen Fluggesellschaft ElAl geworfen.
- Einen weiteren Anschlag verüben arabische Terroristen am 29. 8. auf die Wiener Synagoge. Dabei werden zwei Personen getötet und knapp zwei Dutzend verletzt. Einer der Täter wird später ausgeforscht und verhaftet: Er gesteht, am 1. 5. auch den Mord am Wiener Stadtrat Heinz Nittel begangen zu haben.
- Das Fußball-Nationalteam qualifiziert sich trotz zweier Niederlagen gegen „Erzfeind“ Deutschland zum zweiten Mal hintereinander für eine Weltmeisterschaft.

- Armin Kogler gewinnt den Weltcup bei den Skispringern und holt bei der Skiflug-Weltmeisterschaft Silber mit neuem Weltrekord (181 m).

1982:

- Libro-Käufer sind in diesem Jahr vor allem von der tief empfundenen Frage „Do you really want to hurt me?“ des Culture-Club-Sängers Boy George und Songzeilen wie „If it's true you do not know“ oder „Every thing is not what you see“ beeindruckt.
- 70.000 Demonstranten nehmen an einem Marsch zum Rathausplatz „für den Frieden in der Welt“ teil. Das ist die bis dahin größte Demonstration in der Zweiten Republik.
- Licht und Schatten bei der Fußball-WM: Österreich steigt zwar in die 2. Runde auf, allerdings nur dank der „Schande von Gijon“, dem „geplanten“ 0:1 gegen Deutschland. Armin Kogler krönt sich bei der Skispringer-WM zum „König von Oslo“: Gold von der Normalschanze, Silber mit der Mannschaft und Bronze von der Großschanze.
- Claudia Kristofics-Binder erringt im Eiskunstlauf EM-Gold und WM-Bronze, Harti Weirather rettet mit seinem Sieg in der Abfahrt die Ski-Heim-WM in Schladming.

1983:

- In den Libro-Filialen sehr begehrt: das „Erstlesebuch“ „Das Schlossgespenst“ von Mira Lobe, Peter S. Beagles „Das letzte Einhorn“ und die „Nachrichten aus Mittelerde“ des John R. R. Tolkien im Verlag Klett-Cotta.
- Bei der Nationalratswahl verliert die SPÖ nach zwölf Jahren Bruno Kreisky die absolute Mehrheit. Der „Sonnenkönig“ tritt zurück, sein Nachfolger Fred Sinowatz bildet eine kleine Koalition mit der FPÖ unter Norbert Steger.
- (Mehr über Fred Sinowatz & Co. im 1987 erschienenen Buch „Die Machthaberer. Ihr sollt wissen, was sie tun“ von Ottilie Matysek, ISBN 3701501149)
- Im September besucht Papst Johannes Paul II. anlässlich des Katholikentages und des 300. Jubiläums des Sieges über die Türken zum ersten Mal die Alpenrepublik.
- Dr. Gerda Winklbauer gewinnt schon zum fünften Mal bei einer Judo-Europameisterschaft, und im fernen Australien holt sich Ingrid Hirschhofer den Grasski-WM-Titel in der Kombination und im Riesentorlauf.

1984:

- Libro verfügt über 22 Filialen. Allerdings entwickelt sich die Performance nicht übermäßig erfolgreich: Karl Wlaschek und Veit Schalle beauftragen den Leiter der Einkaufsabteilung André M. Rettberg mit der Sanierung der maroden Kette.
- Der Bau eines Kraftwerks in Hainburg an der Donau führt zu Protesten von Umweltschützern. Die Auseinandersetzungen in der Au eskalieren. Tausende Demonstranten besetzen zu Weihnachten das Baugelände und leisten der Gendarmerie Widerstand.
- Bei den Olympischen Sommerspielen in Los Angeles holen die Judo-Sportler Peter Seisenbacher und Josef Reiter Gold und Bronze, dazu kommt eine Silbermedaille durch den Luftgewehr-Schützen Andreas Kronthaler. In Sarajevo bleibt die Bronzemedaille von Abfahrer Anton Steiner die einzige für Österreich – das schlechteste Abschneiden bei Winterspielen in der heimischen Geschichte.
- Niki Lauda jubelt: Im Herzschlagfinale von Estoril gewinnt er, mit nur einem halben Punkt Vorsprung auf seinen Erzrivalen Alain Prost zum dritten Mal die Formel-1-WM. In Monza gibt es einen Formel-1-Erfolg mit Ewigkeitswert: 1. Lauda, 5. Jo Gartner, 6. Gerhard Berger.

1985:

- Libro-Kunden fragen besonders oft nach „Das Parfum" von Patrick Süskind, Neil Postmans „Wir amüsieren uns zu Tode" sowie nach „Der Mensch vor der Frage nach dem Sinn" von Viktor E. Frankl.
- Ein Weinskandal erschüttert Österreich und führt zu einem globalen Boykott heimischer Weine. Die Winzer hatten ihre gepantschten Produkte mit Beimengungen von Gylkol süßer gemacht.
- Rapid erreicht zum ersten Mal ein Europacupfinale, verliert allerdings 1:3 gegen Everton. Peter Seisenbacher holt sich nach Olympiagold auch den Sieg bei der Judo-Weltmeisterchaft, Heinz Kinigadner gewinnt zum zweiten Mal hintereinander die Moto-Cross-WM.

1986:

- Mit der Eröffnung von 20 Filialen beginnt bei Libro eine weitere Expansionsphase. Der ehemalige UN-Generalsekretär Kurt Wald-

heim wird nach einem äußerst emotionalen Wahlkampf rund um seine „Nazivergangenheit" zum Bundespräsidenten gewählt. SPÖ-Kanzler Sinowatz tritt deshalb zurück, ihm folgt Franz Vranitzky. Waldheim wird von den US-Behörden auf die „watch-list" gesetzt und mit einem Einreiseverbot belegt. Schlüssige Beweise für die behauptete Mitwirkung an Kriegsverbrechen können nicht präsentiert werden.
- In der FPÖ übernimmt Jörg Haider die Führung, die SPÖ kündigt daraufhin die kleine Koalition auf und bildet nach Neuwahlen eine große Koalition mit der ÖVP.
- Gerhard Berger gewinnt auf Benetton-BMW sein erstes Formel-1-Rennen in Mexico-City. Das Fußballnationalteam schießt bei der Wiedereröffnung des Wiener Praterstadions die Deutschen mit 4:1 nach Hause. Der große Kämpfer Dietmar Millonig steht nach dem 3000-m-Lauf bei der Hallen-EM ganz oben auf dem Treppchen.

1987:
- Es gibt in Österreich bereits 42 Libro-Filialen. Ulla Weigerstorfer wird in London als zweite Österreicherin zur Miss World gekürt.
- Und wie vertraut dies klingt: Die Regierungsparteien beschließen eine umfangreiche Pensionsreform.
- Andreas Felder holt sich den Weltmeistertitel auf der Großschanze, Gerhard Berger gewinnt zwei Grand Prix und wird zum Ferraristi-Idol. Rodler Markus Prock beweist Nervenstärke und fährt vor heimischem Publikum zum ersten österreichischen WM-Titel in dieser Disziplin nach 17 Jahren. Der Radvierer mit Hans Lienhart, Bernhard Rassinger, Mario Traxl und Helmut Wechselberger feiert bei der Heim-WM in Villach einen historischen Erfolg und holt sich überraschend die Bronzemedaille.

1988:
- Libro gilt als Fundgrube für Doch-nicht-ganz-Bestseller. In diesem Jahr sind das beispielsweise „Die Beizvögel", ein arabisches Falknereibuch des 8. Jahrhunderts, im kleinen Olms-Verlag oder auch „Die Akupunkt-Impuls-Therapie" von Peter Mandel über die Behandlung mit piezoelektrischen Impulsen.
- Eine der wichtigsten Nord-Süd-Transitrouten wird fertig gestellt: die Tauernautobahn von Salzburg nach Villach.
- Bei den Olympischen Spielen in Seoul holt sich Peter Seisenba-

cher sein zweites Judo-Gold; es bleibt das einzige Edelmetall für Österreich. Wesentlich erfolgreicher agiert das Team bei den Winterspielen in Calgary: In der Kombination gewinnen Anita Wachter und Hubert Strolz (vor Bernhard Gstrein), im Super-G triumphiert Sigrid Wolf. Strolz holt noch eine Silbermedaille im RTL, Helmut Mayer eine im Super-G. Eisschnellläufer Michael Hadschieff erreicht ebenso Silber und Bronze wie der nordische Kombinierer Klaus Sulzenbacher.

1989:

- Libro-Kunden wählen beim CD-Kauf gerne die Geschichte des Wiener Volkssängers Augustin und seiner Freunde, erzählt, gespielt und gesungen von Wolfgang Ambros, Manfred Tauchen und Josef Prokopetz, „Crossroads" von Tracy Chapman und das Ramones-Epos „Brain Drain".
- Am 17. 7. stellt Österreich den Antrag zum Beitritt in die Europäische Gemeinschaft. Der Eiserne Vorhang fällt: Außenminister Alois Mock und sein ungarischer Amtskollege Horn durchtrennen am 19. 8. bei Sopron (Ödenburg) mit großen Drahtzangen den Stacheldraht, worauf eine Massenflucht von DDR-Bürgern über Ungarn nach Österreich einsetzt.
- Im Pavillon V des Lainzer Krankenhauses in Wien wird eine Serie von 41 Morden an Pfleglingen aufgedeckt. Vier Hilfsschwestern werden deshalb zu lebenslangen bzw. langjährigen Gefängnisstrafen verurteilt.
- Ein Großbrand vernichtet die Spanplattenfabrik Kaindl in Salzburg-Kleßheim und verursacht mehr als eine Milliarde Schilling Sachschaden.
- Sensation in der Leichtathletik: Sprinter Andreas Berger siegt bei der Hallen-EM über 60 m. Schwerer Rückschlag für Thomas Muster: Vor dem Finale in Key Biscayne wird er von einem Auto angefahren und schwer verletzt.

1990:

- So ändern sich die Zeiten: Einer der Libro-Seller der Saison heißt „Programmieren in C" und beinhaltet u. a. das „C-Ference Manual in deutscher Sprache". Weitere Buchhits: „Der Mann, der seine Frau mit einem Hut verwechselte" von Oliver Sacks, N. H. Kleinbaums Roman „Der Club der toten Dichter" und der Perry-Rhodan-Band „Die Zeitpolizei".
- Die Flüchtlings- und Ausländerpolitik beherrscht die National-

ratswahl, bei der die SPÖ ihre Stimmen halten kann, die ÖVP aber 15 Mandate an die FPÖ verliert.

- Gerd Bacher wird zum dritten Mal zum Generalintendanten des ORF bestellt.
- Mit seinem postmodernen Neubau des Haas-Hauses im Zentrum von Wien löst Hans Hollein eine internationale Architektur-Diskussion aus.
- Österreich liegt im Daviscup-Fieber: Im Halbfinale gegen die USA fehlt nur ein Satz zum Aufstieg ins Finale. Nach einer souveränen Vorstellung von Thomas Muster verliert aber Horst Skoff das entscheidende Einzel gegen Michael Chang. Gerhard Berger gewinnt zwei Grands Prix, Petra Kronberger zum ersten Mal den Ski-Weltcup. Das Fußball-Nationalteam erreicht zum Teil sensationelle Resultate bei der Vorbereitung zur Weltmeisterschaft, scheidet dort allerdings nach Niederlagen gegen Italien und die Tschechoslowakei schon in der Vorrunde aus.
- Der Autor dieses Buches kündigt seinen Job bei der Werbe- und PR-Agentur Multi Art und ist seitdem als selbstständiger Journalist tätig.

1991:

- Unter den meistverkaufen CDs bei Libro finden sich auch heute noch sehr begehrte Stücke wie „Nevermind“ von Nirvana, die „Blue Lines“ von Massive Attack, „Damals hinterm Mond“ von Element of Crime sowie „Blood, sugar, sex, magic“ der Red Hot Chili Peppers.
- Im Kärntner Landtag spricht Jörg Haider von einer „ordentlichen Beschäftigungspolitik im Dritten Reich“ und wird daraufhin als Landeshauptmann abgesetzt.
- Eine Maschine der Lauda Air stürzt kurz nach dem Start wegen eines technischen Gebrechens ab. Alle 233 Insassen kommen ums Leben.
- Auf dem Hauslabjoch im Südtiroler Grenzgebiet wird die mumifizierte Leiche eines Menschen aus der Jungsteinzeit gefunden: „Ötzi“ lag mehr als 5.000 Jahre im ewigen Eis.
- Praktisch aus dem Nichts steigt Stephan Eberharter zum Doppelweltmeister von Saalbach auf und gewinnt Super-G und Kombination. Der später tödlich verunglückte Rudolf Nierlich verteidigt seinen WM-Titel im RTL ebenso wie Ulli Maier im Super-G, Petra Kronberger holt sich Abfahrtskrone und Gesamtweltcup.

Heinz Kuttin wird Doppelweltmeister im Skispringen, Andi Felder holt sich den Weltcup, die nordischen Kombinierer Klaus Sulzenbacher, Klaus Ofner und Günther Csar gewinnen den WM-Teamwettbewerb.

1992:

- Im Zuge der Verschmelzung der „Litega" Warenhandelsgesellschaft mbH werden zehn zusätzliche Filialen in Libro integriert.
- Ein Libro-Vorbote aus einer ähnlichen Branche: Die Fotokette Herlango ist pleite, die Passiva betragen rund 1,3 Milliarden Schilling.
- Der Diplomat Thomas Klestil wird zum Bundespräsidenten gewählt und beendet die internationale Isolation, in die sein Amtsvorgänger Waldheim geraten war.
- Auf dem Wiener Heldenplatz demonstrieren 60.000 Besucher eines „Konzerts für Österreich" gegen aufkeimenden Fremdenhass und Ausländerfeindlichkeit.
- Am 27. 11. bricht in der Hofburg ein Großbrand aus, der die Redoutensäle vernichtet und enormen Schaden an einem der nationalen Denkmäler unseres Landes anrichtet.
- Schon am ersten Tag der Olympischen Spiele in Albertville holen die Österreicher fünf Medaillen, 16 weitere folgen – so viele wie nie zuvor und nie danach. Gold bekommen Patrick Ortlieb in der Abfahrt, zweimal Petra Kronberger (Slalom und Kombination), Ernst Vettori auf der Normalschanze, Ingo Appelt und sein Team im Viererbob sowie Doris (vor Schwester Angelika) Neuner im Rodeln. Bei den Sommerspielen in Barcelona gewinnen die Ruderer Jonke/Zerbst und die Springreiter-Mannschaft jeweils Silber.

1993:

- Der Litega-Erwerb erlaubt Libro eine schnellere Entwicklung zu einer Filialstruktur mit größeren Verkaufsflächen, weil die Litega-Filialen mit durchschnittlich 800 m² Verkaufsfläche im Vergleich zur Größe der meisten bestehenden Libro-Filialen von durchschnittlich 250 m² wesentlich größer sind.
- Noch ganz ohne Libro wird im Hochsommer die fade Wiener Börse belebt – hauptsächlich von ausländischen Großinvestoren.
- Rund 250.000 Menschen beteiligen sich am 23. 1. auf dem Wiener Heldenplatz am „Lichtermeer", einer Demonstration gegen Ausländerfeindlichkeit und Intoleranz.

- Im Dezember kommt es zur ersten von insgesamt fünf (Brief-) Bombenserien, die bis 1996 fünf Todesopfer und zehn Verletzte fordern und von rechtsradikalen Bekennerschreiben begleitet werden.
- „Staatsverräter" Rudolf Nurejew – zuletzt österreichischer Staatsbürger – stirbt.
- In den Fußstapfen von Petra Kronberger holt sich Anita Wachter den Gesamtweltcup der Damen, Karin Buder wird Slalom-Weltmeisterin in Morioka. Der auch 2003 noch aktive Andreas Goldberger gewinnt bei den Skispringern den Weltcup, die Vierschanzentournee sowie drei Medaillen bei der WM. Die ebenfalls unverwüstliche Eisschnellläuferin Emese Hunyady gewinnt bei der EM über 500 und über 5.000 Meter.

1994:
- Unter den Topsellern bei Libro finden sich u. a. „Schlafes Bruder" von Robert Schneider, die „wahre Kurt-Cobain-Story" von Michael Azerrad „Nirvana – Come as you are" und Terry Pratchetts Scheibenwelt-Roman „Total verhext" als Goldmann-Taschenbuch. Libro-Gründer Karl Wlaschek plant kurz einen Billa-Börsengang und gründet eine Stiftung. Die Pleite des Jahres betrifft Atomic, wo Gründer Alois Rohrmoser nach der Bekanntgabe von 1,8 Milliarden Schilling Unternehmensschulden aussteigt. Munitionsproduzent und Pleitier Emmerich Assmann wird in Graz zu einem Jahr Haft verurteilt.
- Mit einer deutlichen Mehrheit von 66,4 Prozent entscheidet sich die heimische Bevölkerung für den Beitritt zur EU.
- Nach seiner Verurteilung wegen neunfachen Frauenmordes verübt Jack Unterweger in seiner Zelle in Graz Selbstmord. Er war schon einmal wegen Mordes verurteilt, jedoch vorzeitig wieder entlassen worden und hatte sich als „Häfenpoet" mit dem Buch „Im Fegefeuer" einen Namen gemacht.
- Austria Salzburg gelingt es als erster österreichischer Mannschaft, gleich zwei deutsche Mannschaften aus dem Europacup zu werfen. Erst im UEFA-Cup-Finale verliert das Baric-Team gegen Inter Mailand. Andreas Goldberger kommt als erster Skiflieger über 200 m, Emese Hunyady tanzt nach ihrem Olympiasieg über 1.500 m in Lillehammer mit der rot-weiß-roten Fahne einen Walzer übers Eis und holt sich noch Silber über 3.000 m. Thomas Stangassinger siegt im Slalom vor Alberto Tomba.

- Thomas Muster gewinnt zwar im Daviscup nach fünfeinhalb Stunden im fünften Satz mit 12:10 gegen Michael Stich, Österreich verliert aber trotzdem gegen Deutschland. In Garmisch verunglückt Ulli Maier tödlich in der Abfahrt, Formel-1-Fahrer Roland Ratzenberger in Imola.

1995:

- Der sozialistisch-genossenschaftliche Paradebetrieb Konsum ist pleite. Libro erwirbt elf Konsumfilialen, passt sie an und eröffnet sie neu.
- Nach dem Absturz von Atomic vor zwei Jahren muss nun Blizzard Konkurs anmelden. Rund 270 Gläubiger wollen eine halbe Milliarde Schilling.
- Bill Gates startet mit einem Werbeeinsatz von einer Milliarde Dollar sein neues Betriebssystem Windows 95, und beim EU-Gipfel in Madrid wird Mitte Dezember der Name der künftigen europäischen Einheitswährung Euro festgelegt.
- Mit Thomas Muster gewinnt erstmals ein Österreicher ein Tennis-Grand-Slam-Turnier. Der Steirer lässt im Finale von Paris dem Amerikaner Michael Chang keine Chance und siegt in drei Sätzen. Ursula Profanter krönt sich bei der Wildwasser-WM zur Königin unter den Kanutinnen. Publikumsliebling Andreas Goldberger holt sich den Weltcup bei den Skispringern.

1996:

- Unter André Rettberg fährt Libro auf Expansionskurs. Außerdem bringt das Unternehmen eine Beschwerde gegen das System der grenzüberschreitenden Buchpreisbindung bei der EU-Kommission ein.
- Die Pensionistin Elfriede Blauensteiner wird unter dem Verdacht verhaftet, wohlhabende Pensionisten über Kontaktanzeigen gesucht, um ihre Ersparnisse gebracht und dann ermordet zu haben. In einem Fall wird sie auch wegen Mordes verurteilt.
- Theresia Kiesl schreibt in Atlanta Sportgeschichte und holt mit Bronze über 1.500 m die erste Laufmedaille für Österreich bei Olympischen Spielen. Sportschütze Wolfram Waibel junior erreicht Silber und Bronze. Patrick Ortlieb wird Abfahrtsweltmeister in der Sierra Nevada, Goldberger gewinnt Gold bei der Skiflug-WM am Kulm. Rapid erreicht erneut ein Europacup-Finale und verliert „nur“ noch mit einem Tor Unterschied 0:1 gegen Paris SG. Thomas Muster erfüllt sich nach dem Paris-Sieg im Vor-

jahr noch einen Traum und wird für sieben Wochen als Nummer eins der Weltrangliste geführt.

1997:

- Die Unternehmens Invest AG, die Deutsche Beteiligungs AG sowie Rettberg und Vorstand Mag. Johann Knöbl übernehmen Libro. Die Kette gehört mit 3,5 Milliarden Schilling Umsatz bereits zu den sechs größten Buchhändlern im deutschsprachigen Raum.
- Am Gentechnik-Volksbegehren nehmen mit mehr als 1,22 Millionen 21,2 Prozent der Wahlberechtigten teil.
- Die nach dem Brand 1992 wieder errichteten Redoutensäle der Wiener Hofburg mit neuen Deckenfresken von Josef Mikl werden eröffnet.
- Die Ski-WM in Sestriere verläuft für die erfolgsgewöhnten Skifahrer enttäuschend: Zu drei Bronzemedaillen kommt nur eine Goldmedaille durch Renate Götschl in der Kombination.
- Andreas Goldberger wird vom ÖSV gesperrt, weil er Kokain geschnupft hatte. Dafür gewinnt überraschend das Fußball-Nationalteam die Qualifikationsgruppe gegen so starke Gegner wie Schweden und Schottland und kämpft sich damit zur WM in Frankreich im nächsten Jahr.

1998:

- Libro kauft die Buchhandelskette Amadeus vom Oberösterreichischen Landesverlag und startet mit der Deutschland-Expansion, nimmt aber Abstand vom Einstieg in Osteuropa.
- Der beschäftigungslose Einzelgänger Franz Fuchs wird in Gralla von zwei Gendarmeriebeamten angehalten, zündet eine Rohrbombe, wird als der lang gesuchte Briefbombentäter entlarvt und ein Jahr später zu lebenslanger Haft verurteilt, wo er sich am 26. 2. 2000 erhängt.
- Am 17. 7. stürzen große Teile des Talk-Bergwerks in Lassing (Steiermark) in sich zusammen und verschütten elf Menschen. Nach zehn Tagen kann einer lebend geborgen werden.
- Die Architekten Peichl, Podrecca und Weber errichten am Wiener Handelskai den 202 m hohen Millennium-Tower, eines der höchsten Gebäude Europas.
- Hermann Maier sorgt für das Sportfoto des Jahres und „fliegt" bei der olympischen Abfahrt in Nagano rund 60 m, hält sich aber mit Triumphen in Super-G und Riesenslalom schadlos. Auch

Mario Reiter wird Olympiasieger und gewinnt in der Kombination. Dazu kommen fünf Silber- und neun Bronzemedaillen. Die Fußballer erreichen bei der WM gegen Kamerun und Chile jeweils Unentschieden, verlieren gegen Italien und müssen früh heimfahren.

1999:

- Mit lion.cc steigt Libro in den boomenden Internetmarkt ein und will außerdem über eine Kooperation mit CyberTron auch im Telefongeschäft ordentlich mitmischen. Die Telekom Austria blättert für 25 Prozent und eine Aktie 1,2 Milliarden Schilling hin. Am 10. 11. erfolgt der Börsengang mit einem Ertrag von mehr als einer Milliarde Schilling, eine Aktie kostet 29 Euro. André Rettberg wird von der Boulevard-Illustrierten „News" zum „Manager des Jahres" gekürt.
- Bei einer Lawinenkatastrophe wird der Ort Galtür im Tiroler Paznauntal verwüstet. 35 Ortsbewohner und Urlauber sterben in den Schneemassen.
- Am 29. 5. kommt es zu einem verheerenden Auffahrunfall an einer Baustelle im Tauerntunnel der Autobahn: Im Flammeninferno sterben zwölf Menschen, 60 werden zum Teil schwer verletzt.
- Michael Botwinow, Markus Gandler, Christian Hoffmann und Alois Stadlober sorgen mit dem Sieg in der Langlauf-Staffel bei der Heim-WM in der Ramsau für die wohl größte Sensation in der Geschichte des österreichischen Skisports. Dazu kommen Silber für Stadlober und Mario Stecher sowie Bronze für Maria Theurl, Botwinow und die Springer-Mannschaft. Im amerikanischen Vail holt sich Hermann Maier zwei alpine Goldmedaillen, auch Alexandra Meissnitzer und Renate Götschl werden Weltmeisterinnen.

2000:

- Bereits im Geschäftsjahr 1999/2000 (per Ende Februar) rutscht Libro in die Verlustzone ab. Das Deutschland- und das Internetengagement drücken bereits massiv auf die Ergebnisse. Rettberg spricht vom „Jahr der Weichenstellung" und will jetzt „erst richtig Gas geben". Ab Weihnachten 2000 wird die Liquidität knapp.
- ÖVP-Obmann Wolfgang Schüssel erzwingt aus der Position des Dritten die „Wende" und bildet eine Koalition mit der FPÖ. Bun-

despräsident Klestil hatte bis zuletzt versucht, SP und VP doch noch zu einer weiteren Zusammenarbeit zu bewegen.

- Der größte Unfall der Nachkriegsgeschichte: Beim Brand im Tunnel der Kitzsteinhorn-Standseilbahn sterben 155 Menschen.
- Am 29. 4. wird Alfred Gusenbauer mit 96,5 Prozent der Delegiertenstimmen zum neuen SPÖ-Vorsitzenden gewählt; sein Styling erregt oft mehr Aufsehen als seine politischen Ansagen. Paulus Manker realisiert das Musical „F@lco – A Cyber Show“.
- Und schon wieder ein Libro-Vorbote: Als sich Bauunternehmer Gualterio Alejandro Hom-Rusch alias Walter Alexander Thom am späten Nachmittag des 6. 6. nach Deutschland absetzt, lässt er eine schwer geschockte Ehefrau, 400 Mitarbeiter seiner konkursreifen Baugruppe Howe und eine völlig verwüstete Bank Burgenland mit zumindest 2,35 Milliarden Schilling Schaden zurück. Die SPÖ Burgenland um Altlandeshauptmann und Gassner-Freund Karl Stix stürzt über die Affäre in die tiefste Krise ihrer Geschichte.
- Bei den Olympischen Sommerspielen in Sydney holen das Tornado-Duo Roman Hagara und Hans-Peter Steinacher sowie der Surfer Christoph Sieber Segel-Gold, Steffi Graf erringt Silber über 800 m. Sturm Graz feiert ein Triumphjahr in der Champions League, Hermann Maier und Renate Götschl gewinnen den Gesamtweltcup, Wolfgang Rottmann holt den ersten Biathlon-WM-Titel für Österreich.

2001:

- Die wirtschaftliche Lage verschärft sich dramatisch, im Juni 2001 muss Libro den Ausgleich anmelden. Bei einem Umsatz von 407 Millionen Euro (5,6 Milliarden Schilling) liegt der Verlust bei rund 145 Millionen Euro (etwa zwei Milliarden Schilling). Im September ist die Aktie nur noch einen Euro wert, bei der darauf folgenden Hauptversammlung wird ein Kapitalschnitt beschlossen.
- Nach langwierigen Verhandlungen einigen sich die Regierung und der ehemalige US-Vizefinanzminister Stuart Eizenstat auf die Zahlung von 5,27 Milliarden Schilling für in der NS-Zeit enteignetes jüdisches Vermögen.
- Die Regierung beschließt das „Kinderbetreuungsgeld für alle“. Die Zuverdienstgrenze wird mit 200.000 Schilling festgesetzt. Beim Sonderministerrat zum Nationalfeiertag erteilt Kanzler

Schüssel der Neutralität eine Absage. „Die alten Schablonen – Lipizzaner, Mozartkugeln oder Neutralität – greifen in der komplexen Wirklichkeit des 21. Jahrhunderts nicht mehr."

- Das Unternehmermagazin „New Business" berichtet in Coverstorys u. a. über die „Zukunftsressource Wasser" und die Stromliberalisierung, erklärt, „was Sie von Attila Dogudan lernen können", ediert erstmals den erfolgreichen Jahresalmanach „Alles über start up" und veranstaltet die New-Business-Messe mit den Themen Gründung, Franchise, Venture Capital und Betriebsnachfolge. ÖIAG-Boss Johannes Ditz legt sein Aufsichtsratsmandat bei der Telekom Austria zurück – doch nicht etwa wegen der Libro-Connection der TA? Auch die AUA-Vorstände Bammer und Rehulka haben wenig zu lachen: Die Austrian-Airlines-Gruppe fliegt im ersten Halbjahr 800 Millionen Schilling Verluste ein, der Däne Vagn Sörensen übernimmt das Ruder.
- Das weltweit wichtigste Ereignis hat natürlich auch Auswirkungen auf Österreich: Am 11. 9. krachen zwei entführte Linienmaschinen ins New Yorker World Trade Center, ein drittes Flugzeug stürzt auf den Westflügel des Pentagons in Washington, eine Maschine stürzt bei Pittsburgh ab. Schreckliche Bilanz: mehr als 3.200 Tote, die globale Wirtschaftskrise wird noch schlimmer.
- Hannes Trinkl krönt seine Karriere mit Gold in der Abfahrt bei der WM in St. Anton am Arlberg, Mario Matt schlängelt sich zum Slalom-Titel, Michaela Dorfmeister führt einen Austro-Dreifachsieg in der Abfahrt an. Bei der WM der Skispringer in Lahti setzen sich Andreas Goldberger, Martin Höllwarth, Stefan Horngacher und Wolfgang Loitzl im Teamwettbewerb von der kleinen Schanze durch.

2002:

- Schon Mitte April 2002 ist Libro nicht zuletzt aufgrund der schwachen Konjunktur erneut in schweren Finanznöten. Die Banken wollen aber keinen Überbrückungskredit mehr gewähren. Da sich kein Investor findet, wird im Juni der Konkurs angemeldet. Mit Passiva von 430 Millionen Euro kommt es zum drittgrößten Insolvenzverfahren in der österreichischen Geschichte (nach Konsum und Maculan). Für den Herbst entschließt man sich dann aber, Libro zumindest das für den Buch- und Papierhandel wichtige Geschäft zum Schulanfang machen zu lassen. Am 18. 11. erfolgt der Verkauf an die Gruppe rund um Josef

Taus – (nicht nur) für André Rettberg könnte es aber noch ein gerichtliches Nachspiel geben.

- Am 24. 11. kommt es zum „Wahlsonntag der Superlative“: Noch nie in der Geschichte der 2. Republik hat eine Partei so viele Stimmen, Prozentpunkte und Mandate gewonnen wie die ÖVP, noch nie hat eine Partei so viel verloren wie die FPÖ.
- Nach einem ersten Donauhochwasser im März und Überschwemmungen an der Piesting und Triesting im Juni heißt es im August in weiten Teilen Österreichs „Land unter“: Ein gigantischer Tiefdruckwirbel bringt ungeheure Niederschläge mit sich. So fallen etwa in Freistadt (OÖ) insgesamt 367 l Regen pro m^2.
- Bei einem der schwersten Zugunglücke der vergangenen Jahrzehnte sterben am 26. 2. bei Wampersdorf im Bezirk Baden (NÖ) sechs Menschen, 16 werden zum Teil schwer verletzt.
- Erstmals seit zehn Jahren kann Österreich im Sommertourismus wieder zulegen: Die Zahl der Nächtigungen steigt um 1,4 Prozent auf 60,1 Millionen, die Umsätze erhöhen sich um 6,2 Prozent auf 8,48 Milliarden Euro. Nach langen, sehr schwierigen Verhandlungen einigen sich die Stromversorger Wiens, Niederösterreichs, des Burgenlands, Oberösterreichs und des Verbunds im April, Teile ihres Stromgeschäfts zur Energie Austria zu fusionieren. Damit verfügt die Alpenrepublik über den achtgrößten Stromhändler Europas.
- Stephan Eberharter ist „der überragende Skirennläufer auf diesem Planeten“, gewinnt zwölf Weltcuprennen in einem Kalenderjahr und den Gesamt-Weltcup und holt sich bei den Olympischen Winterspielen in Salt Lake City Gold im Riesentorlauf, Silber im Super-G und Bronze in der Abfahrt. Bei den Damen gewinnt Michaela Dorfmeister den Gesamt-Weltcup.
- Mirna Jukic ist mit 16 Jahren bereits zweifache Schwimm-Europameisterin, Franz Stocher holt bei der Bahnrad-WM in Kopenhagen in zwei olympischen Disziplinen Silber, silberne Zeiten auch in der Leichtathletik-Hallen-EM in Wien für Steffi Graf, Karin Mayr und Elmar Lichtenegger, und Österreich bekommt die Fußball-EM 2008 zugesprochen.

2003:

- Unter der neuen Führung von Martin Waldhäusl und Werner Weber kommt es bei Libro im Rahmen der „Crazy Days“ vom 3. 2. bis zum 8. 3. zunächst einmal zu einem großen Ausverkauf mit mehr als 2,5 Millionen Angeboten mit 50 Prozent Rabatt. Ex-ORF-General und Josef-Taus-Freund Gerhard Weis präsentiert sich als „Marketing Consultant". Großes Ziel des Unternehmens sind „schwarze Zahlen" ab dem Jahr 2005.

- Nach monatelangen verwirrenden Positionskämpfen präsentieren am 20. Februar ÖVP und FPÖ eine Neuauflage der schwarzblauen Koalition mit 18 Regierungsmitgliedern: Bundeskanzler Wolfgang Schüssel (57, ÖVP), Vizekanzler und Sozialminister Herbert Haupt (55, FPÖ), Frauenministerin Maria Rauch-Kallat (54, ÖVP), Landwirtschaftsminister Josef Pröll (34, ÖVP), Verteidigungsminister Günther Platter (48, ÖVP), Außenministerin Benita Ferrero-Waldner (54, ÖVP), Wirtschaftsminister Martin Bartenstein (49, ÖVP), Innenminister Ernst Strasser (46, ÖVP), Bildungsministerin Elisabeth Gehrer (60, ÖVP), Finanzminister Karl-Heinz Grasser (34, parteilos), Infrastrukturminister Hubert Gorbach (46, FPÖ), Justizminister Dieter Böhmdorfer (59, FPÖ) und die Staatssekretäre Helmut Kukacka (Verkehr, 56, ÖVP), Franz Morak (Kunst, Medien, 56, ÖVP), Alfred Finz (Finanzen, 59, ÖVP), Ursula Haubner (Konsumenten, 57, FPÖ), Karl Schweitzer (Sport, 50, FPÖ) und Reinhart Waneck (Gesundheit, 57, FPÖ).
- Knapp vor den niederösterreichischen Landtagswahlen am 30. März kritisiert Landeshauptmann Erwin Pröll, die Freiheitlichen hätten vor einem halben Jahr aufgrund ihrer eigenen Instabilität die Regierung in die Luft gejagt: „Nach meiner Einschätzung hat sich dieser Zustand der FPÖ innerhalb der letzten Monate mit Sicherheit nicht geändert."
- Der „Opernführer der Nation" Marcel Prawy stirbt am 23. 2. im 92. Lebensjahr an einer Lungenembolie.
- Tennis-Strohfeuer: Stefan Koubek siegt zwar beim ersten Turnier in Doha und ist damit sogar kurzfristig Nummer 1 im Champion Race, pendelt sich dann aber bald wie schon 2002 eher wieder auf Erstrundenniederlagen wie z. B. in Dubai ein.
- Hermann Maier feiert ein viel bejubeltes Comeback und erobert bei den Alpinen Skiweltmeisterschaften in St. Moritz ex aequo mit Bode Miller die Silbermedaille im Super-G. Österreich ist anders als bei der Nordischen WM in Val di Fiemme die klare Nummer eins. Immerhin gelingt auch in Italien im Teambewerb der Nordischen Kombination wenigstens ein erster Platz.

Anhang

1. Der Buchhandel in Österreich

Branchenstruktur nach Rechtsformen
- 63,8 % Einzelunternehmen
- 18,6 % Personengesellschaften
- 16,6 % Kapitalgesellschaften
- 0,9 % Sonstige Rechtsformen

Branchenstruktur nach Umsatzklassen
- 80,1 % unter 1 Mio. Euro Umsatz p. a.
- 16,1 % 1 bis 5 Mio.
- 1,6 % 5 bis 10 Mio.
- 0,7 % 10 bis 15 Mio.
- 0,7 % 15 bis 35 Mio.
- 0,7 % mehr als 35 Mio. Euro Umsatz p. a.

Branchenstruktur nach Bundesländern
- 34,5 % der Unternehmen befinden sich in Wien
- 16,3 % in Niederösterreich
- 11,9 % in der Steiermark
- 9,4 % in Oberösterreich
- 8,9 % in Salzburg
- 6,7 % in Tirol
- 6,5 % in Kärnten
- 3,8 % in Vorarlberg
- 2,0 % im Burgenland

KSV-Rating
- 100–199: ausgezeichnete Bonität
- 200–299: einwandfreie Bonität
- 300–399: mittlere Bonität
- 400–499: beeinträchtigte Bonität
- 500–599: schlechte Bonität
- 600–699: Insolvenzgefahr

Verteilung auf KSV-Rating-Klassen im Vergleich zur gesamten heimischen Wirtschaft
- 5,2 % der Buchhändler befinden sich in der KSV-Rating-Klasse 1 (Ö gesamt: 2,8 %),

- 68,5% in 2 (Ö gesamt: 47,2%),
- 19,5% in 3 (Ö gesamt: 40,2%),
- 5,1% in 4 (Ö gesamt: 6,2%),
- 1,4% in 5 (Ö gesamt: 3,0%)
- und nur 0,2% in 6 (Ö gesamt: 0,6%)

Die KSV-Top Ten der Buchhändler 2002 (rechts das KSV-Rating)

1.	Buchhandlung Karl Schmelzer-J. Bettenhausen, 1140 Wien	182
2.	Hintermayer OHG, 1070 Wien	218
3.	„Minerva" wissenschaftliche Buchhandlung GmbH, 1200 Wien	242
4.	Morawa & Styria Buchhandel GmbH, 1010 Wien	272
5.	A & M plus Bücherläden GmbH, 5020 Salzburg	275
5.	Kolpo Zeitungs- und Zeitschriftenservice GmbH, 1190 Wien	275
7.	Leykam BuchhandelsgmbH, 8010 Graz	280
8.	Manz'sche Verlags- und Universitätsbuchhandlung GmbH, 1010 Wien	293
9.	Wilhelm Frick Buchhandlung GmbH, 1230 Wien	313
10.	Verlagsanstalt Tyrolia GmbH, 6020 Innsbruck	319

Quelle: Kreditschutzverband von 1870 (KSV)

2. Der Buchhandel in Österreich 2002

Trend: wieder deutliche Umsatzzuwächse

Nach Umsatzeinbußen im Jahr 2000 hat der Buchhandel (Bücher, Zeitungen, Zeitschriften) in Österreich 2001 wieder ein Umsatzplus eingefahren. Der Buchmarkt ist mehr als andere Branchen sehr von den Produkten abhängig – mit den Trends in Richtung Science-Fiction und Fantasy (Harry Potter & Co.) hat er wieder einen Aufschwung erlebt.

Trend: Internet beeinflusst Umsatz im klassischen Buchhandel kaum

Befürchtungen, dass das Internet den traditionellen Buchhändlern das Geschäft wegnehmen könnte, haben sich bisher nicht bewahrheitet. Als ideale Kombination hat sich die Verbindung von klassischem Outletverkauf und Internetpräsenz erwiesen, da sehr viele Kunden das Internetz nutzen, um Informationen einzuholen, den Kauf jedoch dann in der Buchhandlung tätigen.

Der Anteil online bestellter Bücher beträgt in Österreich lediglich 2,3 Prozent des Gesamtmarktes. Die Mehrzahl der heimischen Onlinekunden bevorzugt einheimische Internet-Shops, gefolgt von deutschen und US-Anbietern.

Trend: Immer größere Bedeutung hat der Internethandel im Bereich Spezialsegmente, etwa der vergriffener Bücher: Zum Beispiel bieten schon über 20 Antiquare ihre Bücher über die Plattform www.justbooks.at an. In Deutschland wird schon jedes zehnte vergriffene Buch online gekauft – ein Trend, der sicherlich auch hierzulande Einzug halten wird.

Umsatz: Der Umsatz des österreichischen Buchhandels lag 2001 bei 908 Millionen Euro und damit um 4,3 Prozent über den Wert des Vorjahres. Somit ist der Umsatz seit dem Jahr 1994 mit einer Ausnahme (2000) stetig angestiegen und durchschnittlich um 3,6 Prozent gewachsen.

Outlets: Die Gesamtzahl der Buchhandlungen im engeren Sinn (inkl. Buchgemeinschaften und Buchversender) veringerte sich im Jahr 2001 um rund ein Prozent auf rund 1.240 Outlets.

- Der durchschnittliche österreichische Haushalt gibt im Jahr 198 Euro für Bücher, Zeitungen und Zeitschriften aus. Das ergibt einen Markt von rund 669 Millionen Euro für den Buchhandel mit privaten Haushalten.
- Der Buchhandel in Österreich ist durch die gehobene Käuferschicht von Konjunkturschwankungen unabhängiger als andere Branchen. Eine andere Entwicklung macht aber Sorgen: Bis zum Jahr 2010 wird die Altersgruppe der 30- bis 40-Jährigen um fast ein Drittel abnehmen. Diese Altersgruppe ist die Hauptkundschaft des Buchhandels, es droht dem Buchhandel daher der Verlust eines großen Teiles dieser wichtigen Käuferschicht.

Anteile der Produktgruppen: Bücher betragen rund 57 Prozent des Gesamtmarktes im Buchhandel ein, wobei innerhalb dieser Produktgruppe nach wie vor Sach- und Fachbücher vor Belletristik und Ratgebern bevorzugt werden. Der Anteil von Zeitungen und Zeitschriften beträgt 36 Prozent des Gesamtumsatzes, der Rest entfällt auf „Sonstiges".

Copyrightverstöße: Auf den Handel mit Büchern könnte sich künftig das Angebot kostenloser Downloads per Internet negativ auswirken. Sehr viele Bestseller werden entweder durch Knacken von Copyright-E-Books oder durch traditionelles Scannen ins Netz gestellt und sind in Tauschbörsen als Download frei erhältlich.

Quelle: RegioPlan Consulting

3. Die Buchproduktion in Österreich

Die aktuellsten verfügbaren Zahlen beziehen sich auf das Jahr 2000, als in der Österreichischen Bibliographie 8.459 neue Publikationen verzeichnet werden, davon 4.061 Neuerscheinungen im Buchhandel und 4.398 außerhalb des Buchhandels (inkl. 627 Buchgemeinschaftsausgaben). Damit werden gegenüber 1999 um 30,4 Prozent (+1972) mehr Publikationen verzeichnet. Bei den Neuerscheinungen mit kommerzieller Ausrichtung sind im Vergleich zu 1999 606 Titel hinzugekommen (+17,5%).

Von den 4.061 Neuerscheinungen sind 3.974 Einzelwerke, 37 Periodika sowie 50 „Non-Book-Materials" (CD-ROM, CDs, Disketten, Video-/Audiokassetten, Plakate, Mikrofiches und Kunstpostkarten).

Insgesamt legt der Anstieg bei der Buchproduktion nahe, dass es sich bei der Verminderung in der Statistik für 1999 (–28% verglichen zu 1998) um einen „Ausreißer" handelt und daraus kein abfallender Trend abgelesen werden kann.

Das Wachstum verteilt sich 2000 auf 13 Sachgruppen, während bei zehn Sachgruppen leichte Rückgänge zu verzeichnen sind. An der Anzahl der Titel gemessen, hat sich die Sachgruppe 6 – Politik mehr als verdreifacht (+142 Titel). An den weiteren Stellen stehen 16 – Karten (+170 Titel), 23 – Turnen; Sport; Alpinismus; Spiele (+18 Titel), 9 – Kinder- und Jugendliteratur (+82 Titel), 8 – Schöne Literatur (+150 Titel) und 4 – Recht, Verwaltung (+82 Titel).

Der stärkste Rückgang ist bei 24 – Kalender; Zeitungen; Verschiedenes festzustellen, nämlich gleich um 66,7 Prozent (in absoluten Zahlen allerdings „nur" zehn Titel), an weiterer Stelle stehen 21 – Nachrichten- und Verkehrswesen mit einer Halbierung (–20 Titel), 7 – Sprach- und Literaturwissenschaft (–36 Titel) und 20 – Technik; Industrie; Gewerbe (–18 Titel).

Die größte Gruppe ist wie 1999 8 – Schöne Literatur (557 Titel) vor 4 – Recht, Verwaltung (464 Titel) und 5 – Wirtschafts- und Sozialwissenschaften, Statistik (333 Titel), gefolgt von 16 – Karten (ebenfalls 333 Titel).

Der Anteil der Neuauflagen (zweite oder weitere Auflagen eines Titels) bleibt mit 7,5% (306 von 4.061) fast gleich wie 1999 (7,3%). Die meisten Neuauflagen gibt es wieder in Gruppe 4 – Recht; Verwaltung (153 von 311), gefolgt von Gruppe 5 – Wirtschafts- und Sozialwissenschaften; Statistik (28 von 305).

2000 gibt es bei den Buchhandelsausgaben 216 Übersetzungen aus 18 Sprachen (im Vorjahr 178 aus 21 Sprachen), die meisten in der Gruppe 9 – Kinder- und Jugendliteratur mit 57 von 277 (20,51%), in Gruppe 13 – Musik; Theater; Film; Radio; Fernsehen mit 16 von 124 (12,9%) und in Gruppe 8 – Schöne Literatur mit 55 von 557 (9,8%). Der Anteil der englischen Sprache ist mit 57 fast gleich geblieben wie 1999 (56%). An zweiter Stelle stehen wieder 22 Übersetzungen aus dem Französischen (10,1%). Von den 4.061 Neuerscheinungen sind 147 fremdsprachige Werke, das sind 3,6% (1999: 4,1%), die meisten davon in den Kategorien 8 – Schöne Literatur (22 von 535) und 20 – Technik; Industrie; Gewerbe (19 von 61) sowie in 17 – Medizin; Veterinärmedizin; Pharmazie (15 von 136). An der Spitze der 18 Fremdsprachen steht mit einem Anteil von 55% (81 von 147) Englisch, dahinter mit einem Anteil von 17% das Slowenische (25 von 147).

Die Gesamtseitenanzahl der im Buchhandel erschienenen Einzelwerke beträgt 813.705 Seiten, das sind um 94.660 Seiten oder 13,16% mehr als 1999 (719.045). Die größte Gruppe ist wieder 4 – Recht mit 185.891 Seiten, gefolgt von 8 – Schöne Literatur mit 87.356 sowie 14 – Geschichte; Kulturgeschichte, Volkskunde mit 84.565 und 5 – Wirtschafts- und Sozialwissenschaften; Statistik mit 76 469 Seiten an vierter Stelle.

Die Zahl der Neuerscheinungen außerhalb des Buchhandels ist in den Berichtsjahren 1998 bis 2000 beständig angestiegen, bei den Buchgemeinschaftsausgaben ist im Jahr 2000 eine Zunahme um 82 (+15%) auf 627 Titel zu verzeichnen (1999: 545 Titel).

Die Statistik der österreichischen Buchproduktion wird aufgrund der Angaben der Österreichischen Bibliographie ausgearbeitet. Nicht berücksichtigt werden die Publikationen ausländischer Verlage, die in ihrem Impressum auch einen österreichischen Verlagsort angeben und deshalb in die Österreichische Bibliographie aufgenommen werden. Auch Werke, die von österreichischen Druckereien im Auftrag ausländischer Verleger hergestellt wurden, sind in der Statistik nicht enthalten. Für 2000 werden alle Neuerscheinungen mit kommerzieller Ausrichtung (= Buchhandelsausgaben mit

Angabe des Ladenpreises) gezählt, Buchgemeinschaftsausgaben werden gesondert aufgeführt. Publikationen, die im Allgemeinen nicht über den Buchhandel vertrieben werden, wie Reports, Fortschrittsberichte, interne Publikationen staatlicher Einrichtungen, Universitäten und von NGOs (Non-Government-Organizations) werden als nichtkommerzielle Publikationen berücksichtigt. Die Aufgliederung in 24 Sachgruppen wird von der Österreichischen Bibliographie übernommen, wobei die Gruppe 11 – Schulbücher seit 1988 nicht mehr in der Bibliographie, sondern in einem eigenen Verzeichnis angezeigt wird. Die Sachgruppen im Detail:

1. Allgemeines, 2. Religion, 3. Philosophie, 4. Recht, 5. Wirtschafts- und Sozialwissenschaften, 6. Politik, 7. Sprach- und Literaturwissenschaft, 8. Schöne Literatur, 9. Kinder- und Jugendliteratur, 10. Erziehung, 11. Schulbücher, 12. Bildende Kunst, 13. Musik, 14. Geschichte, 15. Geographie, 16. Karten, 17. Medizin, 18. Naturwissenschaften, 19. Mathematik, 20. Technik, 21. Nachrichten- und Verkehrswesen, 22. Land- und Forstwirtschaft, 23. Turnen, 24. Kalender.

Quelle: Hauptverband des österreichischen Buchhandels

4. Der Streit um die Buchpreise – eine Chronologie

27. Juni 1996: Die Kulturminister der EU-Mitgliedsstaaten stellen sich in Brüssel hinter das System des festen Ladenpreises.

30. Juni 1996: Die Billigung der EU-Kommission zur so genannten grenzüberschreitenden Preisbindung für Bücher im deutschen Sprachraum läuft ab. Die provisorische Zustimmung (Comfort Letter) zu diesem System, das eine Ausnahme zur Bestimmung des Artikels 85 des EU-Vertrags (keine Behinderung des Wettbewerbs durch Preisabsprachen) vorsieht, wird auch nicht verlängert. Gegen das geltende System der Preisbindung hatte vor allem Libro Bedenken deponiert.

1. Juli 1997: Libro-Chef André Rettberg kündigt an, für den Wegfall der Buchpreisbindung bis zum Europäischen Gerichtshof (EuGH) zu gehen.

13. Oktober 1997: Die österreichische Arbeiterkammer (AK) meldet Bedenken gegen die derzeitige Regelung an.

14. Jänner 1998: Die EU-Kommission beschließt die Einleitung eines Verfahrens gegen die grenzüberschreitende Buchpreisbindung und schickt einen Mahnbrief an die österreichischen und deutschen Buchhändler.

27. Februar 1998: Autoren, Übersetzer und Mitarbeiter literarischer Organisationen legen die „Leipziger Erklärung" als europaweite Aktion für den Erhalt der Buchpreisbindung zur Unterschrift auf.

4. Juni 1998: Der Hauptverband des österreichischen und der Börsenverein des Deutschen Buchhandels geben eine 200-seitige gemeinsame Stellungnahme zum Mahnbrief der Kommission ab. Darin wird der grenzüberschreitende fixe Ladenpreis als „verbraucherfreundliche Maßnahme" bezeichnet, deren Wegfall zu einem Rückgang der Titelvielfalt sowie einer Erhöhung der Preise führen würde.

19. August 1998: Auch Libro schickt eine Stellungnahme an die EU-Kommission. Darin wird das geltende System als „nicht mehr fair und zeitgemäß" bezeichnet. Schon derzeit würden Ausnahmen zu Gunsten deutscher Großverlage die Preisbindung durchlöchern.

16. September 1998: In Brüssel beginnt eine zweitägige nichtöffentliche Anhörung der EU-Kommission, bei der sowohl Buchhandelsvertreter als auch Libro und AK zu Wort kommen.

17. November 1998: Die EU-Kommission präsentiert den Kulturministern der Union eine Studie, in der die grenzüberschreitende Buchpreisbindung als „unzulässiges Preiskartell" bezeichnet wird.

8. Februar 1999: Ein Kompromissvorschlag des deutschen Kulturstaatsminister Michael Naumann sieht unter anderem eine Geltung der Preisbindung nur für bestimmte Buchkategorien vor. Der Hauptverband des österreichischen Buchhandels lehnt dies mit dem Argument der „Trennung in gute und schlechte Bücher" ab.

11. Juni 1999: Van Miert beruft den Beratenden Ausschuss für Kartell- und Monopolfragen ein, bei dem sich die Mitgliedsstaaten mehrheitlich für eine Abschaffung der grenzüberschreitenden festen Ladenpreise aussprechen. Diese Empfehlung ist aber für die Kommission nicht verbindlich.

15. Juni 1999: Die Kommission stellt klar, dass sie keinesfalls in nationale Preisbindungssysteme eingreifen wird.

28. Juni 1999: Der Börsenverein des Deutschen Buchhandels stellt einen Entwurf für ein nationales deutsches Preisbindungssystem vor, was von österreichischer Seite scharf kritisiert wird. Man sei dem kleineren Nachbarstaat damit „in den Rücken gefallen".

14. Juli 1999: Die Entscheidung über die Aufhebung der grenzüberschreitenden Buchpreisbindung wird von der scheidenden EU-Kommission verschoben. Nach Angaben van Mierts hätte nur eine einzige Stimme für ein Verbot gefehlt.

19. September 1999: Auch der Nachfolger van Mierts, der Italiener Mario Monti, spricht sich für eine Abschaffung der grenzüberschreitenden Buchpreisbindung aus.

15. November 1999: Die Buchhandelsverbände legen fristgemäß eine Liste mit Kompromissvorschlägen vor, unter denen sich auch die Einführung nationaler Preisbindungen befindet. Die EU-Kommission fordert aber eine „Nachbesserung" der Vorschläge.

17. Jänner 2000: Die Verbände legen ihre endgültigen Kompromissvorschläge auf den Tisch.

8. Februar 2000: Die EU-Kommission nimmt die Entwürfe mit Vorbehalt an.

23. März 2000: Libro äußert sich in einer Presseaussendung folgendermaßen:

„Die Entscheidung der EU-Kommission gegen die grenzüberschreitende Buchpreisbindung markierte einen großen Fortschritt für die Weiterentwicklung des deutschsprachigen Buchmarktes. Mit dem nun eingebrachten Initiativantrag für ein nationales Preisbindungsgesetz wird gegen EU-Willen verstoßen.

Verlierer dieser Regelung sind der klein- und mittelständische Buchhandel und Autoren. Libro wird daher weiter an einer Regelung arbeiten, die für alle Marktteilnehmer sinnvoll ist und den Vorstellungen der EU-Kommission entspricht. Bei Beschluss des Gesetzes in der vorliegenden Form plant Libro rechtliche Schritte.

1996 hat Libro mit einer Beschwerde das Verfahren gegen die grenzüberschreitende Buchpreisbindung bei der EU-Kommission ins Rollen gebracht. Mit der Entscheidung des Wettbewerbskommissars Mario Monti vom 8. Februar 2000, die grenzüberschreitende Buchpreisbindung per 30. Juni 2000 außer Kraft zu setzen, hat Libro sein Hauptziel, die alten verkrusteten Strukturen auf dem deutschsprachigen Buchmarkt aufzubrechen, erreicht. Schließlich war die Preisbindung ein Relikt aus dem vorigen Jahrhundert."

„Der Brief von Mario Monti markiert den Einstieg zum Ausstieg aus der Buchpreisbindung", meint André Rettberg. „Aus diesem Brief geht auch klar hervor, dass sich die EU-Kommission eine Preisfreigabe im Internet erwartet. Wir von Libro sind mit unserer e-commerce-Schiene Lion.cc damit in einer hervorragenden Position und werden alle Möglichkeiten in vollem Umfang ausschöpfen."

Nun wurde am 22. März im Parlament ein Initiativantrag für ein nationales Preisbindungsgesetz eingebracht. „Mit diesem rasch gezimmerten Gesetz ist sicherlich kein großer Wurf gelungen", meint André M. Rettberg.

1. Rabattregelung zu wenig weitgehend

Nach dem neuen Gesetz können Händler einen Rabatt im Ausmaß von bis zu 5% geben. „Das bedeutet genau genommen einen Rückschritt, da schon heute gewisse Marktteilnehmer Rabatte bis zu 10% gewähren", meint Rettberg. „In den Erläuterungen zum Gesetzesantrag wird festgehalten, dass aus verfassungsrechtlichen Gründen den Buchhändlern ein möglichst großer Gestaltungsspielraum für unternehmerische Entscheidungen einzuräumen ist. Bei einer 5%-Rabattregelung kann das wohl nur ironisch gemeint sein."

2. Weitergabe von Einkaufsvorteilen für die großen Importeure, die einen von den üblichen Handelsbedingungen abweichenden niedrigeren Einkaufspreis erzielen, können den Endverkaufspreis im Verhältnis zu diesem Einkaufsvorteil herabsetzen.

„Für Libro ist diese Bestimmung von Vorteil, für den kleineren und mittleren Buchhändler mit geringeren Einkaufsmengen ergibt sich jedoch eine deutliche Benachteiligung", meint Rettberg.

Die zeitlichen Fristen der Preisbindung (bis 24 Monate nach dem Erscheinungsdatum und 6 Monate nach Lieferzeit) belasten die kleinen Händler zudem überproportional mit Lagerkosten. „Im Vorfeld der WK-Wahl wurde wortreich der Schutz des kleinen und mittelständischen Buchhandels beschworen, mit der neuen Regelung ist nun das Gegenteil eingetreten. Das neue Gesetz begünstigt die großen Marktspieler, die e-commerce betreiben können und

Einkaufsvorteile durch Bestellung großer Mengen erzielen", so Rettberg.

„Es ist Libro unverständlich, dass man mit diesem Gesetz den Internethandel in Österreich preisbinden will, wo doch Bundeskanzler Dr. Schüssel beim heute in Lissabon beginnenden EU-Gipfel der Liberalisierung des Internets und des e-commerce zustimmen will."

3. Beweislast-Umkehr belastet Mehrzahl der Buchhändler

Insbesondere die Umkehr der Beweislast führt zu Nachteilen: Die EU-Kommission vertritt den Ansatz, Reimporte seien erlaubt, solange sie nicht ausschließlich zur Umgehung der nationalen Regelung erfolgen. Im österreichischen Gesetzesentwurf ist nun jedoch vorgesehen, Reimporte generell zu verbieten, außer der Export und der anschließende Reimport wären nicht zur Umgehung des Gesetzes erfolgt. Die Beweislast liegt damit beim Importeur. „Das würde sich geradeso gestalten, als müsste ich im Supermarkt beweisen, dass ich kein Ladendieb bin, wenn ich Milch kaufen möchte", so Rettberg.

4. Ausnahmen und Sonderregelungen restriktiver

In der Gesetzesvorlage sind Ausnahmen und Sonderregelungen verglichen mit der Situation im Sammelrevers wesentlich restriktiver gefasst. „Das neue Gesetz darf auf keinen Fall strenger wirken als die bisherige vertragliche Regelung", meint dazu Rettberg. „Leidtragende der neuen Regelung sind aber insbesondere die Konsumenten und Autoren. Letztere hätten durch ein privatrechtliches Abkommen auf zusätzliche Unterstützung aus Privatinitiativen hoffen dürfen."

Der vorliegende Gesetzesentwurf soll nun einer Begutachtung unterzogen werden, zu der eine Vielzahl von Organisationen eingeladen wurden. „Dass Libro als größter Spieler auf dem österreichischen Markt und Betreiber des Verfahrens bei der Kommission nun nicht an der Begutachtung teilnehmen soll, erscheint schon fragwürdig", zeigt sich André M. Rettberg verwundert. „Wir haben immer gesagt und halten daran fest, dass wir an der Diskussion zur Umgestaltung des österreichischen Buchmarktes aktiv teilnehmen werden."

„Einer gewissen Ironie entbehrt auch nicht die Tatsache, dass die Vorlage als Initiativantrag eingebracht werden musste, da sich der

Verfassungsdienst sowie die Experten des Wirtschaftsministeriums mit dem Gesetz nicht wohl fühlen. Da davon auszugehen ist, dass das Gesetz in dieser Form keinen Bestand haben wird, gilt ab dem 30. 6. voraussichtlich gar keine Regelung. Der österreichische Buchmarkt könnte dann erst recht in Wildwest-Manier fallen – genau die Situation, die alle verhindern wollten", so Rettberg.

5. Loi Lang in Österreich nicht anwendbar

Die Befürworter der österreichischen Gesetzesregelung orientieren sich am „Loi Lang", dem französischen Gesetz zur Regelung des Buchmarktes. Der Vergleich mit Österreich ist jedoch rechtlich und faktisch falsch, da in Frankreich mehr als 90% der verkauften Bücher auch dort produziert werden, in Österreich hingegen 70% der Bücher aus Deutschland kommen.

Die Anlehnung an das französische Gesetz ist auch aus folgenden Gründen nicht zielführend:

- Trotz des Loi Lang hat der Europäische Gerichtshof (im so genannten Leclerc-Urteil) den preisbindungsfreien Reimport von Büchern nach Frankreich für zulässig erklärt, solange er nicht ausschließlich dem Zweck des Umgehens der Preisbindung dient.
- Der EuGH und die EU-Kommission halten die preisbindungsfreie Lieferung an Konsumenten bei grenzüberschreitenden Internetbestellungen ausdrücklich für legitim. Das Loi Lang wird mit Internetlieferungen aus Belgien daher konsequent unterlaufen.

Was jetzt passieren wird:

- Libro wird versuchen, seine Ideen im Gesetzwerdungsprozess einzubringen und von sich aus Gespräche suchen.
- Libro kann mit dieser Gesetzesregelung gut leben. Ein privatrechtliches Buchhandelsabkommen wäre jedoch wesentlich besser geeignet, den neuen Herausforderungen des Marktes gerecht zu werden.
- Die EU-Kommission wird den österreichischen Vorschlag wegen der Beweislastumkehr und den grenzüberschreitenden Elementen voraussichtlich ablehnen.
- Libro wird bei Beschluss des Gesetzes in der derzeitigen Form die rechtlichen Einspruchsmöglichkeiten vor dem EuGH und dem Verfassungsgerichtshof (Preisregelung ist Landessache und kann daher nicht per Bundesgesetz verordnet werden) ausschöpfen.

28. Juli 2000: Libro und die deutsche Verlagsgruppe Bertelsmann einigen sich angesichts des zwischenzeitlichen Lieferstopps durch einige Verlage auf eine mögliche weitere Vorgangsweise, um zu einer rechtlich klaren Situation zu gelangen und andererseits neue mögliche Initiativen im Hinblick auf die künftige Preisgestaltung auf dem Buchmarkt zu erarbeiten. Diese sollen sowohl den Händlern und den Verlagen als auch den Autoren und Konsumenten dienen. „Wir haben als börsenotiertes seriöses Unternehmen nicht das Interesse an einer Wildwest-Situationen auf dem Buchmarkt", beteuert Rettberg. „Es besteht ein gemeinsames Interesse aller Marktteilnehmer, rasch eine Lösung im Sinne der Konsumenten und des Kulturgutes Buch herbeizuführen."

Bis zur Frankfurter Buchmesse im Oktober sollen erste Ergebnisse erzielt werden, die attraktive neue Angebote für die Konsumenten bringen. „Die Buchkäufer sollen bereits im 1. Quartal 2001 spürbare Vergünstigungen bemerken", meint Rettberg.

20. Juli 2001: Mit „Unverständnis und Empörung" reagiert der Börsenverein des Deutschen Buchhandels auf das Kartellverfahren der EU-Kommission gegen deutsche Verlage. Das Verfahren richte sich nicht nur gegen den Börsenverein, rund 30 betroffene Verlage und Großhändler, sondern gegen alle rund 1700 am sogenannten Sammelrevers – der Buchpreisbindung – beteiligten Verlage, kritisiert der Börsenverein. Dadurch würden die deutschen Verleger als Rechtsbrecher abgestempelt. Der Sammelrevers ist ein Vertrag zwischen Verlagen und Buchhändlern, wonach sich die Händler an die von den Verlagen vorgegebenen Ladenpreise für Bücher halten müssen.

„Die Brüsseler Bürokratie legt es offensichtlich auf einen Kreuzzug gegen Verlage in Deutschland an", kritisiert Börsenvereins-Vorsteher Roland Ulmer und nennt das Vorgehen der EU-Wettbewerbshüter „nicht nachvollziehbar". Zudem wolle Brüssel erzwingen, dass deutsche Verleger künftig jeden ausländischen Händler mit Büchern beliefern müssten. Diese Forderung „verstößt elementar gegen das Prinzip der Vertragsfreiheit". Damit würden die deutschen Verlage gegenüber allen anderen Unternehmen diskriminiert.

Nach einer Hausdurchsuchung der Brüsseler Beamten bei mehreren deutschen Verlagen und dem Börsenverein wegen angeblicher illegaler Absprachen im August 2000 hat die Kommission dem

Börsenverein, Bertelsmann und dem Grossisten KNO am Donnerstag eine Liste mit Beschwerdepunkten geschickt. Damit verbunden ist eine Bußgeld-Drohung. Der Börsenverein nennte die Vorwürfe absurd, der Verband habe stets in Übereinstimmung mit europäischem Recht gehandelt. „Wir sind deshalb fest davon überzeugt, dass der Europäische Gerichtshof die Kommission in die Schranken weisen wird", hofft Ulmer.

22. März 2002: Der deutsche Buchhandel lenkt im Wettbewerbsverfahren der Europäischen Kommission ein; durch eine Verpflichtungserklärung hat sich Beschwerdeführer Libro in dem jahrelangen Streit nun doch noch durchgesetzt. Die Kommission teilt in einer Aussendung mit, sie werde das Verfahren einstellen. Die Beschwerdepunkte seien durch eine Selbstverpflichtung des deutschen Buchhandels „endgültig und insgesamt ausgeräumt."

Die Kommission hat auf der Grundlage der EU-Wettbewerbsregeln kein Problem mit nationalen Buchpreisbindungssystemen, die den Handel zwischen Mitgliedsstaaten nicht spürbar beeinträchtigen", kommentiert Wettbewerbskommissar Mario Monti die Entscheidung. Die Unterzeichner der Verpflichtungserklärung garantieren den Grundsatz der Freiheit grenzüberschreitender, preisungebundener Direktverkäufe deutscher Bücher an Endabnehmer in Deutschland insbesondere über das Internet.

Die Erklärung regelt außerdem die Voraussetzungen, unter denen die Kommission ausnahmsweise akzeptiert, dass nationale Preisbindungen umgangen werden. Die Kommission sieht dadurch sichergestellt, dass deutsche Verleger und Buchhändler Direktverkäufe ausländischer Händler über das Internet nicht mit einem kollektiven Lieferstopp oder anderen Sanktionen boykottieren. (Dieser nun beseitigten Gefahr fühlte sich lion.cc ausgesetzt.)

Die Verpflichtungserklärung wird vom Börsenverein des Deutschen Buchhandels e.V., der Verlagsgruppe Random House GmbH sowie vom Buchhändler Koch, Neff & Oetinger GmbH abgegeben. Die Verpflichtungserklärung ist im Wortlaut (Memo/02/63) auf der Presseseite der Europäischen Kommission
http://europa.eu.int/comm/press_room/index_de.htm zu finden.

„Diese Erkenntnis der Kommission ist sehr erfreulich, kommt für viele österreichische Buchhändler allerdings zu spät", kommentiert der Generalsekretär des Österreichischen Gewerbevereins, Dr. Herwig Kainz, und verweist auf den Fall Libro: „Ein wirr – von heimischen Banken hochgepäppelter – Bücherkonzern hat in der Kulturlandschaft Buch gewildert, um schlussendlich selbst Opfer seines Größenwahnsinns zu werden. Der ÖGV bringt seine Genugtuung zum Ausdruck, dass Güter besonderer Art nicht einfach wie Kokssäcke verkauft werden dürfen!"

Hinweis: Das Bundesgesetz über die Preisbindung bei Büchern

Die Broschüre, die der Hauptverband des Österreichen Buchhandels gemeinsam mit dem Bundesgremium Buch- und Medienwirtschaft und der Wirtschaftskammer erarbeitet hat, enthält sowohl den aktuellen Gesetzestext als auch einen Kommentar, der den Umgang mit den Regelungen vereinfacht. Pflichtlektüre für Brancheninsider!

Die Broschüre ist für Mitglieder im Hauptverband des Österreichischen Buchhandels zum Preis von 5 Euro (zzgl. 10% MwSt. u. Porto) bzw. für Nichtmitglieder um 10 Euro (zzgl. 10% MwSt. u. Porto) erhältlich.

Informationen und Bestellungen unter http://www.buecher.at oder im Hauptverband des Österreichischen Buchhandels, 1010 Wien, Grünangergasse 4, Tel.: 01/512 15 35, Fax: 01/512 84 82.

5. Bilanzen erröten nicht aus Scham

Insolvenzursachen 2002 – Eine Analyse des KSV-Insolvenzspezialisten Kurt Haendel

Wo gehobelt wird, fallen Späne. Betriebe kommen und gehen. Spreu trennt sich vom Weizen. Alltag im Gesamtbild einer dynamischen Marktwirtschaft. Dennoch: Jeder Konkurs schmerzt. Jeder Konkurs bedeutet Kapitalvernichtung pur. Die durch Firmenpleiten verursachten Schäden sind enorm. 1,6 Millionen Euro – pro Arbeitsstunde.

Markteinbrüche, Kalkulationsfehler, Schuhkartonbuchhaltung, dürre Kapitalausstattung, strategische Fehlentscheidungen, Kundeninsolvenzen, Umsatzdenken, üppige Overheads, schlechte Zahlungsmoral, Fehlinvestitionen, Preisschlachten, waghalsige Expansionen, Marketingdefizite, professionelle Schattenwirtschaft, saftige Privatentnahmen, diffuse Zielsetzungen, Selbstüberschätzung, Qualitätsmängel, private Umstände, ungeordnete Hofübergaben.

Lang und bunt ist die Liste der Problemfelder, aus denen sich Insolvenzen entwickeln. Sie lässt sich beliebig fortsetzen.

Und damit sind wir mitten im Thema. Sind veränderte Umfeldbedingungen für die Zahlungsunfähigkeit verantwortlich? Kommt die Pleite von innen? Oder ist es nur dumm gelaufen? Einmal jährlich untersucht der KSV Firmeninsolvenzen auf deren wahre Ursachen. Dazu wurden diesmal 2.075 heimische Pleitefälle aller Branchen und Größenordnungen ausgewertet.

Schrumpfende Umsätze, Ertragsprobleme. Die Konjunktur macht im Augenblick nicht wirklich Freude. Ungewiss, wann der stotternde Konjunkturmotor wieder tourig dreht. Zahlreiche Betriebe gehen momentan zerknautscht wie Inspektor Columbo durchs Wirtschaftsleben. Sie haben die eingetrübte Konjunktur deutlich zu spüren bekommen. Viele Unternehmen sind auch bedrohlich in die Krise gerutscht. Das Gros der Unternehmer(innen) konnte sich jedoch in den Wirbeln und Strömungen des Konjunkturflusses bisher gut über Wasser halten und alles in allem erfolgreich behaupten.

Sieht man vom Folgekonkurs einer bekannten Buch- und Medienhandelskette ab, gab es 2002 weder eine Rekordpleite noch einen Pleiterekord. Die Insolvenzverbindlichkeiten sind gesunken. Den fast 28.000 neu gegründeten Betrieben steht eine Sterblichkeitsrate aller Wirtschaftsunternehmen Österreichs von rund 1,7 % gegenüber. Anders ausgedrückt. Für zwei pro hundert aktiver Betriebe war der Gang zum Konkursrichter nicht mehr zu vermeiden.

Die heimische Wirtschaft funktioniert, trotz der nach wie vor niedrigen Selbständigenquote! Für ermüdende Larmoyanz auf hohem Niveau oder gar ein düsteres Krisenszenario gibt es keinen Grund. Schlechtere Wirtschaftszeiten sind eben auch Zeiten der Phantasie und Geschmeidigkeit. Dass nicht immer alles wie geschmiert laufen kann, ist Gradmesser und wohl erst die wahre Herausforderung im Wirtschaftsleben.

Freilich: Die Erfolgschancen smarter Schönwetterkapitäne halten sich angesichts der konjunkturellen Gegebenheiten momentan in engen Grenzen.

30 Prozent

An der Spitze der Rangliste gibt es eine respektable Veränderung. Mit nahezu einem Drittel der analysierten Fälle, genau 30 Prozent, waren innerbetriebliche Fehler und Verlustquellen wohl auch 2002 wiederum dominierender Insolvenzgrund. Verglichen mit den Vorjahren, haben die handfesten Managementfehler erstmals jedoch spürbar abgenommen. Gegenüber 2001 um minus 12 Prozent. Den Trend verfestigen und deutlich unter dreißig Prozent zu kommen, wäre ein kleiner Meilenstein in der Entwicklung.

In dieser Analysekategorie finden sich vor allem falsche Standortwahl, Kalkulationsfehler, Produktionsmisserfolge, ungeordnete Generationswechsel, zu hohe Außenstandsdauer bei Kundenforderungen, Unterschätzung von Zinsaufwand, Versäumnisse in der Produktentwicklung, mangelnde Kundennähe, Personalüberhänge, zu viele Hüte gleichzeitig am Kopf, Dauerzwist in der Führungsetage. Übergreifend gesagt hapert es an der unternehmerischen Kompetenz.

Aber auch mangelnder Chorgeist und ständige Grabenkämpfe der Mitarbeiter machen sich in Bilanzen herb bemerkbar. Das hat oft auch damit zu tun, dass untalentierte Chefs ihre Mitarbeiter ausschließlich als Kostenstelle auf zwei Beinen sehen. Gerade in Krisenbetrieben sind besonders viele Ränkespiele, Intrigen und Scharmützel an der Tagesordnung. Die kostspielige Folge: schlechte Arbeit, unsachliche Entscheidungen, Leistungsdefizite – was auf die Dauer kein Unternehmen aushält.

25 Prozent

Fahrlässigkeit wurde in 25 Prozent der untersuchten Fälle – 2001 waren es 27 Prozent – als zweite Kernursache analysiert. Zurück zu führen vor allem auf unbekümmerte Aktionen und gedankenloses Agieren. Unerfahrenheit, Gründungsfehler, ungenügende Betriebs- und Branchenkenntnisse, kein (zeitnahes) Rechnungswesen, expandieren auf Teufel komm raus, zählen dazu.

20 Prozent

Die chronische Eigenkapitalschwäche der heimischen Unternehmen ist häufig ein direkter Stolperstein in den Konkurs. Rein statistisch rangiert Kapitalmangel mit 20 Prozent Verschuldensanteil an dritter Stelle der Hauptinsolvenzursachen.

Kapitalmangel ist für fast alle Vorgänge in den beiden Kategorien „Fahrlässigkeit“ und „innerbetriebliche Fehler und Verlustquellen“ zumeist mitverantwortlich. In spezifischen Konkursen ergibt sich aber, dass ungenügende Kapitalausstattung die Kernursache für das Misslingen der geschäftlichen Tätigkeit und damit diesem Analysepunkt zugeordnet ist.

Im Europa-Vergleich liegt Österreich mit einer Eigenkapitalquote von durchschnittlich 28 Prozent an vorletzter Stelle. Bei den rot-weiß-roten Klein- und Mittelbetrieben liegt sie im Schnitt überhaupt nur bei 21 Prozent.

Hiezu kommt die traditionelle Kredit-Finanzierungsstruktur der heimischen KMUs. Der Anteil von Bankfinanzierungen an Unternehmenskrediten liegt in Österreich bei rund 65 Prozent der Bilanzsumme. Nur Deutschland (66 %) und Griechenland (68 %) haben einen noch höheren Anteil. Der EU-Durchschnitt beträgt 46 Prozent. Ein Blick über den Großen Teich zeigt, dass in den USA Betriebe nur zu etwa einem Fünftel über herkömmliche Bankkredite finanziert sind.

Auch wenn die Verfügbarkeit von Wagniskapital als beschränkt gilt, vor allem für Jungunternehmer. Venture Capital wird oft immer noch als skurriler Anglizismus und nicht auch als eine alternative Finanzierungsform verstanden. Basel II könnte hier belebend wirken.

13 Prozent

Gegenüber den 12 Prozent des Jahres 2001 hat sich dieser Analysepunkt nur unwesentlich verändert. Fehler und Verlustquellen im außerbetrieblichen Bereich als Primärursache für wirtschaftlichen Misserfolg spielen mit nur 13 Prozent eine eher untergeordnete Rolle. Dazu zählen geänderte Marktlagen, verschärfte in- und ausländische Konkurrenz und ruinöse Auswirkungen von Forderungsausfällen.

7 Prozent

Persönliches Verschulden wurde in 7 Prozent aller gerichtlich eröffneter Insolvenzen lupenrein als Hauptursache erkannt. Saftige Privatentnahmen, Vernachlässigung der Geschäftsführung, Spekulationsgeschäfte oder kriminelle Machenschaften haben ansonsten gesunde Betriebe ruiniert.

Ständige Sorgenfalten im Insolvenzgeschehen bereiten die mangels Vermögens abgewiesenen Konkursanträge. Über 44.000 völlig leer gefegte Unternehmen sind derart in den letzten zwanzig Jahren sang- und klanglos verschieden. Übrig blieb nur ein Stapel Gerichtsakten.

Der Anteil der mangels Masse abgelehnten Konkursanträge, gemessen an den Gesamtinsolvenzen, blieb über die Jahrzehnte mehr oder weniger unverändert. 1960 lag er bei 51 Prozent, 1980: 49 Prozent, 1990: 53 Prozent, 2000: 52 Prozent. In den Bemühungen durch Änderungen im Insolvenzrecht eine nachhaltige Zurückdrängung der mangels Masse abgewiesenen Konkursanträge zu erreichen, ist man bisher nicht von der Stelle gekommen. 2002 musste von den Insolvenzgerichten neuerlich ungefähr die Hälfte aller Konkursanträge wegen Vermögenslosigkeit abgewiesen werden. Präzise 2.417.

Bedenklich stimmt die von Kennern des Metiers erfolgte Einschätzung, dass etwa 25 Prozent dieser masselosen Pleiten absichtlich herbeigeführt werden. Bezogen auf alle im abgelaufenen Jahr angefallenen Insolvenzfälle liegt unredliches Scheitern damit tatsächlich bei rund 14 Prozent, berücksichtigt man auch den „Konkurs im Konkurs". Demgegenüber stehen lediglich 69 Verurteilungen wegen betrügerischer Krida im Jahr 2001.

Drehen wir das Rad der Zeit kurz zurück. „Nach unserem rechtlichen Empfinden sollte jeder Konkurs, in dem keine Aktiven vorhanden sind, bestraft werden. Denn wer so lange wirtschaftet, bis gar kein Vermögen mehr vorhanden ist, der begeht Betrug an seinen Gläubigern", so der „Creditoren-Verein von 1870", heute KSV, bereits 1936 in seinem Jahresbericht.

Ein Staatsanwalt stellt geschädigten Gläubigern natürlich keine Schecks aus. Für die Wirtschaftshygiene wäre es jedoch ein starkes Signal, würden alle mangels Masse abgewiesenen Konkursanträge auf kriminelle Hintergründe durchleuchtet werden. Sie hinterlassen bei Unternehmen, Banken, Pleitefonds, Staat, Körperschaften, immer einen riesigen Schuldenberg. 2002 waren es geschätzte eine Milliarde Euro. Verlierer dabei immer auch Dienstnehmer. Mindestens 10.000 im Vorjahr.

Bemerkenswert dazu auch die unheilvolle Entwicklung bei jenen Konkursen, die von den Gerichten zu eröffnen waren, jedoch später mangels kostendeckenden Vermögens wieder aufgehoben werden mussten. Gemessen an der Zahl eröffneter Konkurse lag deren Anteil 1993 bei fast 8 Prozent, 2002 bei 21 Prozent. Eine Steigerung um nahezu das Dreifache.

5 Prozent

Das Schicksal ist selten haftbar zu machen. 5 Prozent der Insolvenzen, nach 3 Prozent gegenüber 2001, waren mit Krankheits- und Unglücksfällen oder sonstiger von Unternehmensseite nicht beeinflussbarer Ursachen erklärbar, wie beispielsweise auch Naturkatastrophen.

Die Jahrhundert-Flut vom Sommer ist noch in bester Erinnerung. Neun Tote, mehr als 200.000 Salzburger, Oberösterreicher und Niederösterreicher Opfer der Wassermassen. 70.000 Häuser kaputt. 500 Betriebe kurz-, mittel- oder langfristig lahm gelegt. Das Hochwasser hinterließ enorme Schäden.

Abgesehen von zwei Ausnahmen gab es aber bisher unmittelbar keine echten „Hochwasser-Pleiten". Auf einem anderen Blatt steht jedoch, dass betroffene Betriebe noch lange Zeit ums Überleben kämpfen, manche die Folgen der Unwetter nie richtig verdauen werden. Mit Verzögerungseffekt wird das Hochwasser angesichts einer zusätzlichen Verschuldung daher bei etlichen Firmen noch zum Pleiteauslöser werden.

Resümee

Wenn Schiffe stranden, dann zumeist durch schlimme Fahrfehler ihrer Kapitäne. Aus den Zahlen ist für 2002 abzulesen, dass sie über achtzig Prozent der Konkurs(un)fälle unmittelbar zu verantworten haben. Nur in knapp einem Fünftel der ausgewerteten Insolvenzen liegt die Ursache des wirtschaftlichen Misserfolges in externen Gründen.

19 Prozent der Pleiteunternehmen schlugen bereits innerhalb von drei Jahren nach Auslaufen aus der Werft am Kap der Guten Hoffnung leck. 31 Prozent der Insolvenzen betreffen Unternehmen, die spätestens acht Jahre nach ihrer Gründung völlig aus dem Ruder gerieten. 19 Prozent kamen spätestens nach zwölf Jahren vom Kurs ab. Immerhin 15 Prozent waren bis zu 22 Jahre und weitere 7 Prozent bis zu 32 Jahre unterwegs. Der Rest noch länger.

Rudern bis zum bitteren Ende. Zahlungsunfähigkeit kommt höchst selten plötzlich. Auch in schwierigen Wirtschaftszeiten bringt ein Fehler kein Unternehmen um. Nicht ein einzelner, sondern regelmäßig eine Verknüpfung mehrerer negativer Faktoren führt zum Crash.

Unternehmer sind natürlich auch nur Menschen. Und Menschen machen eben Fehler – auch Profis. Eine Binsenweisheit. Die analysierten Insolvenzfälle verdeutlichen aber unverändert einen Kardinalfehler. Sie werden viel zu spät beantragt. Zu einem wesentlichen Teil überhaupt erst auf Initiative von außen. 39 Prozent der vorjährigen Konkursfälle konnten erst über Gläubigerantrag eröffnet werden.

> „Wer einen Fehler gemacht hat und ihn nicht korrigiert, begeht einen zweiten."
>
> *(Konfuzius)*

Selbst wenn Probleme bereits unter den Nägeln brennen, wird verabsäumt, sie beim Schopf zu packen und gegenzusteuern. Der Hausverstand wird ausgeblendet. Die Schwierigkeiten werden kleingeredet, überpinselt oder überhaupt tief verräumt. Zweckoptimismus verdeckt die Sicht auf die Realität. Man überlässt der Zukunft, was die Zukunft eben bringt. Bleiben dann nur mehr Sommersprossen die einzigen Gesichtspunkte im Unternehmen, gibt es nichts mehr zu reparieren. Kurzum: Wenn Bilanzen erröten, dann tun sie das nicht aus Scham.

Die größten Insolvenzen in Österreich (1954–2002)

Konsum Firmengruppe, Wien (Ausgleich)	1.900 Mio. Euro
Maculan-Konzern, Österreich/Wien (Ausgleich und Konkurs)	800 Mio. Euro
Libro AG, NÖ (Konkurs)	349 Mio. Euro
Steiner Industries-Gruppe, Ebensee (Konkurse)	330 Mio. Euro
Hallein Papier AG, Hallein (Ausgleich)	210 Mio. Euro
Österr. Klimatechnik GmbH, NÖ (Konkurs)	200 Mio. Euro
Zellstoff Villach GesmbH, St. Magdalen (Konkurs)	195 Mio. Euro
BH Bank für Handel und Industrie AG, Graz (Konkurs)	190 Mio. Euro
AE Energietechnik GmbH, Graz (Konkurs)	165 Mio. Euro
Concentra Treuhand- und Verwaltungs GesmbH., Salzburg (Konkurs)	160 Mio. Euro
Eumig GmbH, NÖ (Konkurs)	145 Mio. Euro

Quelle: KSV

6. Die Libro-Filialen im Überblick (Stand: März 2003)

Filialadresse	Filialleiter(in)/Stellvertreter(in)	Öffnungszeiten	Telefon
1010 Wien, Wollzeile 13	Fr. Stösel/Fr. Schrenk	Mo–Fr: 8.30–18.30, Sa: 8.30–17.00	01/512 38 64
1020 Wien, Praterstern	Fr. Maschler	Mo–Fr: 8.00–19.00, Sa: 9.00–17.00	01/214 72 42
1020 Wien, Praterstraße 45	Fr. Schleifer/Fr. Nikolic	Mo–Fr: 8.30–18.30, Sa: 9.00–17.00	01/214 23 73
1020 Wien, Taborstraße 29	Fr. Mayer/Fr. Seidl	Mo–Fr: 8.30–19.00, Sa: 9.00–17.00	01/214 58 24
1030 Wien, Landstr. Hauptstr. 12	Fr. Gruber/Fr. Gonzales	Mo–Fr: 8.30–18.30, Sa: 8.30–17.00	01/718 51 58, Fax -9
1030 Wien, Landstr. Hauptstr. 146/Ec/gl	Fr. Fouda-Doppelreiter/Fr. Rehm	Mo–Fr: 8.30–18.30, Sa: 8.30–17.00	01/718 12 18
1040 Wien, Wiedner Hauptstr. 76 EKZ	Fr. Bibiche/Fr. Zahradnik	Mo–Fr: 8.00–18.30, Sa: 9.00–17.00	01/581 38 40
1050 Wien, Siebenbrunnengasse 37	Fr. Hornung/Fr. Kuntze	Mo–Fr: 9.00–18.30, Sa: 9.00–17.00	01/548 86 81
1060 Wien, Mariahilfer Str. 75	Fr. Wöhry/Fr. Baukal	Mo–Fr: 9.00–19.00, Sa: 9.00–17.00	01/587 57 85, Fax 586 43 29
1070 Wien, Neubaugasse 29	Fr. Kuzniarski/Fr. Cerny	Mo–Fr: 9.00–19.00, Sa: 9.00–17.00	01/524 43 90, Fax -9
1080 Wien, Josefstädter Str. 105	Hr. Käferböck	Mo–Fr: 9.00–19.00, Sa: 9.00–17.00	01/406 22 51
1090 Wien, Alser Straße 20	Hr. Filzmaier/Fr. Wolfger	Mo–Fr: 9.00–19.00, Sa: 9.00–17.00	01/405 63 21
1090 Wien, Nussdorfer Str. 75	Hr. Cizek/Fr. Eder	Mo–Fr: 8.30–19.00, Sa: 9.00–17.00	01/310 67 13
1090 Wien, Währinger Str. 2–4/11	Fr. Weber/Fr. Biroczki	Mo–Fr: 8.00–19.00, Sa: 10.00–17.00	01/315 16 44
1100 Wien, Favoritenstr. 139	Fr. Kratzer/Fr. Krocan	Mo–Fr: 8.30–18.30, Sa: 8.30–17.00	01/604 19 40
1100 Wien, Favoritenstr. 239 EKZ, Hansonzentrum	Hr. Stadler	Mo–Fr: 8.30–18.30, Sa: 8.30–17.00	01/689 21 71, Fax -9
1100 Wien, Inzersdorfer Str. 50, EKZ Herzpassage	Hr. Buzek/Fr. Kolmaz	Mo–Fr: 8.30–18.30, Sa: 8.30–17.00	01/641 03 06
1100 Wien Wienerbergstr. 11, Business Park EKZ	Fr. Bobits/Fr. Grubner	Mo–Fr: 8.30–19.00, Sa: 8.30–17.00	01/607 06 72
1110 Wien, Etrichstraße, Leberberg	Hr. Pösinger	Mo–Do: 8.00–19.00, Fr: 7.30–19.30, Sa: 8.00–17.00	01/768 51 92
1110 Wien, Simmeringer Hauptstr. 111	Hr. Schertler/Fr. Strubinsky	Mo–Fr: 8.30–18.30, Sa: 8.30–17.00	01/749 32 19, Fax 743 53 54

Filialadresse	Filialleiter(in)/Stellvertreter(in)	Öffnungszeiten	Telefon
1120 Wien, Meidlinger Hauptstr. 56–58	Hr. Rabensteiner/Fr. Steinert	Mo–Fr: 9.00–18.30, Sa: 8.30–17.00	01/810 29 28, Fax -9
1130 Wien, EKZ Hietzing	Fr. Pichler/Fr. Pils	Mo–Fr: 9.00–18.30, Sa: 9.00–17.00	01/877 44 05
1140 Wien-Auhof, Albert-Schweitzer-G. 6A	Fr. Hellein/Fr. Föll	Mo–Fr: 9.00–19.00, Sa: 9.00–17.00	01/577 18 30, Fax 577 18 31
1140 Wien, Linzer Straße 57	Fr. Griebus/Fr. Engleitner	Mo–Fr: 8.00–18.30, Sa: 8.00–17.00	01/786 49 91, Fax: -9
1150 Wien, Europaplatz 1, Westbahnhof	Fr. Lachner/Hr. Strahlegger	Mo–Fr: 7.00–21.00, Sa: 7.30–20.00, So u. FT: 9.00–20.00	01/893 19 01, Fax -9
1150 Wien, Gablenzgasse 5–13, EKZ Lugner City	Hr. Tolloch/Fr. Laufenböck	Mo–Do: 9.00–19.00, Fr: 9.00–19.30, Sa: 9.00–17.00	01/786 69 72, Fax: -9
1150 Wien, Mariahilfer Str. 191	Fr. Altschachl/Fr. Schopper	Mo–Fr: 9.00–19.00, Sa: 9.00–17.00	01/89 36 195
1150 Wien, Meiselmarkt 3 EKZ	Fr. Trabe/Fr. Sevcik	Mo–Fr: 9.00–19.00, Sa: 9.00–17.00	01/983 09 70, Fax -9
1160 Wien, Ottakringer Str. 39	Fr. Kilian	Mo–Fr: 9.00–19.00, Sa: 9.00–17.00	01/405 01 96
1160 Wien, Thaliastr. 125C	Fr. Tidmarsh/Fr. Keres	Mo–Fr: 9.00–19.00, Sa: 9.00–17.00	01/494 78 90, Fax 494 79 38
1170 Wien, Elterleinplatz12 EKZ	Fr. Dovrtel/Fr. Tegtbauer	Mo–Fr: 9.00–19.00, Sa: 9.00–17.00	01/408 58 61
1180 Wien, Währinger Str. 108	Fr. Moser/Hr. Jirak	Mo–Fr: 8.30–18.30, Sa: 9.00–17.00	01/479 92 26
1190 Wien, Muthgasse 64	Hr. Schneider/Hr. Riedl	Mo–Do: 8.30–19.00, Sa: 9.00–17.00	01/370 77 55
1200 Wien, Donaueschinger Str. 20, Merkur EKZ	Hr. Mangel/Hr. Ledholder	Mo–Fr: 8.00–19.00, Sa: 8.00–17.00	01/334 71 02
1200 Wien, Handelskai 94–96, Milleniumstower EKZ	Fr. Gettinger/Fr. Kührer	Mo–Fr: 9.00–19.00, Sa: 9.00–17.00	01/240 90 01, Fax -8
1200 Wien, Wallensteinstr. 16	Fr. Wlasak/Fr. Sehner	Mo–Fr: 8.30–18.30, Sa: 9.00–17.00	01/332 51 86, Fax 330 30 85
1210 Wien, Brünner Str. 123–125	Fr. Sehnhofer/Fr. Haselmayer	Mo–Fr: 8.00–19.00, Sa: 8.00–17.00	01/294 92 05, Fax: -9
1210 Wien, Brünner Straße 219 EKZ	Fr. Milosevic/Fr. Gubits	Mo–Fr: 8.30–19.00, Sa: 8.30–17.00	01/294 11 33
1210 Wien, Franz-Jonas-Platz Top 8, Floridsdorfer Bhf.	Fr. Zalto/Fr. Popek	Mo–Fr: 7.00–19.00, Sa: 8.00–17.00	01/271 54 89, Fax 271 54 91
1210 Wien, Kürschnergasse 9, EKZ Großfeldzentrum	Fr. Bruckner/Fr. Leiner	Mo–Fr: 9.00–19.00, Sa: 9.00–17.00	01/256 88 77, Fax: -9

Filialadresse	Filialleiter(in)/Stellvertreter(in)	Öffnungszeiten	Telefon
1220 Wien, Ziegelhofstr. 26	Fr. Zinkl/Fr. Luttenberger	Mo–Fr: 8.00–19.00, Sa: 8.00–17.00	01/282 58 41
1230 Wien, Sterngasse/Richard-Strauss-Str.	Fr. Rudolf/Fr. Singer	Mo–Fr: 9.00–18.30, Sa: 8.30–17.00	01/617 62 55, Fax -9
2000 Stockerau, Hauptstraße 38–42	Fr. Graf/Fr. Sickha	Mo–Fr: 8.00–18.30, Sa: 8.00–17.00	02266/616 06, Fax: -9
2020 Hollabrunn, Sparkassengasse 28a	Hr. Mader/Fr. Platschek	Mo–Fr: 7.15–18.30, Sa: 8.00–17.00	02952/302 03
2120 Wolkersdorf, Hauptstraße 19	Fr. Schwent/Fr. Krizso	Mo–Fr: 8.00–18.30, Sa: 8.00–17.00	02245/825 96
2130 Mistelbach, Hafnerstraße 3	Fr. Schweinberger/Fr. Sedlacek	Mo–Fr: 7.35–18.30, Sa: 8.00–17.00	02572/59 13
2130 Mistelbach, Mitschastr. 41, Merkur EKZ	Fr. Hartmann/Fr. Englisch	Mo–Do: 9.00–19.00, Fr: 9.00–19.30, Sa: 9.00–17.00	02572/202 77
2136 Laa/Thaya, Stadtplatz 11	Fr. Fleischer/Fr. Grafendorfer	Mo–Fr: 8.00–18.30, Sa: 8.00–17.00	02522/70 91
2225 Zistersdorf, Dreifaltigkeitsgasse 1	Fr. Hofstetter/Fr. Tahedl	Mo–Fr: 8.00–18.30, Sa: 8.00–17.00	02532/84 41
2230 Gänserndorf, Bahnstraße 33	Fr. Lehner/Fr. Greilinger	Mo–Fr: 7.30–18.30, Sa: 7.30–17.00	02282/46 10
2320 Schwechat, Wiener Straße 10	Fr. Lemmerer	Mo–Fr: 9.00–18.00, Sa: 9.00–17.00	01/707 71 58
2331 Vösendorf, Schönbrunner Allee 18, Merkur EKZ	Fr. Laimer/Hr. Krautschneider	Mo–Fr: 9.00–19.00, Sa: 8.00–17.00	01/69 99 526
2334 Vösendorf, EKZ SCS Top 73	Fr. Ballwein/Fr. Müller	Mo–Fr: 9.00–19.00, Sa: 9.00–17.00	01/698 55 32, Fax: -9
2340 Mödling, Hauptstraße 35	Fr. Forstner/Fr. Behringer	Mo–Fr: 7.30–18.30, Sa: 8.00–17.00	02236/86 03 52, Fax -9
2351 Wr. Neudorf, Reisenbauerring, Top 6–9	Fr. Tom/Fr. Marton	Mo–Fr: 8.00–18.30, Sa: 8.00–17.00	02236/455 49
2401 Fischamend, Enzersdorfer Straße 5	Fr. Berki	Mo–Fr: 8.30–18.30, Sa: 8.30–17.00	02232/761 98
2410 Hainburg, Wiener Straße 13	Hr. Birschitzky	Mo–Fr: 8.30–18.30, Sa: 8.30–17.00	02165/622 87
2460 Bruck/Leitha, Schulgasse 2	Fr. Huszar/Fr. Ecker	Mo–Fr: 8.30–18.30, Sa: 8.00–17.00	02162/622 90
2514 Traiskirchen, EKZ Arkadia Bl. D	Fr. Csincsik	Mo–Fr: 8.00–18.30, Sa: 8.00–17.00	02252/557 53, Fax -6
2540 Bad Vöslau, Industriestr. 10–12, Merkur EKZ	Fr. Kreppenhofer	Mo–Fr: 8.00–19.00, Sa: 8.00–17.00	02252/735 96, Fax 70 733
2620 Neunkirchen, Herrengasse 5	Fr. Obst/Fr. Bernhardt	Mo–Fr: 8.00–18.30, Sa: 9.00–17.00	02635/650 81

Filialadresse	Filialleiter(in)/Stellvertreter(in)	Öffnungszeiten	Telefon
2640 Gloggnitz, Wiener Straße 8a, Top 1	Fr. Hatzl	Mo–Fr: 8.00–18.30, Sa: 8.00–17.00	02662/443 05
2700 Wr. Neustadt, Herzog-Leopold-Straße 30	Fr. Lackner/Fr. Biernecker	Mo–Fr: 7.15–18.30, Sa: 8.00–17.00	02622/851 27
2700 Wr. Neustadt, Marktgasse 2, Merkur EKZ	Fr. Skarek/Fr. Sinawehl	Mo–Fr: 9.00–19.00, Sa: 8.30–17.00	02622/278 61
2700 Wr. Neustadt, Stadionstr. 12, Merkur EKZ	Hr. Schöberl/Fr. Delemeschnig	Mo–Fr: 9.00–19.00, Sa: 9.00–17.00	02622/864 13, Fax: -8
2870 Aspang, Hauptplatz 9	Fr. Manhalter/Fr. Gruber	Mo–Fr: 8.00–18.30, Sa: 8.00–17.00	02642/513 91, Fax: -9
3002 Purkersdorf, Karl-Kurz-Gasse 3–5	Fr. Fabsits/Fr. Dietrich	Mo–Fr: 7.30–18.30, Sa: 8.00–17.00	02231/611 31
3040 Neulengbach, Hauptstraße 12	Fr. Pfeifer/Fr. Stuphann	Mo–Fr: 8.00–18.30, Sa: 8.00–17.00	02772/568 24
3100 St. Pölten, Anton-Scheiblin-G. 6, Merkur EKZ	Fr. Schlager/Fr. Rotheneder	Mo–Do: 9.00–19.00, Fr: 9.00–19.30, Sa: 9.00–17.00	02742/766 98
3100 St. Pölten, Bahnhofsplatz 12	Fr. Kranabetter/Fr. Huß	Mo–Fr: 7.30–18.30, Sa: 8.00–17.00	02742/35 27 96, Fax: -9
3100 St. Pölten, Dr.-Adolf-Schärf-Straße, Traisenpark EKZ	Fr. Grubmüller/Fr. Hrebicek	Mo–Fr: 8.30–18.30, Do: 8.30–19.30, Sa: 9.00–17.00	02742/213 37, Fax: -9
3270 Scheibbs, Erlaufpromenade 2–4	Fr. Widhalm/Fr. Pitzl	Mo–Fr: 8.00–18.30, Sa: 8.00–17.00	07482/455 57
3340 Waidhofen/Ybbs, Hoher Markt 5	Fr. Pintea/Fr. Raidl	Mo–Fr: 8.30–18.30, Sa: 8.00–17.00	07442/526 40, Fax 56 961
3430 Tulln, Hauptplatz 15	Fr. Roth/Fr. Fischer	Mo–Fr: 7.30–18.30, Sa: 8.00–17.00	02272/658 28, Fax: -9
3500 Krems, Obere Landstr. 13	Fr. Loe/Fr. Leitner	Mo–Fr: 7.30–18.30, Sa: 8.00–17.00	02732/854 19, Fax 771 25
3500 Krems, Wiener Str. 96–102, EKZ Bühl	Fr. Völkl/Fr. Purker	Mo–Fr: 8.00–18.30, Do: 8.00–19.30, Sa: 9.00–17.00	02732/834 39
3580 Horn, Prager Str. 87, Merkur EKZ	Fr. Nerradt, Fr. Geringer	Mo–Fr: 8.00–18.30, Sa: 8.00–17.00	02982/51 85
3610 Traisen, Hainfelder Bundesstraße	Fr. Bauer/Fr. Zein	Mo–Fr: 8.00–18.30, Sa: 8.00–17.00	02762/637 40, Fax: -9
3830 Waidhofen/Thaya, Hauptplatz 18	Fr. Ledinger/Fr. Bachofner	Mo–Fr: 8.00–18.30, Sa: 8.00–17.00	02842/513 08
3910 Zwettl, Hamerlingstr. 2	Fr. Speil/Fr. Schiller	Mo–Fr: 8.00–18.30, Sa: 8.00–17.00	02822/516 65

Filialadresse	Filialleiter(in)/Stellvertreter(in)	Öffnungszeiten	Telefon
3950 Gmünd, Bahnhofstraße 2	Fr. Kottlik/Fr. Ferchenbauer	Mo–Fr: 8.00–18.30, Sa: 8.00–17.00	02852/543 39
4020 Linz, Landstraße 38	Hr. Hattinger/Fr. Rummerstorfer	Mo–Fr: 9.00–18.30, Sa: 9.00–17.00	0732/77 28 45, Fax -9
4020 Linz, Wegscheiderstraße 3, EKZ Infra Center	Fr. Pichlbauer/Fr. Stadlbauer	Mo–Fr: 8.00–18.30, Sa: 8.00–17.00	0732/37 18 39
4040 Linz-Urfahr, Blütenstr. 13, EKZ Lentia 2000	Fr. Schwarz/Fr. Zwettler	Mo–Fr: 8.00–19.00, Sa: 8.00–17.00	0732/71 60 34
4040 Linz-Auhoffeld, Freistädter Straße 313–315	Fr. Mandl/Fr. Nobis	Mo–Fr: 9.00–18.30, Sa: 9.00–17.00	0732/75 06 79
4053 Haid/Ansfelden, Ikea-Platz 7	Fr. Furtmayr/Fr. Kissler	Mo–Fr: 9.00–19.00, Sa: 9.00–17.00	07229/817 84, Fax 797 97
4061 Pasching, Pluskaufstr. 7 EKZ	Fr. Kreps	Mo–Mi: 9.00–18.00, Do+Fr: 9.00–19.30, Sa: 9.00–17.00	07229/657 23, Fax -9
4070 Eferding, Schmidstraße 1	Fr. Petschl/Fr. Pleininger	Mo–Fr: 8.00–18.00, Sa: 8.00–17.00	07272/37 66
4100 Ottensheim, Hosthauerstraße 87, FMZ Donautreff	Fr. Gabriel/Fr. Höftberger	Mo–Fr: 8.30–19.00, Sa: 8.00–17.00	07234/848 93, Fax: -3
4150 Rohrbach, Stadtplatz 22	Fr. Nigl/Fr. Eisschiel	Mo–Fr: 8.00–18.30, Sa: 8.00–17.00	07289/68 30
4240 Freistadt, Prager Straße 2	Fr. Duschlbauer/Fr. Denk	Mo–Fr: 8.00–18.30, Sa: 8.00–17.00	07942/772 40
4310 Mauthausen, Heinrichsbrunn 4a	Fr. Felbermayr/Fr. Speychal	Mo–Fr: 8.00–18.30, Sa: 8.00–17.00	07238/40 72, Fax 58 62
4320 Perg, Herrenstraße 28	Fr. Wagner/Fr. Hermann	Mo–Fr: 8.00–18.30, Sa: 8.00–17.00	07262/25 35 98, Fax 539 56
4400 Steyr, Stadtplatz 24	Fr. Bergen/Fr. Engelmayr	Mo–Fr: 8.00–18.30, Sa: 8.00–17.00	07252/424 52, Fax 511 09
4470 Enns, Lagerhausstraße 3	Fr. Andre/Elisabeth Oswald	Mo–Fr: 8.00–18.30, Sa: 8.00–17.00	07223/814 14, Fax 800 41
4560 Kirchdorf/Krems, Hauptplatz 23	Fr. Steinermaier/Fr. Gösweiner	Mo–Fr: 7.30–18.30, Sa: 8.00–17.00	07582/516 78
4600 Wels, FMZ Wels-Nord	Fr. Grömer, Fr. Böhm	Mo–Fr: 8.30–18.30, Sa: 8.30–17.00	07242/20 68 94, Fax -9
4600 Wels, Kaiser-Josefs-Platz 53	Fr. Stinglmeier/Fr. Salzmann	Mo–Fr: 8.30–18.30, Sa: 9.00–17.00	07242/711 20
4690 Schwanenstadt, Stadtplatz 17	Fr. Neuhuber/Fr. Lachinger	Mo–Fr: 8.30–18.30, Sa: 8.00–17.00	07673/400 42, Fax: -9
4710 Grieskirchen, Rossmarkt 3	Fr. Reisinger/Fr. Huemer	Mo–Fr: 7.30–18.00, Sa: 9.00–17.00	07248/618 89, Fax 667 96
4780 Schärding, Silberzeile 13	Hr. Zöhrer/Fr. Schönbauer	Mo–Fr: 8.00–18.30, Sa: 8.30–17.00	07712/59 95

Filialadresse	Filialleiter(in)/Stellvertreter(in)	Öffnungszeiten	Telefon
4810 Gmunden, Franz-Josefs-Platz 3	Fr. Schallmeiner/Fr. Tumer	Mo–Fr: 8.30–18.30, Sa: 8.00–17.00	07612/771 45, Fax: -9
4820 Bad Ischl, Pfarrgasse 2	Fr. Peer/Fr. Zierler	Mo–Fr: 7.30–18.30, Sa: 8.00–17.00	06132/284 88
4840 Vöcklabruck, Stadtplatz 35	Fr. Bittricher/Fr. Eder	Mo–Fr: 8.00–18.30, Sa: 8.00–17.00	07672/776 70
4910 Ried/Innkreis, Rossmarkt 45	Fr. Laufenböck/Fr. Streicher	Mo–Fr: 8.00–18.30, Sa: 8.00–17.00	07752/874 00
5020 Salzburg, Fürbergstraße, EKZ Zentrum im Berg	Fr. Schirlbauer	Mo–Do: 9.00–19.00, Fr: 9.00–19.00, Sa: 9.00–17.00	0662/65 09 14
5110 Oberndorf, Salzburger Straße 56	Fr. Hinterleitner/Fr. Perberschla-ger-Ellmer	Mo–Fr: 8.00–18.30, Sa: 8.00–17.00	06272/200 23
5204 Straßwalchen, Salzburger Straße 52c	Fr. Weierer/Fr. Mindelberger	Mo–Fr: 8.00–18.30, Sa: 8.00–17.00	06215/89 54
5230 Mattighofen, Stadtplatz 18	Fr. Griesser/Fr. Priewasser	Mo–Fr: 8.00–18.30, Sa: 8.00–17.00	07742/24 56, Fax 24 54
5280 Braunau, Erlachweg 13 EKZ	Fr. Fellner/Fr. Kreuzeder	Mo–Fr: 8.15–19.30, Sa: 8.15–17.00	07722/624 20, Fax: -9
5301 Eugendorf, Römerstraße 3A	Fr. Maxbauer/Fr. Schmidhuber	Mo–Fr: 8.30–18.30, Sa: 8.00–17.00	06225/33 51
5400 Hallein, Bahnhofstraße 5	Fr. Göls/Fr. Göllner	Mo–Fr: 8.00–18.30, Sa: 8.00–17.00	06245/847 04
5500 Bischofshofen, Gasteiner Straße 50–52	Hr. Rasser/Fr. Kendler	Mo–Fr: 8.00–19.00, Sa: 8.00–17.00	06462/63 58
5580 Tamsweg, Kirchengasse 130	Fr. Schiefer/Fr. Wiedemaier	Mo–Fr: 8.00–18.30, Sa: 8.00–17.00	06474/81 84
5600 St. Johann im Pongau, Hauptstraße 10	Hr. Schranz	Mo–Fr: 8.00–18.30, Sa: 8.00–17.00	06412/58 92
5700 Zell am See, Bahnhofstraße 15	Fr. Klinger/Fr. Siegl	Mo–Fr: 9.00–18.30, Sa: 8.30–17.00	06542/470 27
5760 Saalfelden, Almerstraße 13 EKZ	Fr. Pennitz/Fr. Herzog	Mo–Fr: 9.00–18.30, Sa: 9.00–17.00	06582/763 24
6020 Innsbruck, Amraser-See-Straße 56a, DEZ-EKZ	Fr. Giuliano	Mo–Mi: 9.00–18.30, Do+Fr: 9.00–19.30, Sa: 9.00–17.30	0512/32 59
6020 Innsbruck, Andreas-Hofer-Straße 17	Fr. Herdin/Fr. Karmann	Mo–Fr: 8.00–18.30, Sa: 9.00–17.00	0512/56 23 80
6020 Innsbruck, Anichstraße 3	Fr. Jenewein/Fr. Stocker	Mo–Fr: 8.00–18.30, Sa: 9.00–17.00	0512/58 80 10, Fax -4

Filialadresse	Filialleiter(in)/Stellvertreter(in)	Öffnungszeiten	Telefon
6020 Innsbruck, Grabenweg 9	Fr. Steiner	Mo–Fr: 9.00–18.30, Sa: 8.00–17.00	0512/34 17 27, Fax -4
6060 Hall/Tirol, Unterer Stadtplatz 8	Fr. Leitner	Mo–Fr: 8.00–18.30, Sa: 8.30–17.00	05223/568 06
6130 Schwaz, Innsbrucker Straße 4	Fr. Gabelsberger	Mo–Fr: 8.00–18.30, Sa: 8.00–17.00	05242/664 43
6176 Völs, Gewerbezone 6, Cytapark EKZ	Fr. Heppke	Mo–Mi: 9.00–18.30, Do+Fr: 9.00–19.30, Sa: 9.00–17.00	0512/30 42 72
6200 Jenbach, Huberstraße 11	Fr. Naschberger	Mo–Fr: 8.00–18.30, Sa: 8.30–17.00	05244/62 617
6300 Wörgl, Bahnhofstraße 47	Fr. Ehammer	Mo–Fr: 8.30–19.00, Sa: 9.00–17.00	05332/775 34, Fax -8
6330 Kufstein, Arkadenplatz 4 EKZ	Fr. Glibo	Mo–Fr: 8.30–18.30, Sa: 9.00–17.00	05372/616 55
6370 Kitzbühel, Jochbergstraße 8	Fr. Loferer	Mo–Fr: 8.00–18.30, Sa: 9.00–17.00	05356/753 94
6380 St. Johann, Wieshoferstraße 6	Fr. Meisner/Fr. Foidl	Mo–Fr: 8.00–18.30, Sa: 8.00–17.00	05352/630 06
6410 Telfs, Untermarktstraße 4	Fr. Hellbert/Fr. Witting	Mo–Fr: 8.00–18.30, Sa: 8.00–16.00	05262/653 21
6460 Imst, FMZ Top 8 EKZ	Fr. Neurauter/Fr. Larcher	Mo–Mi: 9.00–18.00, Do+Fr: 9.00–19.30, Sa: 9.00–17.00	05412/646 95
6500 Landeck, Malser Straße 12	Fr. Rainer/Fr. Mair-Müller	Mo–Fr: 8.00–18.30, Sa: 8.00–16.00	05442/684 32
6600 Reutte, Untermarkt 16	Hr. Tauscher	Mo–Fr: 8.00–18.30, Sa: 8.00–17.00	05672/716 77
6700 Bludenz, Rathausgasse 6	Fr. Gerngroß/Fr. Wolf	Mo–Fr: 8.00–18.30, Sa: 8.00–16.00	05552/315 26
6800 Feldkirch, Marktgasse 8	Fr. Wahrbichler/Fr. Labudovic	Mo–Fr: 8.30–18.30, Sa: 8.00–16.00	05522/755 47
6830 Rankweil, Bundesstraße 20, Merkur EKZ	Hr. Bogensberger/Fr. Ender	Mo-Do: 8.00–19.00, Do+Fr: 8.00–19.30, Sa: 8.00–17.00	05522/392 00
6850 Dornbirn, Schulgasse 11 EKZ	Fr. Lingg/Fr. Wurmitzer	Mo–Fr: 9.00–18.00, Sa: 8.30–16.30	05572/224 55
6900 Bregenz, Bahnhofstraße 1	Fr. Dorfmann/Hr. Stecher	Mo–Fr: 8.30–18.30, Sa: 8.00–16.00	05574/525 72
7000 Eisenstadt, Hauptstraße 45	Fr. Pingitzer/Fr. Mihalits	Mo–Fr: 8.30–18.30, Sa: 8.00–17.00	02682/639 43, Fax -9

Filialadresse	Filialleiter(in)/Stellvertreter(in)	Öffnungszeiten	Telefon
7000 Eisenstadt, Ruster Straße 86–100, Merkur EKZ	Fr. Holzinger	Mo–Fr: 8.30–19.00, Sa: 8.30–17.00	02682/735 55
7100 Neusiedl/See, Untere Hauptstraße 32	Fr. Hailzl	Mo–Fr: 9.00–18.30, Sa: 8.00–17.00	02167/29 36
7132 Frauenkirchen, Hauptstraße 43	Fr. Skalicky	Mo–Fr: 8.00–18.30, Sa: 8.00–17.00	02172/26 28
7210 Mattersburg, Hauptplatz 3 EKZ	Fr. Moser	Mo–Fr: 8.00–18.00, Sa: 8.00–17.00	02626/640 27
7350 Oberpullendorf, Hauptstraße 46	Fr. Weidinger	Mo–Fr: 8.00–18.30, Sa: 8.00–17.00	02612/432 89
7400 Oberwart, EKO EKZ	Fr. Sauerzapf	Mo–Fr: 8.30–18.30, Sa: 8.30–17.00	03352/334 14
7400 Oberwart, Steinamangerer Straße 177, EKZ Shopping Arena	Fr. Urschik	Mo–Fr: 9.00–18.30, Sa: 9.00–17.00	03352/381 17
7423 Pinkafeld, Hauptstraße 14	Fr. Haider	Mo–Fr: 8.00–18.30, Sa: 8.30–17.00	03357/461 30
7540 Güssing, Marktplatz 9	Fr. Krammer	Mo–Fr: 8.00–18.30, Sa: 8.30–17.00	03322/430 64, Fax 431 12
8010 Graz, Murgasse 3	Hr. Gugganig/Fr. Schilcher	Mo–Fr: 8.30–19.00, Sa: 8.30–17.00	0316/83 03 46
8010 Graz, Reitschulgasse 16	Fr. Lipp/Fr. Frosch	Mo–Fr: 8.00–18.30, Sa: 8.30–17.00	0316/83 46 53, Fax: -9
8020 Graz, Annenpassage	Hr. Uhl/Fr. Windisch	Mo–Fr: 9.00–19.00, Sa: 8.30–17.00	0316/71 49 68
8020 Graz, Lendplatz 39	Fr. Geldner/Fr. Tina	Mo–Fr: 8.30–18.30, Sa: 8.30–17.00	0316/77 55 37
8020 Graz, Plüddemanngasse 70–72	Fr. Gether/Fr. Kuba	Mo–Fr: 8.30–18.30, Sa: 8.05–17.00	0316/47 19 26
8051 Graz, Wiener Straße 286	Hr. Liebmann/Fr. Holzfeind	Mo–Fr: 8.30–19.00, Sa: 8.30–17.00	0316/67 09 97
8051 Graz-Gösting, Wiener Straße 331 EKZ	Hr. Schwarz/Fr. Dorner	Mo–Fr: 9.00–19.00, Sa: 9.00–17.00	0316/68 40 30
8054 Graz, Weblinger Gürtel 25	Fr. Kögl/Fr. Locker	Mo–Fr: 9.00–19.00, Sa: 9.00–17.00	0316/24 43 17
8055 Graz, Triester Straße 450	Fr. Schweighofer	Mo–Fr: 8.30–18.30, Sa: 8.30–17.00	0316/29 66 03
8160 Weiz, Europa-Allee 2	Fr. Tusini	Mo–Fr: 7.30–18.30, Sa: 8.00–17.00	03172/63 10
8200 Gleisdorf, Florianiplatz 20	Fr. König	Mo–Fr: 8.00–18.30, Sa: 8.30–17.00	03112/49 59
8230 Hartberg, Hauptplatz 3	Fr. Peinsipp	Mo–Fr: 8.00–18.30, Sa: 8.00–17.00	03332/632 36

Filialadresse	Filialleiter(in)/Stellvertreter(in)	Öffnungszeiten	Telefon
8280 Fürstenfeld, Hauptstraße 20	Fr. Wachswender	Mo–Fr: 8.00–18.30, Sa: 8.30–17.00	03382/517 28, Fax -9
8330 Feldbach, Gleichenberger Straße 10	Fr. Fuchs	Mo–Fr: 8.00–18.30, Sa: 8.00–17.00	03152/53 03
8330 Feldbach/Mühldorf, FMZ Güssinger Straße	Fr. Bauer	Mo–Fr: 8.00–18.30, Sa: 8.00–17.00	03152/395 16, Fax: -9
8380 Jennersdorf, Hauptplatz 9	Fr. Winkler	Mo–Fr: 8.00–18.30, Sa: 8.30–17.00	03329/450 57
8430 Leibnitz, Rudolf-Bartsch-Gasse 4–6	Fr. Ulrich/Fr. Fuchs	Mo–Fr: 8.00–18.30, Sa: 8.00–17.00	03452/716 26, Fax 736 27
8490 Bad Radkersburg, Langgasse 31	Fr. Schupanez	Mo–Fr: 8.00–18.30, Sa: 8.00–17.00	03476/38 56
8530 Deutschlandsberg, FMZ Frauenthalerstraße	Fr. Gödl/Fr. Spörk	Mo–Fr: 8.30–18.30, Sa: 8.00–17.00	03462/302 90
8570 Voitsberg, Hauptplatz 35	Fr. Hösele	Mo–Fr: 8.00–18.30, Sa: 8.00–17.00	03142/238 46, Fax 846 16
8580 Köflach, Quergasse 3	Fr. Seier/Fr. Theissl	Mo–Fr: 8.00–18.30, Sa: 8.00–17.00	03144/717 67, Fax: -9
8600 Bruck/Mur, Mittergasse 23	Fr. Rosenmayer/Fr. Rabanser	Mo–Fr: 8.00–18.30, Sa: 8.30–17.00	03862/590 90
8605 Kapfenberg, Siegfried-Marc-Str. 7–11, EKZ Euromarkt	Hr. Veitschegger/Fr. Strunz	Mo–Fr: 9.00–18.00, Sa: 9.00–17.00	03862/320 34
8605 Kapfenberg, Wiener Straße 33–35	Fr. Mandl/Fr. Wiesmayer	Mo–Fr: 9.00–18.30, Sa: 9.00–17.00	03862/219 95, Fax: -9
8650 Kindberg, Bahnhofstraße 14	Fr. Zelisko/Fr. Spörk	Mo–Fr: 8.00–18.30, Sa: 8.00–17.00	03865/34 90
8680 Mürzzuschlag, Wiener Straße 39–41	Fr. Schuhmann/Fr. Faist	Mo–Fr: 7.30–18.00, Sa: 8.00–17.00	03852/33 30
8700 Leoben, Hormanngasse 7–9	Fr. Weikl/Fr. Soric	Mo–Fr: 7.30–18.30, Sa: 9.00–17.00	03842/484 10
8700 Leoben, Pichlmayergasse 16, Merkur EKZ	Fr. Diethart/Fr. Mayer	Mo–Fr: 8.00–19.00, Sa: 8.00–17.00	03842/220 07, Fax 285 00
8720 Knittelfeld, Hauptplatz 1	Fr. Kögl/Fr. Schretter	Mo–Fr: 7.30–18.30, Sa: 8.00–17.00	03512/710 42, Fax -9
8740 Zeltweg, Bahnhofstraße 36a	Fr. Mandl	Mo–Fr: 8.00–18.30, Sa: 8.30–17.00	03577/251 75
8753 Fohnsdorf, Arena am Waldfeld 25	Fr. Temnitzer/Fr. Brunner	Mo-Fr: 9.00–18.30, Sa: 9.00–17.00	03572/467 60
8850 Murau, Schillerplatz 1	Fr. Trockner/Fr. Brodinger	Mo–Fr: 8.00–18.30, Sa: 8.00–17.00	03532/36 37
8940 Liezen, Hauptstraße 30 EKZ	Hr. Lammer	Mo–Fr: 8.00–18.00, Sa: 8.00–16.00	03612/301 79, Fax: -4

Filialadresse	Filialleiter(in)/Stellvertreter(in)	Öffnungszeiten	Telefon
8970 Schladming, Hauptplatz 40	Fr. Miedler	Mo–Fr: 8.30–18.30, Sa: 8.30–17.00	03687/224 31, Fax: -9
9010 Klagenfurt, Villacher Straße 1	Fr. Begusch	Mo–Fr: 8.00–18.30, Sa: 8.00–17.00	0463/563 03
9020 Klagenfurt, Alter Platz 13	Hr. Scherer/Fr. Höferer	Mo–Fr: 8.00–18.30, Sa: 8.00–17.00	0463/50 19 51
9020 Klagenfurt, Flatschacher Straße 64, EKZ Südpark	Fr. Obmann	Mo–Fr: 9.00–19.00, Sa: 8.00–17.00	0463/31 90 15, Fax 31 90 16
9020 Klagenfurt, FMZ Durchlassstraße 8	Fr. Treffner/Fr. Ceplical	Mo–Fr: 8.00–18.30, Sa: 8.00–17.00	0463/41 04 18, Fax: -9
9073 Klagenfurt-Viktring, Felix-Hahn-Straße 2	Fr. Mohsenzada/Fr. Huber	Mo–Fr: 8.00–18.30, Sa: 8.00–17.00	0463/29 26 99
9100 Völkermarkt, Mettingerstraße 7	Fr. Marko/Fr. Posteiner	Mo–Fr: 7.30–18.30, Sa: 8.00–17.00	04232/41 32
9170 Ferlach, Hauptplatz 11	Fr. Arnusch/Fr. Steiner	Mo–Fr: 8.00–18.30, Sa: 8.00–17.00	04227/59 54
9220 Velden, Am Corso 25	Fr. Lanzinger/Fr. Wuksch	Mo–Fr: 8.00–18.30, Sa: 8.00–17.00	04274/520 27, Fax: -9
9300 St. Veit, Herzog-Bernhard-Platz 6	Fr. Rottenhofer/Fr. Grünkranz	Mo–Fr: 8.00–18.30, Sa: 8.00–17.00	04212/303 27
9330 Althofen, Kreuzstraße 21	Hr. Eichmann/Fr. Grabner	Mo–Fr: 8.00–18.30, Sa: 8.00–17.00	04262/274 42, Fax: -9
9400 Wolfsberg, Herm.-Fischer-Straße 4	Fr. Hirzbauer/Fr. Schriebl	Mo–Fr: 8.00–18.30, Sa: 8.00–17.00	04352/541 02, Fax 351 92
9500 Villach, Badstubenweg 93 EKZ	Fr. Maderthaner/Fr. Will	Mo–Do: 8.00–19.00, Fr: 8.00–19.30, Sa: 8.00–17.00	04242/566 76
9500 Villach, Italienerstraße 3	Fr. Pirker/Fr. Ofner	Mo–Fr: 8.00–18.30, Sa: 8.00–17.00	04242/249 11, Fax -4
9560 Feldkirchen, 10.-Oktober-Straße 3	Fr. Thamer/Fr. Lercher	Mo–Fr: 8.00–18.30, Sa: 8.00–17.00	04276/72 82, Fax 72 83
9620 Hermagor, Gasserplatz 1	Fr. Plotzner/Fr. Pernusch	Mo–Fr: 7.30–18.30, Sa: 8.00–17.00	04282/252 34, Fax -9
9800 Spittal/Drau, Ebnergasse 5	Fr. Schmid/Fr. Domanig	Mo–Fr: 8.00–18.30, Sa: 8.00–17.00	04762/611 49, Fax 614 94
9800 Spittal/Drau, Villacher Straße 136, FMZ	Fr. Lehner/Fr. Sereinig	Mo–Fr: 8.30–18.30, Sa: 8.30–17.00	04762/421 07, Fax: -9
9900 Lienz, Andrä-Kranz-Gasse 1	Fr. Prislan/Fr. Pohorsky	Mo–Fr: 8.00–18.30, Sa: 8.00–17.00	04852/633 68